esotera

Taschenbücherei

im Verlag Hermann Bauer

Mit dieser Reihe macht der Verlag Hermann Bauer dem interessierten Leser bedeutende Werke aus Bereichen der Esoterik und Grenzwissenschaften zu ungewöhnlich günstigen Preisen zugänglich. Der Schwerpunkt bei der Auswahl für die *esotera-Taschenbücherei* liegt auf Titeln, die dem Leser auf leicht faßliche und umfassende Weise esoterisches Wissen vermitteln, das er auch in seinem Leben anwenden kann. Die Auswahl der Werke erfolgt in enger Zusammenarbeit mit der Redaktion der in Europa führenden grenzwissenschaftlichen Zeitschrift *esotera*.

Bisher sind erschienen:

Arabi: Die Reise zum Herrn der Macht
Archarion: Von wahrer Alchemie
Brahmachari: Yoga hilft heilen
Brunton: Entdecke dich selbst
Brunton: Karma – Kette von Ursache und Wirkung
Brunton: Die Weisheit des Überselbst
Easwaran: Mantram – Hilfe durch die Kraft des Wortes
Edwards: Geistheilung
Findley: Beweise für ein Leben nach dem Tod
Fortune: Die mystische Kabbala
Gauquelin: Kosmische Einflüsse auf menschliches Verhalten
Gauquelin: Planetare Einflüsse auf Persönlichkeit und Lebensweg
Geisler (Hrsg.): New Age – Zeugnisse der Zeitenwende
Geisler (Hrsg.): Paramedizin – Andere Wege des Heilens
Halpern: Klang als heilende Kraft
Haraldsson: Sai Baba – ein modernes Wunder
Ingrisch: Nächtebuch
Johanson: Zuerst heile den Geist
Kardec: Das Buch der Geister
Kardec: Das Buch der Medien
Leuenberger: Das ist Esoterik
Lu K'uan Yü: Geheimnisse der chinesischen Meditation
Lütge: Carlos Castaneda und die Lehren des Don Juan
Mori: Die Buddha-Natur im Roboter
Osis/Haraldsson: Der Tod – ein neuer Anfang
Peick: Wiedergeburt – Eine Reise in frühere Erdenleben
Prantl: Licht aus der Herzmitte
Ramm-Bonwitt: Yoga-Nidra – Der Schlaf der Yogis
Reifler: Das I-Ging-Orakel
Schäfer: Stimmen aus einer anderen Welt
Schorsch: Die große Vernetzung – Wege zu einer ökologischen Philosophie
Sharon: Magier der vier Winde
Sterneder: Der Sonnenbruder
Sterneder: Tierkreisgeheimnis und Menschenleben
Sterneder: Der Wunderapostel
Sulami: Der Sufi-Weg zur Vollkommenheit
Thakkur: Ayurveda – die indische Heil- und Lebenskunst
Weinfurter: Der Königsweg
Wirth: Lexikon der Lebensweisheit
Zeisel: Entschleierte Mystik

Allan Kardec

Das Buch der Medien

Ein Wegweiser für Medien und Anrufer
über Art und Einfluß der Geister, die Theorie
ihrer verschiedenen Kundgebungen, die Mittel zum Verkehr
mit der unsichtbaren Welt und die möglichen Schwierigkeiten,
denen man beim Experimentalspiritismus begegnen kann.

Verlag Hermann Bauer
Freiburg im Breisgau

CIP-Kurztitelaufnahme der Deutschen Bibliothek

Kardec, Allan:
Das Buch der Medien: e. Wegweiser für Medien u. Anrufer über Art u. Einfluß d. Geister, d. Theorie ihrer verschiedenen Kundgebungen, d. Mittel zum Verkehr mit d. unsichtbaren Welt u. d. mögl. Schwierigkeiten, denen man beim Experimentalspiritismus begegnen kann/Allan Kardec. – 1. Aufl. –
Freiburg im Breisgau: Bauer, 1987.
(esotera-Taschenbücherei)
ISBN 3-7626-9637-4
Vw: Rivail, Hippolyte Léon Denizard [Wirkl. Name] Kardec, Allan

Die vorliegende Taschenbuchausgabe im Rahmen der *esotera-Taschenbücherei* ist ein Nachdruck der deutschen Originalausgabe, die zuletzt 1964 im Verlag Hermann Bauer, Freiburg im Breisgau, erschien.

Die *esotera-Taschenbücherei* erscheint im Verlag Hermann Bauer, Freiburg im Breisgau.

1. Auflage 1987

Druck und Bindung: May + Co, Darmstadt.
Printed in Germany.

ISBN 3-7626-0637-4

Inhalt

Einleitung 7
Kurze Biographie Allan Kardec's 10

Erster Teil: Spiritistische Begriffe

Gibt es Geister? 15
Das Wunderbare und Übernatürliche 19
Die Methode 25
Die Systeme 34

Zweiter Teil: Spiritistische Manifestationen

Einfluß der Geister auf die Materie 48
Physische Manifestationen. Sich bewegende Tische 53
Intelligente Manifestationen 55
Theorie der verschiedenen physikalischen Manifestationen: Bewegung und Hebung. Vermehrung und Verminderung des Gewichtes der Körper 58
Spontane physische Manifestationen. Lärm, Schläge, Verwirrung. Geworfene Gegenstände. Das Phänomen der Überbringungen 67
Sichtbare Manifestationen. Fragen zu den Erscheinungen. Theoretischer Versuch mit den Erscheinungen. Kügelchen-Geister. Theorie der Halluzinationen 86
Doppelgängerei und Umgestaltung. Erscheinung der Geister von Lebenden. Das Zweite Gesicht. Die Heiligen Alfons von Liguori und Antonius von Padua. Vespasian. Umwandlung 101
Das Laboratorium der unsichtbaren Welt. Die Kleidung der Geister. Spontane Bildung greifbarer Objekte. Modifikation der Eigenschaften der Materie 108
Die von den Geistern besuchten Orte 115

Arten der Mitteilungen (Kommunikationen) 119

Sematologie und Typtologie. Sprache durch Zeichen und geklopfte Schläge. Alphabetische Schläge 122

Pneumatographie oder direkte Schrift und Pneumatophonie oder Geisterlaute 126

Psychographie. Körbchen und Brettchen. Direkte Psychographie oder Handschrift 130

Von den Medien und ihren verschiedenen Arten 133

Schreibende oder psychographische Medien 145

Besondere Befähigung der Medien. Übersicht über ihre verschiedenen Arten 149

Bildung der Medien. Entwicklung der Medialität. Veränderung der Schrift. Verlust und Unterbrechung der Medialität 162

Nachteile und Gefahren der Medialität. Ihr Einfluß auf Gesundheit, das Gehirn und die Kinder 176

Rolle des Mediums bei Geisterkundgebungen. Einfluß des Geistes auf das Medium. Fähigkeiten für Sprachen, Musik, Zeichnen. Ausführungen eines Geistes über Medien 178

Moralischer Einfluß des Mediums Abhandlung eines Geistes über moralischen Einfluß 188

Der Einfluß der Umgebung 194

Medialität bei den Tieren 196

Von der Besessenheit 201

Von der Identität der Geister 213

Von den Anrufungen der Geister, Tiere und lebenden Menschen 230

Fragen, die man an die Geister stellen kann 252

Widersprüche und Mystifikationen 264

Scharlatanerie und Taschenspielerei. Interessierte Medien. Betrügereien im Spiritismus 273

Von spiritistischen Vereinen und Gesellschaften Wetteifer und Gegenstände der Studien 280

Spiritistische Kundgebungen 292

Einleitung

Es ist eine Tatsache, daß die Schwierigkeiten in der Ausübung des praktischen Spiritismus zumeist auf Unkenntnis der Grundsätze dieser Wissenschaft beruhen. Wir bemühten uns daher, mit diesem Buche die Klippen für Anfänger aufzuzeigen, denn nur, wenn man sie kennt, kann man sie vermeiden.

Wer sich mit Spiritismus beschäftigt, hat natürlich auch den Wunsch, mit den Geistern in einen persönlichen Verkehr zu treten. Dieses Werk soll dazu den Weg ebnen, indem wir den Leser an der Frucht unserer langen, mühevollen Studien teilnehmen lassen. Man würde sich eine ganz falsche Idee machen, dächte man, es genügt zu wissen, wie die Finger auf den Tisch zu legen sind, um ihn in Bewegung zu bringen, oder wie ein Bleistift zu halten ist, um zu schreiben. Ebenso würde man sich täuschen, wenn man glaubt, man finde in diesem Werk eine allgemeingültige, untrügliche Anweisung, um Medien heranzubilden. Zwar besitzt fast jeder die erforderliche Eignung, aber sie ist bei allen Menschen sehr verschieden und hängt von Ursachen ab, die nicht im Belieben des Einzelnen liegen. Die Gesetze der Dichtkunst, Malerei und Musik machen keinen Könner aus jenem, dem die Anlagen dazu fehlen, und ebenso verhält es sich mit unserer Arbeit. Sie kann nur die Wege andeuten, wie man die medialen Fähigkeiten entwickelt, soweit es die Veranlagung eines jeden gestattet, und wie man dann einen nützlichen Gebrauch davon machen kann.

Aber dieses ist nicht unser einziges Ziel.

Außer den Medien selbst gibt es viele Menschen, die sich praktisch mit dem Spiritismus beschäftigen und seine Erscheinungen beobachten. Diese bei ihren Beobachtungen zu beraten, mögliche Gefahren aufzuzeigen, sie mit der Art und Weise bekannt zu machen, wie man sich mit Geistern unterhält, ihnen Wege zu guten Kundgebungen zu zeigen: dies alles ist die uns gestellte Aufgabe. Wenn daher jemand in diesem Werke Belehrungen findet, die ihm fremd scheinen, möge er sie prüfen. Die Erfahrung wird ihre Nützlichkeit zeigen. Wenn man alles fleißig studiert hat, wird man alle spiritistischen Tatsachen besser begreifen. Die Sprache so manchen Geistes wird weniger fremdartig erscheinen. Diese praktische Anweisung ist daher nicht ausschließlich für Medien gedacht, sondern überhaupt für alle diejenigen, die in der Lage sind, die spiritistischen Erscheinungen zu sehen und zu beobachten.

Es wurde gewünscht, daß wir ein kurzgefaßtes Handbuch veröffentlichen sollten, mit Anweisungen, wie man sich mit den Geistern in Verbindung setzen kann, doch wir betrachten ein solches Buch als vielleicht mehr schädlich denn nützlich. Die praktische Ausübung des Spiritismus ist mit sehr vielen Schwierigkeiten verknüpft und nicht immer frei von Unannehmlichkeiten und Gefahren, denen nur ein ernstes und gründliches Studium vorbeugen kann. Eine zu kurz gefaßte Anleitung ließe befürchten, daß leichtfertig gemachte Erfahrungen später Grund zur Reue gäben. Spiritistische Experimente sind Sachen, mit denen zu spielen weder zulässig noch klug ist. Mit einem kurzen Leitfaden hätten wir also einen schlechten Dienst geleistet, denn wir wenden uns ja an Menschen, die im Spiritismus ein ernstes Ziel erblicken, seine Wichtigkeit voll begreifen und mit den Kundgebungen der unsichtbaren Welt kein Spiel treiben.

Dieses Werk, in dem wir alle Lehren einer langen Erfahrung und eines wissenschaftlichen Studiums vereinigt haben, wird dazu beitragen, dem Spiritismus seinen innewohnenden ernsten Charakter zu geben und zu verhüten, in ihm einen Gegenstand leichtsinniger, unterhaltender Beschäftigung zu sehen. Und noch eines kommt hinzu: der üble Eindruck, den leichtsinnige und ohne Kenntnis der Ursachen unternommene Versuche auf noch unerfahrene Personen ausübt. Er bringt den Nachteil mit sich, daß sie von der Geisterwelt eine falsche Idee erhalten und oft begründete Kritik üben. Darum werden

Ungläubige auch durch solche Zirkel sehr selten bekehrt. Unwissenheit und Leichtfertigkeit mancher Medien haben da weit mehr Unheil angerichtet, als man glauben sollte.

Der Spiritismus hat in den letzten Jahrzehnten große Fortschritte gemacht. Unendlich größere wird er machen, weil er philosophisch begründet und durch aufgeklärte Menschen richtig beurteilt und anerkannt wurde. Er ist eine Lehre, über die jene Menschen, die einst über die tanzenden Tische gelacht haben, nicht mehr lachen. Führen wir ihn auf diesem Wege weiter, so gewinnen wir ihm mehr Anhänger, als durch unüberlegte Kundgebungen, die man mißbrauchen könnte.

Nachdem wir im „Buch der Geister" den philosophischen Teil der spiritistischen Wissenschaft behandelt haben, geben wir in diesem Werk den praktischen Teil für alle, die sich mit den Manifestationen beschäftigen wollen, sei es für sich selbst, sei es zur Erklärung der Erscheinungen, deren Tatsachen manchen Menschen neugierig machen. Sie werden darin die Klippen erkennen und somit ein Mittel haben, um sie zu vermeiden.

Diese beiden Werke sind, obwohl eines die Folge des andern, voneinander unabhängig, doch raten wir demjenigen, der sich ernstlich damit beschäftigen will, zuerst wegen der Grundprinzipien das „Buch der Geister"*) zu lesen. Er wird dann einige Teile des vorliegenden Werkes besser verstehen.

Das „Buch der Medien" wurde mit ganz besonderer Sorgfalt von den Geistern korrigiert, sie fügten eine Menge von Bemerkungen und Instruktionen von größtem Interesse hinzu. Da sie das Ganze also durchgeforscht und nach ihrem Belieben entweder gebilligt oder entsprechend abgeändert haben, so kann man sagen, daß es großenteils ihr Werk ist.

Wo es nötig schien, gewisse Kundgebungen zu charakterisieren, wurde der Name des sich kundgebenden Geistes genannt. Aber wie man weiß, kommt es kaum darauf an, das Wesentliche besteht darin, daß die gesamte Arbeit dem gesetzten Zwecke entspricht.

*) Verlag Hermann Bauer

Kurze Biographie Allan Kardec's

Allan Kardec, mit bürgerlichem Namen Lèon Hippolyte Dénizard *Rivail,* wurde am 3. Oktober 1804 als Sohn einer altbekannten Advokatenfamilie geboren. Er wurde aber nicht Advokat, da er sich schon seit frühester Jugend zum philosophischen Studium hingezogen fühlte. In der Pestalozzischule zu Yverdon/Schweiz erzogen, wurde er einer der hervorragendsten Schüler Pestalozzi's und eifriger Verbreiter seines Erziehungssystems.

Mit ganz besonderer Intelligenz begabt, durch Charakter und Fähigkeiten zum Unterrichten befähigt, lehrte er mit 14 Jahren bereits zurückgebliebene Mitschüler. Hier entwickelte er auch seine großen Ideen, die ihn später bekannt machen sollten.

Als Katholik in einem protestantischen Lande aufwachsend, umgeben von Intoleranz in allen religiösen Dingen, begriff er früh die Notwendigkeit einer religiösen Reform. Aber ihm fehlte das entsprechende Element zur Lösung dieses großen Problems. Erst der Spiritismus lieferte es ihm später und gab seiner Arbeit ein ganz besonderes Gepräge.

Nach Beendigung seiner Studien kam er nach Frankreich. Als ein gründlicher Kenner der deutschen Sprache übersetzte er verschiedene Werke für Deutschland, die sich mit Erziehung und Ethik befaßten.

Kardec war Mitglied einer Anzahl von gelehrten Gesellschaften, unter anderem auch der Königlichen Akademie von Arras. Von 1835 bis 1840 hielt er in seiner Wohnung für Interessenten Gratiskurse über Chemie, Physik, vergleichende Anatomie, Astronomie usw., ab. Um jene Zeit entdeckte er auch eine geniale Methode zum Erlernen des Rechnens, erfand eine mnemotechnische Tafel der französischen Geschichte und beschäftigte sich mit Schriften über die Erziehung. Von diesen Erziehungsschriften sind besonders erwähnenswert:

„Plan zur Verbesserung des öffentlichen Unterrichts"
„Praktischer Kurs und Theorie der Arithmetik nach Methode Pestalozzi zum Gebrauch der Lehrer"
„Klassische französische Grammatik"
„Prüfungshandbuch zur Erlangung von Fähigkeitsausweisen"
„Vernünftige Schlüsse über Fragen und Probleme der Arithmetik und Geometrie"
„Grammatikalischer Katechismus der französischen Sprache"
und noch manche andere Werke. Kardec war also als Schüler Pestalozzis ein ausgesprochener Pädagoge und Lehrer, solange er noch seinen bürgerlichen Namen als Verfasser gebrauchte.

Als etwa gegen 1855 die Frage der Geistermanifestationen populär wurde, wählte L. H. D. *Rivail* das Pseudonym *Allan Kardec,* und beschäftigte sich völlig mit den spiritistischen Phänomenen. Er machte es sich zur besonderen Aufgabe, die philosophischen Folgerungen aus den Erscheinungen abzuleiten und sie zu fundieren. Kardec war es, der als Erster das Prinzip neuer Naturgesetze in den Phänomenen erkannte, jener Gesetze, die die Beziehungen der sichtbaren und unsichtbaren Welt zueinander beherrschen. Er erkannte in der Wirkung dieser Gesetze eine von den Naturkräften, deren Erkenntnis auf eine Menge bisher unlösbarer Probleme blitzartig Licht warf. Er erfaßte ihre Tragweite besonders hinsichtlich des Religiösen. Und wie er früher sein Wissen als Pädagoge literarisch auswertete, so schrieb er auch über den Spiritismus eine Anzahl von Büchern, die seiner Zeit alle wegweisend wurden. Seine Hauptwerke waren:

„Das Buch der Geister" (der philosophische Teil), 1857,
„Das Buch der Medien" (experimentalwissenschaftlicher Teil), 1861,
„Das Evangelium nach dem Spiritismus" (ethischer Teil), 1864,
„Der Himmel und die Hölle", oder die Gerechtigkeit Gottes nach dem Spiritismus, 1865,
„Die Genesis", Wunder und Weissagungen nach dem Spiritismus, 1868,

„Revue Spirite", Zeitschrift für psychologische Studien, monatlich erschienene Sammlungen, begonnen 1858.

Ins Deutsche übersetzt wurden von seinen Werken nur „Das Buch der Geister" und „Das Buch der Medien".

Am 1. April 1858 gründete Kardec in Paris die erste regelrecht eingesetzte spiritistische Gesellschaft der Welt, unter dem Namen: „Société Parisienne des Etudes spirites", deren ausschließliches Ziel das Studium alles dessen war, was zum Fortschritt des Spiritismus beitragen konnte.

Allan Kardec hat nichts unter dem Eindruck vorgefaßter oder systematischer Ideen geschrieben. Kaltblütig und nüchtern hat er alle Tatsachen beobachtet und von ihnen die Gesetze abgeleitet, durch die sie bestehen. Er war der erste Theoretiker des Spiritismus und brachte ihn in ein methodisches Lehrgebäude. Indem er bewies, daß alle fälschlich als „übernatürlich" bezeichneten Tatsachen bestimmten Gesetzen unterworfen sind, reihte er sie in die Ordnung der Naturerscheinungen ein, und zerstörte so die letzten und stärksten Elemente des Aberglaubens.

In den ersten Jahren ihres Auftauchens waren die spiritistischen Phänomene mehr Gegenstand der Neugierde als Objekt ernsten Nachdenkens und Forschens. Das „Buch der Geister" brachte hier neue Impulse. Es betrachtete die Sache von einem völlig neuen Gesichtspunkt aus. Da verließ man die drehenden Tische, die das Vorspiel waren, und versammelte sich um einen wissenschaftlichen Kernpunkt, der alle die Menschheit interessierenden Fragen umfaßte.

Von hier an beginnt die wahre und konzentrierte Begründung des wissenschaftlichen Spiritismus, die bis dahin nur aus zerstreuten Elementen ohne Verbindung bestanden hatte. Die Lehre fesselte die Aufmerksamkeit ernster Menschen und nahm eine rasche Entwicklung. Alle Schichten der Gesellschaft in allen Ländern der Erde verhalfen der Lehre zu einem Erfolg ohnegleichen.

Die Bücher Kardec's, klar und eindeutig geschrieben, frei von abstrakten Ausdrücken der Metaphysik, lassen sich mühelos lesen, was wesentlich für die Verbreitung seiner Idee ist. Seine streng logische Beweisführung bietet bei strittigen Punkten wenig Handhabe zur Widerlegung und macht den Leser für die Überzeugung empfänglich. Die materiellen Beweise, die der Spiritismus von der Existenz der Seele und vom künftigen Leben gibt, haben die Zerstörung der materialistischen und pantheistischen Weltanschauungen zur Folge.

Einer der fruchtbarsten Grundsätze dieser Lehre, der sich aus dem Vorhergehenden ergibt, ist der von der Vielheit der Existenzen, die schon von einer Menge alter und moderner Philosophen vermutet worden war, doch waren diese Vermutungen Hypothese und nicht beweisbar geblieben. Der Spiritismus aber zeigt die Wirklichkeit dieser Vermutungen auf und beweist, daß die Reinkarnation eines der unerläßlichen Attribute der menschlichen Wesenheit und Sinnbild göttlicher Gerechtigkeit ist. Von diesem Prinzip leitet sich die Lösung aller scheinbaren Widersprüche des menschlichen Lebens, aller intellektuellen, moralischen und sozialen Ungleichheiten ab. Seine Tatsachen klären den Menschen darüber auf, woher er kommt, wohin er geht, zu welchem Zweck er auf der Erde ist und weshalb er leidet.

Die angeborenen Ideen und Begabungen erklären sich durch die in früheren Leben erworbenen Erkenntnisse, der Kulturfortschritt einzelner Völker und der Gesamtmenschheit durch die Wiederkehr fortgeschrittener Wesen, Zuneigung und Abneigung durch die Natur der früheren Verbindungen zueinander. Die Beziehungen der großen, menschlichen Familie aller Zeiten mit den Prinzipien der Brüderlichkeit, Freiheit, Gleichheit und allgemeiner Zusammengehörigkeit: sie haben nicht mehr eine bloße Theorie, sondern die Naturgesetze selbst zur Basis!

Statt des Grundsatzes „Außerhalb der Kirche kein Heil“, der die Trennung und Erbitterung zwischen den einzelnen Sekten nährt und erhält, und der schon soviel Blutvergießen auf der Welt gekostet hat, erhebt der Spiritismus die Wahrheit „Außerhalb der Nächstenliebe kein Heil“ zum Grundsatz, also Gleichheit unter den Menschen vor Gott, Toleranz, Gewissensfreiheit und gegenseitiges Wohlwollen!

Anstelle des blinden Glaubens, der die Denkfreiheit vernichtet, sagt er: Es gibt keinen unerschütterlichen Glauben, der menschlicher Vernunft aller Zeitalter ins Auge schauen könnte. Der Glaube braucht eine Grundlage, und diese Grundlage ist die vollkommene Einsicht dessen, was man glauben soll. Um zu glauben, genügt es nicht allein zu sehen, man muß vor allem verstehen! Blinder Glaube ist nicht mehr Sache unseres Jahrhunderts, denn gerade das Dogma des blinden Glaubens erweckt heute die größte Zahl der Ungläubigen, weil er sich aufdrängen will und weil er die Hingabe, das Aufgeben einer der kostbarsten Fähigkeiten des Menschen verlangt: die Vernunft und den freien Willen. —

Allan Kardec, der unermüdliche Arbeiter und Forscher, starb am 31. März 1869 an einem Schlaganfall. Es war gerade der 21. Jahrestag, wo der Spiritismus zu Hydesville entdeckt wurde. Kardec war gerade mitten in den Vorbereitungen zu einem Wechsel seiner Studien- und Geschäftsräume, der durch die Ausdehnung seiner mannigfachen Tätigkeiten notwendig geworden war. Seit langen Jahren schon litt er an einer Herzkrankheit, die nur durch geistige Ruhe und eine behutsame körperliche Tätigkeit eingedämmt werden konnte. Aber sich ganz und restlos seinem Werke hingebend, versagte er sich alles, was sein Leben hätte erhalten können.

Sein Körper wurde allmählich schwerfällig und versagte ihm den Dienst. Im Gegensatz dazu dehnte sein lebhafter, energischer Geist den Umkreis seiner Tätigkeiten immer mehr aus. In diesem ungleichen Kampf konnte die Materie natürlich nicht ewig Widerstand leisten, und so wurde sie eines Tages besiegt. Kardec ist nicht ganz 65 Jahre alt geworden.

Kurz vor seinem eigenen irdischen Ende sagte er noch: „Der Tod trifft augenblicklich mit doppelten Schlägen die berühmten Reihen! Wen wird er jetzt befreien . . . ?“

Ihn selbst traf das Schicksal. Er mußte in den unendlichen Raum, aus dem er einst kam, zurücktauchen und ging mit jenen, welche einmal als Leuchttürme der kommenden, neuen Generation zurückkommen werden.

Erster Teil: Spiritistische Begriffe

Gibt es Geister?

Der Zweifel am Dasein von Geistern hat die Unkenntnis ihrer wahren Natur zur Hauptursache. Im allgemeinen denkt man sich Geister als Wesen außerhalb der Schöpfung. Viele Menschen kennen sie nur als Gestalten phantastischer Erzählungen, ohne jedoch zu untersuchen, ob diese Erzählungen, von lächerlichen Beisätzen befreit, nicht eine reale Grundlage haben.
Wenn man sich von Geistern einen Begriff machen will, muß sich der Glaube an sie notwendigerweise auf das Vorhandensein eines intelligenten Prinzips außerhalb der Materie gründen. Mit der absoluten Ableugnung dieses Prinzips ist er unvereinbar. Wir nehmen unseren Ausgangspunkt vom Hinscheiden aus diesem Leben, vom Überleben und der Individualität der Seele, welche der Spiritualismus theoretisch und dogmatisch, der Spiritismus aber offenbar kundig darlegt. Sehen wir vorerst von den Manifestationen im eigentlichen Sinne ab, bleiben wir bei direkten Schlußfolgerungen, und wir werden sehen, zu welchen Konsequenzen wir gelangen werden.
Sobald man das Dasein der Seele und ihre Individualität einmal anerkannt hat, muß man auch zugeben, daß sie von einer anderen Wesenheit als der Körper ist, denn sobald eine Trennung eingetreten ist, hat sie nicht mehr seine Eigenschaften. Ferner, daß sie ihr eigenes Selbstbewußtsein besitzt, weil man ihr Freud und Leid zuschreibt, denn sonst wäre sie ein untätiges Wesen, und eine Seele zu haben oder nicht zu haben wäre gleich. Dieses zugegeben, geht die Seele also irgendwohin. *Wohin* geht sie, und was wird aus ihr?
Nach allgemeinem Glauben geht sie entweder in den Himmel oder in die Hölle. Aber wo ist der Himmel und die Hölle? Einst sagte man, daß der Himmel oben und die Hölle unten sei, aber was bedeutet im All oben und unten, seit man die Kugelgestalt unserer Erde und die Bewegung der Gestirne kennt? Im Verlaufe von zwölf Stunden wird im Raume das

Oben zum Unten und umgekehrt. Und wenn man noch die Tiefen der Erde für untere Orte hielt: was ist aus diesen Tiefen geworden, seit die Geologie sich ihrer forschend annahm? Ähnlich ist es mit den Sphären des Himmels geworden, seit man weiß, daß die Erde nicht den Mittelpunkt der Welt bildet, und daß selbst unsere gewaltige Sonne nur eine von den Millionen von Sonnen ist, von denen jede einzelne den Mittelpunkt eines kosmischen Wirbels bildet.

Die Vernunft weigert sich, die Nutzlosigkeit des Unendlichen anzunehmen. Alles sagt uns, daß diese Welten bewohnt sind und sein müssen, aber wenn sie bewohnt sind, liefern sie ja auch ihren Anteil zur Seelenwelt! Und nochmals: Was wird aus diesen Seelen, da Astronomie und Geologie die ihnen angewiesenen Wohnungen in Nichts auflöste, besonders seit diese vernunftgemäßen Lehren von der Menge der Welten ihre Anzahl ins Unendliche vermehrt hat?

Da die Annahme einer Lokalisierung der Seele mit den Grundsätzen der Wissenschaft nicht mehr übereinstimmt, muß ihnen eine andere, mehr logische Lehre als Aufenthalt nicht mehr einen beschränkten Ort, sondern den ganzen Weltraum zubilligen. Wir leben in der Mitte einer völlig unsichtbaren Welt, die uns umgibt, die uns beständig berührt. Sollte dies etwas Unmögliches sein, was der Vernunft widerspricht? Keineswegs, ganz im Gegenteil sagt uns alles dies, daß es gar nicht anders sein kann. Aber was wird dann aus den künftigen Belohnungen und Strafen, wenn man ihnen diese besonderen Orte wegnimmt?

Der Unglaube an diese Orte der Strafen und Belohnungen ist überhaupt erst dadurch entstanden, daß man sie unter unannehmbaren Bedingungen darstellte, würde man den Menschen erläutern, daß die Seelen ihr Glück oder Unglück aus sich selbst schöpfen, daß ihr Schicksal von ihrem moralischen Zustande abhängig ist, daß sie nach dem Grade ihrer Reinigung Dinge durchdringen und durchschauen, die gröberen Seelen verborgen sind: die ganze Welt würde es ohne Mühe begreifen. Sagt ihnen ferner, daß sie den höchsten Grad ihrer Veredelung nur durch geistige Anstrengungen und erst nach einer Reihe von Prüfungen der Reinigung erreichen; daß

Engel Seelen sind, die diesen höchsten Grad bereits erreicht haben, den alle erreichen können, die guten Willens sind, und daß diese Engel Boten Gottes sind, dann gebt ihr ihnen ein schöneres Ziel als die Nutzlosigkeit einer beständigen Gott-Anschauung. Sagt ihnen auch, daß Teufel und Dämonen nichts anderes sind als die Seelen der Bösen, die zwar noch nicht geläutert sind, es aber im Laufe der Zeiten werden, und das wird der Gerechtigkeit und Güte Gottes mehr entsprechen als eine Lehre von der ewigen Strafe.

Geister sind also nichts, als die menschlichen Seelen von ihrer Körperhülle entblößt. Wären sie besondere Wesen, dann wäre ihr Dasein viel zweifelhafter. Gibt man zu, daß es Seelen gibt, muß man auch zugeben, daß es Geister gibt; gibt man zu, daß sich Seelen überall befinden, müssen sich also auch Geister überall befinden.

Bedeutsam ist, daß einer Theorie weder Vernunft noch Wissenschaft widerspricht, bedeutsamer, wenn sie noch durch Tatsachen erhärtet wird. Bei vielen Menschen beschränkt sich der Glaube daher auf die vorhandenen Tatsachen, aber die Möglichkeit eines Verkehrs mit den Geistern wird abgeleugnet, weil offensichtlich immaterielle Wesen nicht auf die Materie wirken können. Man macht sich von Geistern völlig falsche Begriffe. Bringen wir ihn in Verbindung zum Körper, so ist er als denkendes und überlebendes Wesen das Primäre. Der Körper ist nur eine Zugabe des Geistes, ein Kleid, das er ablegt, wenn es abgenützt ist. Außer diesem Kleid, der völlig materiellen Hülle, hat der Geist noch eine halbmaterielle Hülle, die ihn mit der ersten verbindet. Beim Tode befreit er sich von der ersten Hülle, aber nicht von der zweiten, die wir Perisprit nennen. Diese bildet für sich einen dunstartigen, flüchtigen Körper, der uns im Normalzustande zwar unsichtbar ist, der aber dennoch einige Eigenschaften der Materie besitzt. Der Geist ist also kein Nichts, keine Abstraktion, sondern ein bestimmtes und begrenztes Wesen, dem nichts fehlt, als sichtbar und ertastbar zu sein. Warum sollte er da auf die Materie keinen Einfluß haben?

Da das Dasein Gottes und jenes der Seele, die sich aus dem Dasein Gottes ergibt, die Grundlage des ganzen Gebäudes bildet, ist es bei Diskussionen wichtig, ob dies vom Partner zugegeben wird. Glaubt er an Gott, eine Seele, an ein Fortleben nach dem Tode, so wird davon die Existenz der Seelen ganz natürlich abgeleitet.

Zur Frage, ob sich der Geist dem Menschen mitteilen kann, ob es möglich ist, mit ihm Gedanken auszutauschen, bleibt nur festzustellen, daß der Mensch ein in einen Körper eingezwängter Geist ist. Warum sollte sich ein freier Geist einem gefangenen Geiste nicht mitteilen können, wie dies ja im Leben auch der Fall ist? Gibt man ein Überleben zu, muß man auch die Fortdauer der Zuneigung zugeben. Es wird sich also die Seele aller verfügbaren Mittel bedienen, sich den zurückgelassenen Lieben bemerkbar zu machen, hat sie doch im Leben auch auf die Materie eingewirkt, warum sollte sie es nicht können, wenn ihr ein lebender Körper geliehen wird?

Fordern wir doch die Ungläubigen auf, zu beweisen, daß dies nicht möglich ist! Stellen wir uns auf ihren Standpunkt, der alles mit irdischen Gesetzen erklären will, und lassen wir uns beweisen, unter der Voraussetzung des Fortbestehens der Seele:

daß das Wesen, das bei Lebzeiten in uns denkt, nach dem Tode nicht mehr denken muß oder kann,

und wenn es denkt, daß es nicht an jene denken muß, die es hier geliebt hat,

und wenn es an sie denkt, daß es nicht auch den Wunsch hätte, sich ihnen mitzuteilen,

und wenn es überall sein kann, daß es nicht an unserer Seite sein könnte,

und wenn es an unserer Seite ist, daß es sich uns nicht mitteilen könne, daß es mit seiner flüchtigen Hülle auf die träge Materie nicht einwirken könne,

wenn es aber auf die träge Materie einwirken kann, daß es keinen Einfluß auf ein anderes belebtes Wesen haben könne,

wenn es aber auf ein belebtes Wesen einwirken kann, daß es seine Hand nicht ausstrecken könne, um damit zu schreiben,

und wenn es dies vermag, daß es nicht auf gestellte Fragen antworten und dem Fragestellenden seine Gedanken nicht übertragen könne.

Wenn uns die Gegner des Spiritismus bewiesen haben, daß dies nicht möglich sei, und zwar durch ganz unantastbare Beweise, dann werden wir anerkennen, daß ihre Zweifel begründet sind. Ihr Unglück ist aber, daß ihr einziges Argument in den Worten besteht: „Ich glaube es nicht, denn es ist ja unmöglich!" Sie werden im Gegenteil sagen, daß es unsere Sache ist, die Wirklichkeit der Kundgebungen zu beweisen. Wir beweisen sie ihnen auch, durch Wirklichkeiten und Vernunftgründe, wenn sie aber weder das eine noch das andere annehmen wollen, wenn sie sogar das noch leugnen, was sie selbst sehen, so ist es ihre Sache, zu beweisen, daß unser Urteil falsch ist und die spiritistischen Tatsachen unmöglich sind.

Das Wunderbare und Übernatürliche

Warum trifft man den Glauben an Geister und ihre Kundgebungen bei allen alten und neuen Völkern und in den heiligen Büchern aller bekannten Religionen? Kritiker sagen, weil der Mensch zu allen Zeiten das Wunderbare geliebt hat. Doch was ist das Wunderbare? Man meint, was übernatürlich ist. Und das Übernatürliche ist das, was gegen die Gesetze der Natur ist. Kennt man denn diese Gesetze so gut, daß es möglich ist, die Grenzen für Gottes Allmacht zu umreißen? Wer will beweisen, daß Geister und ihre Kundgebungen nicht in die Naturgesetze eingeschlossen sind? Trägt der Spiritismus nicht alle Anzeichen eines ganz wunderbaren Gesetzes an sich, das alles aufklärt, was bisher Rätsel war? Eine Auferstehung von dem Tode, ganz körperlich, wäre übernatürlich und phantastisch und eine völlige Abweichung vom Naturgesetze, Gott würde so etwas nicht eintreten lassen, es geschähe denn ein Wunder. Aber solche Dinge gibt es nicht im Spiritismus.
Man wird aber sagen: „Ihr gebt ja zu, daß ein Geist einen Tisch aufheben und ihn in der Luft halten könne. Ist dies nicht eine Abweichung vom Gesetz der Schwere?" Ja, eine Abweichung von einem bekannten Gesetze. Aber hat denn die Natur schon ihr letztes Wort über ihre Gesetze gesagt? Bevor man die aufsteigende Kraft gewisser Gase erforscht hat, wer hätte

da geglaubt, daß eine schwere, viele Menschen tragende Maschine über die Anziehungskraft triumphieren werde? Warum also sollte ein unbekanntes Fluidum nicht auch die Eigenschaften besitzen, unter gewissen Umständen die Wirkung der Schwere aufzuheben, wie der Wasserstoff die Schwere des Ballons aufhebt? Dies ist ein Vergleich, doch nicht eine Gleichstellung, um durch Analogie zu zeigen, daß die Sache, physisch genommen, nicht unmöglich ist. Die Tatsache ist da, kein Leugnen kann sie verschwinden lassen, denn Leugnen heißt nicht beweisen, für uns ist nichts übernatürlich.
Wenn die Sache erwiesen ist, wird man sagen, wir nehmen sie an, wir nehmen sogar die von euch eben angeführte Ursache an, nämlich die von einem unbekannten Fluidum. Wer aber beweist das Einwirken der Geister?
Hier benötigt man einen Beweis, der nicht am Platze wäre, denn er geht aus allen Teilen der Lehre hervor. Aber um ihn mit einigen Worten zu wiederholen, sagen wir, daß er sich in der Theorie auf folgenden Grundsatz stützt: Jede intelligente Wirkung muß eine intelligente Ursache haben, in der Praxis also auch die Wahrnehmung, daß die spiritistischen Erscheinungen, indem sie Beweise von Intelligenz gegeben haben, ihre Ursache außerhalb der Materie haben müssen. Ferner daß diese Intelligenz, da sie keinem der dabei Anwesenden gehört, und das ist eine Erfahrungssache, außerhalb derselben zu suchen ist. Da man das handelnde Wesen nicht sehen konnte, war es also ein unsichtbares Wesen.
So ist man von Beobachtung zu Beobachtung zu der Erkenntnis gekommen, daß dieses unsichtbare Wesen, dem man den Namen „Geist" gab, nichts anderes ist als die Seele derer, die einmal körperlich gelebt haben, und die der Tod von ihrer groben, sichtbaren Hülle befreit hat, ihnen aber eine ätherische Hülle gelassen hat, die in ihrem normalen Zustande unsichtbar ist. Da ist das Wunderbare und Übernatürliche auf seine einfache Bedeutung zurückgeführt. Wenn einmal das Dasein der unsichtbaren Wesen dargelegt ist, so ist ihr ganzer Einfluß auf die Materie das Resultat der Eigenschaft ihrer fluidischen Hülle. Dieser Einfluß ist ein intelligenter, denn bei ihrem Ableben haben sie ja nur ihren Körper verloren, aber ihre Ver-

nunft, die ihr Wesen bildet, behalten. Dies ist der Schlüssel zu allen Erscheinungen, die man zu Unrecht für übernatürlich hielt.

Für diejenigen, die feste Materie als die einzige Kraft der Natur betrachten, ist alles wunderbar und übernatürlich, was durch ihre Gesetze nicht erklärt werden kann, und das Wunderbare ist für sie gleichbedeutend mit Aberglauben. Nach dieser Ansicht wäre aber auch die Religion, die sich auf das Dasein eines unkörperlichen Prinzips gründet, ein Gewebe von Aberglauben. Sie wagen es nicht, dies laut zu sagen, aber meinen es in der Stille. Das religiöse Prinzip kann nur wahr oder falsch sein. Ist es wahr, so ist es für die ganze Welt wahr, ist es aber falsch, so ist es nicht besser für die unwissenden wie für die aufgeklärten Leute.

Alle Menschen, die den Spiritismus im Namen des Wunderbaren angreifen, stützen sich hauptsächlich auf das materialistische Prinzip, indem sie durch Wegleugnung alles außerhalb der Materie befindlichen Wirkens das Dasein der Seele selbst wegleugnen. Sie schieben alles, was vom Dasein der Seele abgeleitet wird, dem Wunderbaren zu, und so bleiben sie sich selbst getreu. Da sie die Ursache nicht anerkennen, dürfen sie auch ihre Wirkungen nicht zugeben. Darin gründet bei ihnen die vorgefaßte Meinung, die sie unfähig macht, den Spritismus gründlich zu beurteilen.

Um über eine Sache sprechen zu können, muß man sie auch kennen, dies ist ein Gesetz der Logik. Die Meinung eines Kritikers hat nur dann einen Wert, wenn er mit voller Kenntnis über die Sache spricht. Dann erst könnte seine Meinung, selbst wenn sie falsch wäre, in Betracht gezogen werden. Aber von welchem Wert ist sie über einen Gegenstand, den er überhaupt nicht kennt? Der echte Kritiker muß Beweise geben können, von seiner Ausbildung, seiner gründlichen Kenntnis des Gegenstandes oder der Sache, von einem gesunden Urteil und von einer erprobten Unparteilichkeit, sonst könnte sich jeder Musikant das Recht anmaßen, einen Rossini, jeder Malerstümper, einen Raphael zu bemängeln.

Der Spiritismus nimmt daher nicht alle für wunderbar und übernatürlich gehaltenen Tatsachen an. Vielmehr weist er die

Unmöglichkeit einer großen Anzahl derselben nach und das Lächerliche gewisser Meinungen, die den Aberglauben bilden. Aber wo bleibt der Glaube des Spiritismus stehen, wird man fragen. Die Antwort lautet: Lest und beobachtet, und ihr werdet es wissen! Jede Wissenschaft erwirbt man sich durch das Studium und mit der Zeit. Der Spiritismus, der die schwierigsten Fragen der Philosophie und dazu alle Zweige der gesellschaftlichen Ordnung berührt, der den physischen und moralischen Menschen zu gleicher Zeit umfaßt, ist für sich selbst eine ganze Wissenschaft, eine ganze Philosophie, die man nicht in ein paar Stunden erlernen kann. Wer sich mit dem Oberflächlichen allein nicht begnügen will, dem genügen nicht Stunden, sondern er setzt Monate und Jahre daran, alle Geheimnisse des Spiritismus zu ergründen. Hiervon ausgehend, schließe man auf den Grad des Wissens und den Wert der Meinung jener, die sich das Recht der Beurteilung anmaßen.

Wir fassen unsere Lehre in folgenden Sätzen zusammen:

1. Alle spiritistischen Erscheinungen haben das Dasein der Seele, ihr Überleben des Körpers und ihre Kundgebungen zur Grundlage.
2. Da sich diese Erscheinungen auf ein Naturgesetz gründen, haben sie nichts Wunderbares und Übernatürliches im Sinne des Wortes an sich.
3. Viele Erscheinungen werden für übernatürlich gehalten, weil man ihre Ursache nicht kennt. Da ihnen der Spiritismus eine Ursache nachweist, führt er sie wieder in das Bereich natürlicher Erscheinungen zurück.
4. Unter den Tatsachen, die für übernatürlich erklärt werden, sind viele, deren Unmöglichkeit der Spiritismus nachweist und die er als Aberglauben bezeichnet.
5. Obwohl der Spiritismus in manchem Volksglauben den Grund der Wahrheit anerkennt, übernimmt er keineswegs die Bürgschaft für alle phantastischen, durch Einbildungskraft entstandenen Erzählungen.
6. Den Spiritismus nach Tatsachen zu beurteilen, die er nicht zugibt, heißt seine Unkenntnis an den Tag legen.
7. Die Erklärung der Tatsachen, die der Spiritismus zuläßt, das Darlegen ihrer Ursachen und moralischen Folgen bildet

eine eigene Wissenschaft für sich, eine ganze Philosophie, die ein ernstes und tiefes Studium erfordert.

8. Der Spiritismus kann nur den als ernsten Kritiker betrachten, der mit Geduld und Beharrlichkeit eines objektiven Beobachters alles gesehen, studiert und erwogen hat, und der von diesem Gegenstande soviel weiß wie der aufgeklärte Anhänger. Dem man auch keine Tatsache vorlegen kann, die er nicht kennt, kein Argument, das er nicht durchdacht hätte, der nicht durch Ableugnen, sondern durch gewichtige Gründe zurückweist und der den anerkannten Tatsachen eine logische Ursache beizumessen vermag.

Wir haben das Wort „Wunder" gebraucht. In seiner ersten Auffassung bedeutet dies Wort, daß eine außerordentliche Sache wunderbar anzusehen sei. Heute hat es sich von seiner ursprünglichen, schlichten Bedeutung entfernt und bedeutet einen Akt der göttlichen Macht gegen die bestehenden Naturgesetze.

Es fällt uns nicht ein, zu erforschen, ob Gott es für gut hielt, die von ihm selbst gegebenen Naturgesetze aufzuheben. Wir wollen nur zeigen, daß die spiritistischen Erscheinungen niemals diese Gesetze aufheben, so außerordentlich sie auch sein mögen, und daß sie ebensowenig wunderbar und übernatürlich sind. Wunder lassen sich nicht erklären, aber die spiritistischen Erscheinungen auf die vernünftigste Art. Sie sind also keine Wunder, sondern Tatsachen, die ihre Begründung in den allgemeinen Gesetzen finden.

Wenn ein Mensch, der wirklich gestorben ist, durch göttliche Dazwischenkunft wieder zum Leben erweckt wird, so ist dies ein wahres Wunder, weil es gegen die Naturgesetze ist. Wenn aber dieser Mensch nur scheintot ist, wenn in ihm noch ein Rest der verborgenen Lebensfähigkeit ruht, und wenn Wissenschaft und Behandlung mit Magnetismus ihn wieder ins Leben zurückrufen, so ist das für aufgeklärte Menschen eine natürliche Erscheinung, und nur bei Unwissenden wird diese Tat als ein Wunder gelten.

Eine der wichtigsten unter allen spiritistischen Erscheinungen ist ohne Zweifel die unmittelbare Schrift, denn sie zeigt uns in auffallender Weise die Tätigkeit der verborgenen Intelligenzen. Allein sobald diese Erscheinung durch verborgene Wesen bewirkt wird, ist sie ebensowenig wunderbar wie alle anderen Phänomene, die man den unsichtbaren Agentien, d. h. Triebkräften, verdankt. Diese verborgenen Wesen, die den Raum erfüllen, bilden eine von den Naturkräften, deren Einfluß sowohl auf die materielle als auch auf die moralische Welt unausgesetzt wirkt. Indem uns der Spiritismus diese Kraft erklärt, gibt er uns den Schlüssel zu einer Menge unerklärter und auf keine andere Weise erklärbarer Tatsachen, die in vergangenen Zeiten als Wunder gelten konnten. Zugleich enthüllt er uns den Magnetismus, ein zwar nicht unbekanntes, aber schlecht erklärtes Naturgesetz. Man kannte wohl seine Wirkungen, aber man kannte das Gesetz selbst nicht, und diese Unkenntnis hat den Aberglauben erzeugt. Nachdem man es erkannte, verschwand das Wunderbare und seine Erscheinungen traten in die Reihe der ganz natürlichen Dinge.

Der Spiritismus kommt der Religion zu Hilfe, indem er die Möglichkeit gewisser Tatsachen nachweist, die zwar nicht den Charakter des Wunderbaren an sich tragen, aber dennoch ganz außerordentlich sind. Aber deshalb ist Gott nicht weniger groß, auch nicht weniger mächtig, weil er seine eigenen Gesetze nicht aufgehoben hat.

Zu den spiritistischen Tatsachen muß man in erster Linie die Erscheinungen der Geister zählen, weil sie die am häufigsten vorkommenden sind. Jene von der Salette, die auch die Geistlichkeit anerkennt, ist für uns nichts Seltenes. Wir können zwar nicht behaupten, daß die Sache wirklich geschehen ist, denn uns fehlt der materielle Beweis, aber für uns ist sie möglich, weil uns Tausende von ähnlichen neueren Erscheinungen bekannt sind. Nach unserer Theorie, die wir später von den Geistererscheinungen geben werden, wird man sehen, daß eine Menge physischer Erscheinungen nur deshalb wunderbar wirken, weil man nicht den Schlüssel dafür hat. Die vom Spiritismus hervorgebrachten Tatsachen zeigten uns neue Gesetze auf und gaben uns über manches übernatürlich scheinende Vorkommnis Aufklärung.

Man findet täglich Menschen, die von keiner Tatsache Augenzeuge waren, die nie einen Tisch sich bewegen oder ein Medium schreiben sahen, und dennoch sind sie fest von allem überzeugt: nur, weil sie gelesen und verstanden haben. Wollte man nur das glauben, was man mit eigenen Augen sah, würden sich unsere Überzeugungen auf wenige Dinge beschränken!

Die Methode

Ein ganz natürliches und lobenswertes Begehren der Spiritisten, das man nicht genug unterstützen kann, ist es, Anhänger zu gewinnen. Um ihnen die Arbeit zu erleichtern und ihnen Anstrengungen zu ersparen, versuchten wir, einen gangbaren Weg zu erforschen.

Wir sagten, der Spiritismus sei eine ganze Philosophie, eine ganze Wissenschaft für sich. Derjenige also, der ihn allen Ernstes kennenlernen will, muß sich daher zunächst einem ernsten Studium hingeben und überzeugt sein, daß er diese Wissenschaft genausowenig wie eine andere im Spiel erlernen kann. Der Spiritismus berührt alle Fragen, welche die Menschheit interessieren, sein Feld ist unermeßlich, und von diesem Standpunkte aus muß man ihn betrachten.

Der Glaube an Geister bildet zweifelsohne die Grundlage, doch er genügt nicht mehr als Bildungsgrad für einen Spiritisten, ebensowenig, als der Glaube an Gott genügend ist, einen Theologen zu machen. Auf welche Art kommt man hier am sichersten zum Ziel?

Allgemein glaubt man, daß es zur Überzeugung genügend sei, auf Tatsachen hinzuweisen. Das scheint zwar der richtige Weg zu sein, aber die Erfahrung lehrt uns, daß es nicht immer der beste Weg ist. Man trifft oft Personen, die sich selbst durch die offenkundigsten Tatsachen nicht überzeugen lassen. Woran liegt das?

Im Spiritismus ist die Frage nach Geistern eine Nebenfrage und eine Schlußfolgerung. Sie ist nicht das Ziel unserer Untersuchung und schafft den Fehler, der uns gewissen Personen gegenüber zu Falle bringt. Da die Geister nichts anderes sind als die Seelen der Menschen, so ist der wahre Punkt der Diskussion das Dasein der Seele. Wie kann der Materialist zugeben, daß noch Wesen außerhalb der materiellen Welt bestehen, wenn er glaubt, daß er selbst nichts anderes als Materie ist? Wie kann er an Geister außerhalb seiner Person glauben, wenn er nicht einmal glaubt, daß er selbst einen besitzt? Umsonst und vergeblich würde man vor seinen Augen die greifbarsten Beweise anhäufen, er wird alle bestreiten, weil er doch das Prinzip nicht anerkennt!

Jeder methodische Unterricht muß vom Bekannten zum Unbekannten schreiten. Für den Materialisten ist das Bekannte die Materie. Geht daher bei ihm von der Materie aus, trachtet ihn bei ihrer Beobachtung zu überzeugen, daß in ihr etwas bestehe, das sich den Gesetzen der Materie entzieht. Kurz gesagt: Bevor ihr ihn zum Spiritisten macht, trachtet ihn zuvor zum Spiritualisten zu machen. Und da gibt es eine andere Ordnung der Dinge, eine ganz besondere Belehrung durch andere Mittel. Ihm von Geistern zu reden, bevor man ihn vom Besitze einer Seele überzeugt hat, hieße dort anfangen, wo man endigen sollte. Bevor man daher einen Ungläubigen überzeugt, und sei es durch Tatsachen, ist es nötig, seine Meinung über die Seele zu kennen, d. h. ob er auch an seine Weiterexistenz, an sein Überleben des Körpers, an seine Individualität nach seinem Tode glaube. Ist seine Antwort verneinend, dann wäre es eine vergebliche Mühe, mit ihm von Geistern zu reden. Dies ist eine Regel.

Unter den Materialisten muß man zwei Klassen unterscheiden: Die erste Klasse sind diejenigen, die es aus Prinzip sind. Bei diesen besteht kein Zweifel, es ist eine völlige Ableugnung, die sie auf ihre Art verteidigen. In ihren Augen ist der Mensch nichts als eine Maschine, die nur solange geht, als sie aufgezogen ist, die sich abnützt und von der nach dem Tode nichts anderes übrig bleibt als das Gerippe.

Die meisten von ihnen beharren aus Stolz auf ihrer Meinung. Aus Eigenliebe glauben sie, darauf beharren zu müssen. Und sie verbleiben dabei trotz und gegen alle Beweise des Gegenteils, weil sie nicht unterliegen wollen. Mit solchen Leuten ist nichts anzufangen. Man darf sich nicht einmal durch die Ehrlichkeit jener täuschen lassen, die da sagen: „Laßt mich sehen, und ich werde es glauben!" Es gibt auch solche, die noch viel

weiter gehen und sagen: „Ich werde sehen, und dennoch nicht glauben!“
Die zweite Klasse der Materialisten, und zwar die viel zahlreichere, denn der wahre Materialismus ist eine widernatürliche Denkart, umfaßt jene, die es aus Gleichgültigkeit sind, und man kann sagen, in Ermangelung des Besseren. Sie sind es nicht aus überlegtem Vorsatze, und sie wünschen nichts sehnlicher, als glauben zu können, denn die Unwissenheit ist für sie eine Qual. Bietet ihnen daher etwas Vernünftiges, und sie werden es mit Eifer annehmen. Diese können es auch begreifen, denn sie sind uns viel näher, als sie es selbst glauben. Mit den ersteren redet nie von der Offenbarung, nie von den Engeln oder vom Paradiese, sie würden es nicht verstehen. Versetzt euch in ihre Lage und beweist ihnen anfangs, daß die Gesetze der Physiologie noch nicht alles zu erklären vermögen, das andere kommt dann von selber. Anders aber verhält sich die Sache, wenn der Unglaube nicht ein vorsätzlicher ist, denn dann ist der Glaube nicht gleich Null, er ist ein erstickter Keim, den man wieder beleben kann. Es ist ein Blinder, dem man sein Gesicht wieder gibt und der sich glücklich schätzt, wieder sehen zu können.

An der Seite der Materialisten gibt es eine dritte Klasse von Ungläubigen, die dem Namen nach zwar Spiritualisten, aber dennoch sehr widerspenstig sind. Das sind die Ungläubigen aus bösem Willen. Sie weigern sich zu glauben, denn dieses würde ihre Ruhe beim Genuß der materiellen Freuden trüben. Sie fürchten darin die Verdammung ihres Ehrgeizes, ihrer Selbstsucht, ihrer menschlichen Schwächen zu finden, so lange diese ihr Vergnügen bilden. Sie schließen ihre Augen, um nicht zu sehen, verstopfen ihre Ohren, um nicht zu hören. Diese kann man nur bedauern.

Wir wollen noch von einer vierten Kategorie reden, die wir die eigennützigen Ungläubigen oder Ungläubige vom schlechten Glauben nennen wollen. Diese wissen recht wohl, was sie vom Spiritismus zu halten haben, aber sie verdammen ihn aus Gründen ihrer eigenen Interessen. Von diesen ist nichts zu reden, weil mit ihnen nichts anzufangen ist. Wenn sich der Materialist offenbar irrt, so hat er doch für sich die Entschuldigung des vermeintlichen guten Glaubens. Man kann ihn gewinnen, indem man ihm seinen Irrtum beweist. Hier aber ist es eine Aufgabe, bei der alle Beweisgründe scheitern.

Außer diesen verschiedenen Gattungen von Gegnern gibt es eine große Menge Menschen mit Unterschieden, wozu man die Ungläubigen aus Kleinmut rechnen kann. Der Mut wird ihnen kommen, wenn sie sehen, daß sich die anderen nicht verbrennen.

Dann die Ungläubigen aus religiösem Skrupel. Ein aufgeklärter Unterricht wird sie belehren, daß sich der Spiritismus durchaus und nur auf die religiösen Grundlagen stützt, und daß er jeden Glauben beachtet. Dann gibt es ferner Ungläubige aus Hochmut, aus Widerspruchsgeist, aus Gleichgültigkeit, aus Leichtsinn. Eine besondere Gattung können wir hier nicht weglassen, es sind die Ungläubigen durch Betrug. Zu ihnen gehören alle jene Personen, die von einem übertriebenen Glauben zum Unglauben übergingen. Sie sind jenen gleich, die den guten Glauben leugnen, weil sie getäuscht worden sind. Wenn jemand von den Geistern genarrt oder mystifiziert worden ist, so hauptsächlich darum, weil er sie über das befragte, was sie nicht sagen können und nicht sagen dürfen, oder weil er über den Gegenstand nicht genügend aufgeklärt war, um Wahrheit und Lüge zu unterscheiden. Viele endlich sehen im Spiritismus nur ein neues Mittel zur Wahrsagerei und glauben, die Geister seien dazu da, um uns gute Ereignisse zu verkünden. So kündigen sie den jungen Mädchen ihre Männer an, den Ehrgeizigen ihre Ehrenstellen, Erbschaften, verborgene Schätze usw., und daher stammen oft die Betrügereien, vor denen sich aber ein kluger und ernster Mensch zu schützen versteht.

Eine sehr zahlreiche Klasse, überhaupt die zahlreichste von allen, die man aber nicht unter die Gegner einreihen kann, ist die der Unschlüssigen. Im allgemeinen sind sie grundsätzlich Spiritualisten, bei vielen ist eine unbestimmte Anschauung spiritistischer Ideen, ein Vorgefühl für eine Sache, die sie nicht näher bezeichnen können, vorhanden. Ihren Gedankengängen fehlt nichts, als geordnet und formuliert zu werden. Der Spiritismus ist für sie ein Licht, das den Nebel verscheucht. Sie nehmen ihn mit Eifer an, denn er befreit sie von der Angst der Unwissenheit.

Wenn wir nun einen Blick auf die verschiedenen Arten der Gläubigen werfen, so finden wir zuerst Spiritisten, die davon gar nichts wissen. Es ist sozusagen eine Abart oder Schattierung von der vorhergehenden Klasse. Ohne je von der spiritistischen Lehre gehört zu haben, besitzen sie ein angeborenes Gefühl von den großen Grundsätzen, die daraus entspringen, und dieses Gefühl macht sich in einigen Zügen ihrer Schriften und Reden geltend, und zwar oft so lebhaft, daß man sie für vollkommen Eingeweihte halten möchte.

Unter denen, die ein direktes Studium der Geisterlehre zur Überzeugung gebracht hat, kann man unterscheiden:

1. Solche, die einzig und allein an die Manifestationen glauben. Für sie ist der Spiritismus eine Erfahrungswissenschaft, eine Reihe von merkwürdigen Tatsachen.

2. Solche, die im Spiritismus anderes als nur Tatsachen erblicken. Sie begreifen seinen philosophischen Teil, sie bewundern die Moral, die daraus entspringt, aber sie befolgen sie nicht. Sie würden sich nicht einen einzigen Genuß versagen. Für diese Menschen ist die christliche Nächstenliebe nur ein schöner Grundsatz, eine ideale Lebensregel. Es sind *halbe Spiritisten.*

3. Solche, die sich nicht damit begnügen, die spiritistische Moral zu bewundern, sondern die sich auch danach richten. In der Überzeugung, daß das irdische Dasein eine vorübergehende Prüfung sei, bemühen sie sich, diese kurze Zeit dazu zu benützen, auf dem Wege des Fortschrittes vorwärts zu kommen, der sie allein in der Hierarchie der Geisterwelt zu erheben vermag. Die Nächstenliebe ist in allen Dingen ihre Lebensregel. Das sind die christlichen und die richtigen *wahren Spiritisten.*

4. Endlich gibt es noch exaltierte Spiritisten. Übertreibung ist in allem schädlich. Im Spiritismus im besonderen erzeugt sie ein blindes und geradezu kindisches Vertrauen in bezug auf die unsichtbare Welt. Sie läßt uns leicht und ohne Kontrolle das annehmen, was unser Nachdenken und die Untersuchung als abgeschmackt oder unmöglich bezeichnen würde. Solche

Anhänger sind dem Spiritismus mehr schädlich als nützlich. Sie sind am allerwenigsten geeignet, zu überzeugen, weil man ihrem Urteile mit vollem Recht nicht traut. Sie sind trotz besten Glaubens Spielball teils von Spottgeistern, teils von Menschen, die ihre Leichgläubigkeit auszubeuten suchen. Das Schlechteste dabei ist, daß sie, ohne es zu wollen, jenen Ungläubigen die Waffen geben, die mehr Gelegenheit zum Lachen als sich zu überzeugen suchen.

Die Mittel zur Überzeugung sind außerordentlich verschieden, je nach dem Individuum. Was den einen überzeugt, hat oft beim andern keine Wirkung. Dieser ist durch bestimmte materielle Manifestationen überzeugt, jener durch verständige Mitteilungen. Die größte Anzahl Anhänger gewann der Spiritismus durch Vernunftschlüsse. Wir können behaupten, daß für die meisten, die nicht durch Belehrung vorbereitet waren, die materiellen Erscheinungen nur wenig Gewicht hatten. Ein jeder sieht sie von seinem besonderen Gesichtspunkte aus und erklärt sie sich auf seine eigene Art. Der Materialist sieht darin eine rein physische Angelegenheit oder einen Betrug, der Unwissende eine übernatürliche oder gar teuflische Sache, während eine vorausgehende Belehrung die vorgefaßten Meinungen zerstört, und wenn schon nicht die Wirklichkeit, so doch wenigstens die Möglichkeit der Sache nachweist. Man begreift sie, bevor man sie gesehen hat. Ist aber bereits die Möglichkeit anerkannt, so ist schon dreiviertel der Überzeugung gewonnen.

Ist es nun überhaupt vorteilhaft, einen völlig Ungläubigen überzeugen zu wollen? Wir haben schon gesagt, das hängt ganz von der Ursache ab und von der Art seines Unglaubens. Sehr oft läßt ihn der Eifer, mit dem man ihn zu überzeugen sucht, an seine persönliche Wichtigkeit glauben, und das ist für ihn ein Grund mehr zur Ablehnung. Wer sich weder durch Worte noch durch Taten überzeugen läßt, muß sich der Prüfung des Unglaubens unterziehen. Man muß es in diesem Falle der Vorsehung überlassen, günstigere Umstände für ihn herbeizuführen.

Der Spiritismus liegt in der Luft. Er verbreitet sich durch die Kraft der Tatsachen und macht alle glücklich, die sich dazu bekennen. Wenn seine Gegner ihn anwachsen sehen und sogar bei ihren Freunden, werden sie schließlich ihre Absonderung begreifen und werden gezwungen sein, entweder zu schweigen oder sich zu ergeben.

Um bei der Darlegung des Spiritismus so vorzugehen, wie man es bei anderen Wissenschaften tun würde, müßte man nach und nach seine ganzen Phänomene vorführen, aber das kann nicht sein. Es ist unmöglich, einen experimentalen Kursus des Spiritismus zu lehren, wie etwa bei Physik und Chemie. Bei den Naturwissenschaften hat man es mit Rohstoffen zu tun, man kann sie nach Willkür behandeln und fast mit Sicherheit ihre Wirkungen lenken. Beim Spiritismus jedoch hat man es mit Intelligenzen zu tun, die ihren freien Willen haben, die uns laufend beweisen, daß sie nicht unseren Launen und Wünschen unterworfen sind. Man kann daher nur beobachten, den Erfolg abwarten, und ihn bei seinem Eintreten ausnützen. Es ist auch undenkbar, zu glauben, daß die Geister nur darum erscheinen sollten, um sich zu zeigen oder um sich wie Schaugegenstände der Erforschung preiszugeben. Die Phänomene könnten also gerade dann fehlschlagen, wenn man sie benötigt, oder in einer ganz anderen Reihenfolge eintreten, als man es wünschte. Setzen wir noch hinzu, daß zu ihrer Hervorbringung Personen mit besonderer Anlage benötigt werden, und daß diese Anlagen je nach Individuum bis ins Unendliche hin verschieden sind. Da es nun sehr selten ist, daß eine Person alle gewünschten Fähigkeiten besitzt, ist dies eine Schwierigkeit mehr. Man müßte eine ganze Sammlung von Medien zur Verfügung haben.

Diesem Übelstande ist mit einem einfachen Mittel vorzubeugen: Man muß mit der *Theorie* anfangen. Hier werden alle Erscheinungen anschaulich gemacht, man kann davon Bericht geben, ihre Möglichkeiten begreifen, die Bedingungen erkennen, unter denen man sie hervorbringen kann, und auch die Hindernisse erkennen, denen man begegnen kann. In welcher Ordnung sie dann je nach Umständen auftreten, ist gleich, es gibt nichts mehr, was überraschen könnte. Noch ein anderer Vorteil ergibt sich dadurch: es werden demjenigen, der diesen Weg geht, eine Menge von Enttäuschungen erspart. Gegen alle

Schwierigkeiten gerüstet, kann er sich in acht nehmen und es vermeiden, Erfahrung auf eigene Kosten zu sammeln. Die beste Methode, Spiritismus zu lehren, ist die, sich zuvor an den Verstand, dann erst an die Augen zu wenden.

Das vorstehend erläuterte Studium der Theorie hat noch den Vorteil, die Größe des Zieles und die Tragweite der Wissenschaft unmittelbar zu zeigen. Wer damit anfängt, einen sich drehenden oder klopfenden Tisch anzusehen, ist meist zum Lachen aufgelegt, weil er sich schwerlich denken kann, daß aus einem Tische eine die Menschheit beglückende Lehre stammen könne. Wir haben immer bemerkt, daß diejenigen, die glauben, ohne zuvor etwas gesehen zu haben, nur darum nicht oberflächlich sind, weil sie gelesen und begriffen haben und überlegen. Sie halten sich mehr an die Sache als an die Form, für sie ist der philosophische Teil die Hauptsache, die Phänomene sind nur eine Zugabe. Sie sagen: „Selbst wenn es keine Phänomene gäbe, so würde dennoch die Philosophie bestehen, die allein die unauflöslichen Probleme auflöst, und die ganz für sich die vernünftigste Theorie von der Vergangenheit und der Zukunft des Menschen aufstellt." Sie ziehen eine Lehre, die alles aufklärt, einer anderen vor, die nichts oder schlecht aufklärt. Wer nachdenkt, begreift sehr wohl, daß man die Manifestationen weglassen könnte, ohne der Lehre zu schaden. Sie sind nur Beigabe, um sie zu festigen, bilden aber nicht ihre wesentliche Grundlage. Der ernste Beobachter verschmäht sie nicht, im Gegenteil! Aber er wartet günstige Umstände ab, die es ihm erlauben, Zeuge davon zu sein.

Man könnte übrigens gar nicht sagen, daß jene, die mit der Theorie beginnen, Mangel an praktischer Beobachtung haben. Sie haben die häufigen spontanen Manifestationen, die doch mehr Gewicht haben als die, die man vor ihren Augen hervorbringen könnte. Es gibt nur wenige Menschen, die davon nicht zumindest vom Hörensagen Kenntnis hätten. Viele haben sie schon an sich selbst erfahren, haben ihnen aber nur geringe Aufmerksamkeit gewidmet. Die Theorie gibt ihnen die Aufklärung dazu, und wir behaupten, daß diese Tatsachen ein großes Gewicht haben, weil sie sich auf unwiderlegliche Zeugnisse stützen, denn da kann man keine Vorbereitungen und kein Einverständnis voraussetzen. Beständen die hervorgerufenen Phänomene nicht, so würden trotzdem die spontanen bestehen. Die meisten von denen, die im voraus lesen, behalten die Erinnerung an diese Tatsachen und sie ist ihnen eine Bestätigung der Theorie.

Man würde sich irren, wollte man annehmen, wir raten zur Vernachlässigung der Tatsachen. Wir gelangten nur durch die Tatsachen zur Theorie. Nachdem sie uns nun Nutzen gebracht haben und uns noch ständig dienstbar sind, ständen wir zu uns selbst in Widerspruch, wenn wir ihre Wichtigkeit bestreiten wollten.

Es ist wahr, daß unter zehn ganz neuen Teilnehmern, die eine Experimentalsitzung mitmachen, neun sein werden, die ohne Überzeugung weggehen werden, und einige mehr ungläubig als zuvor, weil die Experimente, seien sie in den Augen der Anhänger auch befriedigend gewesen, ihren Erwartungen nicht entsprochen haben. Ganz anders wird es aber bei jenen sein, die sich durch einen vorausgegangenen Unterricht ein Urteil über den Verlauf solcher Sitzung bilden können. Für diese ist es ein Kontrollmittel. Nichts überrascht sie, selbst das Mißlingen nicht, denn sie wissen, unter welchen Bedingungen sich die Tatsachen darstellen. Dies ist auch der Grund, weshalb wir zu unseren experimentellen Sitzungen nur jene Personen zulassen, die hinlängliche Vorkenntnisse besitzen, um zu begreifen, was man da macht.

Wer sich diese Vorkenntnisse durch das Lesen einiger spiritistischer Werke erwerben will, dem raten wir, sie in folgender Ordnung zu lesen:

„Das Buch der Geister“. Dieses enthält die ganze, von den Geistern selbst diktierte Lehre, mit ihrer gesamten Philosophie und allen moralischen Folgesätzen: die Enthüllung der Bestimmung des Menschen, die Einweihung in die Natur der Geister und in die Geheimnisse des Lebens nach dem Tode. Liest man es, so begreift man, daß der Spiritismus ein ernstes Ziel hat und nicht zum bloßen Zeitvertreib da ist.

„Das Buch der Medien“. Dieses Buch hat die Aufgabe, die Manifestationen in der Praxis durch Angabe der geeignetsten Mittel zu lenken, um mit den Geistern verkehren zu können.

Es ist ein Wegweiser, teils für Medien, teils für die Sitzungsteilnehmer, und eine Ergänzung des Buches der Geister.
„Die Geschichte des Spiritismus", von Cäsar Baudi Ritter von Vesme. Von Professor Feilgenhauer aus dem Italienischen übersetzt und mit Anmerkungen versehen, in drei Bänden: Band 1 „Das Altertum", Band 2 „Das Mittelalter", Band 3 „Die Neuzeit".
„Die Bibliothek für Spiritualismus", sie erschien bei Mutze in Leipzig und ist eine Sammlung verschiedener theoretischer Erklärungen. Es sind die besten spiritualistischen Bücher, die das ergänzen, was in den vorhergehenden Werken gesagt wurde, und die sozusagen eine Art Anwendung davon bilden. Vorteilhaft ist es, sie erst *nach* dem „Buche der Geister" zu lesen.
Und noch etwas Wichtiges ist zu sagen: Diejenigen, die *alles* von einer Wissenschaft kennenlernen wollen, müssen notwendigerweise auch alles lesen, was über diesen Gegenstand geschrieben wurde. Und wenn schon nicht alles, so doch wenigstens die Hauptsachen. Sie dürfen sich auch nicht auf einen einzigen Schriftsteller beschränken, sie müssen die Werke für und auch gegen lesen, sowohl die Lobreden als auch die Kritiken der spiritistischen Lehre. Sie müssen sich mit den verschiedenen Systemen befassen, um durch Vergleiche richtig urteilen zu können. In dieser Beziehung wird von uns kein Werk vergöttert noch bekrittelt, denn wir wollen in keinem Falle auf die sich bildende Meinung Einfluß nehmen. Indem wir unser Scherflein beitragen, stellen wir uns in die Linie der anderen Mitstreiter. Es kommt uns nicht zu, zugleich Richter und Partei in einem zu sein, und wir besitzen auch nicht die lächerliche Anmaßung, die einzigen Spender des Lichtes zu sein. Dem Leser bleibt es vorbehalten, an dem Guten oder Bösen, an dem Wahren oder Falschen Anteil zu nehmen.

Die Systeme

Als sich die fremdartigen Erscheinungen des Spiritismus zu zeigen begannen, besser gesagt, als sie sich in der neuesten Zeit wiederholten, war der erste Gedanke der Zweifel an ihrer Wirklichkeit und noch mehr der ihrer Ursache. Als sie sich dann durch Zeugnisse und Beweise bewährten, ebenso durch jedem zugängliche Erfahrungen, hatte jeder seine persönliche Meinung und Ansicht und legte die Phänomene nach seinem Glauben aus. Daher rühren die verschiedenen Systeme, die eine aufmerksamere Beobachtung auf ihren wahren Wert zurückführen mußte.

Die Gegner des Spiritismus glaubten in dieser Verschiedenheit der Meinungen einen Grund für die Ablehnung zu finden. Sie sagten, die Spiritisten wären ja untereinander selbst nicht einig. Es war ein armseliger Einwand, wenn man bedenkt, daß eine Wissenschaft in der Zeit ihres Entstehens notwendigerweise immer erst im Ungewissen tastet, bis erst im Laufe der Zeit Tatsachen und Ergebnisse gesichtet und geordnet wurden. Je mehr sich Tatsachen ergänzen, je mehr sie erforscht werden, desto mehr verlieren sich die anfänglichen Ideen und ein Gesamtbild entsteht. So war es auch beim Spiritismus. Er konnte der allgemeinen und üblichen und meist oberflächlichen Kritik nicht entgehen und mußte sich seiner Natur nach mehr als eine andere Wissenschaft der Verschiedenheit seiner Auslegungen beugen.

An die Spitze in der Reihenfolge der Systeme stellen wir die Negation, die glatte Ableugnung. Das sind die Gegner des Spiritismus. Wir begnügen uns mit zwei Sätzen, die Gründe zu erwähnen, auf welche sie sich stützen: Sie leugnen das Dasein der Geister aus dem Grunde, weil sie nichts außerhalb der Materie zugeben. Somit läßt sich begreifen, daß sie die intelligenten Erfolge unserer Sitzungen ebenfalls leugnen. Was aber die physischen Erfolge betrifft, so erklären sie dieselben von ihrem Gesichtspunkte aus, und ihre Gründe können unter die folgenden vier Systeme eingereiht werden.

Das System der Scharlatanerie: Unter den Gegnern schreiben viele diese Erfolge dem Aberglauben zu, und zwar aus dem Grunde, weil einiges nachgeahmt werden konnte. Diese Voraussetzung würde alle Spiritisten zu Narren und alle Medien ohne Rücksicht auf Stellung, Charakter, Wissenschaft und Ehrenhaftigkeit zu Narrenmachern verwandeln. Kann man aber sagen, daß es nie einen Mißbrauch gegeben hätte? Um dies zu glauben, müßte man zugeben, daß alle Menschen vollkommen sind. Man mißbraucht alles, selbst die heiligsten Sachen. Warum sollte nicht auch jemand den Spiritismus mißbrauchen? Aber der Mißbrauch kann der Sache selbst keinen Schaden zufügen. Die Kontrolle, die man haben kann, schließt Scharlatanerie aus.

Das System der Narrheit: Einige wollen aus Herablassung den Verdacht des Aberglaubens vermeiden und behaupten, daß alle, die die andern nicht betrügen, dennoch selbst Betrogene sind. Dies will besagen, daß die Teilnehmer an spiritistischen Sitzungen nicht urteilskräftig oder geistesschwach sind. Wenn die Ungläubigen dabei weniger Anstand beobachten, so sagen sie ganz einfach, daß man ein Narr sei, indem sie sich auf diese Art selbst das Vorrecht eines gesunden Menschenverstandes zuschreiben. Das ist das große Argument aller derjenigen, die keinen besseren Grund entgegenstellen können. Man muß in der Tat bekennen, daß diese Narrheit, wenn es eine ist, den eigentümlichen Charakter hat, besonders die intelligente und aufgeklärte Klasse zu ergreifen, darin der Spiritismus bisher die überwiegende Mehrzahl seiner Anhänger hat. Wenn man in ihren Reihen einige Exzentrische findet, so beweisen diese Ausnahmen gegen die Lehre ebensowenig, als einige religiöse Narren gegen die Religion Beweis sind.

Das System der Halluzination: Eine andere, uns weniger beleidigende Meinung besteht darin, alle Phänomene auf Rechnung der Sinnestäuschung zu setzen, daß also der Beobachter sehr guten Glaubens wäre, das zu sehen, was er gar nicht sieht. Wenn er einen Tisch sieht, wie er sich hebt, darauf ohne jede Stütze in der Luft schwebt, so hätte sich angeblich der Tisch gar nicht von seiner Stelle gerührt. Er sieht ihn in der Luft durch eine Art Luftspiegelung oder Strahlenbrechung, wie sie vom Wasser her bekannt ist. Streng genommen wäre auch dies möglich, aber alle Zeugen dieser Erscheinung konnten bis jetzt den Abstand außer Zweifel setzen, indem sie sich in den Raum unterhalb des gehobenen Tisches begaben, was doch wohl nicht gut möglich gewesen wäre, hätte der Tisch den Boden nicht verlassen. Andererseits ist es auch schon vorgekommen, daß ein von Geisterkraft gehobener Tisch beim Rückfall auf den Boden gebrochen ist. Kann man da auch sagen, daß es nur eine optische Täuschung ist? Eine bekannte physiologische Ursache kann uns ohne Zweifel glauben lassen, etwas bewege sich, was sich in Wahrheit nicht rührt, oder man drehe sich selbst, wenn man unbewegt ist. Wenn aber nun mehrere Personen, um einen Tisch sitzend, durch dessen schnelle Bewegung mit fortgerissen werden, daß sie Mühe haben, ihm zu folgen, wird man da sagen können, alle seien vom Schwindel ergriffen worden?

Das System der knarrenden Muskel: Wenn es nicht beim Sehen so ist, kann es auch beim Hören nicht so sein. Wenn die Schläge im Tische von einer ganzen Versammlung gehört werden, kann man sie nicht gut einer Täuschung zuschreiben. Wir denken uns dabei, wohlverstanden, jeden Betrug ausgeschlossen und setzen voraus, daß eine aufmerksame Beobachtung es außer Zweifel gestellt hat, daß solche Schläge von keiner zufälligen oder materiellen Ursache herrühren.

Ein gelehrter Arzt, M. Jobert de Laballe, hat seiner Meinung nach eine vollständige Erklärung gegeben, wie diese Schläge entstehen. Die Ursache davon liegt, so sagt er, in der freiwilligen oder unfreiwilligen Zusammenziehung der Sehne am Wadenbeinmuskel. Er geht bei dieser Erklärung sogar in eine vollständige anatomische Zergliederung ein. Die Sache an sich ist nun nicht etwa neu. Aber zum Unglück für den Entdecker dieser neuen, vorgeschützten Entdeckung kann seine Theorie nicht über alle Fälle Aufschluß geben. Vorneweg gesagt: die Teilnehmer, die durch besondere Begabung nach Belieben ihre Wadenbeinmuskeln oder andere knarren lassen können, um dadurch Arien zu spielen, sind ganz große Ausnahmen, während das Tischklopfen sehr allgemein ist. Und die, welche die Fähigkeit des Klopfens besitzen, haben nicht die Fähigkeit, Arien zu knarren. Weiterhin hat der weise Dokor vergessen, uns aufzuklären, wie knarrende Muskeln einer vom Tisch entfernten, stillstehenden Person spürbare Vibrationen hervorbringen können, wie sich dies Geräusch nach dem Willen der am Tische Stehenden in andern Einrichtungsgegenständen,

Möbeln, Sofas und gegen die Wände wiederholen könne, und wie sich die Handlung der Muskeln auf den Tisch erstrecken könne, den man gar nicht berührt. Wenn dies tatsächlich eine Erklärung wäre, betrifft sie nur das Phänomen der geklopften Schläge, erstreckt sich aber nicht auf die anderen Gattungen von Geistermitteilungen. Schließen wir nun daraus, daß er geurteilt hat, ohne gesehen zu haben, oder ohne alles gesehen zu haben, oder alles gut gesehen zu haben? Es ist immer zu beklagen, wenn Wissenschaftler sich beeilen, Aufklärung über Sachen zu geben, die sie nicht kennen und die die Tatsachen nicht widerlegen können.

Das System der physischen Ursachen: Hier scheiden wir von den Systemen des völligen Ableugnens. Nachdem die Wirklichkeit der Phänomene als erwiesen galt, war der erste Gedanke, die Bewegungen der Tische dem Magnetismus, der Elektrizität oder der Einwirkung irgendeines Fluidums, kurz, einer physischen oder materiellen Ursache zuzuschreiben. Diese Meinung hat nichts Vernunftwidriges an sich, und sie wäre durchgedrungen, hätten sich die Phänomene nur auf die mechanischen Äußerungen beschränkt. Ein Umstand schien sie sogar zu bestärken: das Zunehmen der Kraft im Verhältnis zur Zahl der Personen. Jede von ihnen konnte als eines der Elemente einer menschlichen elektrischen Säule betrachtet werden. Eine wahre Theorie muß über alles Aufschluß geben können. Ein einziger Fall, der ihr widerspricht, kennzeichnet sie als unvollständig, willkürlich oder falsch. Das ist auch hier der Fall: Diese Bewegungen und Schläge gaben intelligente Zeichen, die nach dem Willen erfolgten und auf den Gedanken antworteten, also mußten sie eine intelligente Ursache haben. Sobald die Wirkung aufhörte, rein physisch zu sein, mußte sie ebenfalls eine andere Quelle haben. Die Hauptsache besteht darin, eine intelligente Einwirkung nachzuweisen, und davon kann sich ein jeder überzeugen, der sich die Mühe des Beobachtens nehmen will.

Das System der Reflexe, die Übertragung der Gedanken: Sobald man die intelligente Einwirkung einmal erkannt hat, bleibt nur übrig, die Quelle der Intelligenz zu erforschen. Man glaubte, es wäre jene der Anwesenden oder des Mediums, und das wäre wohl möglich. Die Erfahrung allein konnte hier das letzte Wort sprechen. Zu bemerken wäre, daß sich dieses System, diese Annahme, schon ganz von der materialistischen Idee absondert. Damit die Intelligenz der Umstehenden auf indirektem Wege wieder erscheinen könne, mußte man bei dem Menschen ein Prinzip außerhalb seines Organismus zugeben. Wenn der ausgedrückte Gedanke immer jener der Umstehenden gewesen wäre, hätte die Theorie ihre Bestätigung gefunden. Wenn nun diese Erscheinung selbst in ein solches Verhältnis gebracht wurde, war sie nicht von größtem Interesse? Ein Gedanke, der sich an einem trägen Körper bricht und durch Bewegung und Geräusch fortpflanzt, ist dies nicht eine hochinteressante Sache?

Nur die Erfahrung konnte diese Theorie entweder bestätigen oder verwerfen, und sie hat sie verworfen. Sie zeigte aller Augenblicke, daß der ausgedrückte Gedanke nicht nur ein fremder sein kann, sondern daß er in Beziehung auf die Umstehenden oft ein völlig verkehrter ist, der allen vorgefaßten Meinungen widerspricht, und wenn ich mir denke „weiß", und man hat mir „schwarz" geantwortet, ist es in der Tat schwer zu glauben, daß diese Antwort von mir selbst kommt. Zwar stützt man sich auf einige Fälle der Übereinstimmung des von Jenseitigen ausgedrückten Gedankens mit jenem der Teilnehmer, aber beweist dies nicht, daß diese ebenso denken können als die sich offenbarende Intelligenz? Es ist wie im Leben und nicht gesagt, daß sie immer entgegengesetzter Meinung sein müssen.

Und schließlich: Wie könnte man durch Reflexion des Gedankens die Schrift von Personen erklären, die gar nicht schreiben können, dazu Antworten von der größten philosophischen Bedeutung, die durch ungebildete Personen erhalten wurden, Antworten auf innerlich gedachte Fragen oder in einer dem Medium gegebenen unbekannten Sprache?

Wenn die Gegenwart einer fremden Intelligenz durch die Qualität der Antworten moralisch erwiesen ist, so ist sie durch die direkte Schrift auch materiell nachgewiesen durch ihre Umstände, ohne Feder, ohne Bleistift, ohne Berührung, bei allen angewendeten Vorsichtsmaßnahmen, um sich gegen Täuschung zu schützen. Der intelligente Charakter des Phänomens kann nicht in Zweifel gezogen werden, es ist also etwas anderes als eine fluidische Wirkung.

Das System der inneren kollektiven Seelen: Dies ist eine Variante des vorhergehenden Systems. Nach ihm manifestiert sich die Seele des Mediums, aber sie vereinigt sich mit jener der vielen anderen anwesenden oder abwesenden Lebendigen und bildet ein mit ihnen gemeinsames Wesen, das Fähigkeiten, Intelligenz und Kenntnisse eines jeden Einzelnen in sich vereinigt. Diese Theorie scheint uns von einer sehr dunklen Art zu sein, so daß wir sie wenig begriffen haben.

Das System des Somnambulismus: Es hatte viele Anhänger. Wie das vorhergehende System nimmt es an, daß alle intelligenten Mitteilungen ihre Quelle in der Seele oder im Geiste des Mediums haben. Die Fähigkeiten, welche die Kenntnisse des Mediums übersteigen, werden einer zeitweiligen Aufregung der inneren Kräfte, einer Art somnambulen, verzückten Zustandes zugeschrieben, welcher seine Intelligenz entwickelt und erhöht. Man kann den Einfluß dieser Ursache in manchen Fällen nicht leugnen, aber es genügt, mehrere verschiedene Medien in ihrer Tätigkeit gesehen zu haben, um sich zu überzeugen, daß diese Annahme nicht alle Tatsachen erklären kann. Wie soll man an eine Inspiration des Mediums glauben, wenn es wie eine Maschine schreibt, ohne dabei die geringsten Kenntnisse zu haben, was es für Mitteilungen von geistiger Seite erhält. Ohne jede Aufregung und Anteilnahme, zwanglos umherschauend, lachend und über andere Dinge redend. Man begreift die Aufgeregtheit der Ideen, begreift aber nicht, wie sie jemanden zum Schreiben bringen können, der nicht schreiben kann, und man begreift noch weniger, wenn die Mitteilungen durch Schläge, mit Schreibbrettchen oder Körbchen übertragen werden. Die Äußerungen, in denen sich eine fremde Intelligenz durch unanfechtbare Zeichen enthüllt, sind so zahlreich, daß sie keinen Zweifel aufkommen lasssen.

Das diabolische oder dämonische System: Hier haben wir eine andere Ordnung der Annahmen. Nachdem die Einschaltung einer fremden Intelligenz erwiesen war, blieb ihre Natur zu ergründen. Man könnte sie ja einfach fragen, aber viele haben darin keine Bürgschaft gefunden und wollen in allen Kundgebungen nur ein teuflisches Werk sehen. Obwohl dieses System heute nur noch wenig Anhänger findet, genoß es doch einige Zeit Ansehen durch den Ruf derer, die bemüht waren, es zur Geltung zu bringen. Auf jeden Fall ist zu bemerken, daß die Anhänger dieses Systems nicht unter die Gegner des Spiritismus zu zählen sind, ganz im Gegenteil! Mögen die Wesen, die sich uns mitteilen, nun Dämonen oder Engel sein, es sind immer unkörperliche Wesen. Man muß die Möglichkeit des Verkehrs mit der unsichtbaren Welt, zumindest mit einem Teile dieser Welt, zugeben.

Der Glaube an Dämonen konnte nur so lange als möglich erscheinen, wie man die Geister als außerhalb der Menschheit stehend betrachtete. Seit man aber weiß, daß Geister nichts weiter sind als die Seelen der früheren Erdenbewohner, hat er sein Blendwerk verloren, denn man könnte daraus folgern, daß alle Seelen Dämonen sind, mag es die Seele unseres Vaters, eines Sohnes oder eines Freundes sein. Selbst wir, wenn wir sterben, werden zu Dämonen, eine für viele Menschen wenig schmeichelhafte und tröstliche Lehre.

Es ist wahr, daß es unter den Geistern sehr schlechte gibt, die fast den Dämonen gleichkommen, aus dem ganz einfachen Grunde, weil es auch sehr schlechte Menschen gibt, und weil der Tod nicht unmittelbar bessert. Sind dies aber die einzigen Geister, die sich mitteilen können? An alle, die dies glauben, stellen wir folgende Fragen:

1. Gibt es gute und böse Geister?
2. Ist Gott mächtiger als die bösen Geister oder die Dämonen?
3. Könnten sich nur böse Geister mitteilen, geschieht dies mit oder gegen den Willen Gottes? Geschieht es gegen seinen Willen, sind die bösen Geister mächtiger als er. Ist es aber nach seinem Willen, warum sollte er es nicht auch den Guten erlauben, um den Einfluß der Bösen aufzuheben?
4. Welchen Beweis könnt ihr für das Unvermögen der guten Geister, sich mitzuteilen, erbringen?
5. Stellt man euch die Weisheit mancher geistigen Mitteilungen entgegen, folgert ihr, daß der Teufel zur Verführung alle

Masken annehme. Natürlich gibt es auch heuchlerische Geister. Aber gebt ihr zu, daß Unwissenheit und schlechte Natur die wahre Wissenschaft und Tugend nachahmen können, ohne daß man den Betrug merkt?

6. Wenn sich nur ein Dämon oder schlechter Geist mitteilen kann, der doch ein Feind Gottes ist, warum empfiehlt er uns, zu Gott zu beten, sich seinem Willen unterzuordnen usw.? Man muß da gestehen, er ist sehr ungeschickt, die Waffen gegen sich selbst zu schmieden.
7. Da sich mit Erlaubnis Gottes gute und schlechte Geister offenbaren, ist es nicht logisch, zu denken, daß uns die einen prüfen und die andern das Gute anraten sollen?
8. Welcher Vater würde sein Kind bösem Rat und schlechtem Beispiel preisgeben und das Gute von ihm fernhalten? Was ein guter Vater nicht tun würde, würde wohl Gott, der die Güte selbst ist, noch weniger tun als ein Mensch.
9. Die Kirche kennt authentische Manifestationen der heiligen Jungfrau und anderer Heiligen in Erscheinungen, Visionen und mündlichen Mitteilungen. Ist das nicht ganz entgegengesetzt der Lehre von der ausschließlichen Mitteilung böser Geister?

Es ist anzunehmen, daß gewisse Menschen diese Lehre guten Glaubens anerkannt haben, andere wiederum, um zu verhüten, daß man sich mit diesen Dingen beschäftige. So gut die Absicht ist, ihr Ziel erreicht sie aber nicht, denn gerade das Verbot erregt die Begierde. Furcht vor dem Teufel hält die wenigsten Leute zurück, man will ihn sehen, um zu wissen, wie er beschaffen ist und ob er schwarz ist.

Da die Geister also nichts anderes sind als die Seelen der Menschen, und da die Menschen unvollkommen sind, müssen Geister ebenfalls unvollkommen sein, und dies muß sich in den Kundgebungen widerspiegeln. Und es ist auch bekannt, daß es böse und grundsätzlich heuchlerische Geister gibt, vor denen man sich in acht nehmen muß. Aber das muß man sich vor entsprechenden Menschen auch, und man kann deshalb kein Verneiner und Meider der Menschen sein. Gott gab uns Vernunft und Urteilskraft, um Menschen und Geister unterscheiden zu können. Das beste Mittel ist, sich über sie die rechte Aufklärung zu schaffen.

Das System der Optimisten: Neben denen, die in den Phänomenen nur das Werk des Teufels sehen, gibt es andere, die nur lauter gute Geister sehen. Sie setzen voraus, daß sie von der Materie befreite Seele ohne jeden Schleier ist und daß sie höchste Wissenschaft und Weisheit besitzen müsse. Ihr blindes Vertrauen in diese unumschränkte Erhabenheit der Wesen aus der unsichtbaren Welt war vielen eine Quelle von Täuschungen. Sie lernten auf deren Kosten manchen Geistern ebenso wie manchen Menschen mißtrauen.

Das System der Uni-Spiritisten oder Mono-Spiritisten: Es ist eine Abart des Systems der Optimisten, besteht in dem Glauben, daß sich dem Menschen nur ein einziger Geist offenbare, und daß dieser Geist *Christus*, der Beschützer der Erde, ist. Wenn man nun Mitteilungen von der tiefsten Gemeinheit, von einer geradezu empörenden Grobheit mit Übelwollen und Schlechtigkeit gemischt vernimmt, wäre es eine Blasphemie und Bosheit, anzunehmen, daß sie von dem Höchsten aller Geister herrühren. Wenn alle, die das glauben, immer nur lobenswerte Mitteilungen erhalten hätten, würde man ihre Illusion begreifen, aber die meisten gestehen, daß sie sehr schlechte Mitteilungen bekommen haben. Diese erklären sie als eine Prüfung, welche der gute Geist an sie heranträgt. Wenn man ihnen die Beweise der Identität für die Anwesenheit der Eltern, Freunde oder Bekannten durch geschriebene, sichtbare oder andere Manifestationen vorhält, meinen sie, es sei immer derselbe Geist, entweder der Teufel oder Christus, welche alle Formen annehmen können. Aber warum sich die anderen Geister nicht sollen offenbaren dürfen, sagen sie uns nicht. Die Möglichkeit, jede andere Mitteilung zu leugnen, heißt das nicht, dem Spiritismus sein Schönstes wegnehmen, was er hat: Die Tröstung der Betrübten? Sagen wir es ganz frei heraus, daß ein solches System unvernünftig ist und eine ernste Prüfung nicht aushält.

Das System der Vielgeisterei: Alle die anschaulich gemachten Systeme für und gegen den Spiritismus, selbst jene, die einen negativen Sinn haben, beruhen auf unvollständigen und irrigen Beobachtungen. Wenn ein Haus von der einen Seite rot und von der anderen weiß ist, so werden die Beobachter je nach ihrer Seite sagen, es ist rot oder weiß. Beide haben Recht und Unrecht. Wer aber das Haus von allen Seiten gesehen hat, wird sagen, daß es rot *und* weiß ist. So verhält es sich mit der Meinung über den Spiritismus. Sie kann wahr und falsch sein, wenn man nicht das Allgemeine und das Partielle beachtet. Jede Regel hat ihre Ausnahmen, und dies ist auch der Grund, weshalb wir sagen, daß jeder, der den Spiritismus studieren will, viel und lange damit zubringen muß. Die Zeit allein wird ihm gestatten, Einzelheiten zu sammeln, Unterschiede wahrzunehmen, eine Menge charakteristischer Tatsachen zu beobachten, die für ihn Anzeichen der Erkenntnis werden.

Hier folgen die allgemeinen Grundsätze, welche den spiritistischen Glauben bilden, und zwar im allgemeinen, denn die abweichenden Systeme sind nur isolierte Meinungen:

1. Die spiritistischen Phänomene werden durch außerkörperliche Intelligenzen hervorgebracht, die man Geister nennt.
2. Die Geister bilden die unsichtbare Welt, sie sind überall, die Räume sind mit ihnen ins Unendliche angefüllt. Stets sind Geister um uns, mit denen wir in Berührung kommen.
3. Die Geister wirken unaufhörlich auf die physische und moralische Welt ein, sie sind eine von den Naturkräften.
4. Geister sind keine Wesen außerhalb der Schöpfung, sie sind Seelen, die entweder auf unserer Erde oder auf anderen Weltkörpern gelebt und ihre körperliche Hülle abgelegt haben. Die menschlichen Seelen sind einverleibte Geister, und nach dem Sterben des Körpers werden sie wieder zu Geistern.
5. Es gibt Geister aller Stufen, von der Güte bis zur Bosheit, vom Wissen bis zur Unkenntnis.
6. Sie sind alle den Gesetzen des Fortschritts unterworfen und können alle zur Vollkommenheit gelangen. Da sie aber einen freien Willen haben, dauert dies je nach ihren Anstrengungen längere oder kürzere Zeit.
7. Sie sind glücklich oder unglücklich, je nach den guten oder bösen Taten ihrer verflossenen Leben und je nach dem

Grade ihres Fortschrittes. Das vollkommene, unveränderliche Glück wird nur Geistern zuteil, die zu dem höchsten Grade der Vollkommenheit gelangt sind.

8. Unter gegebenen Umständen können sich alle Geister den Menschen offenbaren.
9. Die Geister offenbaren sich durch Vermittlung der Medien, die ihnen als Werkzeug und als Dolmetscher dienen.
10. Man erkennt die Erhabenheit oder Niedrigkeit der Geister an ihrer Sprache. Die Guten raten und sprechen nur Gutes, alles an ihnen bezeugt ihre Erhabenheit. Die Bösen betrügen und lügen und alle ihre Worte tragen den Stempel der Unvollkommenheit und Unwissenheit an sich.

Die verschiedenen Grade, die alle Geister durchgehen müssen, sind in der spiritistischen Stufenleiter angedeutet, die sich im „Buch der Geister", 1. Kapitel, befindet. Das Studium dieser Einteilung ist unerläßlich, um die Natur der sich kundgebenden Geister beurteilen zu können.

Das System einer materiellen Seele: Dieses besteht einzig in einer besonderen Ansicht über die innere Beschaffenheit der Seele. Nach dieser Meinung wären die Seele und ihre Hülle nicht zwei verschiedene Dinge, die Geisthülle wäre nichts anderes als die Seele selbst, die sich nach und nach durch die verschiedenen Wandlungen reinigt, während die spiritistische Lehre die Geisterhülle nur als eine fluidische Hülle der Seele oder des Geistes betrachtet. Selbst wenn diese Hülle eine schon sehr ätherische Materie wäre, so wäre die Seele von materieller Natur mehr oder weniger dicht, je nach dem Grade ihrer Reinigung. Dieses System bekämpft keinen der Grundsätze der spiritistischen Lehre, denn es ändert nichts an der Bestimmung der Seele. Die Bedingungen ihres künftigen Glückes sind immer dieselben. Die Seele und die Hülle bilden ein Ganzes unter dem Namen des Geistes, wie Keim und Keimhülle unter dem Namen der Frucht. Die ganze Frage beschränkt sich darauf, das Ganze als einheitlich anstatt aus zwei Teilen gebildet zu betrachten. Dies hat keine Folgen und wir hätten nicht davon gesprochen, wenn es nicht Personen gäbe, die eine neue Ansicht daraus machen wollen. Die Meinung ist wenig verbreitet und würde im spiritistischen Lager

keine Spaltung hervorrufen. Kleinigkeiten soll man kein großes Gewicht beilegen.
Die Ansicht, daß die Seele und die Geisteshülle zweierlei sind, stützt sich auf die Kundgebungen der Geister selbst, und Beobachtung hat es uns bestätigt. Sie stützt sich noch besonders auf das Phänomen der wahrnehmbaren Erscheinungen, was nach der entgegengesetzten Meinung die Verdichtung und Trennung der die Seele bildenden Bestandteile, mithin ihre Zerstörung, hinein verwickeln würde.
Was das innere Wesen der Seele betrifft, so ist uns dies unbekannt. Wenn man sagt, sie sei immateriell, muß man es in einem relativen und nicht wörtlichen Sinne verstehen, denn die absolute Immaterialität wäre ja das Nichts. Die Seele oder der Geist ist aber doch etwas, das will sagen, daß ihre Wesenheit in Bezug auf die Materie so erhaben ist, daß unsere fünf Sinne sie nicht mehr fassen können.
Über dieses Thema bekamen wir durch einen Geist noch die folgenden Darlegungen:
„Das, was die einen Perisprit nennen, ist nichts anderes als das, was die andern die materielle, fluidische Geisterhülle heißen. Ich werde mich verständlicher machen und sagen, daß dieses Fluid die Vervollkommnungsfähigkeit der Sinne, die Ausdehnung des Sehens und des Auffassungsvermögens ist. Doch ich rede hier von den erhabenen Geistern. Was die niederen Geister anbelangt, so sind sie noch ganz mit irdischen Fluiden umhüllt. Diese gleichen der Materie, und daher stammen die Beschwerden des Hungers, der Kälte usw., Schmerzen, die die höheren Geister nicht erleiden können, weil die irdischen Fluide um ihre Seele verfeinert sind. Die Seele benötigt zu ihrem Fortschritte stets eines Mittlers. Sie kann von euch nicht begriffen werden. Die Geisterhülle, (das Perisprit), ist für uns wandelnde Geister das vermittelnde Glied, wodurch wir mit euch verkehren können, sei es unmittelbar durch euren Körper oder durch euer Perisprit, oder sei es unmittelbar mit eurer Seele. Daher stammen die unzähligen Arten der Medialität und der Mitteilungen vom Jenseits. Nun muß ich noch vom wissenschaftlichen Teil sprechen, und zwar vom Wesen des Perisprits. Das Perisprit kann sich verändern und

ins Unendliche verwandeln. Die Seele ist der Gedanke, sie verändert sich nicht. Geht in dieser Beziehung nicht weiter, denn das ist ein Punkt, der nicht näher erörtert werden kann. Glaubt mir, ich suche ebenso wie ihr! Ihr sucht jetzt nach dem Perisprit, wir suchen die Seele."

Also selbst die Geister, die man für fortgeschritten halten kann, konnten bisher das Wesen der Seele nicht erforschen, wie wären wir dazu imstande? Es heißt also, seine Zeit verlieren, wollte man den Ursprung von Dingen erforschen, die, wie es bereits im „Buch der Geister" gesagt wurde, zu den Geheimnissen Gottes gehören. Mit Hilfe des Spiritismus ergründen zu wollen, wofür die Menschheit noch nicht reif ist, heißt von seinem wahren Ziele abweichen, heißt wie ein Kind handeln, das alles früher wissen will als der Greis.

Der Mensch möge den Spiritismus zu seiner moralischen Verbesserung anwenden, das ist die Hauptsache. Alles andere ist eine unfruchtbare Wißbegierde, zuweilen auch Stolz. Die Geister, die das Buch diktiert haben, das ihren Namen trägt („Das Buch der Geister"), haben ihre Weisheit dadurch bewiesen, daß sie sich in Bezug auf den Anfang der Dinge in den Grenzen hielten, die Gott zu überschreiten nicht erlaubt. Sie haben gerade das gesagt, was notwendig war, um dem Menschen die ihn erwartende Zukunft begreifen zu lassen, und ihn dadurch zum Guten zu ermuntern.

Zweiter Teil: Spiritistische Manifestationen

Einfluß der Geister auf die Materie

Nachdem nun die materialistische Meinung beseitigt wurde und gleichzeitig von der Vernunft durch bestehende Tatsachen verworfen ist, handelt es sich darum, zu erfahren, ob sich die Seele nach dem Tode uns Lebenden offenbaren kann. Man könnte zuvor fragen, warum die intelligenten Wesen, die gewissermaßen in unserer Mitte leben, nicht imstande wären, ihr Dasein auf irgendeine Weise zu erkennen zu geben, obwohl sie ihrer Natur nach unsichtbar sind. Die einfache Vernunft sagt, daß dies nicht unmöglich ist. Der Glaube daran ist bei allen Völkern verbreitet, man findet ihn überall und zu allen Zeiten. Er wäre nicht so allgemein und hätte sich nicht so ausgebreitet, wenn er nicht auf anerkannten Tatsachen beruhen würde. Sie sind am meisten verbürgt durch die heiligen Bücher und die Kirchenväter. Wenn wir uns in einem Irrtum befinden, so auch diese Autoritäten.

Es ist hauptsächlich eine Ursache, die den Zweifel zu einer so positiven Zeit wie die unsere bestärkte, nämlich die Unwissenheit über die Natur der Geister, und ferner der Mittel, wodurch sie sich uns offenbaren können. Besitzt man diese Erkenntnis, dann hat das Vorkommen der Manifestationen nichts Übernatürliches an sich, und tritt in die natürliche Ordnung der Dinge zurück.

Die Vorstellung, die man sich von den Geistern bildet, macht anfänglich die Erscheinung der Manifestationen unbegreiflich. Sie können nur stattfinden durch die Einwirkung des Geistes auf die Materie. Das ist der Grund, warum jene, die da glauben, der Geist sei durchaus nicht materiell, sich mit einem gewissen Anschein von Vernunft fragen, wie er denn da materiell wirken könne, und da liegt der Fehler.

Der Geist ist keine Abstraktion, er ist ein bestimmtes, begrenztes und beschränktes Wesen. Der einem Körper einverleibte Geist bildet die Seele bzw. wird zur Seele. Wenn er ihn bei seinem Tode verläßt, so verläßt er ihn nicht ganz ohne

Hülle. Alle Geister sagen uns, daß sie die menschliche Gestalt beibehalten, und wenn sie uns erscheinen so ist es jene Gestalt, unter der wir sie gekannt haben.

Beobachten wir sie aufmerksam im Moment des Sterbens, so befinden sie sich in einem Zustande der Verwirrung. Alles um sie her ist verworren, sie sehen ihren Körper heil oder verstümmmelt, je nach ihrer Todesart, andererseits aber fühlen sie sich lebend. Etwas sagt ihnen, daß dieser Körper der ihrige ist und sie begreifen es nicht, daß sie von ihm getrennt sind. Sie fahren fort, sich in ihrer vorigen Gestalt zu betrachten. Diese Anschauung bringt bei einigen eine zeitlang die sonderbare Täuschung hervor, sie seien noch am Leben. Sie benötigen die andauernde Erfahrung ihres neuen Zustandes, um sich von seiner Wirklichkeit zu überzeugen. Ist erst einmal dieser erste Zeitpunkt der Verwirrung vorüber, wird der Körper für sie ein altes Kleid, das sie ausgezogen haben. Sie fühlen sich viel leichter, wie von einer Last befreit, empfinden die physischen Schmerzen nicht mehr, sind ganz glücklich, sich erheben und den Raum durcheilen zu können, wie sie es in ihren irdischen Träumen oft getan haben.

Man wird begreifen, daß diese Träume, darin man sich wie im Fluge durch den Raum getragen fühlt, nichts anderes sind, als die Erinnerung eines oft erprobten Gefühls, wie der Geist im Schlafe zeitweise den Körper verließ, in einem fluidischen Leibe, den er nach dem Tode haben wird. Diese Träume können uns also einen Begriff vom Zustande des befreiten Geistes geben.

Aber selbst ohne Körper behalten die Geister ihre Persönlichkeit. Sie haben eine Form, welche sie weder drückt noch behindert. Sie haben das Bewußtsein ihrer selbst und ihre Individualität. Was können wir daraus schließen? Nun, daß die Seele nicht alles im Sarge läßt, und etwas mit sich empor nimmt.

Zahlreiche Beobachtungen und unbestreitbare Tatsachen, von denen wir später reden werden, haben zur Annahme geführt, daß der Mensch aus folgenden drei Teilen besteht:

1. Der Seele oder dem Geist, ein intelligentes Prinzip, in dem der moralische Sinn seinen Sitz hat,

2. dem Körper, einer groben, materiellen Hülle, mit der er zeitweilig bekleidet ist, um gewisse von der Vorsehung bestimmte Aufgaben zu erfüllen,
3. dem Perisprit, einer fluidischen, halbmateriellen Hülle, die das Band zwischen Geist und Seele bildet.

Der Tod ist die Trennung von der groben Hülle, welche von der Seele verlassen wird. Die fluidische Hülle befreit sich davon und folgt der Seele. Obwohl fluidisch, ätherisch, dunstartig, in ihrem normalen Zustande für uns unsichtbar, besteht sie dennoch aus Materie, obgleich wir sie bisher nicht haben fassen können, um sie zu definieren. Diese zweite Seelenhülle oder Persprit besteht also schon während des irdischen Lebens. Sie ist der Vermittler von allen Gefühlen, die der Geist empfängt, sie ist es, durch welche der Geist seinen Willen nach außen kundgibt und auf die Organe des Körpers einwirkt. Das Perisprit ist keine Hypothese, zu der man oft in der Wissenschaft seine Zuflucht nimmt, um Tatsachen zu erklären. Seine Existenz wurde nicht nur durch Geister bestätigt, sondern ist auch das Ergebnis von Beobachtungen. Um nicht vorzugreifen, deuten wir hier an, daß die Seele von ihrem Perisprit nie getrennt ist, sei es während der Verbindung mit dem Körper, oder nach der Trennung von ihm.

Man sagte, der Geist sei eine Flamme, ein Funke. Man muß dies auf den Geist im eigentlichen Sinne beziehen, als das intelligente und moralische Prinzip, dem man keine bestimmte Form geben kann. Aber auf welcher Stufe er sich auch immer befinden mag, er ist stets mit einer Hülle oder Perisprit bekleidet, dessen Natur sich je nach seiner Reinigung verfeinert derart, daß für uns der Begriff der Form von jenem des Geistes unzertrennlich ist, daß wir das eine ohne das andere nicht begreifen. Das Perisprit bildet daher einen notwendigen Bestandteil des Geistes, so wie der Körper einen notwendigen Bestandteil des Menschen bildet. Doch das Perisprit allein ist ebensowenig der Geist, wie der Körper allein den Menschen ausmacht, denn das Perisprit denkt nicht. Es ist für den Geist das, was der Körper für den Menschen ist: Das Werkzeug für sein Handeln.

Die Gestalt des Perisprits ist die menschliche Gestalt. Wenn sich uns ein Geist zeigt, hat er im allgemeinen jene Gestalt, unter der wir ihn im Leben gekannt haben. Man könnte glauben, daß das Perisprit, von allen Teilen des Körpers befreit, sich in gewisser Art nach demselben bildet und den Ausdruck davon behält, aber es scheint nicht so zu sein. Die menschliche Gestalt findet sich bei den Bewohnern aller Himmelskörper, abgesehen von einigen Kleinigkeiten im Einzelnen und von organischen Unterschieden, bedingt durch die Umgebung, in der das Wesen zu leben berufen ist. Das sagen übereinstimmend die Geister. Sie ist auch die Form aller nicht inkarnierten Geister in ihrem Perisprit. Engel und reine Geister hat man zu allen Zeiten darin dargestellt. Die menschliche Gestalt scheint also die Grundform aller menschlichen Wesen zu sein, welchem Grade sie auch angehören mögen. Doch die feine Materie des Perisprits hat weder die Zähigkeit noch die Schroffheit der kompakten körperlichen Materie und ist, wenn wir uns einmal so ausdrücken dürfen, biegsam und dehnbar. Deshalb ist die Form, die sie annimmt, obwohl der Form des Körpers nachgebildet, nicht beständig stetig, sie fügt sich dem Willen des Geistes, der ihr diese oder jene Form nach seinem Belieben geben kann, während ihr eine feste Hülle ein unüberwindliches Hindernis sein würde.

Befreit von diesen Fesseln, welche sie drückten, dehnt sich die Geisterhülle aus oder zieht sich zusammen, bildet sich um, mit einem Worte: fügt sich in die Verwandlungen nach dem Willen ihres Geistes. Durch diese Eigenschaft seiner fluidischen Hülle kann der Geist, der sich zu erkennen geben will, wenn es notwendig ist, die gleiche Gestalt, die er im Leben hatte, annehmen und selbst die Spuren (Narben) körperlicher Unfälle aufweisen, die Anzeichen des Wiedererkennens sein können. Die Geister sind, wie man sieht, Wesen unseresgleichen, die in ihrem Normalzustande eine ganze unsichtbare Bevölkerung um uns bilden. Wir sagten „im Normalzustande", weil diese Unsichtbarkeit, wie wir sehen werden, keine unumschränkte ist.

Kehren wie zum Wesen des Perisprits zurück, denn das ist sehr wesentlich für die Aufklärung, die wir zu geben haben. Wir haben gesagt, daß sie, obwohl fluidisch, dennoch eine Art

Materie ist. Dies geht aus den bisherigen sichtbaren Erscheinungen hervor, auf die wir noch zurückkommen. Man hat unter Vermittlung von bestimmten Medien Hände erscheinen sehen, die gleiche Eigenschaften wie lebendige Hände hatten. Sie besaßen Wärme, man konnte sie betasten, sie boten einen Widerstand wie ein fester Körper und lösten sich plötzlich in ein Nichts auf. Die intelligente Handlung dieser Hände, die ganz offenbar einem Willen folgten, bestimmte Bewegungen ausführten, sogar auf einem Instrument spielten, sind Beweise, daß sie ein sichtbarer Teil eines unsichtbaren, intelligenten Wesens waren. Ihre Fühlbarkeit und ihre Wärme, der ganze Eindruck, den sie auf unsere Sinne machten, ferner zurückgelassene Spuren auf unserer Haut, schmerzhafte Schläge und zärtliches Liebkosen, alles beweist, daß sie etwas Bestimmtes sind. Ihr plötzliches Verschwinden überzeugt außerdem davon, daß diese Materie außerordentlich fein ist, und daß es sich mit ihr etwa so verhält wie mit gewissen Substanzen, die abwechselnd aus einem festen in einen flüssigen Zustand und umgekehrt übergehen können.
Das innere Wesen des sogenannten Geistes, also des denkenden Wesens, ist uns gänzlich unbekannt, er offenbart sich uns nur durch seine Handlungen, und diese können unsere materiellen Sinne nur vermittelst eines materiellen Mittlers berühren. Der Geist benötigt daher die Materie, um auf sie einwirken zu können. Sein unmittelbares Werkzeug ist sein Perisprit, dieser ist also materiell. Schließlich hat er noch als Vermittler das allgemeine Fluid, auf das er ebenso einwirkt, wie wir auf die Luft einwirken, um Resultate der Ausdehnung, Zusammenziehung, des Stoßes oder der Schwingungen zu erzeugen.
Daher begreift man, daß alle Wirkungen, die daraus entspringen, in die natürliche Ordnung der Dinge eintreten und daß sie nichts Wunderbares an sich haben.
Man wird sich vielleicht fragen, wie der Geist mit Hilfe einer so feinen und zarten Materie auf schwere und kompakte Körper einwirken kann. Wenn man aber sieht, wie die Luft Häuser umwirft, der Dampf ungeheuere Lasten forträgt, das entzündete Pulver Felsen hebt: was ist denn da Befremdendes

darin, zuzugeben, daß ein Geist vermittelst seines Perisprits einen Tisch heben kann, noch dazu, wenn man weiß, daß dieses Perisprit sichtbar und fühlbar werden und sich wie ein fester Körper benehmen kann?

Physische Manifestation — Sich bewegende Tische

Physische Manifestationen nennt man solche Kundgebungen, die eine wahrnehmbare Wirkung haben, z. B. Geräusche. Sie können spontan ohne Einwirkung unseres Willens geschehen oder hervorgebracht werden. Wir wollen zunächst die spontanen behandeln.

Die einfachste Wirkung und eine der ersten, die man beobachtet hat, besteht in der kreisförmigen Drehung eines Tisches. Tische sind allgemein gebräuchlich, sie kann auch bei allen andern Gegenständen hervorgebracht werden. Wenn wir sagen, diese Wirkung sei eine der ersten gewesen, die beobachtet wurden, so meinen wir in der neuesten Zeit. Es ist ganz gewiß, daß alle Arten von Manifestationen seit den ältesten Zeiten bekannt waren. Dies kann auch gar nicht anders sein, denn da sie natürliche Wirkungen sind, müssen sie zu allen Zeiten vorhanden gewesen sein.

Die sich drehenden Tische sind der Anfangspunkt der spiritistischen Wissenschaft, und wir sind umsomehr einige Aufklärung schuldig, als sie die Erscheinung in ihrer größten Einfachheit darstellen. Dadurch wird das Studium ihrer Ursachen erleichtert. Zur Hervorbringung dieser Erscheinungen ist die Mitwirkung einer oder mehrerer Personen, die mit besonderer Fähigkeit begabt sind, erforderlich, die man als *Medien* bezeichnet. Die Anzahl der Mitwirkenden ist gleichgültig, es wäre denn mit Bezug auf die mediale Befähigung der Teilnehmer. Je mehr mediale Teilnehmer, desto besser ist es. Wer keine Medialität besitzt, ist ohne jeden Einfluß auf die Manifestationen, und kann je nach Glauben oder Ableugnung eher schädlich als nützlich sein.

Es genügt, die Hände auf den Tisch zu legen, damit er sich sogleich bewege, drehe, umkehre, Sprünge mache oder sich gewaltsam umdrehe. Für mediale Fähigkeiten gibt es keine äußeren Anzeichen, nur die Erfahrung kann sie offenbar machen. Wenn man es in einer Gesellschaft versuchen will, setze man sich ganz einfach um einen Tisch, und lege die Hände ohne jeden Druck und ohne jede Muskelanstrengung auf die Tischplatte.

Anfänglich, solange man die Ursache des Phänomens noch nicht kannte, hat man eine Anzahl von Regeln angegeben, die am Zustandekommen mitwirken sollten. Z. B. die Zusammensetzung des Zirkels nach dem Geschlecht der Teilnehmer, die Berührung der kleinen Finger aneinander, um eine ununterbrochene Kette zu bilden, usw. Letztere schien notwendig, weil man an den Einfluß einer Art elektrischen Umlaufs glaubte. Später hat die Erfahrung gezeigt, daß alles dies unnütz ist. Was man aber streng beobachten und einhalten muß, ist die *Sammlung des Geistes,* eine absolute Stille, und vor allem Geduld, ob der Zirkel wirksam ist, ob uns jenseitige Freunde besuchen werden. Es ist möglich, daß sich der Besuch in einigen Minuten einstellt, es kann aber auch eine halbe oder sogar eine ganze Stunde dauern. Alles hängt von der medialen Kraft der Mitwirkenden ab.

Die Gestalt des Tisches, das Material, daraus er gefertigt ist, das Vorhandensein von Metallen, auch von Seide in den Kleidern der Teilnehmer, bestimmte Tage, Dunkelheit oder Licht: alles dies ist so gleichgültig wie Regen oder Sonnenschein draußen. Von einiger Bedeutung sind allein Umfang und Gewicht des Tisches, aber nur da, wo die mediale Kraft nicht genügen würde, seine Schwere zu besiegen. Im günstigsten Falle kann eine einzige Person, sogar ein Kind, einen Tisch von 100 Kilo heben, während unter weniger günstigen Umständen zwölf Personen nicht imstande sein werden, ein Spieltischchen in Bewegung zu setzen! Ist alles gut vorbereitet und hat die Sitzung in Harmonie und Zuversicht begonnen, so hört man gewöhnlich ein leichtes Krachen im Tische, wenn sich ein jenseitiger Freund anzuzeigen beginnt. Man empfindet eine Art leichtes Zittern, als Vorspiel der Bewegung des Tisches. Er macht Anstrengungen, sich loszureißen, dann stellt sich die kreisförmige Bewegung ein. Sie beschleunigt sich schließlich

zu solcher Schnelligkeit, daß die Mitwirkenden Mühe haben, dem Tisch zu folgen. Ist die Bewegung einmal da, kann man sich auch vom Tisch entfernen, er fährt fort, sich ohne jede Berührung nach verschiedenen Richtungen zu bewegen.
Unter anderen Umständen erhebt sich der Tisch, richtet sich auf, steht bald auf dem einen Fuß, bald auf dem andern, dann nimmt er sanft seine frühere Stellung wieder ein. Oder er wiegt sich und ahmt die Bewegung des Stampfens und Rollens nach. Wieder ein anderes Mal, aber dazu gehört eine beträchtliche mediale Kraft, macht er sich vom Fußboden völlig frei und hält sich ohne jede Stütze im Gleichgewicht frei in der Luft. Zuweilen erhebt er sich bis zur Decke, so daß man unter ihm hinweggehen kann. Langsam steigt er darauf wieder herunter, sich schaukelnd, als schwebt ein Papierblatt zur Erde, oder aber er fällt plötzlich gewaltsam und zerbricht, was sehr eindeutig beweist, daß man nicht zum Spiele optischer Täuschungen wurde.
Eine andere Erscheinung, die sich je nach der Natur des Mediums sehr oft zeigt, ist jene des Klopfens im Gewebe des Holzes selbst, ohne jede Bewegung des Tisches. Diese oft nur sehr schwachen, manchmal aber sehr heftigen Schläge lassen sich auch in anderen Möbeln im Zimmer hören, gegen die Tür, die Wände und gegen die Decke. Finden die Schläge in einem Tische statt, bringen sie ein für die Finger sehr wahrnehmbares Zittern hervor, besonders merkt man es, wenn man das Ohr auf die Hände legt.

Intelligente Manifestationen

Bei dem soeben Geschilderten wird gewiß niemand die Dazwischenkunft einer verborgenen Macht entdecken, diese Dinge ließen sich durch den Einfluß irgend eines Fluidums völlig erklären. Und so lautete auch die erste über diese Phänomene gegebene Aufklärung, und mit Recht konnte sie als sehr logisch gelten. Ohne Zweifel hätte sie auch Bestand gehabt, wären nicht andere Tatsachen zum Vorschein gekommen, die ihre Unzulänglichkeit zeigten. Diese Tatsachen sind

Beweise einer Intelligenz, denn da eine jede intelligente Wirkung eine intelligente Ursache haben muß, bleibt es einleuchtend, daß sich dazu eine andere Art von Umständen hinzufügen muß. Welche Ursache? Was für eine Intelligenz war das? Die Folge der Beobachtungen brachte es zutage.

Eine Manifestation braucht nicht, um intelligent zu sein, auch sprechend, weise oder geistig zu sein. Es genügt, daß sie eine freie, willkürliche Handlung beweise, eine Absicht darstelle oder auf einen Gedanken antworte. Wir sahen einen Tisch sich bewegen, sich heben, und unter dem Einfluß eines oder mehrerer Medien Schläge klopfen. Die erste wahrgenommene intelligente Wirkung war, daß man sah, wie diese Bewegungen einem Kommando gehorchten. Ebenso erhob sich der Tisch, ohne den Platz zu wechseln, abwechselnd auf einem bezeichneten Fuße. Im Rückfall schlug er eine bestimmte Anzahl von Schlägen und beantwortete damit eine Frage. Ein anderes Mal spazierte er ohne Berührung ganz allein im Zimmer umher, bald rechts, links, vorwärts oder rückwärts gehend, machte auch verschiedene Bewegungen nach dem Befehl der Umstehenden. Es ist klar, daß wir jede Voraussetzung eines Betruges beseitigt wissen wollen, und daß wir die völlige Rechtschaffenheit der Anwesenden voraussetzen. Wir werden später von den Vorurteilen reden, gegen die sich zu wahren klug ist.

Mittelst der Schläge, und besonders durch nachgeahmte Schläge, von denen wir gesprochen haben, erhielten wir noch intelligentere Erscheinungen wie z. B. die Nachahmung verschiedener Trommelschläge eines Tambours, des Infanteriegefechtes mit Schützen- und Salvenfeuer, ferner das Knirschen einer Säge, die Schläge eines Hammers, den Rhythmus verschiedener Arien. Das war ein weites, dem Forschen geöffnetes Feld. Man sagte sich, wenn hier eine verborgene Intelligenz wäre, müsse sie auch auf gestellte Fragen antworten. Sie antwortete auch tatsächlich mit Ja oder Nein durch eine Anzahl von Schlägen nach Übereinkunft. Diese Antworten waren oft sehr bezeichnend, deshalb kam man auf den Gedanken, die Buchstaben des Alphabets und so Worte und ganze Sätze zu bilden.

Diese Tatsachen, die sich nach dem Willen von Tausenden einander fremden Menschen in allen Ländern wiederholt haben, konnten keinen Zweifel über die intelligente Natur der Manifestationen aufkommen lassen. Da entstand ein neues System von Vermutungen, nach dem diese Intelligenz nichts anderes wäre, als jene des Mediums, oder des Zirkelleiters, oder gar der Anwesenden. Als sich dies als Irrtum erwies, sollten es die Gedanken gewesen sein. Oft befanden sich aber die Antworten in einem schroffen Gegensatz zu den Gedanken der Zirkelteilnehmer, oft über den Wissensgrad des Mediums weit hinausgehend, oft in einer ihm unbekannten Sprache. Oder sie berichteten Tatsachen, die allen Teilnehmern gänzlich unbekannt waren. Die Beispiele davon sind zahlreich, aber eins wollen wir hier erwähnen:

Auf einem Schiff der französischen Marine im chinesischen Meer, beschäftigte sich die gesamte Besatzung mit Tischrücken. Man wollte den Geist eines Leutnants, der vor zwei Jahren starb, herbeirufen. Er machte sich auch bemerkbar und nach vielen erstaunlichen Mitteilungen sagte er klopfend: „Ich bitte euch, dem Kapitän die Summe von . . . . (er nannte sie) auszuzahlen. Ich schulde sie ihm und war vor meinem Tode nicht in der Lage, sie zurückzuzahlen.“ Niemand wußte davon, der Kapitän hatte die geringe Schuld vergessen. Erst bei Einsicht in die Bücher stellte sich die Richtigkeit der Angaben heraus. Von wessen Gedanken sollte nun wohl diese Angabe ein Reflex sein?

Man vervollständigte das System der Mitteilung durch alphabetische Schläge, aber es ging trotzdem immer noch sehr langsam. Dennoch erhielt man interessante Aufschlüsse über die Geisterwelt. Diese verwiesen auf andere, und so gelangte man bis zu den geschriebenen Mitteilungen. Die ersten Mitteilungen dieser Art fanden statt, indem man einen Bleistift am Fuße eines leichten Tischchens befestigte, den man dann auf einen Papierstreifen stellte. Der Tisch setzte sich durch Vermittlung des Mediums in Bewegung, fing an, Buchstaben, Worte und Sätze zu schreiben. Man vereinfachte diese Methode, indem man sich kleiner Tischchen in Größe der Hand bediente, die eigens angefertigt wurden. Später gebrauchte man Körbchen, Pappschachteln, und zuletzt einfache Brettchen. Das Schreiben geschah schnell und leicht wie mit der Hand. Noch später erkannte man, daß alle diese Gegenstände nur unnötige Anhängsel waren, Bleistifthalter, die man entbehren konnte, wenn man den Bleistift selbst hielt. Die Hand, durch eine unwillkürliche Bewegung einfach fortgerissen, schrieb unter dem Einfluß des Geistes ohne Einwirkung des Willens noch des Gedankens seitens des Mediums. Seit dieser Zeit hatten die Mitteilungen des Jenseits keine Schwierigkeiten mehr und gingen wie die Korrespondenz von Lebenden vonstatten. Später werden wir diese verschiedenen Mittel noch eingehend erklären.

Theorie der verschiedenen physikalischen Manifestationen: Bewegung und Hebung

Vermehrung und Verminderung des Gewichtes der Körper

Nachdem man das Dasein der Geister und die Möglichkeit ihres Einflusses auf die Materie durch Vernunftgründe und Tatsachen nachgewiesen hat, handelt es sich jetzt darum, zu erfahren, wie sich dieser Einfluß bildet, und wie sie es machen, Tische und andere träge Körper in Bewegung zu setzen.
Von der Zeit an, wo man die Natur der Geister, ihre menschliche Gestalt, die halbmateriellen Eigenschaften ihres Perisprits, die mechanische Einwirkung, die es auf die Materie ausüben kann, erkannte; seit man die Erscheinung fluidischer, ja sogar greifbarer Hände gesehen hat, die Gegenstände ergriffen und forttrugen, war es natürlich zu glauben, daß sich der Geist einfach der Hände bediene, um den Tisch zu drehen, und daß er ihn mit der Stärke seiner Arme in die Luft hebe. Aber ist in solchem Falle ein Medium nötig? Kann der Geist nicht selbständig handeln? Denn das Medium, das oft seine Hände in einer der Bewegung entgegengesetzten Richtung auflegt oder überhaupt nicht auflegt, kann offenbar den Geist durch keine Muskelbewegung unterstützen. Lassen wir hierüber die Geister reden, die wir befragten:

1. Ist das allgemeine Fluidum ein Ausfluß der Gottheit? — „Nein."
2. Ist es eine Schöpfung der Gottheit? — „Alles ist geschaffen, Gott ausgenommen."
3. Ist das allgemeine Fluid zugleich ein allgemeines Element? — „Ja, es ist das Elementrarprinzip aller Dinge."
4. Steht es in irgendeiner Beziehung zum elektrischen Fluid, dessen Wirkungen wir kennen? — „Das ist sein Element."
5. Wie ist der Zustand, in dem sich uns das allgemeine Fluid in seiner größten Einfachheit darstellt? — „Um es in seiner absoluten Einfachheit zu finden, müßte man sich bis zu den reinen Geistern erheben. Man könnte sagen, der sich der Einfachheit am nächsten annähernde Zustand ist der des animalisch-magnetischen Fluides."
6. Ist das allgemeine Fluid nicht nur die Quelle des Lebens, sondern auch die Quelle der Intelligenz? — „Nein, es belebt nur die Materie."
7. Da dies Fluid das Perisprit bildet, scheint es darin in einem verdichteten Zustande zu sein, der es bis zu einem gewissen Grade der eigentlichen Materie annähert? — „Bis zu einem gewissen Grade, wie ihr sagt. Es hat nicht dieselben Eigenschaften, je nach den Welten ist es mehr oder weniger verdichtet."
8. Wie kann ein Geist einen festen Körper in Bewegung bringen? — „Er verbindet einen Teil des allgemeinen Fluides mit dem dazu geeigneten Fluide, das vom Medium kommt."
9. Heben die Geister den Tisch mit ihren Armen? — „Wenn sich ein Tisch unter euren Händen dreht, so schöpft der angerufene Geist aus dem allgemeinen Fluide die Kraft, den Tisch künstlich zu beleben. Ist der Tisch vorbereitet, hebt ihn der Geist und bewegt ihn unter dem Einfluß seines eigenen Fluidums, das er nach seinem Willen losläßt. Ist die Masse, die er in Bewegung setzen will, für ihn zu schwer, so ruft er die Geister seiner Begleitung zu Hilfe. Durch seine ätherische Natur kann der eigentliche Geist auf die grobe Materie nicht ohne einen Vermittler einwirken, d. h. ohne das Band, das ihn mit der Materie

verbindet. Dieses Band, das den Perisprit bildet, gibt euch den Schlüssel zu allen materiellen spiritistischen Erscheinungen."

10. Sind die Geister, die er zu Hilfe ruft, niedere und unter seinem Befehl befindliche Geister? — „Fast immer sind es gleichartige Geister, häufig kommen sie von selbst."

11. Sind alle Geister befähigt, Erscheinungen dieser Art hervorzubringen? — „Die Geister, die solche Wirkungen hervorbringen, sind immer niedere Geister, die noch nicht ganz vom Einfluß der Materie befreit sind."

12. Wir verstehen, daß höhere Geister sich nicht mit Sachen beschäftigen, die unter ihrer Würde liegen. Haben sie, da sie von der Materie mehr befreit sind, überhaupt die Fähigkeit, es zu tun, selbst wenn sie den Willen dazu hätten? — „Sie besitzen die moralische Kraft, wie die andern die physische besitzen. Benötigen sie diese Kraft, so bedienen sie sich der Kraft der unteren Geister. Hat man euch nicht gesagt, daß sie sich der untergeordneten Geister bedienen, wie ihr euch der Lastträger bedient?"

Anmerkung: Man hat gesagt, daß die Dichtigkeit des Perisprits sich nach dem Stande des Himmelskörpers ändert. Es scheint, daß sie sich auch in ein und derselben Welt nach den Individuen ändert. Bei den moralisch vorgerückten Geistern ist sie feiner und nähert sich jener der erhabenen Geister, bei den niederen Geistern nähert sie sich der Materie. Dies ist der Grund, warum die Geister auf der niederen Stufe die Illusionen des irdischen Lebens so lange Zeit beibehalten. Sie denken und handeln, als wenn sie noch am Leben wären. Sie haben dieselben Begierden und man könnte fast sagen, dasselbe Empfindungsvermögen. Diese Dichtigkeit des Perisprits, die ihm eine größere Verwandtschaft mit der Materie gibt, macht die untergeordneten Geister für die physischen Manifestationen mehr geeignet.

13. Wenn wir das gut aufgefaßt haben, was ihr sagtet, so befindet sich das Lebensprinzip in dem allgemeinen Fluide. Der Geist schöpft daraus seine halbmaterielle Hülle, die sein Perisprit bildet, und nur damit kann er auf die träge Materie einwirken. Ist es so? — „Ja. Das heißt, daß der

Geist die Materie mit einem gewissen künstlichen animalischen Leben belebt. Der Tisch, der sich vor euren Augen bewegt, lebt wie ein Tier und gehorcht von selbst dem intelligenten Wesen. Der Geist ist es nicht, der ihn hebt, wie etwa der Mensch eine Last. Es ist der belebte Tisch, der dem vom Geiste gegebenen Einflusse gehorcht."

14. Welche Rolle spielt hierbei das Medium? — „Das dem Medium eigene animalische Fluid verbindet sich mit dem vom Geiste gesammelten allgemeinen Fluidum. Es muß eine Vereinigung dieser zwei Fluide stattfinden: des animalischen mit dem allgemeinen, um dem Tische Leben zu geben. Doch dieses Leben ist nur ein momentanes, künstliches. Es erlischt oft noch vor dem Ende der Handlung, sobald die Fluidmenge nicht mehr hinreicht, ihn zu beleben."

15. Kann der Geist auch ohne ein Medium handeln? — „Er kann ohne Wissen des Mediums handeln, denn viele Menschen leisten den Geistern bei gewissen Erscheinungen Hilfe, ohne es zu wissen. Der Geist schöpft bei ihnen wie aus einer Quelle das nötige animalische Fluid. So geschieht es, daß die Hilfe eines Mediums, wie ihr sie kennt, nicht immer nötig ist, besonders bei spontanen Kundgebungen."

16. Handelt der belebte Tisch mit Intelligenz? Denkt er? — „Er denkt ebensowenig wie ein Stock, mit dem ihr ein intelligentes Zeichen gebt. Aber das Leben, womit er versehen wurde, gestattet ihm, dem Einfluß der Vernunft zu folgen. Der sich drehende Tisch wird nicht zum Geiste und besitzt weder Gedanken noch freien Willen."

17. Welche Ursache ist vorwiegend bei ihm, der Geist oder das Fluid? — „Der Geist ist die Ursache, das Fluid das Werkzeug, aber dieses beides ist notwendig."

18. Was für eine Rolle spielt in diesem Falle der Wille des Mediums? Ruft er die Geister und unterstützt er sie bei der Einwirkung auf die Fluide? Ist die Handlung stets vom Willen unzertrennlich? — „Er unterstützt die Kraft, aber er ist nicht immer notwendig, da die Bewegung ohne

und gegen diesen Willen stattfinden kann. Es gibt also eine vom Medium unabhängige Ursache."

Anmerkung: Die Berührung des Tisches mit den Händen ist also nicht immer nötig, um ihn in Bewegung zu bringen. Oft ist sie nötig, den ersten Impuls zu geben, ist er aber einmal belebt, kann er dem Willen ohne materielle Berührung folgen. Dies hängt teils von der Kraft des Mediums, teils von der Natur des Geistes ab.

19. Warum kann nicht jeder dieselbe Wirkung hervorbringen, und warum haben nicht alle Medien die gleiche Kraft? — „Das hängt von ihrer Organisation und von der größeren oder geringeren Leichtigkeit ab, womit die Verbindung der Fluide vor sich geht, und von der Sympathie zwischen Geist und Medium. Auch die Kraft der Magnetiseure ist, als Beispiel, mehr oder weniger groß. Es gibt Personen, die völlig entgegen wirken, andere, bei denen die Verbindung nur mit Hilfe ihres Willens geschieht, noch andere, bei denen sie so leicht und natürlich geschieht, daß sie es nicht gewahr werden und ohne ihr Wissen zu Mittlern zwischen Geistern und Anwesenden werden."

20. Können die sogenannten elektrischen Personen als Medien angesehen werden? — „Diese Personen schöpfen aus sich selbst das Fluid, das sie zur Hervorbringung des Phänomens benötigen. Sie können ohne Beihilfe fremder Geister wirken. Es sind keine Medien, wie man sie unter diesem Ausdruck versteht. Aber auch ihnen kann ein Geist beistehen und von ihrer natürlichen Anlage profitieren."

21. Ist der Geist, der auf die festen Körper einwirkt, um sie in Bewegung zu setzen, in der Substanz dieser Dinge selbst oder außerhalb dieser Substanz? — „Das eine wie das andere ist richtig. Wir haben bereits gesagt, daß Materie kein Hindernis für Geister ist, sie durchdringen alles. Ein Teil des Perisprits identifiziert sich sozusagen mit dem Stoffe, den es durchdringt."

22. Wie benimmt sich der Geist beim Klopfen? Bedient er sich eines materiellen Dinges? — „Ebensowenig wie seiner

Arme beim Heben. Er besitzt keinen Hammer, sein Hammer ist das vereinigte Fluid, das er durch seinen Willen in Tätigkeit setzt, zu bewegen oder zu klopfen. Wenn er bewegt, bringt auch das Licht den Anblick der Bewegung, wenn er schlägt, bringt auch die Luft den Schall."

23. Wenn er auf einen festen Körper schlägt, ist dies zu begreifen. Aber wie kann er in der freien Luft Laute oder artikulierte Töne hören lassen? — „Da er auf die Materie einwirken kann, kann er auf die Luft ebenso einwirken wie auf einen Tisch. Was die artikulierten Töne betrifft, kann er sie nachahmen wie jedes andere Geräusch."

24. Ihr sagt, der Geist hebt den Tisch nicht mit den Händen, und doch hat man bei einigen sichtbaren Manifestationen Hände gesehen, deren Finger sich auf einem Klavier bewegten, die Tasten schlugen und Töne hören ließen. Scheint es nicht, daß hier das Anschlagen durch den Druck der Finger hervorgebracht wurde? Ist dieser Druck nicht auch direkt und spürbar, wenn er sich bei uns selbst fühlen läßt, wenn diese Hände auf unserer Haut Eindrücke hinterlassen? — „Es ist nicht richtig, die Handlungsweise der Geister stets mit eurer vergleichen zu wollen. Ihr Handeln muß sich nach ihrer Organisation richten. Wenn der Geist die Finger auf die Tasten legt, so legt er sie wirklich darauf. Er bewegt sie auch, aber es geschieht nicht durch die Muskelkraft, daß er auf die Tasten schlägt. Er belebt die Tasten so, wie er den Tisch belebt, und die Taste, die seinem Willen gehorcht, bewegt sich und sie schlägt auf die Saite. Es geschieht hier auch etwas, was ihr schwer begreifen würdet. Einige wenig vorgerückte Geister sind nämlich im Vergleiche zu den erhabenen Geistern so materiell, daß sie noch Illusionen vom irdischen Leben haben und daß sie glauben, noch im Körper zu handeln. Die wahre Ursache ihrer Handlungen können sie nicht erklären. Fragt ihr sie, wie sie Piano spielen, werden sie euch sagen, indem sie mit den Fingern darauf schlagen, weil sie zu schlagen glauben. Die Wirkung tritt bei ihnen instinktmäßig ein, ohne daß sie wis-

sen wie, und dennoch mit ihrem Willen. Wenn sie Worte hören lassen, geschieht es genau so."

Anmerkung: Die Geister können also alle Wirkungen hervorbringen, die wir selbst hervorbringen, aber durch Mittel, die ihrer Organisation angemessen sind. Gewisse Kräfte ersetzen ihnen die Muskeln, die wir zum Handeln nötig haben.

25. Unter den Erscheinungen, die man zum Beweise der Einwirkung einer verborgenen Macht anführt, gibt es einige, die allen bekannten Naturgesetzen ganz offenbar widerstreben. Sollte da nicht ein Zweifel erlaubt sein? — „Das kommt daher, weil der Mensch bei weitem noch nicht alle Naturgesetze kennt. Würde er sie alle kennen, wäre er ein erhabeneres Wesen. Habt ihr nicht alle Tage Beweise, daß belebte Körper, die der Bewegung fähig sind, die Schwerkraft überwinden? Denk an eine in die Luft geschossene Kugel. Ihr wollt sehr weise sein, geratet aber dauernd in Verwirrung!"

Diese Erklärungen der Geister sind sehr klar, kategorisch und ohne jede Zweideutigkeit. Es geht daraus hervor, daß das allgemeine Fluid, darin das Lebensprinzip enthalten ist, bei Manifestationen der beste und stärktste Mittler ist, und daß er seinen Eindruck von dem Geiste erhält, gleich, ob er inkarniert oder entkörpert ist. Dieses verdichtete Fluid bildet das halbmaterielle Perisprit. Während der Einverleibung ist es mit der Materie des Körpers vereinigt, im körperlosen Zustande ist es frei. Wenn der Geist einverleibt ist, ist die Substanz des Perisprit mehr oder weniger gebunden, mehr oder weniger anhängend. Bei manchen Personen gibt es infolge Veranlagung ein Ausströmen dieses Fluides, und das sind eben die Medien. Das Ausströmen des belebten animalischen Fluids kann mehr oder weniger reichlich, seine Verbindung mit dem allgemeinen Fluide mehr oder weniger leicht sein. Daher gibt es mehr oder weniger stets brauchbare Medien. Das Ausströmen ist kein Dauerzustand, das erklärt uns die Unterbrechung der Kraft.

Möchte der Wille auf einen Punkt in der Entfernung materiell einwirken, ist es der Gedanke, der es will. Er erreicht aber nicht den Punkt, er braucht einen Vermittler: ein Wurfgeschoß. Der Gedanke wirkt auf das Wurfgeschoß nicht ein, berührt man es nicht, wird es auch nicht selbständig handeln. Der Gedanke ist der uns einverleibte Geist, mit dem Körper durch das Perisprit vereinigt. Er kann daher ohne sein Perisprit ebensowenig auf den Körper wirken, wie er ohne Körper auch nicht auf das Wurfgeschoß wirken kann. Er wirkt auf das Perisprit, der Substanz, mit der er die größte Verwandschaft hat. Dieser wirkt auf die Muskeln, diese ergreifen das Wurfgeschoß und es trifft sein Ziel. Die fremde Hilfe für den Geist ist das Fluid, womit er den Gegenstand geeignet macht, dem Einfluß seines Willens zu folgen.

Wird also ein Gegenstand in Bewegung gesetzt, sättigt der Geist ihn mit seinem Fluid in Verbindung mit jenem des Mediums, und der momentan belebte Gegenstand handelt wie ein lebendes Wesen, nur ohne Willen und dem Willen des Geistes untertan. Wenn man nun statt eines Tisches eine Statue aus Holz nehmen würde und diese ebenso wie den Tisch behandeln täte, hätte man eine Statue, die sich bewegen, klopfen und durch ihre Bewegungen und Schläge antworten würde. Kurz, man hätte eine vorübergehend künstlich belebte Statue. Welches Licht wirft diese Tatsache auf eine Menge von Phänomenen, die bisher ohne jede Erklärung geblieben sind!

Ungläubigen, die da einwenden, schwebende Tische widersprechen dem Gesetz der Schwere, sollte man sagen, daß uns noch nicht alle Naturgesetze bekannt sind, sie können also höchstens den uns gegenwärtig bekannten widersprechen. Warum also sollte das allgemeine Fluidum, das doch der Uranfang aller Materie ist, um einen Tisch verdichtet, nicht die Eigenschaft haben, dessen relatives spezifisches Gewicht entweder zu vermindern oder zu vermehren? Kennt ihr alle Eigenschaften und die ganze Kraft dieses Fluidums? Gewiß nicht! Tatsachen aber, die man nicht kennt, kann man nicht leugnen.

Kehren wir zu der Theorie von der Bewegung des Tisches zurück. Wenn der Geist durch das angegebene Mittel einen Tisch heben kann, so kann er jede andere Sache auch heben, z. B. einen Lehnstuhl. Wenn er einen Lehnstuhl heben kann, kann er, mit genügender Kraft ausgestattet, auch eine darauf sitzende Person mitheben. Das ist die Erklärung jenes Phänomens, das der Schotte Mr. Home hundertmal an sich und anderen Personen hervorgebracht hat. Auf einer Reise nach London hat er es erneuert, und um zu beweisen, daß die Zuschauer keiner optischen Täuschung erlagen, machte er, samt seinem Stuhle von Geisterkraft bis zur Zimmerdecke gehoben, an der Decke mit einem Bleistift ein Zeichen und man stand unter ihm und sah ihm zu. Man weiß, daß Mr. *Home* ein mächtiges Medium für physische Erscheinungen war. In diesem Falle war er die wirkende Ursache und zugleich das Objekt.

Wir sprachen von der möglichen Vermehrung des Gewichtes. Das ist tatsächlich eine Erscheinung, die manchmal zum Vorschein kommt und die nicht mehr Staunenswertes an sich hat, als der Widerstand einer Glocke unter dem Druck der atmosphärischen Luftsäule. Unter dem Einfluß gewisser Medien sah man sehr leichte Gegenstände den gleichen Widerstand leisten, dann aber wieder plötzlich der geringsten Anstrengung nachgeben. Nach den gemachten Erfahrungen wiegt solche Glocke in Wirklichkeit weder mehr noch weniger, scheint aber infolge der auf sie einwirkenden äußeren Ursache schwerer zu sein. So ist es wahrscheinlich auch hier der Fall. An und für sich hat der Tisch immer das gleiche Gewicht, denn seine Masse hat ja nicht zugenommen. Aber eine außenstehende Macht widersetzt sich seiner Bewegung, und diese Ursache kann in den ihn umgebenden Fluiden bestehen, die ihn durchdringen, jener Luft gleich, die das Gewicht der Glocke vermehrt oder vermindert.

Vielleicht könnte man einwenden, daß dieses Fluid, als unwägbar, das Gewicht nicht vermehren könne. Einverstanden, aber man bedenke, wenn wir uns des Wortes „Anhäufung" bedient haben, so ist es nur ein Vergleich und nicht eine unumschränkte Gleichstellung mit der Luft. Fluid soll unwägbar sein, aber das ist durch nichts bewiesen. Seine innere Natur ist uns unbekannt, und wir sind weit davon entfernt, alle seine Eigenschaften zu kennen. Ehe man die Schwere der Luft erkannt hatte, ahnte man auch nicht die Folgen dieser Erkenntnis. Auch die Elektrizität wird zu den unwägbaren

Fluiden gezählt, und doch kann ein Körper durch den elektrischen Strom aufgehalten werden und einen großen Widerstand dem entgegensetzen, der ihn aufheben will. Er ist also zumindest dem Scheine nach schwerer geworden. Weil man dies Verhältnis nicht kennt, wäre es nicht logisch, zu sagen, daß es nicht besteht. Dem Geiste können also Hebel zur Verfügung stehen, die uns unbekannt sind. Die Natur beweist uns täglich, daß sie ihre Macht nicht nach den Zeugnissen unserer Sinne beurteilen läßt.

Man kann sich diese sonderbare Erscheinung nur durch diese ähnliche Ursache erklären, daß von einer jungen, schwachen Person ein starker, robuster Mann mit zwei Fingern gehoben wurde, zusammen mit seinem Sitze, darin er Platz nahm. Davon gibt es mehrere Beispiele. Daß jedenfalls eine fremde Ursache mit der Person des Mediums wirkt, beweisen die Unterbrechungen dieser Fähigkeit beim Medium.

Spontane physische Manifestationen
Lärm, Schläge, Verwirrung — Geworfene Gegenstände
Das Phänomen der Überbringungen

Die Phänomene, von denen wir gesprochen haben, sind hervorgerufene Erscheinungen. Aber es geschieht manchmal, daß sie von selbst, also spontan, ohne Teilnahme eines Willens stattfinden, und zwar oft recht weit davon entfernt, weil sie manchmal sehr unbequem werden. Was den Gedanken ausschließt, sie könnten etwa die Wirkung einer durch spiritistische Ideen überspannten Einbildungskraft sein, ist der Umstand, daß sie bei Personen vorkommen, die vom Spiritismus nie gehört haben, und an einem Zeitpunkte, wo man sie am allerwenigsten erwartete. Diese Phänomene, die man den natürlichen und praktischen Spiritismus nennen könnte, sind sehr wichtig, weil sie jeden Verdacht der Parteilichkeit ausschließen.

Von allen spiritistischen Manifestationen sind am häufigsten die Klopflaute. Hier muß man am ersten eine Täuschung befürchten, denn eine Menge natürlicher Ursachen kann sie hervorbringen. Der wehende Wind, der vielleicht einen Gegenstand treibt, irgend eine akustische Wirkung, ein verborgenes Tier, ein Insekt usw. können die Ursache sein. Der spiritistische Lärm hat noch einen besonderen Charakter, indem er eine sehr unterschiedliche Stärke und desgleichen Klang annimmt, der ihn leicht kenntlich macht und nicht zuläßt, ihn mit ähnlichen Geräuschen zu verwechseln. Es sind trockene, bald dumpfe, schwache und leichte, bald wieder klare, vernehmliche, manchmal sogar lärmende Schläge, die sich ortsmäßig verändern und sich wiederholen, ohne eine mechanische Gleichförmigkeit zu haben. Die wirksamste aller Kontrollarten, die über ihren Ursprung keinen Zweifel bestehen läßt, ist der Gehorsam auf den Willen eines fragestellenden Zirkelteilnehmers hin. Wenn sich die Schläge von einem bestimmten Orte hören lassen, entsprechen sie dem fordernden Gedanken nach ihrer Anzahl oder ihrer Stärke. Man kann bei ihnen eine intelligente Ursache einfach nicht verkennen.

Nehmen wir an, daß man auf eine genaue Prüfung hin die Gewißheit hat, daß ein Geräusch oder auch andere Tatsachen tatsächliche Manifestationen Jenseitiger sind, ist es vernünftig, davor zu erschrecken? Gewiß nicht, denn auf keinen Fall wird dabei auch nur die geringste Gefahr sein. Eines muß man gestehen: Diese Manifestationen erhalten unter gewissen Umständen eine Ausdehnung und Ausdauer, die unangenehm sein kann, und man hat natürlich den Wunsch, sich davon zu befreien. Über diesen Gegenstand ist eine Aufklärung nötig.

Wir erwähnten, daß die physischen Manifestationen den Zweck haben, unsere Aufmerksamkeit auf einen Gegenstand zu lenken oder um uns vom Dasein einer dem Menschen übergeordneten Macht zu überzeugen. Wir haben auch gesagt, daß höhere und erhabenere Geister sich mit Manifestationen dieser Art nicht abgeben, sie bedienen sich der niederen Geister, so wie wir uns für gröbere Arbeiten der Diener und ähnlicher Hilfskräfte bedienen. Ist der Zweck erreicht, so hört die materielle Manifestation auf, weil sie nicht mehr vonnöten ist. Zwei Beispiele werden die Sache verständlicher machen:

Mehrere Jahre nach Beginn meiner spiritistischen Studien, während ich noch mit der Arbeit über diese Materie beschäftigt war, ließen sich rings um mich her vier aufeinanderfolgende Stunden lang Schläge hören. Es war das erste Mal, daß mir derartiges widerfuhr. Ich überzeugte mich, daß diese Schläge keine zufällige Ursache hatten. Um jene Zeit hatte ich Gelegenheit, ein vortrefflich schreibendes Medium kennen zu lernen. Gleich am folgenden Tage befragte ich den Geist, der sich durch seinen Vermittler ankündigte, über den Zweck dieser Schläge. „Es ist dein Schutzgeist, der mit dir reden wollte", sagte er. „Und was wollte er mir sagen?" „Du kannst ihn darüber selbst befragen, er ist da." Nachdem ich diesen Geist gefragt hatte, gab er sich unter einem angenommenen Namen zu erkennen. Er bezeichnete mir die Fehler in meiner Arbeit, indem er mir die Linien anzeigte, wo sie sich befänden. Er gab mir nützliche und weise Ratschläge und fügte hinzu, daß er immer mit mir sein und auf meinen jedesmaligen Anruf kommen werde, wenn ich ihn zu befragen wünsche. Seit jener Zeit hat mich dieser Geist niemals verlassen. Von unserer ersten Unterredung angefangen, hörten die Schläge auf. Was wollte der Geist bewirken? In einen regelmäßigen Verkehr mit mir treten. Zu diesem Zwecke mußte er mich natürlich benachrichtigen. Nachdem die Ankündigung erfolgt, dann auseinandergesetzt und die regulären Beziehungen hergestellt worden waren, wurden die Schläge unnötig.

Ein ähnliches Ereignis ist einem unserer Freunde widerfahren. Seit einiger Zeit widerhallte sein Zimmer von verschiedenartigen Geräuschen. Da sich die Gelegenheit ergab, durch ein schreibendes Medium den Geist seines Vaters zu befragen, erfuhr er, was man von ihm wollte, und seit jener Zeit hat er nichts mehr gehört. Man muß bemerken, daß Menschen, die mit Geistern einen regelmäßigen Umgang haben, viel seltener derartige Manifestationen haben, und das ist verständlich.

Die spontanen Manifestationen beschränken sich nicht immer auf das Lärmen und Schlägemachen, sie arten zuweilen in Störungen und ein wahres Getöse aus. Möbel und verschiedene Gegenstände werden umgeworfen, Hausrat verschiedener Art wird von oben herabgeschleudert. Türen und Fenster werden durch unsichtbare Hände geöffnet und geschlossen, was wohl nicht gut einer Täuschung zugeschrieben werden kann. Die Verwirrung ist oftmals sehr stark, aber manchmal hat sie nur den Anschein von Wirklichkeit. Man hört Lärm in einem benachbarten Zimmer, Geräusche wie von Tischgeschirr, welches niederfällt und laut klirrend zerbricht, Klötze, die auf den Fußboden herabrollen usw. Man beeilt sich, herbeizulaufen um nachzuschauen, aber alles ist ruhig und in Ordnung. Doch kaum ist man weggegangen, wiederholt sich der Tumult.

Die Manifestationen dieser Art sind weder selten noch neu. Es gibt wenig Mären und Sagen, die nicht eine solche Geschichte enthielten. Ohne Zweifel hat die Furcht oft die Tatsachen vergrößert, die von Mund zu Mund weitergegeben, dann gigantische, lächerliche Dimensionen annahmen. Man begreift, was für einen Eindruck Tatsachen dieser Art, selbst auf den geringen Wahrheitsgehalt reduziert, auf schwache und durch Erziehung für abergläubische Ideen empfänglich gemachte Gemüter haben mußten. Das sicherste Mittel, allen eventuellen Unannehmlichkeiten vorzubeugen, wenn man sie schon nicht verhindern konnte, ist, die Wahrheit um die Vorgänge zu wissen. Die einfachsten Sachen werden unangenehm, wenn ihre Ursache unbekannt ist. Wenn man sich mit den Geistern vertraut gemacht hat und jene, denen sie sich offenbaren, nicht mehr der Ansicht sind, eine Legion Dämonen auf ihrem Nacken zu haben, werden sie auch keine Furcht haben.

In der „Revue spirite" der Jahre 1858—60 kann man die Darstellung mehrerer authentischer Tatsachen von Poltergeistern lesen, die sich zum Teil über lange Jahre hinzogen. Tatsachen dieser Art haben oft die Natur einer wahren Verfolgung. Wir kennen sechs Schwestern, die beisammen wohnen, und die mehrere Jahre hindurch jeden Morgen ihre Kleidung bis zum Dachboden zerstreut, versteckt, zerrissen, in Stücke zerschnitten fanden, so sehr sie auch bedacht waren, sie durch Schlösser zu sichern. Es ist oft geschehen, daß im Bette liegende und völlig wache Personen sahen, wie ihre Vorhänge zerschnitten, ihre Bettdecken und Kopfkissen gewalttätig zerrissen und zerstreut wurden. Sie wurden von ihren Matratzen gehoben und manchmal sogar aus dem Bette geworfen. Solche Sachen geschehen öfters als man glaubt! Doch die da Opfer wurden, wagen es oft geraume Zeit nicht, davon zu reden, um nicht ausgelacht zu werden. Es ist uns bekannt, daß man gewisse Personen zu heilen glaubte, indem man sie der Behandlung als Verrückte unterzog, weil man alle Vorgänge für Halluzinationen ansah. Die Medizin kann solche Vorgänge nicht begreifen, weil sie nur Ursachen der materiellen Elemente zugibt, woraus oft traurige Mißgriffe entstehen. Wir müssen allerdings zugeben, daß einzelne Vorgänge das Werk der Bosheit oder des Übelwollens niedriggesinnter Jenseitiger sind. Wenn die Untersuchungen einwandfrei ergeben, daß es sich nicht um Menschenwerk handelt, müssen wir das Werk der Geister zugeben. Der Geister . . , aber *welcher* Geister?

Erhabene Geister beschäftigen sich ebensowenig mit dummen Späßen wie unter uns die ernsten, wahrheitsliebenden Menschen. Wir haben oft Spottgeister zitiert, um sie zu fragen, warum sie die Ruhe stören. Die meisten haben kein anderes Ziel, als sich zu unterhalten. Es sind mehr leichtfertige als schlechte Geister, die sich über den verursachten Schrecken und über die unnützen Untersuchungen belustigen, die man anstellte, um den Tumult zu entdecken. Oft hängen sie sich einem Menschen an, plagen ihn und verfolgen ihn von Haus zu Haus, ein andermal bringen sie einen Ort durch ihren Unfug in Verruf, nur um Spaß zu haben. Manchmal ist es auch Rache, die sie üben, wie wir noch sehen werden. Oft ist ihre Absicht viel löblicher, sie wollen Aufmerksamkeit erregen und irdische Verbindung suchen, sei es, um einer Person eine erfreuliche Nachricht zu bringen, oder um für sich etwas zu erfragen oder zu erbitten. Wir haben oft erlebt, daß einige Gebete für sich forderten, andere bitten um die Erfüllung eines Gelübdes in ihrem Namen, endlich andere wiederum möchten zu ihrer jenseitigen Ruhe schlechte Handlungen wieder gut machen, die sie im Leben begingen. Es ist falsch, sich vor ihnen zu fürchten. Ihre Gegenwart kann unangenehm sein, aber nie gefährlich. Der Wunsch, sich von ihnen zu befreien, ist durchaus verständlich und meist tut man dann das Gegenteil von dem, was man tun sollte. Geister, die sich unterhalten wollen und Späße machen, verharren desto hartnäckiger, je ernster man die Sache nimmt. Entschlösse man sich, über ihre schlechten Streiche zu lachen, würden sie schon aus Langeweile aufhören und Ruhe geben. Wir kennen jemanden, der sich statt zu ärgern, sie noch anregte und aufforderte, dies oder jenes zu tun, und nach einigen Tagen kamen sie nicht mehr wieder. Aber wie gesagt, es gibt einige, deren Benehmen weniger leichtsinnig ist.

Darum ist es immer nötig, zu wissen, was sie überhaupt wollen. Begehren sie etwas, so kann man versichert sein, daß sie ihre Besuche einstellen, sobald ihr Wunsch erfüllt ist. Das beste Mittel zu ihrer Belehrung ist, den Geist durch Vermittlung eines guten, schreibenden Mediums zu rufen. Nach seinen Antworten wird man gleich spüren, mit wem man es zu tun hat, und kann sich danach richten. Ist es ein unglücklicher Geist, so fordert schon die Nächstenliebe, daß man ihn mit jener Rücksicht behandelt, die er verdient. Ist es ein schlechter Spaßmacher, kann man gegen ihn ohne Rücksichtnahme auftreten. Ist er böswillig, muß man Gott bitten, ihn zu bessern. In solchem Falle kann das Gebet immer nur nützlich sein. Aber die Wichtigtuerei mit seltsamen Beschwörungsformeln bringt sie zum Lachen, und sie achten ihrer nicht. Kann man mit ihnen in Verkehr treten, so sei man mißtrauisch gegen jeden lächerlichen oder hochtrabenden Namen, den sie sich bisweilen beilegen, um sich an der Leichtgläubigkeit der Sitzungsteilnehmer zu belustigen.

Diese obgleich von untergeordneten Geistern bewirkten Erscheinungen werden oft von Geistern einer viel höheren Rangordnung zu dem Zwecke hervorgerufen, den Menschen den Beweis für das Dasein unkörperlicher Wesen und von einer höheren Macht zu geben. Der Ruf, der daraus entsteht, und selbst der Schrecken, den sie verursachen, erregt die Aufmerksamkeit und endet damit, daß selbst den Ungläubigsten die Augen geöffnet werden. Man ziehe immer die Wirkung in Betracht! Wenn eine ruhige Überlegung uns zeigt, daß sie von jedem menschlichen Willen und von jeder materiellen Ursache *unabhängig* ist, wenn sie uns überdies deutliche Beweise von Intelligenz und von einem freien Willen gibt, was die charakteristischen Kennzeichen sind, so ist man wohl genötigt, sie einer verborgenen Intelligenz zuzuschreiben. Wer sind aber diese geheimnisvollen Wesen? Das ist es, was die spiritistischen Studien auf eine weniger bestreitbare Art lehren durch Mittel, die sie uns andeuten, um mit diesen Intelligenzen in Verbindung zu kommen. Die Studien belehren uns auch darüber, was bei den Erscheinungen wahr, falsch oder übertrieben ist. Wenn etwas Ungewöhnliches eintritt, sei es Lärm, Bewegung und selbst eine Erscheinung, so ist der erste Gedanke, den man haben sollte, daß dies sein Entstehen einer natürlichen Ursache verdankt. Man muß diese Ursache mit Sorgfalt suchen und nur mit Bedacht den Einfluß von Geistern zugeben. Das ist der beste Weg, um nicht getäuscht zu werden. Nicht nur gegen Erzählungen, die meist immer übertrieben sind, sondern auch gegen die eigenen Eindrücke sollte man sich in acht nehmen. Nicht alles, was man nicht gleich begreift, hat eine geheime Ursache. Eine unendliche Menge einfacher und natürlicher Ursachen können auf den ersten Blick befremdende Wirkungen hervorbringen. Es wäre Unsinn, wenn man überall nur die Geister damit beschäftigt sehen würde, Tische umzuwerfen, Eßgeschirr zu zerbrechen und Neckereien in der Hauswirtschaft anzustellen, die man viel vernünftiger auf Rechnung der Ungeschicklichkeit setzen sollte.

Die über die Bewegung von leblosen Körpern gegebene Erklärung bezieht sich natürlich auf alle spontanen Wirkungen, die wir eben gesehen haben. Das Klopfen, die Schläge und die rollenden Tische haben dieselbe Ursache. Geworfene und weggerückte Gegenstände werden durch die gleiche Kraft bewegt, die jeden beliebigen Gegenstand aufhebt. Man könnte sich nun fragen, wo ist das Medium zu suchen? Die Geister haben uns gesagt, daß es in einem solchen Falle immer jemanden gäbe, dessen Kraft ohne sein Wissen tätig ist. Die freiwilligen Manifestationen zeigen sich sehr selten an isolierten Orten. Fast immer ereignen sie sich in bewohnten Häusern und hauptsächlich in Gegenwart bestimmter Personen, die einen Einfluß ausüben, ohne es zu wissen. Das sind die wirklichen Medien, die es selbst nicht wissen, und die wir deshalb natürliche Medien nennen. Sie verhalten sich zu den anderen Medien so, wie die natürlichen Somnambulen zu den magnetischen Somnambulen und sind ebenso beachtenswert.

Die freiwillige oder unfreiwillige Einwirkung einer begabten Person mit besonderer Fähigkeit zur Hervorbringung dieses Phänomens scheint in den meisten Fällen erforderlich zu sein, obwohl es auch Fälle gibt, wo der Geist allein zu handeln scheint. Doch dann kann es sein, daß er das animalisch belebte Fluid anderswo schöpft, vielleicht bei einer abwesenden Person. Dies macht es uns begreiflich, warum die uns beständig umgebenden Geister nicht alle Augenblicke auf gute oder böse Weise sich bemerkbar machen. Zuerst wird der Geist ein Ziel oder einen Beweggrund haben müssen, ohne diesen tut er nichts. Dann ist es oft notwendig, daß er gerade an dem Ort, wo er mit uns verkehren möchte, eine seiner Hilfe geneigte Person treffe, man kann sagen, ein Zusammentreffen, das sich selten ereignet. Ungeachtet der Vereinigung all dieser günstigen Umstände könnte er dennoch an der Ausführung durch einen höheren Willen behindert werden, der ihm nicht gestatten könnte, nach seinem Willen vorzugehen. Vielleicht kann ihm nur gestattet sein, die Sache mit einer gewissen Beschränkung und nur in Fällen auszuführen, wo diese Manifestationen für sehr nützlich anerkannt werden.

Über diesen Gegenstand soll hier ein Gespräch folgen, das jene Tatsachen berührt, die sich im Juni 1860 in der Rue des Noyers zu Paris zugetragen haben: das Gespräch mit dem Geiste Ludwig.

1. Wir bitten dich, uns zu sagen, ob die Tatsachen, die sich in der Rue des Noyers zugetragen haben sollen, in Wirklichkeit geschehen sind. An die Möglichkeit zweifeln wir nicht. — „Ja, sie sind wahr, nur hat sie die Einbildungskraft der Menschen vergrößert, aus Furcht oder Ironie, aber ich wiederhole, sie sind wahr."
2. Gibt es in dem Hause eine Person, die Ursache dieser Manifestationen ist? — „Sie sind immer durch die Person veranlaßt, die man angreift, weil der ruhestörende Geist dem Bewohner des betreffenden Ortes nicht geneigt ist, weil er ihm Schlechtes antun will und ihn sogar zu vertreiben trachtet."

3. Wir meinen, ob unter den Hausbewohnern jemand ist, der durch seinen spontanen oder freiwilligen Einfluß Ursache dieser Erscheinung ist? — „Gewiß, denn sonst könnte der Vorgang gar nicht stattfinden. Ein Geist bewohnt mit Vorliebe einen besonderen Ort. Er bleibt so lange in Untätigkeit, bis sich eine ihm zusagende Natur dort eingefunden hat. Wenn diese Person kommt, so unterhält er sich, soviel er kann."

4. Ist die Anwesenheit dieser Person an dem Orte unerläßlich? — „Das ist gerade der Fall, von dem ihr redet. Deshalb sage ich, daß die Sache gar nicht hätte stattfinden können. Es gibt auch Fälle, wo die unmittelbare Gegenwart nicht nötig ist."

5. Da diese Geister stets einer niederen Klasse angehören, verbindet sich die Fähigkeit, ihnen helfen zu können, mit einer ungünstigen Meinung für diese Person? Zeigt sie besondere Sympathie für Wesen dieser Art? — „Nein, durchaus nicht. Diese Fähigkeit hängt von einer physischen Beschaffenheit ab, jedoch zeigt sie oft eine materielle Tendenz an. Es wäre besser, diese nicht zu haben, denn je mehr man moralisch erhaben ist, desto mehr zieht man die guten Geister an, welche die bösen notwendigerweise entfernen müssen."

6. Da die Manifestationen oft in der Absicht, zu überzeugen, hervorgerufen werden, meinen wir, wenn Ungläubige sich persönlich damit abgeben würden, wären sie wohl genötigt, die Wahrheit anzuerkennen. Sie beschweren sich oft darüber, daß sie nicht Augenzeugen von entscheidenden Tatsachen sein können. Hängt es nicht von den Geistern ab, ihnen einige wirkungsvolle Proben zu geben? — „Sind die Atheisten und Materialisten nicht alle Augenblicke Zeugen der Macht Gottes und seiner Weisheit? Aber das hindert sie nicht, Gott und die Seele zu leugnen. Haben die Wunder Jesu alle seine Zeitgenossen bekehrt? Die Pharisäer, die zu ihm sagten: ‚Meister, lasse uns irgendein Wunder sehen!', gleichen sie nicht denen, die zu eurer Zeit fordern, daß ihr sie sollt Manifestationen sehen lassen? Wenn sie nicht durch das Wunder der Schöpfung

überzeugt sind, so werden sie es auch nicht sein, wenn ihnen die Geister auf eine weniger hinweisende Art erscheinen."

7. Glaubt ihr, daß es gut wäre, den Geist aus der Rue des Noyers zu Paris zu rufen und von ihm Aufklärung zu verlangen? — „Ruft ihn, wenn ihr wollt, aber er ist ein niedriger Geist, der euch nur unbedeutende Antworten geben wird. — —"

Gespräch mit dem Poltergeiste der Rue des Noyers:

1. „Warum ruft ihr mich? Ihr wollt also mit Steinen beworfen werden? Da möchte man ein schönes ‚Rette sich, wer kann!', sehen, trotz eurer Miene mit Bravour!"
2. Wenn du uns Steine herwirfst, so wird uns das nicht erschrecken. Wir fragen sogar ausdrücklich, ob du sie uns zuschicken kannst? — „Hier könnte ich es vielleicht nicht, ihr habt einen Wächter, der euch sehr beschützt."
3. Hattest du in der Gasse des Noyers eine Person, die Hilfe leistete, dir deine schlechten Streiche zu erleichtern, die du den Hausbewohnern angetan hast? — „Gewiß. Ich fand ein gutes Werkzeug und keinen gelehrten Geist, der mich daran gehindert hätte. Ich bin fröhlich und liebe es, mich zu unterhalten."
4. Wer war die Person, die dir als Werkzeug gedient hat? — „Eine Magd."
5. War es ohne ihr Wissen, daß sie dir zur Hilfe kam? — „Freilich. Das arme Mädchen war am meisten erschreckt."
6. Handeltest du in einer bösen Absicht? — „Nein, ich hatte keine böse Absicht, aber die Menschen, die sich jeder Sache bemächtigen, werden es zu ihrem Vorteile benützen."
7. Wie verstehst du das? Wir verstehen dich nicht. — „Ich wollte mich nur unterhalten, aber ihr studiert die Sache und werdet nun eine Tatsache mehr haben, zu beweisen, daß wir Geister existieren."
8. Du sagst, daß du keine feindliche Absicht hattest, und doch hast du alle Fußböden des Hauses aufgerissen. Du hast also großen Schaden angerichtet. — „Das war mir eine Kleinigkeit."
9. Wo hast du die Gegenstände hergenommen, die du ge-

schleudert hast? — „Sie sind sehr gewöhnlich. Ich fand sie im Hofe und im benachbarten Garten."

10. Hast du alle gefunden, oder hast du einige selbst gemacht? — „Ich habe nichts geschaffen, nichts gemacht."
11. Wenn du sie nicht gefunden hättest, hättest du dir solche schaffen können? — „Das wäre schwieriger gewesen, aber im Notfalle mengt man die Materien, und das gibt irgendein Ganzes."
12. Nun sage uns, wie du die Sachen geworfen hast? — „Das ist schwieriger zu sagen. Ich habe mir mit der elektrischen Natur dieses Mädchens geholfen, die ich mit der meinigen, weniger materiellen, verbunden habe. Wir konnten auf diese Art die verschiedenen Materien zu uns zweien übertragen."
13. Ich glaube, du wirst uns auch sicher einen Hinweis auf deine Person geben. Sage uns zuvor, ist es schon lange her, daß du gestorben bist? — „Schon lange, gewiß schon fünfzig Jahre."
14. Wer warst du in deinem Leben? — „Nicht gerade etwas Gutes und Großes. Ich war eine Lumpensammlerin in diesem Stadtviertel, und man sagte mir zuweilen Grobheiten, weil ich den roten Likör des guten Mannes Noe zu sehr liebte. Auch wollte ich sie alle aus dem Hause treiben."
15. Hast du allein und nach deinem eigenen Willen auf unsere Fragen geantwortet? — „Ich hatte einen Instruktor."
16. Wer war dieser Instruktor? — „Euer guter König Ludwig."

Anmerkung: Diese Frage ist durch die Antworten, welche den Gesichtskreis dieses Geistes zu überschreiten scheinen, teils durch die Tiefe der Idee selbst, teils durch die Form der Sprache gekennzeichnet. Es liegt darin nichts Wunderbares, daß er von einem aufgeklärteren Geist unterstützt wurde, der diese Gelegenheit benützen wollte, uns zu belehren. Das ist ein sehr gewöhnlicher Fall. Eine ganz besondere Merkwürdigkeit ist, daß sich der Einfluß des anderen Geistes in der Schrift selbst wahrnehmen läßt. Jede von den Antworten, wo er unterstützt wurde, ist regelmäßiger und deutlicher, jene der Lumpensammlerin sind schroff, grob, unregelmäßig, oft schwer lesbar und tragen einen ganz anderen Charakter an sich.

17. Was machst du jetzt? Beschäftigst du dich mit der Zukunft? — „Noch nicht, ich wandle herum. Man denkt so wenig an mich auf dieser Erde, daß niemand für mich betet, auch werde ich nicht unterstützt, ich arbeite nichts."

Anmerkung: Man wird später sehen, wie sehr man zum Fortschritte und zur Erleichterung der niederen Geister durch gute Ratschläge und Gebete beitragen kann.

18. Wie hießest du in deinem Leben? — „*Jeanette*."

19. Nun gut, Jeanette, wir werden für dich beten. Sage uns, ob unsere Unterhaltung dir ein Vergnügen war oder das Gegenteil? — „Mehr ein Vergnügen, denn ihr seid gute Kinder und lebt fröhlich, obwohl etwas zu strenge. Ihr habt mich angehört, ich bin es zufrieden."

Soweit diese Gespräche. Die Vorfälle des Phänomens der Überbringung von Gegenständen unterscheiden sich nicht von der eben besprochenen, außer durch die wohlwollende Absicht des Geistes, der ihr Urheber ist, durch die fast immer gefällige Natur der Gegenstände und durch die sanfte Manier, wie sie sich darstellen. Diese besteht in der spontanen Überbringung von Gegenständen, die am Ort gar nicht vorhanden sind. Es sind am häufigsten Blumen, manchmal Früchte, Bonbons, sogar Edelsteine usw.

Wir erwähnten zuerst, daß dieses Phänomen eines von denjenigen ist, die sich am meisten zur Nachahmung eignen, und deshalb muß man sich vor Täuschungen hüten. Man weiß, wie weit die Gauklerkunst bei Versuchen dieser Art gehen kann. Die Theorie dieser Überbringungs-Phänomene finden wir in der folgenden Abhandlung von einem Geiste dargestellt, dessen Mitteilungen den unbestreitbaren Charakter der Tiefe und Logik an sich tragen. Man wird mehrere solcher Mitteilungen in diesem Werke finden. Er machte sich unter dem Namen *Eraste* bekannt, ein Schüler des heiligen Paulus, als Schutzgeist jenes Mediums, das ihm zum Dolmetscher diente:

„Man muß notwendigerweise ein Medium bei sich haben, um Phänomene dieser Art erzielen zu können, welches besondere Qualitäten hat. Ich werde es als „sensitives Medium" bezeichnen. Es ist in einem sehr hohen Grade mit der medialen Fähigkeit der Ausdehnbarkeit und Durchdringlichkeit begabt, weil das Nervensystem dieser Medien,. besonders leicht erregbar, ihnen gestattet, mittelst bestimmter Vibrationen ihr belebtes Fluid besonders reichlich um sich zu verbreiten.

Die für Eindrücke empfänglichen Personen, deren Nerven bei der geringsten Empfindung, bei der geringsten Sensation, die der moralische oder physische innere oder äußere Einfluß hervorbringt, zittern, sind sehr geeignet, ausgezeichnete Medien für die physischen Erfolge der Tastbarkeit und Überbringung zu werden. Ihr Nervensystem ist der besondere Eigner. Daher erhält man mit einem Menschen dieser Natur, wenn seine anderen Eigenschaften seine Medialität nicht behindern, besonders leicht Phänomene der Tastbarkeit, geklopfte Schläge, intelligente Bewegungen und selbst das Erheben der schweren, trägen Masse in die Luft. Der Stärke nach würde man diese Resultate nur erhalten, wenn man statt eines Mediums mehrere, ebensogut begabte zur Verfügung hätte.

Aber von der Hervorbringung dieser Phänomene bis zum Zustandekommen des Phänomens einer Überbringung, eines sogenannten Apportes, ist ein weiter Weg, denn in diesem Falle ist die Arbeit des Geistes mehr vervielfältigt und viel schwieriger. Der Geist kann nur mit einer einzigen medialen Hilfe wirken, d. h. daß mehrere Medien zur Hervorbringung der gleichen Erscheinung nicht zugleich wirken können. Im Gegenteil geschieht es zuweilen, daß die Gegenwart einiger dem Geiste nicht sympathischer Personen den Vorgang gänzlich behindert. Zu diesen Motiven, die nicht ohne Gewicht sind, kommt noch hinzu, daß Apporte stets eine größere Konzentration und zugleich ein größeres Ausströmen bestimmter Fluide erfordern, und daß sie nur von den begabtesten Medien erhalten werden können, mit einem Worte von jenen, deren elektro-mediale Hilfe am besten bestellt ist.

Die Tatsachen der Apporte sind außerordentlich selten. Es ist nicht nötig, zu beweisen, warum sie seltener sind und sein werden als die anderen Materialisationstatsachen. Was ich sage, werdet ihr euch selbst ableiten können.

Erfordernis ist, daß zwischen dem Geiste und dem Medium

eine gewisse Verwandtschaft, eine Ähnlichkeit herrsche, welche es dem ausdehnbaren Teile des perispritischen Fluidums des Medium-Körpers gestattet, sich mit jenem des Geistes zu mengen und zu verbinden. Dieses Ineinanderschmelzen muß so beschaffen sein, daß die daraus hervorgehende Kraft nur eine einzige ist. Wozu diese Vereinigung, dieses Ineinanderschmelzen, werdet ihr fragen? Weil zur Hervorbringung dieser Erscheinungen die wesentlichen Eigenschaften des handelnden Geistes durch einige des Mediums vermehrt werden müssen, weil ferner das vitale Fluid, das zur Hervorbringung aller medialen Phänomene ausschließlich dem Körper des Mediums entstammt, und weil schließlich der handelnde Geist darauf angewiesen ist, sich damit genügend zu versehen. Nur dann kann er mit Hilfe besonderer Eigenschaften eurer Umgebung, die euch unbekannt sind, bestimmte materielle Gegenstände und die Medien selbst absondern, unsichtbar machen und in Bewegung setzen.

Es ist mir gegenwärtig nicht erlaubt, euch die besonderen Gesetze zu enthüllen, nach denen die euch umgebenden Gase und Fluide regiert werden. Aber bevor ein Menschenalter vollendet sein wird, ist euch die Erklärung dieser Gesetze und Phänomene enthüllt. Ihr werdet eine neue Art Medien kommen sehen, die in einen besonderen kataleptischen Zustand fallen, wenn sie in Sitzungen in Tätigkeit treten. Ihr seht, von wie vielen Schwierigkeiten die Hervorbringung von Apporten bedingt ist. Daraus könnt ihr logische Schlüsse ziehen, daß Erscheinungen dieser Art äußerst selten sind, auch weil sich die Geister selten dazu hergeben. Es ist für sie eine gleichsam materielle Arbeit. Außerdem kommt noch hinzu, daß ihnen der Zustand des Mediums selbst trotz ihrer Energie und ihres Willens sehr oft ein unüberbrückbares Hindernis ist.

So ist es also einleuchtend, daß die wahrnehmbaren Tatsachen an Körpern, ihre Bewegung und Hebung einfache Erscheinungen sind, die durch Zusammenziehung und Ausdehnung gewisser Fluide entstehen, und die durch den Willen und die Arbeit der Medien hervorgerufen werden können, wenn sie dabei von freundschaftlichen und wohlwollenden Geistern unterstützt werden. Daß ferner die Tatsachen der Überbringung vielseitig und verwickelt sind, ein Zusammentreffen von besonderen Umständen erfordern und nur von einem einzigen Geiste und durch ein einziges Medium hervorgebracht werden können, überdies noch außer dem Bedürfnisse der Wahrnehmbarkeit eine ganz besondere Verbindung erfordern, um die Gegenstände, die übertragen werden, zu isolieren und unsichtbar zu machen.

Während die Tatsachen der Materialisation häufig vorkommen, sind die der Überbringung von Gegenständen durch Geister sehr selten, weil die Bedingungen sehr schwierig sind. Kein Medium kann daher sagen, zu dieser Stunde und in jenem Augenblick werde ich eine Überbringung haben, denn oft ist der Geist selbst in seinem Wirken behindert. Haltet es für gewiß, daß die Phänomene sich fast nur einzeln, spontan und am häufigsten ohne Wissen des Mediums und ohne Vorbedacht zeigen. Daraus könnt ihr schließen, daß man triftige Gründe des Verdachtes hat, wenn sich ein Medium rühmt, diese Erscheinungen nach Willkür zu bekommen, d. h. gar den Geistern befehlen zu können. Haltet es für eine ganz allgemeine Regel, daß die spiritistischen Phänomene nicht entstehen, um anderen als Schauspiel vorgeführt zu werden.

Ich weiß, daß ihr mir sagen werdet, diese Phänomene sind nützlich, um die Ungläubigen zu überzeugen. Aber wenn ihr keine anderen Mittel und Wege zur Überzeugung wüßtet, hättet ihr heutzutage nicht den hundertsten Teil Spiritisten. Sprecht zum Herzen, auf diese Art werdet ihr die meisten ernsthaften Bekehrungen bewirken. Haltet ihr es bei manchen Personen für nützlich, durch materielle Tatsachen zu überzeugen, so stellt sie wenigstens unter solchen Umständen dar, daß sie nicht Anlaß zu falscher Auslegung geben können, denn die unter schlechten Bedingungen vorgeführten Tatsachen geben den Ungläubigen eher Widerlegungsgründe, statt sie zu überzeugen.“ *Eraste.*

Soweit diese Kundgebung. Das Eintreten des Apport-Phänomens bietet einen ganz besonderen Umstand dar, nämlich daß gewisse Medien sie nur im Zustande des Somnambulismus erzielen, und dies läßt sich leicht begreifen. Bei einem Somnambulen geschieht ein natürliches Loslösen, eine Art Isolierung

des Geistes und des Perisprits, was die Verbindung der beiden Fluide erleichtert. Dies war der Fall bei den Überbringungen, deren Augenzeugen wir gewesen sind.
Die folgenden Fragen wurden an den Geist gestellt, der sie hervorgebracht hat, aber seine Antworten lassen eine Unvollständigkeit erkennen. Wir haben sie dem Geiste Eraste unterbreitet, der sie jeweils durch seine Anmerkungen vervollständigt hat:

1. Sage uns gefälligst, warum die Überbringungen nur während des magnetischen Schlafes des Mediums bewirkt werden können.
   „Das hängt von der Natur des Mediums ab. Was ich vornehme, während mein Medium schläft, könnte ich mit einem andern Medium auch in seinem wachen Zustande tun."
2. Warum läßt du so lange auf die Überbringung der Sachen warten, und warum erregst du die Begehrlichkeit des Mediums, indem du einen Wunsch anregst, den versprochenen Gegenstand zu erhalten?
   „Diese Zeit benötige ich, um die Fluide vorzubereiten, die zur Überbringung dienen. Was die Anregung betrifft, geschieht sie oft nur, um die Anwesenden und die Somnambule zu unterhalten."

Anmerkung von Eraste: „Der Geist, der antwortet, weiß sich den Grund der Begehrlichkeit, die er instinktmäßig anregt, ohne ihre Wirkung zu verstehen, nicht zu erklären. Er glaubt zu unterhalten, während er in Wirklichkeit, ohne es gewahr zu werden, ein größeres Ausströmen des Fluides hervorruft."

3. Hängt die Hervorbringung des Phänomens von der Natur des Mediums ab, könnte man es mit anderen Medien mit größerer Leichtigkeit und Bestimmtheit hervorbringen?
   „Das Hervorbringen hängt von der Beschaffenheit des Mediums ab und kann nur mit entsprechenden Naturen bewirkt werden. Bei der Genauigkeit kommt uns die Gewohnheit, die wir mit dem gleichen Medium haben, sehr zu Hilfe."
4. Hat der Einfluß der anwesenden Personen auch etwas zu bedeuten?

„Sind Ungläubige und Widerstrebende dabei, kann uns dies sehr behindern. Wir machen gern unsere Proben mit Gläubigen und im Spiritismus erfahrenen Menschen, aber ich will damit nicht sagen, daß der böse Wille uns gänzlich behindern könnte.“

5. Wo bist du gewesen, um die gebrachten Blumen und Bonbons zu holen?

   „Die Blumen hole ich aus einem Garten, wo es mir gefällt.“

6. Und die Bonbons? Der Verkäufer hat das Fehlen wahrnehmen müssen.

   „Ich nehme sie, wo es mir gefällt. Der Verkäufer hat es nicht wahrgenommen, ich habe andere dafür hingelegt.“

7. Aber die Ringe haben einen Wert. Wo hast du die genommen? Tatest du nicht ein Unrecht, sie wegzunehmen?

   „Ich habe sie an einem allen unbekannten Ort fortgenommen und auf eine Art, daß niemand davon einen Schaden hat.“

Anmerkung von Eraste: „Ich glaube, daß diese Sache auf ungenügende Art dargestellt wurde wegen des Ausdrucksmangels des antwortenden Geistes. Es kann dabei wirkliches Unrecht begangen werden, aber der Geist hat nicht zugeben wollen, etwas entführt zu haben. Eine von ihm weggenommene Sache kann nur durch eine identische von der gleichen Form und demselben Wert ersetzt werden. Besäße ein Geist die Fähigkeit, einen gleichen Gegenstand für den weggenommenen zu geben, hätte er gleich diesen zum Ersatz bestimmten geben können.“

8. Ist es möglich, Blumen von einem anderen Planeten zu bringen?

   „Nein, das ist mir nicht möglich.“ (Zu Eraste:) Haben andere Geister diese Macht? „Nein, das ist nicht möglich.“

9. Kannst du Blumen von einem anderen Erdteil, zum Beispiel aus den Tropen, zu uns bringen?

   „Sobald es Blumen von dieser Erde sind, kann ich es.“

10. Kannst du die gebrachten Gegenstände verschwinden lassen und sie wiederbringen?

„Ebensogut als ich sie habe kommen lassen, kann ich sie auch wieder wegbringen nach meinem Willen."

11. Bereitet dir die Übertragung Mühe oder eine Verlegenheit?

„Es verursacht uns keine Mühe, wenn wir dazu die Bewilligung haben. Es würde uns aber eine sehr große Anstrengung kosten, wenn wir es tun wollten, ohne dazu ermächtigt worden zu sein."

Anmerkung von Eraste: „Er will die Mühe nicht zugeben, obwohl sie besteht, weil er genötigt ist, eine sozusagen materielle Operation zu verrichten."

12. Was für Schwierigkeiten sind es, denen du begegnest?

„Keine andere als schlechte fluidische Einflüsse, die uns entgegen sein können."

13. Wie bringst du die Sachen? Hältst du sie in der Hand?

„Nein, wir hüllen sie in uns ein."

Anmerkung von Eraste: „Er erklärt seine Operation nicht deutlich, denn er wickelt den Gegenstand nicht in seine eigene Persönlichkeit ein, aber da sein persönliches Fluid ausdehnbar und streckbar ist, verbindet er einen Teil dieses Fluides mit einem Teil des belebten Fluides des Mediums, und in dieser Verbindung verbirgt und überträgt er die Sache, die Gegenstand der Überbringung ist. Es ist daher nicht richtig gesagt, daß er sie in sich einhülle."

14. Kannst du einen Gegenstand von namhaftem Gewicht, etwa von 50 Kilo, mit der gleichen Leichtigkeit von einem beliebigen Ort zu uns bringen?

„Das Gewicht ist für uns nichts. Wir bringen Blumen, weil das viel angenehmer sein kann, als eine umfangreiche Sache von großem Gewicht."

Anmerkung von Eraste: „Es ist wahr, er kann Gegenstände von 100 und 200 Kilo bringen, denn die Schwere, die euch hinderlich dünkt, ist für ihn ja nicht vorhanden, aber auch hier weiß er nicht, was geschieht. Die Menge der vereinigten Fluide ist der Schwere der Gegenstände angemessen, kurz, die Kraft muß mit dem Widerstande im Verhältnis stehen, daraus folgt, daß er oft in dem Medium oder in sich selbst nicht die erforderlichen Elemente zu einer ansehnlicheren Wirkung findet, wenn er nur eine Blume oder einen leichteren Gegenstand bringt.“

15. Gibt es manchmal ein Verschwinden von Gegenständen, dessen Ursache unbekannt ist, und das ein Werk der Geister ist?

„Das geschieht sehr oft, öfter als ihr glaubt, und man könnte dem abhelfen, wenn man den Geist bittet, den verschwundenen Gegenstand wieder zurückzubringen.“

Anmerkung von Eraste: „Dies ist wahr, aber was nun einmal verschwunden ist, ist richtig beseitigt, denn solche Gegenstände sind oft weit weggetragen worden. Da jedoch das Wegtragen der Sachen beiläufig die gleichen fluidischen Bedingungen wie das Herbringen erfordert, kann es nur mit Hilfe eines mit besonderen Fähigkeiten begabten Mediums stattfinden. Deshalb ist in dem Falle, wo irgendeine Sache verschwindet, mehr Wahrscheinlichkeit dafür, daß es eine Folge eurer Einfalt als eine Tat der Geister ist.“

16. Gibt es Wirkungen, verursacht durch Geister, die man für ganz natürliche Erscheinungen hält?

„Eure Tage sind mit Dingen angefüllt, die ihr nicht begreift, weil ihr nie darüber nachgedacht habt. Nachdenken läßt klar sehen.“

Anmerkung von Eraste: „Schreibt nicht Menschenwerke den Geistern zu, aber glaubt an ihren beständigen geheimen Einfluß, welcher um euch tausend Umstände, tausend nötige Ereignisse zur Erfüllung eurer Existenz entstehen läßt.“

17. Gibt es unter den übertragenen Sachen nicht auch solche, die Geister selbst bilden können, spontan durch die jeweiligen Verhältnisse hervorgebracht, die die Geister mit dem Fluid oder dem allgemeinen Elemente eingehen können?

„Ich kann es nicht, ich habe dazu keine Befugnis, nur ein erhabener Geist kann es.“

18. Wie hast du die Gegenstände den folgenden Tag hineingebracht, nachdem das Zimmer gesperrt war?

„Ich ließ sie mit mir eintreten, sozusagen in meine eigene Substanz gehüllt. Euch mehr zu sagen, würde zu weit führen.“

19. Wie hast du es gemacht, daß die Sachen unsichtbar wurden, die einen Augenblick zuvor noch sichtbar waren?
„Ich nahm die Materie weg, die sie einhüllte."

Anmerkung von Eraste: „Es ist nicht die eigentliche Materie, die sie umgibt, sondern das zum Teil aus dem Perisprit des Mediums und zum Teil aus jenem des betreffenden Geistes geschöpfte Fluid."

20. Kann ein Gegenstand an einen vollkommen geschlossenen Ort gebracht werden, kurz, kann der Geist einen materiellen Gegenstand so vergeistigen, daß er die Materie durchdringen kann?
„Diese Frage ist nicht so einfach zu beantworten. Was die zu apportierenden Gegenstände anbelangt, so kann sie der Geist unsichtbar, aber nicht durchdringlich machen. Er kann die Verbindung der Materie brechen, was eine Zersetzung der Sache zur Folge hat. Ist der Gegenstand unsichtbar gemacht, kann er ihn bringen, wann er will, er entledigt sich seiner erst im günstigsten Augenblick, um ihn wieder zum Vorschein zu bringen. Ganz anders aber verhält es sich mit Dingen, die wir selbst erzeugen. Da führen wir nur die Elemente der Materie ein, und da diese Elemente ganz durchdringlich sind, wir selbst die härtesten Körper mit jener Leichtigkeit durchdringen, mit der Sonnenstrahlen durch Glas gehen, so können wir mit vollem Rechte sagen, daß wir den Gegenstand an einen Ort gebracht haben, so sehr er auch versperrt ist. Aber das findet nur in diesem Falle statt."

Sichtbare Manifestationen — Fragen zu den Erscheinungen Theoretischer Versuch mit den Erscheinungen — Kügelchengeister — Theorie der Halluzinationen

Unter allen Manifestationen sind wohl jene die interessantesten, in denen sich die Geister sichtbar machen. Man wird bei der Erklärung dieses Phänomens sehen, daß es genausowenig wie die anderen übernatürlich ist. Wir geben hier, mit unseren

Anmerkungen versehen, die Antworten von Geistern, die auf unsere Fragen hierüber gegeben wurden:

1. Können sich die Geister sichtbar machen?
   „Ja, besonders beim Sonnenschein. Manche Menschen sehen sie auch in der Nacht."

Anmerkung: Während der Körper ruht, befreit sich der Geist von den materiellen Fesseln, er ist freier und kann die anderen Geister sehen, mit denen er in Verkehr tritt. Der Traum ist die Erinnerung an diesen Zustand.

2. Gehören die Geister, die sich durch Sichtbarwerden manifestieren, mehr der einen oder der anderen Klasse an?
   „Sie können allen Klassen angehören, den höheren wie den niederen."
3. Ist die Fähigkeit, sich sichtbar zu machen, allen Geistern verliehen worden?
   „Sie können es alle, aber sie haben dazu nicht immer die Erlaubnis und den Willen."
4. Welches Ziel verfolgen Geister, die sich sichtbar machen?
   „Es hängt von ihrer Beschaffenheit ab, der Zweck kann gut oder auch schlecht sein."
5. Wie kann zu einem schlechten Zweck die Erlaubnis erteilt werden?
   „Als Prüfung für diejenigen, denen sie erscheinen. Des Geistes Absicht kann böse sein, der Erfolg kann ein guter sein."
6. Welchen Zweck verfolgen Geister, die sich in böser Absicht sehen lassen?
   „Zu erschrecken, auch oft, um sich zu rächen."
7. Was ist der Zweck von Geistern, die in guter Absicht kommen?
   „Personen zu trösten, die um sie weinen, zu beweisen, daß sie in ihrer Nähe sind. Auch um Ratschläge zu geben und Hilfe zu erbitten."
8. Hätte es Unangenehmes für sich, wenn es die Möglichkeit gäbe, Geister beständig zu sehen? Es würde manchen Zweifel beheben.
   „Würde der Mensch beständig die ihn umgebenden Geister sehen, so würde ihn das verwirren. Es würde ihn im

Handeln hindern und ihm in den meisten Fällen die Initiative nehmen."

Anmerkung: Es wäre ebenso unangenehm, sich ständig von Geistern umgeben zu sehen, als die uns umgebende Luft zu sehen oder die Milliarden mikroskopischer Tierchen, die um uns schwirren.

9. Wenn der Anblick von Geistern seine Nachteile hat, warum ist er dann in gewissen Fällen gestattet?

„Um zu beweisen, daß mit dem Körper nicht alles stirbt und daß die Seele nach dem Tode ihre Individualität behält. Der vorübergehende Anblick genügt, diesen Beweis zu liefern. Er hat nicht das Unangenehme der Beständigkeit."

10. Ist in den mehr als unsere Erde fortgeschrittenen Welten der Anblick der Geister häufiger?

„Je mehr sich der Mensch der spirituellen Natur annähert, desto leichter tritt er mit den Geistern in Verkehr. Nur die Grobheit eurer Hülle macht die Wahrnehmung ätherischer Wesen schwieriger."

11. Ist es vernünftig, beim Anblick eines Geistes zu erschrecken?

„Wer nachdenkt, muß begreifen, daß ein Geist, wer es auch immer sei, weniger gefährlich ist als ein Lebender. Geister sind überall, und man hat nicht erst nötig, sie zu sehen, um zu wissen, daß man sie an seiner Seite hat. Wenn ein Geist schaden will, kann er es auch, ohne sich sehen zu lassen."

12. Kann der Mensch, dem ein Geist erscheint, mit ihm sprechen?

„Gewiß, und das gerade ist es, was man in solchem Falle tun soll. Man fragt den Geist, was er wünsche, was man tun kann, ihm nützlich zu sein. Ist er unglücklich und leidend, erleichtert ihn das ihm entgegengebrachte Mitleid. Ist es ein wohlwollender Geist, kann er die Absicht haben, uns gute Ratschläge zu erteilen."

13. Wie kann der Geist in einem derartigen Falle antworten?

„Manchmal genau wie die Lebenden durch artikulierte

Worte, am häufigsten geschieht es aber durch Übertragung der Gedanken."

14. Haben Geister, die mit Flügeln erscheinen, wirkliche Flügel?
„Geister haben keine Flügel, sie haben sie nicht nötig, weil sie sich selbst überall hinbegeben können. Sie erscheinen in der Gestalt, in der sie am meisten Eindruck auf den Betreffenden machen. Manche erscheinen in gewöhnlicher Kleidung, andere in Draperien gehüllt, wieder andere mit Flügeln, als Zeichen der Kategorie jener Geister, die sie vorstellen."

15. Sind Personen, die man im Traume sieht, auch immer diejenigen, deren Angesicht man sieht, oder auch andere?
„Es sind fast immer dieselben. Sie kommen euch besuchen, oder euer Geist besucht sie."

16. Können auch die Spottgeister das Aussehen jener annehmen, die uns lieb sind, um uns in einen Irrtum zu führen?
„Sie können nur phantastische Gestalten annehmen, um sich auf eure Kosten zu unterhalten. Es gibt Dinge, mit denen zu spielen ihnen nicht gestattet ist."

17. Da der Gedanke eine Art des Anrufens ist, so ist es begreiflich, daß er Geister herbeiruft. Aber wie kommt es, daß Personen, an die man am meisten denkt, die man sehnsüchtig zu sehen wünscht, sich uns nie im Traume zeigen, während man oft gleichgültige Leute sieht, an die man nie dachte?
„Die Geister haben nicht immer die Möglichkeit, sich sehen zu lassen, auch nicht im Traume. Trotz unseres Wunsches, sie zu sehen, können von ihrem Willen unabhängige Ursachen sie hindern. Oft ist es eine Prüfung, von der sie auch der tiefste Wunsch nicht befreien kann. Die gleichgültigen Personen können an euch denken, auch wenn ihr nicht an sie denkt. Ihr könnt euch keinen Begriff von den Beziehungen der Geisterwelt machen. Ihr findet dort eine Menge guter und intimer Bekanntschaften, teils alter, teils neuer Art, von denen ihr im Wachzustande keine Ahnung habt."

Anmerkung: Da man kein Mittel hat, die Visionen und Geistererscheinungen zu kontrollieren, kann man sie ohne Zweifel zu den Halluzinationen zählen, da aber Ereignisse sie bekräftigen, kann man sie nicht der Einbildungskraft zuschreiben. Dahin gehört zum Beispiel das Erscheinen der Geister Sterbender teils im Schlafe, teils auch im Wachzustande, von Personen, an die man gar nicht denkt. Sie kommen, unerwartete Zustände ihres Sterbens durch verschiedene Zeichen kundzugeben. Wenn die Bilder der Träume immer eine Wirkung der Beschäftigung im Wachen wären, würde es unerklärlich sein, warum man so selten von Sachen träumt, an die man am meisten denkt.

18. Warum sind gewisse Visionen in einer Krankheit häufiger?
„Während der Krankheit sind die materiellen Fesseln gelockert. Die Schwäche des Körpers gestattet dem Geiste mehr Freiheit, und er kann mit anderen Geistern viel leichter in Verkehr treten."

19. Die spontanen Erscheinungen scheinen in manchen Gegenden häufiger als in anderen zu sein. Sind gewisse Völker mehr als andere geeignet, Manifestationen spontaner Art zu erhalten?
„Die Geistermitteilungen, Klopflaute und alle sonstigen Manifestationen sind gleichmäßig über die ganze Erde verbreitet, jedoch haben sie den Charakter der Völker, bei denen sie auftreten. Dort, wo die Literatur noch kaum verbreitet ist, gibt es keine schreibenden Medien, bei anderen Völkern dafür wieder viele. Anderswo gibt es wieder häufiger Geräusche und Apporte als intelligente Mitteilungen, weil diese dort weniger geschätzt und gesucht werden."

20. Warum finden Geistererscheinungen mehr zur Nachtzeit statt?
„Eine zu große Helligkeit kann eine leichte Erscheinung verwischen, doch es ist ein Irrtum zu glauben, daß die Nacht zu den Erscheinungen etwas beitragen kann."

21. Geschieht das Sehen der Geister im natürlichen oder nur in einem ekstatischen, verzückten Zustande?
„Es kann unter ganz normalen Bedingungen stattfinden,

aber Personen, die Geister sehen, sind sehr häufig in einem besonderen, an die Ekstase grenzenden Zustande, der ihnen eine Art zweiten Gesichtes gibt."

22. Sehen Menschen, die Geister erblicken, diese mit den Augen?

„Sie glauben es, aber in Wirklichkeit ist es die Seele, die sie erblickt. Beweis dafür ist der Umstand, daß man Geister auch mit geschlossenen Augen sieht."

23. Wie kann sich der Geist unsichtbar machen?

„Hier gilt der gleiche Grundsatz, wie bei allen Manifestationen, es hängt von der Beschaffenheit der Geisterhülle ab, die verschiedene Gestalten nach dem Willen des Geistes annehmen kann."

24. Kann sich der eigentliche Geist sehen lassen, oder vermag er es nur mit der Hilfe des Perisprits?

„In eurem materiellen Zustande können sich die Geister nur mit Hilfe ihrer halbmateriellen Hülle manifestieren. Sie ist der Vermittler, mit dem sie auf eure Sinne einwirken. In dieser Hülle erscheinen sie manchmal in menschlicher Gestalt oder in einer anderen, sei es im Traume oder im Wachzustande, bei Tag oder Nacht."

25. Kann man sagen, der Geist werde durch die Verdichtung des Perisprit-Fluidums sichtbar?

„Verdichtung ist nicht das rechte Wort, es ist vielmehr ein Vergleich, der euch nützen kann, das Phänomen zu begreifen. Es gibt im Perisprit keine Verdichtung. Durch die Verbindung der Fluide ergibt sich in ihm eine besondere Disposition, die nichts ähnliches für euch hat, und die ihn wahrnehmbar macht."

26. Sind die Geister immer unangreifbar und zum Berühren unantastbar?

„In ihrem normalen Zustande sind sie unangreifbar wie in einem Traume, doch können sie auf die Empfindungswerkzeuge wirken und Merkmale ihrer Anwesenheit zurücklassen. In selteneren Fällen können sie auch momentan tastbar werden, was beweist, daß zwischen euch und ihnen eine Materie besteht."

27. Ist ein jeder Mensch fähig, die Geister zu sehen?

„Im Schlafe ja, aber nicht im wachen Zustande. Im Schlafe sieht die Seele ohne Vermittler, im wachen Zustande ist sie mehr oder weniger durch die körperlichen Organe beeinflußt."

28. Wovon hängt die Fähigkeit ab, Geister auch im wachen Zustande zu sehen?

„Von der medialen Anlage, von der größeren oder geringeren Leichtigkeit, die das Fluid des Lebenden besitzt, sich mit jenem des Geistes zu verbinden. Es genügt also nicht, daß der Geist sich gerne zeigen möchte, er muß auch noch in der Person, der er sich zeigen will, gewisse Fähigkeiten finden."

29. Kann man diese Fähigkeiten durch Übung erlangen?

„Ja, man kann sie wie jede andere Gabe erlangen, aber es ist eine jener Gaben, wo es besser ist, die natürliche Entwicklung abzuwarten, als durch Übung hervorzurufen, um nicht die Einbildungskraft hineinspielen zu lassen."

30. Kann man das Erscheinen der Geister hervorrufen?

„Das kann man wohl, aber sehr selten. Es ist fast immer spontan. Um es zu können, muß man mit einer besonderen Gabe ausgerüstet sein."

31. Können sich die Geister auch in einer anderen Gestalt als der menschlichen zeigen?

„Die menschliche Gestalt ist die normale. Der Geist kann den Schein ändern, aber die Grundform, der Typus, bleibt immer die menschliche Gestalt. Sie können Flammen, Lichter und alle anderen Wirkungen hervorbringen, um ihr Dasein darzutun. Die Flamme ist oft nichts anderes als eine Luftspiegelung oder ein Ausfluß des Perisprits, aber in allen Fällen nur ein Teil davon. Ganz erscheint das Perisprit nur bei Visionen."

32. Was haltet ihr von dem Glauben, daß Irrlichter Anzeichen für vorhandene Seelen oder Geister sein sollen?

„Es ist Aberglaube durch Unwissenheit. Die physische Ursache der Irrlichter ist ja wohl bekannt."

33. Können sich die Geister in Tiergestalt zeigen?

„Das können sie, aber es sind dann immer nur sehr untergeordnete Geister. Auf jeden Fall wäre es nur eine momentane Erscheinung."

Die gewöhnlichsten Geistererscheinungen finden im Schlafe durch die Träume statt. Es kann nicht unsere Aufgabe sein, alle Einzelheiten zu erforschen, die durch Träume dargestellt werden können. Sie können sein: eine wahre Vision von gegenwärtigen oder abwesenden Dingen, eine Vision mit Rückblick auf das Vergangene, in manchen Fällen auch ausnahmsweise ein Vorgefühl der Zukunft. Oft sind es auch allegorische Bilder, die an uns vorüberziehen, um uns nützliche Nachrichten oder heilsame Ratschläge zu erteilen, wenn es gute Geister sind, von denen sie kommen, oder um uns in Irrtum zu führen, wenn es unvollkommene Geister sind.

Die eigentlichen Geistererscheinungen finden nur bei Tage statt, und nur dann, wenn man die Fülle und die ganze Freiheit seiner Fähigkeiten genießt. Die Geister erscheinen im allgemeinen in einer dunstigen, durchsichtigen, manchmal vagen und undeutlichen Gestalt. Es ist oft ein weißliches Licht, dessen Umrisse sich nach und nach zeigen. Ein anderes Mal wieder sind die Formen rein ausgedrückt und man unterscheidet die feinsten Züge des Gesichtes. Gang und Anblick des Geistes sind ganz dem im Leben ähnlich.

Da ein Geist alle Gestalten annehmen kann, stellt er sich unter jener vor, die ihn am meisten erkennbar macht, wenn dies seine Absicht ist. Obgleich er als Geist kein körperliches Gebrechen hat, wird er sich wie einst auf Erden als Krüppel, bucklig, verwundet, mit Narben usw. zeigen, um seine Identität zu beweisen. Äsop, der Fabeldichter des antiken Griechenlands, ist zum Beispiel als Geist nicht mißgestaltet, ruft man diesen Geist aber als Äsop an, so wird er als eine bucklige Gestalt mit dem traditionellen Kostüm erscheinen, und hätte er auch seither schon mehrere irdische Existenzen gehabt.

Bemerkenswert ist, daß bei weniger besonderen Umständen die unteren Teile der Geister verschwommener sind, während Kopf und Rumpf, Arme und Hände scharf und rein angedeutet werden. Auch sieht man sie nie gehen, sie schweben wie die Schatten. Ihre Kleidung besteht gewöhnlich aus einem Faltenwurfe, welcher in langen, fliegenden Falten endet. Jene Geister, die von irdischen Dingen nichts beibehalten haben, erscheinen mit graziös fliegenden Haaren. Einfache Geister, die man gekannt hat, erscheinen gewöhnlich in jener Kleidung, die sie in der letzten Zeit ihres Lebens trugen. Oft zeigen Geister charakteristische Attribute ihrer Erhabenheit, wie zum Beispiel eine Strahlenkrone, oder Flügel bei jenen, die man für Engel halten soll, während andere die Zeichen tragen, die an ihre irdischen Tätigkeiten erinnern. So kann ein Soldat mit seiner Rüstung, ein Gelehrter mit einem Buche, ein Mörder mit einem Dolche erscheinen. Die höheren Geister haben alle eine schöne, heitere Figur, die niederen Geister dagegen haben etwas Wildes, Tierisches an sich. Die Frage nach ihrer Kleidung und andere Nebendinge erregt vielleicht die meiste Verwunderung. Wir kommen darauf noch zurück, weil sie mit anderen wichtigen Tatsachen in Verbindung steht.

Wir sagten, daß die Geistererscheinungen etwas Dunstartiges an sich haben, in vielen Fällen könnte man sie mit dem reflektierten Bilde auf einer Glasscheibe ohne Spiegelbelag vergleichen, welche trotz ihrer Reinheit das Durchsehen der Gegenstände nicht behindert, die sich hinter der Scheibe befinden. Sehende Medien erblicken oft Geister, die kommen, gehen, sich unter den Menschen bewegen und an ihren Gesprächen Anteil nehmen.

Ein Geist, der erscheinen will und kann, nimmt manchmal eine viel deutlichere Gestalt an, die den Anschein eines festen Körpers hat. In manchen Fällen und unter dem Zusammenfallen günstiger Umstände kann eine direkte Tastbarkeit entstehen, so daß man angreifen, betasten und Wärme und Widerstand eines lebenden Körpers fühlen kann. Früher stellte man die Gegenwart eines Geistes nicht mit den Augen, sondern durch den Tastsinn fest. Wenn man die einfache sichtbare Geistererscheinung einer Täuschung oder Verblendung zuschreiben könnte, so ist ein Zweifel nicht mehr gestattet, wenn man den zum Körper gewordenen Geist ergreifen und betasten kann, und wenn der Geist euch selbst anfaßt. Tastbare Geistererscheinungen sind sehr selten, aber durch starke Medien schon oft vorgekommen.

Seiner Natur nach und in seinem Normalzustande ist das Perisprit unsichtbar, und diese Eigenschaft hat es mit einer Menge Fluide gemeinsam, von deren Dasein wir Kenntnis haben, ohne daß wir sie je sahen. Aber .es kann auch, wie gewisse Fluide, Abarten zeigen, die es für das Gesicht, sei es durch eine Art von Verdichtung, sei es durch eine Veränderung seiner molekularen Struktur, wahrnehmbar machen. Daher kommt es, daß es uns in einer Dunstgestalt erscheint. Die Verdichtung — man muß das Wort nicht buchstäblich nehmen —, kann eine solche sein, daß das Perisprit die Eigenschaften eines festen Körpers erhält, aber es kann unmittelbar wieder seinen ätherischen und unsichtbaren Zustand annehmen. Diese verschiedenen Zustände des Perisprits sind das Ergebnis des Willens des Geistes und nicht einer äußeren physischen Ursache, wie etwa bei unseren Gasen.

Wenn uns ein Geist erscheint, so bringt er sein Perisprit in den erforderlichen Zustand, um es sichtbar zu machen. Dazu ist aber sein eigener Wille nicht genügend, denn die jedesmaligen Anpassungen des Perisprits geschehen durch die jeweilige Verbindung mit dem seinem Medium eigentümlichen Fluide. Da nun diese Verbindung nicht immer möglich ist, so ist es erklärlich, warum das Sichtbarwerden der Geister nicht allgemein ist. Es genügt daher nicht, daß sich der Geist zeigen will, es genügt nicht, daß eine Person ihn sehen will: die beiderseitigen Fluide müssen sich verbinden können. Es ist notwendig, daß zwischen ihnen eine Verwandtschaft besteht, daß auch die Fluidausströmung der Person ausgiebig genug ist, die Verwandlung des Perisprits zu bewirken. Wahrscheinlich gibt es noch weitere Bedingungen, die uns aber unbekannt sind. Und schließlich muß auch noch der Geist die Erlaubnis haben, sich der betreffenden Person zu zeigen, was ihm aus bestimmten Gründen nicht immer gestattet ist.

Eine andere Eigenschaft des Perisprits, die von seiner ätherischen Natur abhängt, ist die Durchdringlichkeit. Keine Materie macht ihm Hindernisse, es durchdringt alle, wie das Licht die durchsichtigen Körper durchdringt. Deshalb gibt es keinen Verschluß, der den Zutritt von Geistern verhindern könnte, sie besuchen die Verhafteten im Gefängnis ebenso leicht wie einen Menschen auf freiem Felde.

Geistererscheinungen im wachen Zustande sind weder selten noch neu, es gab sie zu allen Zeiten. Die Geschichte zählt eine große Menge davon auf, auch in unseren Tagen sind sie häufig und viele Menschen haben sie gehabt. Häufig sind sie besonders beim Sterben abwesender Personen, die ihre Verwandten und Freunde noch besuchen kommen. Oft haben sie kein festes oder bestimmtes Ziel, im allgemeinen kann man aber sagen, Geister, die auf diese Art erscheinen, sind durch Sympathie angezogen worden.

Wir fügen hier noch eine Erläuterung optischer Wirkungen hinzu, die Veranlassung zu einem besonderen System, dem der „Kügelchengeister", gegeben hat: Luft ist nicht immer von einer durchsichtigen Klarheit. Es gibt Zeiten, wo die Strömung der luftförmigen Moleküle und ihre durch die Wärme hervorgebrachte Wirbelung vollkommen sichtbar ist. Manche Menschen haben dies für die Seelen der sich in der Luft herumtreibenden Geister gehalten. Und noch eine andere Art einer nicht weniger seltenen Illusion gibt es, gegen die man gleichfalls gerüstet sein muß: Der wässerige Dunst des Auges (sogenannte Glaskörper) bietet kleine dunkle Punkte, die ihre Durchsichtigkeit verloren haben und wie dunkle Körper erscheinen. Sie scheinen in der Luft zu hängen und folgen scheinbar deren Bewegungen. Durch die Vergrößerung und Strahlenbrechung in die Ferne hin erwecken sie den Anschein von kleinen dunklen Scheiben von einem bis zehn Millimeter im Durchschnitt, und diese scheinen in der Atmosphäre zu schwimmen. Wir haben Personen gekannt, die diese Scheiben für Geister gehalten haben. Sie behaupteten, diese Scheiben begleiten sie nicht nur, sondern folgen allen ihren Bewegungen, gehen nach rechts, links, nach oben, unten, oder sie bleiben stehen, je nach Bewegung des Kopfes. Dies erregt keine Verwunderung, da der Sitz dieser Erscheinung in der Kugel des Auges ist, muß sie den Bewegungen des Augapfels natürlich folgen.

Alle diese Illusionen sind Resultate unvollständiger Beobachtung. Wer die Natur der Geister ernsthaft studiert, wird durch die Mittel, welche die praktische Wissenschaft angibt, alles Unausgereifte begreifen. Ebenso wie wir die kühnen Theorien bekämpfen, durch die man die Manifestationen angreift, wenn sie sich auf Unkenntnis der Tatsachen gründen, müssen wir auch bestrebt sein, die falschen Gedankengänge zu zerstreuen, die mehr Eifer als Überzeugung beweisen.

Das Perisprit ist, wie wir sahen, das Prinzip aller Manifestationen. Seine Kenntnis gab uns den Schlüssel zu einer Menge von Erscheinungen, sie ließ die spiritistische Wissenschaft einen gewaltigen Fortschritt machen, brachte sie auf eine neue Bahn, indem sie ihren wundervollen Charakter enthüllte. Die Geister selbst, die Erklärung über ihren Einfluß auf die Materie gaben, waren es, die den Anlaß dazu gaben. Ihre Beeindrukkung der trägen Materie, der Bewegung fester Körper, der Lautkundgebungen und Erscheinungen wurden durch sie für uns begreiflich. Aber wir sind weit davon entfernt, die von uns aufgestellte Theorie als absolut und als letztes Wort zu betrachten, ohne Zweifel wird sie zu späterer Zeit vervollständigt und durch neue Studien und Ergebnisse berichtigt werden. Doch so unvollständig und unvollkommen sie heute noch ist, sie kann uns immer unterstützen in der Möglichkeit, von Tatsachen Beweise zu bringen, die nichts Übernatürliches an sich haben.

Alle die Menschen, die an die unkörperliche und unsichtbare Welt nicht glauben, vermeinen mit dem Begriff „Halluzinationen" alles zu erklären. Die Definition dieses Wortes ist bekannt: es bedeutet Irrtum, die Täuschung einer Person, die da glaubt, eine Wahrnehmung zu haben, die sie in Wirklichkeit nicht hat (vom lateinischen Wort hallucinari, d. h. irren im Begriff des Lichtes). Aber die Gelehrten haben unseres Wissens bisher noch nicht den physiologischen Grund für Halluzinationen angegeben. Sie haben es bisher verschmäht, sich mit ihnen zu beschäftigen, verschmäht festzustellen, ob sie nun wirklich bestehen oder nicht. Sie sind aber nichtsdestoweniger ein Phänomen, das die Physiologie aufzuklären imstande sein müßte, da sie sonst ihr Unvermögen eingestehen würde. Wenn es eines Tages ein Gelehrter unternehmen würde, nicht etwa nur eine Definition, sondern eine *physiologische Erklärung* der Halluzinationen zu geben, werden wir ja sehen, ob diese Theorie alle Fälle aufklärt, ob sie nicht besonders die so allgemeinen Tatsachen der Erscheinungen von Sterbenden wegläßt. Sie sollen uns sagen, woher das Zusammentreffen jener Erscheinungen mit dem Tode der Person kommt. Wenn noch jener, der die Erscheinung sieht, daran dächte, daß diese Person sterben muß, ginge es noch an. Aber die erscheinende sterbende Person ist am häufigsten eine, deren man am wenigsten gedenkt. Da ist also die Idee von der Einbildungskraft zunichte geworden.

Werden die Anhänger der Halluzination sagen, daß die Seele Momente der Überreizung hat, wo ihre Fähigkeiten erhöht sind? Wir sind damit einverstanden. Wenn aber das, was sie sieht, wirklich besteht, so ist es keine Illusion. Wenn die Seele im Zustand der Überspanntheit etwas sieht, was nicht gegenwärtig ist, so darum, weil sie sich überträgt. Kann sich aber unsere Seele einer abwesenden Person übertragen, warum sollte sich die Seele dieser Person nicht auch uns übertragen können? Dieser Tatsache soll man in der Halluzinations-Theorie Rechnung tragen und nicht vergessen, daß eine Theorie, der man konträre Fälle entgegensetzen kann, falsch oder unvollständig sein muß.

Tatsachen beweisen, daß es wirkliche Geistererscheinungen gibt, die nur jene leugnen können, die außerhalb des Organismusses nichts zugeben. Aber gibt es an der Seite wirklicher Visionen Halluzinationen im wahrsten Sinne des Wortes? Ohne Zweifel! Die Quellen derselben sind Geister, die uns auf den wahren Weg bringen wollen, denn die Erklärung erscheint uns vollständig gegeben in den folgenden, auf gestellte Fragen erhaltenen Antworten:

Sind Visionen immer tatsächlich und wirklich, sind sie nicht oft eine Wirkung der Halluzination? Sieht man im Traume oder wachend z. B. den Teufel oder andere fantastische Sachen, die nicht bestehen, ist das nicht ein Produkt der Fantasie?

„Ja. Manches Mal wird man durch gewisse Lektüre wie Teufelsgeschichten o. ä. erschüttert. Man erinnert sich des Gelesenen und man glaubt, was es gar nicht gibt. Wir haben oft gesagt, daß der Geist in seiner halbmateriellen Hülle alle Arten von Gestalten annehmen und sich darin manifestieren kann. Ein Spottgeist kann also auch mit Hörnern und Krallen erscheinen, wenn es ihm Spaß macht, um mit Leichtgläubigen sein Spiel zu treiben, genauso, wie ein guter Geist sich mit Flügeln und in strahlender Gestalt zeigen kann."

Kann man die Figuren, Gestalten oder Bilder als Geistererscheinungen ansehen, die sich uns bei geschlossenen Augen oder im Halbschlafe zeigen?

„Sobald die irdischen Sinne sich einschläfern, befreit sich der Geist und kann in der Nähe oder in der Ferne Dinge sehen, die er mit den Augen nicht sehen konnte. Diese Bilder sind sehr oft Visionen. Sie können jedoch auch eine Wirkung von Eindrücken sein, die der Anblick gewisser Objekte im Gehirn zurückgelassen hat. Der befreite Geist sieht diese Eindrücke in seinem eigenen Gehirn, da sie sich dort wie ein aufgenommenes Bild festgesetzt haben. Ihre Verschiedenheit und ihr Durcheinander bilden ein sonderbares und flüchtiges Ganzes, das sich sehr schnell verliert, trotz aller Anstrengung, es zu behalten. Solche Ursache können gewisse Fantasie-Erscheinungen haben. Sie bedeuten nichts und kommen häufig bei Kranken vor. Man weiß, daß das Gedächtnis die Gesamtsumme der Eindrücke ist, die das Gehirn zurückbehalten hat. Aber durch welches Phänomen vermengen sich diese vielen und verschiedenen, vielfältigen Eindrücke nicht? Das ist ein unerklärbares Geheimnis, das aber nicht mehr befremdet, als jenes der Tonwellen, die sich in der Luft kreuzen, durcheinanderwirbeln und sich trotzdem voneinander unterscheiden. In einem gesunden, wohlorganisiertem Gehirn sind diese Eindrücke deutlich und bestimmt, in einem weniger günstigen verwischen und verwirren sie sich. Daher stammt das Schwinden des Gedächtnisses oder die Verwirrung der Ideen.

Die durch die Augen zum Gehirn gelangten Bilder lassen dort also einen Eindruck zurück, der bewirkt, daß man sich des Bildes erinnert, als ob man es vor sich hätte. Aber es ist immer nur eine ausschließliche Sache des Gedächtnisses, denn man sieht die Bilder nicht. In einem gewissen Zustande der Freiheit aber schaut die Seele ins Gehirn und findet darin diese Bilder wieder, besonders jene, die am meisten überrascht und beeindruckt haben. So geschieht es, daß sie darin Eindrücke religiöser, diabolischer, dramatischer oder weltlicher Szenen und Figuren findet, die sie zu ihrer Zeit in einem Gemälde gesehen, in einer Erzählung gehört hat usw., denn auch Erzählungen lassen ihre Eindrücke und Bilder zurück. Die Seele sieht also, aber sie sieht nur einen Bildeindruck im Gehirn. Im Normalzustande sind diese Bilder flüchtig und von kurzer Dauer, weil alle Teile des Gehirns frei wirken. Doch im Krankheitsfalle ist das Gehirn immer mehr oder weniger geschwächt, es fehlt das Gleichgewicht unter allen Organen. Einige sind besonders aktiv, während andere geradezu gelähmt sind, und daher kommt die Stetigkeit gewisser Bilder. Das ist die wahre Halluzination und die erste Ursache zu fixen Ideen."

Wie man sieht, haben wir über diese Anomalie durch ein ganz physiologisches, wohlbekanntes Gesetz Aufschluß gegeben, nämlich jenes der Gehirneindrücke. Aber wir mußten immer die Seele mitwirken lassen. Wenn die Materialisten bisher keine genügende Erklärung dieses Phänomens geben konnten, so daher, weil sie eine Seele nicht zugeben wollen. Auch unsere Erklärung werden sie anfechten, weil wir die Seele als Grund gelten lassen, was bestritten wird. Bestritten durch wen? Nur durch sie, aber zugelassen durch eine gewaltige Anhängerschaft. Und die Verneinung einiger Weniger kann kein Gesetz machen.

Ist unsere Erklärung gut? Gibt sie so, wie sie ist, eine weitgehende Aufklärung über alle Visionen? Gewiß nicht, und wir fordern daher alle Physiologen zu einer Erklärung auf, die alle Visionen umfaßt, denn mit den Schlagworten „Überreizung und Aufregung" ist rein nichts gesagt. Wenn also alle Theorien der Halluzinationen ungenügend sind, alle Tatsachen zu erklären, so kommt es daher, daß darin etwas anderes steckt, als die sogenannte Halluzination.

Doppelgängerei und Umgestaltung — Erscheinung der Geister von Lebenden — Das Zweite Gesicht — Der heilige Alfons von Liguori, der heilige Antonius von Padua. — Vespasian — Umwandlung

Die ersteren zwei Phänomene sind Spielarten unsichtbarer Manifestationen, die die Ordnungen der natürlichen Erscheinungen nicht überschreiten. Beide gründen sich auf das Prinzip, daß alles, was von den Eigenschaften des Perisprits *nach* dem Tode gesagt wurde, auf das Perisprit der Lebenden Anwendung findet. Wir wissen, daß der Geist während des Schlafes teilweise seine Freiheit wiedererlangt, d. h. daß er sich vom Körper absondert. Der Geist hat immer seine halbmaterielle Hülle, mag der Mensch tot oder lebendig sein, und durch dieselben Ursachen, die wir beschrieben haben, kann er die Sichtbarkeit und Greifbarkeit erlangen. Vollkommen wahre Tatsachen können in dieser Beziehung keinen Zweifel übrig lassen. Wir werden davon einige Beispiele anführen, die wir persönlich erlebten und für deren Wahrheit wir uns verbürgen können:

Die Frau eines unserer Freunde hat wiederholt nachts gesehen, wie eine Obstverkäuferin, die sie vom Sehen her kannte, mit der sie aber noch nie gesprochen hatte, in ihr beleuchtetes Zimmer trat. Die Erscheinung verursachte ihr einen umso größeren Schrecken, da sie vom Spiritismus noch keine Kenntnis hatte und die Erscheinung sich oft wiederholte. Die Obstverkäuferin war indessen völlig lebendig und schlief wahrscheinlich zu jener Zeit. Während ihr materieller Körper daheim war, befand sich ihre Seele mit dem fluidischen Körper bei dieser Dame. In solchem Falle hätte ein eingeweihter Spiritist sie um ihr Erscheinen befragt, aber davon hatte die Dame keine Ahnung. Jedesmal verschwand die Erscheinung spurlos, jedesmal ging sie nach dem Verschwinden sich davon zu überzeugen, daß alle Türen fest verschlossen waren. Diese Vorsicht bewies ihr, daß sie vollkommen wach war und nicht Spielball eines Traumes wurde.

Eines Tages sah sie ihren Bruder, der in Kalifornien weilte. Er hatte so sehr den Anschein eines wirklichen Menschen, daß sie im ersten Augenblick an seine Rückkehr glaubte und ihn ansprechen wollte. Doch er verschwand, ohne ihr Zeit dazu zu lassen. Ein später erhaltener Brief bewies ihr, daß er nicht tot war, sondern lebte. Diese Dame war ein sogenanntes natürlich sehendes Medium.

Eine andere Dame, die auf dem Lande wohnte, sah eines Abends, als sie krank lag, gegen zehn Uhr einen alten Herrn, der in der Stadt wohnte und den sie manchmal beiläufig in fremder Gesellschaft sah. Er saß im Lehnsessel am Fuße ihres Bettes und nahm von Zeit zu Zeit eine Prise Tabak. Er hatte den Anschein eines Wachenden, eine tatsächliche Anwesenheit schien vorzuliegen. Überrascht von solcher Visite zu dieser Zeit wollte sie die Ursache erfragen, doch der Herr gab ihr ein Zeichen, nicht zu reden und zu schlafen. Mehrmals wollte sie ihn anreden, immer erhielt sie dieselbe Warnung. Endlich schlief sie ein. Nach ihrer Genesung bekam sie den Besuch desselben Herrn zu passender Stunde, diesmal war er es wohl selbst. Er trug dieselben Kleider wie damals, besaß dieselbe Dose und hatte dieselben Manieren. Überzeugt, daß er sie während der Krankheit besucht hatte, bedankte sie sich für die gehabte Mühe. Erstaunt darüber entgegnete der Herr, daß er schon sehr lange nicht mehr das Vergnügen gehabt hatte, sie zu sehen. Die Dame kannte den Spiritismus und begriff sofort.

Sie hat wahrscheinlich geträumt, werden die Ungläubigen hierzu sagen, aber es ist erwiesen, daß diese Dame nicht schlief, ebensowenig wie die vorige.

Noch ein anderer charakteristischer Fall und wir wären neugierig, wie man ihn durch das Spiel der Fantasie erklären wollte:

Ein auf dem Lande lebender Herr wollte sich niemals verheiraten, trotz Bittens seiner Familie. Man hatte besonders zugunsten einer Dame gesprochen, die in einer benachbarten Stadt wohnte, und die er noch nie gesehen hatte. Eines Tages allein im Zimmer, war er ganz erstaunt, ein Mädchen in weißem Kleide, den Kopf mit einer Blumenkrone geschmückt, zu sehen. Sie sagte ihm, sie sei seine Braut, reichte ihm die Hand, auf der er einen Ring sah und die er in die seine nahm.

Im Verlaufe einiger Minuten verschwand alles. Durch die Erscheinung überrascht, stellte er sein völliges Wachsein fest und fragte, ob an diesem Tage jemand gekommen sei, aber man hatte niemanden gesehen. Ein ganzes Jahr später gab er dem ständigen Drängen seiner Familie nach und entschloß sich, die auserwählte Dame kennenzulernen. Das Fronleichnamsfest kam, die Prozession war beendet, und eine der ersten Personen, die sich im Hause bei ihm zeigte, war ein junges Mädchen, in dem er die damalige Erscheinung wiedererkannte. Sie war ebenso gekleidet, denn der Tag der Geistererscheinung war auch der Fronleichnamstag. Erstaunt bleibt er stehen, das Mädchen stößt einen Schrei der Überraschung aus und wird ohnmächtig. Als sie wieder zu sich kam, sagte sie, daß sie diesen Herrn schon als Erscheinung gesehen habe, und zwar am gleichen Tage des vorigen Jahres. Die Heirat fand im Jahre 1835 statt. Zu jener Zeit war von Geistern noch keine Rede, und jene beiden Leute waren nicht von überspannter Einbildungskraft. Man könnte wohl sagen, daß beide einen von der Idee der bevorstehenden Vereinigung beseelten Geist hatten, wodurch eine Halluzination eintrat, doch darf man nicht vergessen, daß der Mann so indifferent gewesen ist, daß ein ganzes Jahr bis zur Brautschau verging. Und es bliebe noch die doppelte Geistererscheinung zu erklären, das Zusammentreffen der Kleidung mit dem Fronleichnamsfeste und schließlich noch das physische Wiedererkennen zweier Menschen, die sich im Leben noch nie gesehen hatten, Umstände, die kein Ergebnis von Einbildungskraft sein können.

Ehe wir weitergehen, müssen wir noch Antwort auf die Frage geben, wie der Körper in Abwesenheit des Geistes leben kann. Wir sagten wohl, daß der Körper sein organisches Leben tätigen könne, ganz unabhängig von der Anwesenheit des Geistes, wie Pflanzen, die doch keinen Geist haben, aber wir müssen hinzufügen, daß der Geist während des Lebens nie vollständig vom Körper getrennt ist. Geister und sehende Medien erkennen den Geist einer lebenden Person an einem lichten Streifen, der bis zu seinem Körper reicht, eine Tatsache, die nie vorkommt, wenn der Körper tot ist. Dann ist dies Verbindungsband gerissen und die Trennung vollständig. Durch diese Verbindung ist der Geist, mag er auch noch so weit entfernt sein, sofort unterrichtet, was mit seinem Körper geschieht. Er kehrt mit der Schnelligkeit eines Gedankens in ihn zurück. Daraus ersieht man, daß der Körper nie in Abwesenheit des Geistes sterben kann, und daß es nie passieren kann, daß er bei seiner Rückkehr das Tor verschlossen findet.

Der Geist einer lebenden Person, wenn er vom Körper vorübergehend isoliert ist, kann ebenso erscheinen, wie der einer toten Person, und kann allen Anschein der Wirklichkeit haben. Er kann sogar für Momente sichtbar und greifbar werden. Diese Erscheinung ist als Doppelleibigkeit bekannt und hat manchen Anlaß zu Geschichten von Doppelgängern gegeben, von Individuen, deren Gegenwart gleichzeitig an zwei verschiedenen Orten festgestellt wurde. Hier folgen zwei Beispiele, durch die Kirchengeschichte überliefert:

Der heilige Alfons von Liguori wurde schon vor der vorgeschriebenen Zeit heilig gesprochen, weil er sich gleichzeitig an zwei verschiedenen Orten gezeigt hatte, was für ein Wunder gehalten wurde.

Der heilige Antonius von Padua war in Spanien um zu predigen, als zur gleichen Zeit sein Vater in Padua, eines Mordes beschuldigt, zum Richtplatze geführt wurde. In diesem Moment erschien der heilige Antonius, bewies die Unschuld seines Vaters und machte den wahren Mörder namhaft, den später die Strafe erreichte. Es wurde bewiesen, daß der heilige Antonius zu jener Zeit Spanien nicht verlassen hatte.

Von uns wurde der heilige Alfons gerufen, und über die obigen Tatsachen befragt. Die Fragen und Antworten waren:

Kannst du uns die Erklärung dieser Erscheinung geben?

„Ja. Wenn der Mensch durch die Tugend vollkommen von der Materie befreit ist, wenn er seine Seele zu Gott erhoben hat, kann er zugleich an zwei Orten erscheinen. Der einverleibte Geist kann bei Herannahen des Schlafes Gott bitten, sich an einen Ort fern vom ruhenden Körper zu übertragen. Sein Geist oder seine Seele, wie ihr es nennen wollt, verläßt den Körper mit einem Teile seines Perisprits und läßt ihn in einem dem Tode verwandten Zustande zurück, denn es blieb im Körper ein Band, das Perisprit und Seele an die Materie bindet. Der Körper erscheint dann an dem gewünschten Orte."

Dies gibt uns aber keinen Aufschluß über das Sichtbarwerden und die Fühlbarkeit des Perisprits.

„Wenn der Geist sich von der Materie befreit hat und in höhere Stufen der jenseitigen Welt aufsteigt, kann er sich der Materie sichtbar machen."

Ist der Schlaf des Körpers unerläßlich, damit der Geist an einem anderen Orte erscheinen kann?

„Die Seele kann sich teilen, wenn sie sich an einen anderen Ort getragen fühlt, fern vom Körper. Es kann geschehen, daß der Körper nicht schläft, obgleich dies sehr selten ist. Doch dann ist der Körper nie in einem normalen Wachzustande, sondern sein Befinden ist immer mehr oder weniger ekstatisch."

Anmerkung: Die Seele teilt sich nicht im genauen Sinne des Wortes, sondern sie strahlt nach verschiedenen Seiten aus, sie kann sich auf diese Art an verschiedenen Orten manifestieren, ohne sich zu teilen. —

Was würde einem in Schlaf versunkenen Menschen geschehen, wenn man ihn plötzlich wecken würde, während sein Geist in weiter Ferne sich befindet?

„Dieser Fall kann nicht eintreten, denn wenn jemand die Absicht hätte, ihn zu wecken, würde der Geist sofort in seinen Körper zurückkehren und diesem Vorhaben zuvorkommen, da er ja die Gedanken liest."

Diese gleiche Erklärung ist uns durch die Geister verstorbener und lebender Personen schon mehrmals gegeben worden. Der heilige Alfons erklärt zwar die Tatsache der doppelten Anwesenheit, aber er gibt uns nicht die Theorie des Sichtbarwerdens und der Betastbarkeit der Geister.

Tacitus erzählt im IV. Buch seiner Geschichte einen ähnlichen Fall: Während der Monate, die der römische Kaiser Vespasian in Alexandrien zubrachte, geschahen mehrere Wunder, die ihm das Wohlwollen der Geister und die Gunst des Himmels zeigten. Diese Wunder vermehrten in Vespasian den Wunsch, den geheiligten Aufenthalt des Gottes zu besuchen.

Der Tempel wurde für jedermann geschlossen, Vespasian betrat ihn ganz allein. Da bemerkte er hinter sich einen der vornehmsten Ägypter namens Basilide, von dem er genau wußte, daß er einige Tagereisen entfernt krank darniederlag. Er fragte die Priester, ob etwa Basilide diesen Tag den Tempel besucht habe, er fragte die Vorübergehenden, ob man ihn in der Stadt gesehen habe. Schließlich sandte er berittene Boten aus und überzeugte sich, daß er zur gleichen Stunde 80 Meilen weit entfernt war. Da zweifelte er nicht mehr daran, daß es eine Vision war und der Name Basilide galt ihm als Orakel.

Ein Individuum, das sich zugleich an zwei verschiedenen Orten zeigt, hat zwei Körper. Davon ist aber nur einer irdisch, der zweite ist nur eine Erscheinung, und man kann sagen, daß der erste das organische und der zweite das seelische Leben habe. Beim Erwachen vereinigen sich die Körper und das Seelenleben tritt in den materiellen Körper zurück. Es ist nicht möglich und die Vernunft scheint es zu beweisen, daß diese zwei Körper im Zustande der Trennung gleichzeitig und im selben Maße aktiv und intelligent handeln können. Daraus folgt wie schon gesagt, daß der wirkliche Körper nicht sterben kann, während der Fluidalkörper sichtbar bleibt, da das Eintreten des Todes immer den Geist in den Körper zurückruft, und wäre es auch nur für einen Augenblick. Ferner kann man daraus folgern, daß der Fluidkörper nicht getötet werden kann, weil er nicht organisch ist. Er würde in dem Moment verschwinden, wo man ihm den Tod geben wollte.

Wir kommen zum nächsten Phänomen, dem der Verwandlung. Es handelt sich um die Verwandlung des Anblicks eines lebenden Körpers. Hier ist ein Fall erwähnenswert, für den wir selbst uns verbürgen können:

In den Jahren 1858 und 59 besaß in der Nähe von St. Etienne ein junges Mädchen von 15 Jahren die besondere Gabe, sich verwandeln zu können. Sie konnte in gewissen Momenten die Gestalt bestimmter verstorbener Menschen klar sichtbar annehmen. Die Täuschung war so vollkommen, daß man die Gestalt der Person vor sich zu haben glaubte. Gesichtszüge, Anblick, Ton der Stimme und selbst Sprechweise waren völlig identisch. Diese Erscheinung erneuerte sich hundert Mal, ohne daß der Wille des Mädchens dabei mitgewirkt hätte. Sie nahm öfters die Gestalt ihres Bruders an, der einige Jahre zuvor gestorben war. Sie hatte dann nicht nur seine Gestalt, sondern auch seinen Wuchs und den entsprechenden Leibesumfang. Ein Arzt vom Lande, der mehrmals Augenzeuge dieser seltsamen Erscheinung war, wollte sich überzeugen, ob er nicht getäuscht wurde und machte folgenden Versuch: Er wog das junge Mädchen in seinem normalen Zustande und in jenem der Verwandlung, als sie die Gestalt ihres Bruders angenommen hatte. Er war mehr als fünf Jahre älter und viel größer und stärker. Und siehe da, es zeigte sich, daß das Gewicht in diesem Zustande das doppelte war! Diese Wahrnehmung war schlagend, es war unmöglich, den Vorfall einer optischen Täuschung zuzuschreiben.

Versuchen wir, diese Erscheinung aufzuklären, die man damals ein Wunder genannt hat und die wir ganz einfach als Erscheinung bezeichnen:

Die Theorie vom Perisprit führt uns auf den richtigen Weg. Es wird grundsätzlich angenommen, daß der Geist seinem Perisprit alle möglichen Gestalten geben kann, daß er durch eine Modifikation in der molekularen Disposition ihm Sichtbarkeit, Fühlbarkeit und folglich auch Dichte geben kann. Ferner, daß das Perisprit eines lebenden Körpers, vom Körper isoliert, dieselben Verwandlungen eingehen kann, und daß diese Veränderung durch die Verbindung der Fluide geschieht. Stellen wir uns nun das Perisprit einer lebenden Person vor, doch nicht isoliert, sondern um einen Körper herumstrahlend, so daß es ihn wie ein Dunst einhüllt. In einem solchen Zustande kann es dieselben Veränderlichkeiten zeigen, die es separat besitzen würde. Wenn es seine Durchsichtigkeit verliert, kann der Körper verschwinden, unsichtbar werden, als wäre er in Nebel versunken. Er kann auch den Ausdruck verändern, strahlend werden, wie es im Willen und der Macht des Geistes steht. Ein anderer Geist kann seine eigene Erscheinung daselbst ersetzen, sich sozusagen einschieben und sich, das fremde Perisprit benutzend, sichtbar machen, indem er sein eigenes Fluid mit dem ersteren in der Art verbindet, daß der wahre Körper unter der äußeren fluidischen Hülle verschwindet. Dies scheint der Vorgang des seltenen Phänomens der Umgestaltung zu sein. Was die Verschiedenheit des Gewichtes betrifft, erklärt sie sich auf die gleiche Art wie bei den trägen Körpern. Das eigentliche Gewicht des Körpers hat sich nicht verändert, da die Menge der Materie nicht vermehrt wurde, es unterliegt dem Einfluß einer äußeren Kraft, die ihr relatives Gewicht vermehren oder vermindern kann. Es ist also wahrscheinlich, daß das Gewicht im Verhältnis nicht vermehrt, sondern vermindert worden wäre, hätte die Umformung zu einer Kindergestalt stattgefunden.

Man begreift, daß der Körper eine andere, viel größere Gestalt, oder eine von gleicher Größe annehmen kann, aber wie kann er eine viel kleinere annehmen, die Gestalt eines Kindes, wie wir eben andeuteten? Sollte in einem solchen Falle der wirkliche Körper nicht die Grenzen des erscheinenden Körpers überschreiten? Wir sagen nicht, es wäre geschehen, wir haben nur zeigen wollen, daß das erscheinende Gewicht vermindert werden kann, wenn wir uns auf die Lehre vom spezifischen Gewicht beziehen. Was die Erscheinung an sich selbst betrifft, behaupten wir weder deren Möglichkeit noch Unmöglichkeit, aber in dem Falle, wo sie stattfände, wovon man sich keine genügende Aufklärung geben könnte, würde dies die Sache nicht beirren.

Das Laboratorium der unsichtbaren Welt — Die Kleidung der Geister — Spontane Bildung greifbarer Objekte Modifikation der Eigenschaften der Materie

Wir sagten, daß sich die Geister in ein Gewand von Schleiern oder in gewöhnliche menschliche Kleidung gehüllt vorstellen. Schleier scheinen die allgemeine Kleidung der Geisterwelt zu sein. Aber man fragt sich, wo nehmen sie die Kleider her, die jenen völlig ähnlich sind, die sie im Leben trugen? Und woher alle Nebendinge der Toilette? Es ist ganz gewiß, daß sie diese Gegenstände nicht mit sich genommen haben, weil diese vielen Sachen noch unter unseren Augen da sind. Woher kommen also jene, die sie in der anderen Welt tragen? Diese Frage hat schon immer Verlegenheit bereitet, und ihre Lösung hat uns auf den Weg eines allgemeinen Gesetzes gebracht, das auch auf unsere Welt Anwendung findet. Bis auf einen gewissen Punkt konnte man sich von der Kleidung Rechnung ablegen, weil man sie gewissermaßen als einen Bestandteil des Individuums betrachten kann. Aber nicht so verhält es sich mit den Nebendingen, wie z. B. der Dose des Besuchers der kranken Dame. Man beachte, daß es sich hier nicht um einen Toten, sondern um einen Lebenden handelte, und daß dieser Herr bei seinem Wiederkommen die ganz gleiche Dose hatte. Wo hatte er diese gefunden, als er am Fuße des Krankenbettes war? Wir könnten eine Menge von Fällen aufzählen, wo Geister der Verstorbenen oder der Lebenden mit verschiedenen Gegenständen erschienen sind, mit Stöcken, Waffen, Pfeifen, Laternen, Büchern usw.

Es kam uns daher der Gedanke, daß auch die Körper ihre ätherischen Gegenstücke in der unsichtbaren Welt haben können, daß die verdichtete Materie, aus der die Gegenstände gebildet sind, einen unveränderlichen Stammteil haben können, der unseren Sinnen entgeht. Diese Theorie war nicht ohne Wahrscheinlichkeit, aber sie vermochte nicht, alle Erscheinungen aufzuklären. Besonders einen Umstand gibt es, der allen Erklärungen zu spotten schien: Bisher handelte es sich immer nur um Bilder oder Erscheinungen. Wir haben gesehen, daß das Perisprit die Eigenschaften der Materie annehmen und für Auge und Hand sichtbar und tastbar werden kann. Aber diese Tastbarkeit ist nur momentan und der feste Körper verschwindet wie ein Schatten. Das ist schon ein außerordentlicher Vorgang, aber etwas ganz anderes ist es, zu sehen, wie sich beständig feste Materie erzeugt, wie es immer wieder Tatsachen beweisen, und insbesondere jene der direkten Schrift, die wir noch behandeln werden.

Da diese Erscheinung sich an den Gegenstand, den wir gerade behandeln, eng anschließt, wollen wir ihn jetzt an dieser Stelle besprechen.

Die direkte Schrift oder Pneumatographie ist jene, die spontan, ohne Hilfe der Hand eines Mediums und ohne einen Bleistift erscheint. Es genügt, möglichen Betrugs wegen unter

allen Vorsichtsmaßnahmen einen Bogen weißen Papieres zu nehmen, es zu falten und irgendwohin zu legen, und befindet man sich in gutem Kontakt mit der Geisterwelt, so findet man nach längerer oder kürzerer Zeit auf dem Papier Buchstaben, Zeichen, Sätze, Mitteilungen oder sogar eine Rede, am häufigsten geschrieben mit einer grauen Substanz, ähnlich dem Bleistift, aber auch mit Rotstift, Tinte und sogar Druckerschwärze! Das ist der Vorgang in seiner ganzen Einfachheit, dessen Wiederholung gar nicht so selten ist.
Würde man einen Bleistift zu dem Papier legen, könnte man glauben, daß sich der Geist desselben zum Schreiben bedient hätte, aber wenn das Papier allein bleibt, ist es klar, daß die Schrift von einer übertragenen Materie gebildet wird. Wo hat der Geist diese Materie hergenommen? Das ist die Frage, zu deren Lösung wir durch die Dose, von der wir soeben sprachen, gebracht wurden. Es ist der Geist des heiligen Ludwig, der uns im Folgenden die Erklärung gab:

1. Wir haben den Fall einer Erscheinung des Geistes einer lebenden Person zitiert. Der Geist hatte eine Dose und schnupfte. Empfand er jenen Eindruck, den man beim Schnupfen empfindet? — „Nein."
2. Die Dose hatte die Form einer gleichen, deren er sich gewöhnlich bediente, und die er zu Hause hatte. Was war das für eine Dose in den Händen des Geistes?
   „Ein Schein. Es war ein Merkmal für die Dame, der das Phänomen galt, damit die Erscheinung nicht für eine Halluzination, bedingt durch den Gesundheitszustand der Sehenden, gehalten werde. Der Geist wollte, daß die Dame die Wirklichkeit seiner Anwesenheit glaube, deshalb nahm er allen Anschein der Wirklichkeit an."
3. Du sagst, es war ein Schein, aber ein Schein hat nichts Reales an sich, er ist wie eine optische Täuschung. Wir möchten wissen, ob diese Dose nur ein Bild war oder ob sie Wirklichkeit hatte?
   „Gewiß. Gerade mit Hilfe des materiellen Prinzips nimmt das Perisprit den Anschein einer solchen Kleidung, wie jene, die der Geist in seinem Leben trug."
4. Kann sich die Materie vereinfachen? Gibt es in der un-

sichtbaren Welt eine veränderungsfähige Materie, die die Form der Gegenstände, die wir sehen, annehmen könnte? Haben diese Gegenstände ein ätherisches Gegenstück in der unsichtbaren Welt, so, wie dort die Menschen durch die Geister repräsentiert werden?

„Es ist nicht ganz so. Der Geist hat über die materiellen Elemente, die im Raum überall in der Atmosphäre zerstreut sind, eine Macht, die ihr gar nicht ahnt. Er kann nach seinem Willen die Elemente konzentrieren und ihnen eine diesen Objekten ähnliche Form geben."

5. Ich stelle die Frage noch einmal in einer kategorischen Weise, um jede Zweideutigkeit zu vermeiden: Sind die Kleider, womit sich die Geister bekleiden, etwas Wirkliches?

„Mir scheint, daß meine vorige Antwort die Sache entscheidet. Wißt ihr nicht, daß das Perisprit selbst etwas Wichtiges und Aktives ist?"

6. Aus dieser Erklärung geht hervor, daß die Geister die ätherische Materie nach ihrem Belieben umgestalten, daß z. B. ein Geist die Dose nicht ganz gefunden, sondern daß er sie selbst für die Zeit, da er ihrer bedurfte, durch einen Willensakt gemacht hat und daß er sie wieder vernichten konnte. Verhält es sich auch so mit den anderen Gegenständen, mit den Kleidern, dem Geschmeide usw.?

„Aber ganz gewiß!"

7. Diese Dose war für jene Dame so sichtbar, daß sie wirklich getäuscht wurde. Hätte der Geist sie für sie auch greifbar machen können?

„Er hätte es gekonnt."

8. Falls die Dame die Dose in die Hand genommen hätte, hätte sie glauben können, daß es eine wirkliche Dose sei? — „Ja."

9. Hätte sie diese dann aufgemacht, würde sie wahrscheinlich Tabak darin gefunden haben, und hätte sie davon geschnupft, hätte dieser Tabak sie zum Niesen gebracht? — „Ja."

10. Der Geist kann daher nicht nur die Form, sondern auch die besonderen Eigenschaften geben?

„Wenn er dies will, ja. Nur im Sinne dieses Prinzips habe ich auf die vorhergehenden Fragen bejahend geantwortet. Ihr werdet euch von dem mächtigen Einfluß überzeugen, den der Geist auf die Materie ausübt, und den zu ahnen ihr weit entfernt seid."

11. Nehmen wir einmal an, daß er eine giftige Substanz hätte machen wollen, und eine Person hätte davon genommen, wäre sie vergiftet worden?

    „Er hätte es tun können, würde es aber nie tun, es wäre ihm nicht von den höheren, gutgesinnten Geistern gestattet worden."

12. Hätte er Macht, eine heilsame Substanz zu bereiten, die im Falle einer Krankheit heilen könnte, und kam dieser Fall schon vor?

    „Ja, schon oft."

13. Er könnte also ebensogut auch eine nährende Substanz bereiten? Nehmen wir an, er hätte eine Frucht oder irgendeine Speise gemacht, könnte jemand davon essen und sich sättigen?

    „Ja, aber forschet nicht so sehr nach dem, was leicht zu begreifen ist. Ein einziger Sonnenstrahl genügt, um für eure groben Sinneswerkzeuge jene materiellen Teilchen sichtbar zu machen, die den Raum erfüllen, darin ihr lebt. Die Luft enthält wässerige Dünste. Verdichtet sie, und ihr werdet sie in den Normalzustand zurückbringen. Entzieht ihnen die Wärme und seht, diese untastbaren und unsichtbaren Moleküle werden zu einem festen Körper und vielen anderen Substanzen, aus denen die Chemiker staunenswerte Resultate erzielen. Der Geist besitzt vollkommenere Werkzeuge als ihr: den Willen und die Erlaubnis Gottes."

Anmerkung: Sehr wichtig ist hier die Frage der Sättigung. Wie kann eine Substanz, die nur ein Bestehen und zeitliche Eigenschaft hat, und in welcher Art von Vereinigung kann sie die Sättigung hervorbringen? Diese Substanz erzeugt durch Berührung mit dem Magen das Gefühl der Sättigung, nicht aber die aus der Anfüllung hervorgehende Sättigung. Wenn diese Substanz auf das Befinden einwirken und eine Krankheit beseitigen kann, so kann sie ebensogut auf den Magen einwirken und dort das Gefühl der Sättigung hervorrufen.

14. Könnten die durch den Willen eines Geistes in unsere Erdensphäre versetzten realisierten Gegenstände auch den Charakter des dauerhaften und verwendbaren Gegenstandes annehmen?
„Ja, das könnte geschehen, aber es würde euch bei häufigem Vorkommen euer Leben zu bequem machen."

15. Haben alle Geister im gleichen Maße die Macht, sicht- und greifbare Gegenstände hervorzubringen?
„Je erhabener der Geist ist, desto leichter bringt er es fertig. Auch niedere Geister können diese Macht haben."

16. Kann sich der Geist immer über die Art Rechenschaft geben, wie er seine Kleider oder die Gegenstände hervorbringt, deren Anschein er darbietet?
„Nein, oft trägt er zu ihrer Bildung bei, ohne selbst zu begreifen, wie es zustande kommt, wenn er nicht aufgeklärt ist."

17. Wenn der Geist im allgemeinen Elemente die Stoffe schöpfen kann, dies alles zu vollbringen, ihnen sogar eine zeitliche Wirklichkeit mit ihren Eigenschaften zu geben, so kann er wohl auch alles das dorther nehmen, was zum Schreiben erforderlich ist, und dies gibt uns den Schlüssel zum Phänomen der direkten Schrift?
„Endlich seid ihr dahinter gekommen!"

18. Wenn die Materie, deren sich der Geist bedient, keine Haltbarkeit besitzt, wie kommt es, daß die Züge der direkten Schrift bleiben?
„Bekrittelt nicht die Worte. Ich habe nicht gesagt ‚niemals', es war die Rede von einem voluminösen, materiellen Gegenstande. Hier sind es geschriebene Zeichen, nützlich, sie zu erhalten, und so er erhält man sie. Ich wollte sagen, daß die von den Geistern in unseren Kreis gebrachten Gegenstände nicht wie die gewöhnlichen werden können, denn die von Geisterkraft geschaffenen und unseren Sinnen zugänglich gemachten Dinge sind dennoch nicht so

robust und viel zarter als die groben Dinge, von Menschen für Menschen angefertigt."

Die eben dargestellte Theorie kann wie folgt zusammengefaßt werden: Der Geist wirkt auf die Materie, er schöpft in der allgemeinen Weltmaterie die erforderlichen Elemente, um nach seinem Willen Gegenstände zu bilden, die mit den irdischen eine Ähnlichkeit haben. Er kann auch in der Elementarmaterie durch seinen Willen eine innerliche Verwandlung bewirken, die ihm bestimmte Eigenschaften verleiht. Diese Fähigkeit liegt in der Natur des Geistes, er macht daher oft Gebrauch davon. Die von einem Geist geschaffenen Gegenstände haben nur eine zeitweilige Existenz, die sich nach seinem Willen oder dem Bedarf richtet, er kann sie machen und wieder auflösen. Diese Dinge können in gewissen Fällen in den Augen lebender Personen den Anschein von Wirklichkeit annehmen, sie können momentan sichtbar und auch mit den Händen geprüft werden. Dies ist aber keine Schöpfung, sondern eine Formbildung, denn auch der Geist kann aus Nichts nichts machen.

Das Vorhandensein einer einzigen Elementar-Materie ist durch die Wissenschaft allgemein angenommen, und wie man sieht, durch die Geister bestätigt worden. Diese Materie gibt allen Naturkörpern ihr Entstehen. Durch die Umgestaltungen, die sie eingehen kann, vermag sie auch verschiedene Eigenschaften bei diesen Körpern zu bewirken. So kann eine heilsame Substanz durch eine einfache Abwandlung giftig werden. Davon gibt uns die Chemie unzählige Beweise. Jedermann weiß heute, daß, wenn zwei unschädliche Substanzen in bestimmten Verhältnissen in Verbindung gebracht werden, tödliche Gifte daraus entstehen können. Ohne das Verhältnis zu ändern, genügt oft ein einfacher Wechsel in der Art der molekularen Verbindung, Eigenschaften völlig zu verändern. So geschieht es, daß ein dunkler Körper durchsichtig werden kann und umgekehrt. Da der Geist durch seinen Willen einen so großen Einfluß auf die Molekular-Materie ausübt, ist es begreiflich, daß er nicht nur die Substanzformen, sondern auch ihre Eigenschaften verändern kann, indem sein Wille die Wirkung der Reaktion hervorbringt.

Diese Theorie gibt uns auch Aufschluß über ein im Magnetismus bekanntes Faktum, jenes des Wechselns der Eigenschaften des Wassers durch den bloßen Willen. Der handelnde Geist ist der des Magnetiseurs, durch einen fremden Geist unterstützt. Er bewirkt eine Veränderung mit Hilfe des magnetischen Fluidums, das jene Substanz bildet, die sich der Weltmaterie oder dem allgemeinen Elemente am meisten nähert. Wenn er eine Veränderung in den Eigenschaften des Wassers hervorbringen kann, so kann er auch ähnliche Erscheinungen in den Fluiden des Organismus und somit die heilbare Wirkung der magnetischen Handlung bewirken. Man kennt die Hauptrolle, die der Wille bei allen Erscheinungen des Magnetismus spielt, aber wie soll man seine materielle Handlung erklären?

Der Wille ist kein Wesen und keine materielle Substanz, nicht einmal eine Eigenschaft der noch so ätherischen Materie. Er ist eine wesentliche Eigenschaft des Geistes, d. h. eines denkenden Wesens. Mit Hilfe dieses Hebels wirkt er auf die Elementar-Materie, und durch eine unmittelbar darauf folgende Handlung reagiert er auf seine Zusammensetzungen, deren innerliche Eigenschaften dadurch geändert werden können. Der Wille ist die Eigenschaft sowohl eines einverleibten wie eines freien Geistes. Daher rührt die Kraft des Magnetiseurs, von der man weiß, daß sie mit der Stärke des Willens im Verhältnis steht. Daher kann also auch ein einverleibter Geist, der auf diese Elementar-Materie wirkt, in gewissen Grenzen ihre Eigenschaften verändern. So erklärt sich die Fähigkeit, durch die Berührung mit den Händen oder das Auflegen der Hände zu heilen, eine Gabe, die gewisse Menschen in kleinerem oder größerem Maße besitzen.

Die von den Geistern besuchten Orte

Spontane Manifestationen, die sich zu allen Zeiten ereignet haben und die Ausdauer einzelner Geister, spürbare Zeichen ihrer Gegenwart an gewissen Orten zu geben, wurden zur Quelle des Glaubens an bestimmte „Spukorte“. Auf die über diesen Gegenstand gestellten Fragen wurden nachstehende Antworten gegeben:

1. Bezieht sich die Anhänglichkeit der Geister nur auf Personen oder auch auf Gegenstände?

   „Das hängt von ihrer Erhabenheit ab. Gewisse Geister wie Geizige können sich an irdischen Dinge und Schätze binden, und sind sie von der Materie noch nicht genügend befreit, können sie diese als Geister noch überwachen und hüten."

2. Haben die wandelnden Geister Lieblingsplätze?

   „Das Prinzip ist das gleiche. Geister, die nicht mehr an der Erde hängen, gehen dorthin, wo sie Liebe finden. Sie werden mehr durch Personen als durch materielle Gegenstände angezogen, doch gibt es auch Geister, die Vorliebe für bestimmte Orte haben. Das sind aber stets niedere Geister."

3. Da die Vorliebe der Geister für einen Ort das Zeichen ihrer Niedrigkeit ist, bedeutet das gleichzeitig, daß es böse Geister sind?

   „Gewiß nicht. Ein Geist kann wenig fortgeschritten sein, ohne daß er böse ist, genau wie bei den Menschen."

4. Hat der Glaube, daß Geister sich gern in Ruinen aufhalten, irgend eine Begründung?

   „Nein. Die Geister besuchen solche Orte ebenso, wie sie irgendwo anders hingehen. Geister lieben die Nähe von Menschen, deshalb suchen sie eher die bewohnten als die verlassenen Ort auf."

   Nach dem, was wir von den verschiedenen Geister-Charakteren wissen, muß es doch unter ihnen auch Menschenhasser geben, die die Einsamkeit vorziehen?

   „Ich habe gesagt, daß sie an verlassenen Orten ebensogut weilen, wie überall anderwärts. Es ist klar, daß es solchen, die sich abseits halten, so gefällt. Das ist kein Grund, daß Ruinen ihre Lieblingsplätze sein sollen. Gewiß gibt es in den Städten mehr Geister als in den einsamen Wäldern."

5. Jeder Volksglaube pflegt einen wahren Hintergrund zu

haben. Was kann die Quelle von jenem Glauben an die Geister-Orte sein?

„Die Manifestation der Geister, an die der Mensch zu jeder Zeit glaubte. Der Anblick trauriger Orte wirkt auf seine Fantasie, und deshalb versetzt er solche Wesen dahin, die er für übernatürlich hält. Man nährte diesen Aberglauben in der Kindheit noch mit Sagen und fantastischen Erzählungen."

6. Haben die Geister Lieblingstage oder -stunden, zu denen sie sich gern versammeln?

„Nein. Tage und Stunden sind Zeitkontrollen für Menschen und das körperliche Leben. Geister haben dies nicht nötig und sie kümmern sich nicht darum."

7. Warum glaubt man, daß Geister vornehmlich in der Nacht erscheinen?

„Ein durch die Stille und Dunkelheit hervorgebrachter Eindruck auf die Einbildungskraft. Alle Meinungen sind Aberglauben, mit denen der Spiritismus aufräumen muß. Das gleiche gilt von den Tagen und Stunden, von denen man glaubt, daß sie besonders günstig sind. Der Einfluß der Mitternacht hat nur in Märchen bestanden."

Warum kündigen aber manche Geister Ankunft und Manifestation zu dieser Zeit und an bestimmten Tagen, z. B. freitags, an?

„Das sind Geister, die sich mit der Leichtgläubigkeit der Menschen unterhalten. Wenn ihr ihnen zeigt, daß ihr nicht ihre Narren seid, werden sie es auch nicht wieder tun."

8. Kommen die Geister besonders gern zu den Gräbern, wo ihre getragenen Leiber ruhen?

„Der Körper war nur ein Kleid. Sie halten sich nicht mehr an eine Hülle, die ihnen viel Schmerz verursachte, ebensowenig wie der Gefangene an seine Ketten. Der einzige Umstand, der sie noch an die Erde fesselt, ist das Gedenken jener, die ihnen teuer waren."

Sind ihnen die Gebete, an ihren Gräbern verrichtet, angenehmer, und ziehen diese sie mehr dahin als anderwärts?

„Das Gebet ist eine Hervorrufung, durch die Geister angezogen werden, das wißt ihr gut. Es hat umso mehr Kraft, je inbrünstiger und aufrichtiger es ist. Vor einem verehrten Grabe ist man gesammelter und der Besuch der teuren Ruhestätte ist ein Beweis der Liebe."

9. Demnach würde unsere Annahme, es gebe von Geistern besuchte Orte, nicht ganz falsch sein?

   „Gewisse Geister können durch materielle Dinge angezogen werden, sie können sich an gewissen Orten aufhalten, bis die Umstände aufhören, die sie dahin gebracht haben, z. B. ihre Sympathie für bestimmte Personen, die sie besuchen, oder das Verlangen, mit ihnen zu verkehren. Sind es böse Geister, wollen sie vielleicht Rache an bestimmten Personen nehmen, auch kann der Aufenthalt an einem bestimmten Orte eine auferlegte Strafe sein, weil sie dort ein Verbrechen begangen haben, das ihnen nun lange vor Augen stehen soll."

10. Sind die besuchten Orte immer von ihren früheren Bewohnern belebt, die auch nach ihrem Tode dort weilen wollen?

   „Manchmal. Wird aber der einstige Bewohner ein erhabener Geist, so hält er auf seinen irdischen Wohnort so wenig wie auf den abgelegten Körper. Sind es gute Geister, halten sie sich oft in der Absicht dort auf, eine Person oder Familie zu beschützen. Aber in keinem Falle bezeugen sie ihre Anwesenheit durch unangenehme Vorfälle."

11. Ist etwas Wahres an der Geschichte von der „Weißen Frau?"

   „Es ist eine aus tausend wahren Tatsachen entstandene Sage."

12. Ist es vernünftig, die von Geistern besuchten Orte zu fürchten?

   „Nein. Geister, die Unfug verursachen, wollen sich eher unterhalten, als Böses tun. Bedenkt, daß es überall Geister gibt. Wo ihr auch immer sein mögt, ihr habt sie beständig an eurer Seite, auch in den ruhigsten Häusern.

Manche Orte scheinen sie oftmals nur darum zu benutzen, weil sie dort ihre Gegenwart beweisen können."

13. Gibt es auch Mittel, sie von dort zu vertreiben?
„Ja, aber oft zieht dasjenige sie an, was sie vertreiben soll. Das beste Mittel, böse Geister zu vertreiben ist, die guten anzuziehen."

14. Was soll man von der Geisterbannung, dem Exorzismus halten, den die Geistlichkeit vornimmt, um böse Geister zu vertreiben?
„Habt ihr erlebt, daß dieses Mittel oft geholfen hat? Oder habt ihr nicht vielmehr erlebt, daß sich das Gepolter nach diesen Zeremonien verdoppelte? Es freut die Geister, daß man sie für den Teufel hält! — Geister, die nicht in böser Absicht kommen, können ihr Dasein auch durch Lärm ankündigen, sie können sich sogar sichtbar machen, aber sie machen nie unbequemes Gepolter. Es sind oft leidende Geister, denen ihr durch Gebete helfen könnt. Oder es sind wohlwollende Geister, die euch beweisen wollen, daß sie bei euch sind. Schließlich können es auch leichtsinnige sein, die Mutwillen treiben. Stören Geister die Ruhe durch Poltern, ist es das Beste, darüber zu lachen, sie wollen sich nur unterhalten, werden müde und gehen wieder."

Anmerkung: Die Geister, die sich an Orte oder irdische Sachen binden, sind nie erhabene Geister, sie brauchen aber deshalb nicht böse zu sein.

Arten der Mitteilungen (Kommunikationen)

Wir sagten, eine jede Wirkung, die in ihrem Gegenstande einen Akt freien Willens enthält, mag er sein wie er wolle, deute dadurch auf eine intelligente Ursache hin. So kann die einfache Bewegung eines Tisches, die unseren Gedanken entspricht, oder einen vorgedachten Buchstaben vorstellt, als intelligente Kundgebung betrachtet werden. Beschränkt sich das Ergebnis darauf, hätte es für uns nur sehr geringes Interesse. Anders gestaltet sich die Sache, wenn diese Intelligenz eine

Entwicklung erreicht, die einen regelmäßigen Gedankenaustausch gestattet. Das sind dann nicht mehr einfache intelligente Manifestationen, sondern wirkliche Kommunikationen. Die Mittel, die uns heute zu Gebote stehen, erlauben es, sie so ausgedehnt, bestimmt und schnell zu erhalten, als ob wir uns mit Menschen unterhielten.

Hat man nach der spiritistischen Stufenleiter im „Buch der Geister" die unendliche Verschiedenheit gut aufgefaßt, die bei den Geistern in Bezug auf Intelligenz und Moral besteht, wird man leicht die Verschiedenheit begreifen, die auch in ihren Mitteilungen bestehen muß. Sie müssen die Erhabenheit oder Niedrigkeit ihrer Ideen, ihr Wissen oder ihre Unwissenheit, ihre Tugenden oder ihre Laster wiedergeben. Sie können sich nicht anders ähnlich sein wie die Menschen selbst, vom Wilden bis zum aufgeklärtesten Europäer. Alle Abstufungen, die sie darstellen, können ihren Charakteren nach in vier Gruppen geteilt werden: belehrende, ernste, leichtfertige und grobe Kommunikationen.

Von unten begonnen: Grobe Mitteilungen sind solche, die Unflat enthalten und sich durch Ausdrücke darstellen, die den Anstand verletzen. Sie können nur von Geistern niederster Stufe kommen, die noch mit allen Unsauberkeiten der Materie befleckt sind. Diese Mitteilungen sind gemein, zotenhaft, anmaßend, böwillig und gottlos.

Die leichtfertigen Mitteilungen kommen von leichtsinnigen Spottgeistern, von schelmischen, mehr boshaften als schlechten Geistern, die kein Gewicht darauf legen, was sie reden. Da sie nichts Unanständiges an sich haben, gefallen sie manchen ebenso leichten Personen als Unterhaltung. Diese Geister machen zuweilen einen Ausfall durch witzige, bissige Einfälle und unter abgedroschenen Possen sagen sie oft bittere Wahrheiten, die ins Ziel treffen. Sie schweben um uns herum und ergreifen jede Gelegenheit, sich während einer Sitzung in die Mitteilungen anderer Geister zu mengen. Ernste Geister entfernen sich von ihnen, wie sich auch bei den Menschen ernste und leichtsinnige scheiden.

Die ernsthaften Mitteilungen sind, was den Gegenstand und die Art ihres Geschehens betrifft, für uns wichtig. Die ganze

Mitteilung, die jede Grobheit und Gemeinheit ausschließt, hat ein Ziel und wäre es auch nur von Privatinteresse. Sie ist deshalb immer ernst, aber durchaus nicht immer frei von Irrtümern. Auch ernste Geister sind nicht alle gleich aufgeklärt, es gibt viele Dinge, die sie nicht wissen und darin sie sich guten Glaubens täuschen können. Man muß daher zwischen ernsthaft wahren und ernsthaft falschen Mitteilungen unterscheiden, und das ist oft nicht leicht. Gerade durch eine ernste Sprache trachten oft anmaßende Geister, die falschesten und absurdesten Lehren zur Geltung zu bringen. Um sich mehr Glauben und Ansehen zu verschaffen, schmücken sie sich bedenkenlos mit den angesehensten und verehrtesten Namen. Hier liegt eine der gefährlichsten Klippen der praktischen spiritistischen Wissenschaft.

Belehrende Mitteilungen sind ernste Mitteilungen, die irgendeine von den Geistern gegebene Belehrung zum Hauptgegenstand haben, sei es über Wissenschaft, Moral, Philosophie usw. Sie sind mehr oder weniger gründlich, je nach Fortschritt und Erhebung des Geistes.

Um aus diesen Mitteilungen Nutzen zu ziehen, müssen sie regelmäßig erfolgen und mit Ausdauer fortgesetzt werden. Ernste Geister binden sich an diejenigen, die sich unterrichten wollen, und unterstützen sie. Unterhaltung und Zerstreuung überlassen sie den leichten Geistern. Nur durch die regelmäßige Wiederkehr dieser Kundgebungen kann man den moralischen und intellektuellen Wert der Geister feststellen, und den Grad des Vertrauens, den sie verdienen, beurteilen. Indem wir diesen Kommunikationen den Namen „belehrende" geben, halten wir sie für wahr, denn eine unwahre Sache könnte nicht belehrend sein, würde die Art ihres Vortrags auch noch so imposant sein. Wir können daher in diese Kategorie gewisse Belehrungen nicht einreihen, die vom Ernsthaften nur die großartige, aufgeblasene Form haben, mit deren Hilfe anmaßende Geister eine Täuschung hervorrufen wollen, aber sonst ohne Inhalt sind.

Die Mittel der Mitteilungen sind sehr verschieden. Die Geister können auf alle unsere Organe und Sinne wirken. Sie können sich dem Gesichte, durch tastbare oder sichtbare Eindrücke dem Tastsinne, durch Laute dem Gehör, durch Wohlgeruch unbekannter Ursache dem Geruche kundgeben. Aber wir werden uns bei Eindrücken allein nicht aufhalten. Was wir erforschen müssen, sind die verschiedenen Mittel, einen regelmäßigen Gedankenaustausch zu erhalten, und diese Mittel sind die geklopften Schläge, das Wort und die Schrift.

Sematologie und Typtologie
Sprache durch Zeichen und geklopfte Schläge
Alphabetische Schläge

Die ersten intelligenten Kundgebungen erhielt man durch geklopfte Schläge, von uns als Typtologie bezeichnet. Sie boten nur sehr beschränkte Behelfe dar, und man war bei den Kundgebungen auf einsilbige Antworten mit ja oder nein, mit Hilfe einer bestimmten Anzahl von Schlägen, angewiesen. Später vervollständigte man dieses.

Die geklopften Schläge erhält man auf zweierlei Art, man muß bei dieser Verkehrsart überhaupt eine gewisse Gewandtheit für physische Kundgebungen haben. Die erste Art von Typtologie, die man die durch Schwingen nennen kann, besteht in der Bewegung des Tisches, der sich auf der einen Seite hebt, dann zurückfällt und dadurch mit dem Fuß klopft. Dazu genügt es, daß das Medium die Hände auf den Rand des Tisches legt. Will es sich mit einem ganz bestimmten Geiste besprechen, so muß dieser angerufen werden, sonst kommt der erste beste oder, der gewohnt ist, zu kommen.

Ist man übereingekommen, einen Schlag für ja und zwei Schläge für nein zu nehmen (was übrigens gleichgültig ist), stellt man seine Fragen an den Geist. Später werden wir sehen, was für Fragen ihm unerwünscht sind. Die Unzulänglichkeit besteht in der Kürze der Antworten und in der Schwierigkeit, die Fragen so zu stellen, daß sie mit ja oder nein beantwortet werden können. Würde man den Geist fragen, was er begehrt, könnte er diese Frage nur durch einen Satz beantworten. Man muß also fragen: Willst du dies, ja, nein? Willst du jenes, ja, nein? usw.

Der Geist verbindet mit seiner Antwort oft eine gewisse Mimik, er deutet den Nachdruck der Bejahung oder Verneinung durch die Stärke seiner Schläge an. Auch die Natur der ihn beseelenden Gefühle kann er so ausdrücken, Heftigkeit durch Ungestüm der Bewegungen, Zorn und Ungeduld mit starken Schlägen, also ob jemand mit dem Fuße stampft, manchmal wird sogar der Tisch auf den Boden geworfen. Ist der Geist wohlwollend und gebildet, neigt er zu Beginn und Ende der Sitzung den Tisch sanft in der Form eines Grußes. Will er sich an eine bestimmte Person wenden, richtet er den Tisch gegen dieselbe, entweder mit Sanftmut oder mit Heftigkeit, je nach Zu- oder Abneigung. Wir bezeichnen dies als Sematologie oder Zeichensprache, wie die Typtologie die Sprache durch die geklopften Schläge bildet.

Die Typtologie versäumte es nicht, sich zu vervollkommnen und sich mit einem vollständigerem Mittel für Mitteilungen zu bereichern, nämlich durch die alphabetische Typtologie. Sie besteht darin, Buchstaben des Alphabetes durch geklopfte Schläge zu bezeichnen. So konnte man dann Worte, Sätze und selbst ganze Gespräche erhalten. Nach dieser Methode macht der Tisch soviel Schläge als nötig ist, um einen Buchstaben zu bezeichnen, nämlich einen Schlag für a, zwei für b, drei für c usw. Während der Schläge schreibt eine Person die Buchstaben auf. Hat der Geist geendet, macht er dies bekannt.

Dieser Vorgang ist, wie man sieht, sehr langwierig und braucht viel Zeit für Kundgebungen von größerem Umfange. Und doch gibt es Personen, die Geduld haben, sich seiner zu bedienen, um Mitteilungen von verschiedenen Seiten zu bekommen. Doch die Übung ließ Abkürzungen finden, die es gestatteten, mit einer gewissen Schnelligkeit vorzugehen. Die am meisten gebrauchte besteht darin, das ganze geschriebene Alphabet vor sich zu haben. Während sich das Medium am Tische befindet, durchgeht eine andere Person die Buchstaben des Alphabets. Kommt sie nun auf den infragekommenden Buchstaben, macht der Tisch einen Schlag und man schreibt den Buchstaben auf. So beginnt man immer wieder, bis sich ein vollständiges Bild ergibt. Hat man sich bei einem Buchstaben geirrt, kündigt es der Geist durch eine Bewegung des

Tisches oder durch mehrere Schläge an und man beginnt wieder von vorn. Durch Übung kommt man genügend schnell vorwärts. Man kürzt die Arbeit besonders durch das Erraten des Endes eines angefangenen Wortes ab, was oft den Sinn des ganzen Satzes erraten läßt. Ist man in Ungewißheit, so fragt man den Geist, ob dieses Wort gemeint ist, und er antwortet mit ja oder nein.
Alles dies kann man auch auf eine viel einfachere Art durch Schläge erhalten, die sich ohne jede Bewegung in dem Holze des Tisches hören lassen, doch kommt dies seltener vor. Es gehört zu den physischen Manifestationen und wird als innere Typtologie bezeichnet. Alle Medien sind nicht gleich geeignet, diese Mitteilungsart zu empfangen, es gibt Medien, die gemachte Schläge nur durch einen Griffel oder Stab erhalten. Doch durch eine fortgesetzte Übung können die meisten auch dahin gelangen, und diese Methode hat den doppelten Vorteil, viel schneller zu sein und weniger Verdacht zu erregen als das Arbeiten mit Stäben, bei denen man einen freiwilligen Druck annehmen kann. Die inneren Schläge können zwar auch von einem böswilligen Medium nachgeahmt werden, aber schließlich können die besten Sachen nachgeahmt werden, was jedoch nichts gegen sie beweist.
So groß auch die Vervollständigung sein möge, die man in diesem Verfahren erreichen konnte, so kann sie doch nie die Schnelligkeit und Leichtigkeit erreichen, die schriftlichen Manifestationen zukommt. Man wendet sie jetzt auch nur noch sehr selten an, aber sie ist sehr interessant in Bezug auf die Anschauung des Phänomens, besonders für Anfänger, und sie besitzt den Vorteil, auf unwiderlegbare Weise die völlige Unabhängigkeit der Mitteilung von dem Gedanken des Mediums zu beweisen. Man bekommt auf diese Art oft so unerwartete und so zwingend überzeugende Antworten, daß man schon sehr ungläubig sein müßte, sich ihrer Einsicht zu entziehen. Auch ist sie für viele Menschen ein mächtiger Hebel der Überzeugung. Aber die Geister lieben es nicht, durch dieses oder ein anderes Mittel für die Launen der Fragenden zu dienen, oder sich durch unbescheidene Fragen auf die Probe stellen zu lassen.

Zum Zwecke besserer Versicherung der Unabhängigkeit aller geistiger Mitteilungen von den Gedanken des Mediums, hat man einige Hilfsmittel erfunden. Da gibt es z. B. das Zifferblatt. Eine bewegliche Nadel, durch die Kraft des Mediums mit Hilfe eines Zugfadens in Bewegung gesetzt, zeigt auf diesem Zifferblatt die betreffenden Buchstaben an. Eine andere, viel einfachere Vorrichtung, mit der aber Böswillige leicht Mißbrauch treiben können, ist der „Girardin-Tisch". Wir bezeichnen ihn so in Erinnerung an Frau Emilie de Girardin, die bei ihren häufigen Kommunikationen als Medium sich dieses Instrumentes bediente. Es besteht aus dem Oberteile eines beweglichen Spieltisches von 30—40 cm Durchmesser, das sich wie ein Rollrädchen leicht und frei um seine Achse bewegt. Auf die Oberfläche und auf dem Rande sind, wie auf einem Zifferblatt Buchstaben, Zahlen und die Worte Ja und Nein gezeichnet. In der Mitte ist ein unbeweglicher Zeiger. Das Medium legt den Finger an den Rand des Tischchens, dieses dreht sich und bleibt stehen, wenn der gewünschte Buchstabe unter dem Zeiger ist. Man notiert die angedeuteten Buchstaben und gewinnt so Worte und Sätze. Man muß acht geben, daß das Tischchen nicht unter den Fingern durchschlüpft. Sie müssen angesetzt bleiben und der Bewegung des Tischchens folgen. Vielleicht kann ein starkes Medium eine unabhängige Bewegung erzielen, wir halten es für möglich, waren aber nie Zeugen davon.

Es bleibt uns noch übrig, den verbreiteten Irrtum zu beseitigen, alle Geister, die sich durch Schläge kundgeben, seien Klopfgeister. Die Typtologie ist ein Mitteilungsweg wie jeder andere und ist für erhabene Geister ebenso wenig entwürdigend, wie die Kundgebung an uns durch Schrift und Wort. Alle Geister, gute und böse, können sich daher desselben genau wie der anderen Mitteilungsarten bedienen. Was den Charakter der Geister kennzeichnet, ist die Erhabenheit des Gedankens und nicht das Werkzeug, dessen sie sich zu ihrer Kundgebung bedienen. Sicher ziehen sie die bequemsten und besonders die schnellsten Wege vor, aber in Ermangelung von Bleistift und Papier werden sie sich ohne Bedenken eines gewöhnlichen Tisches bedienen. Beweis dafür ist, daß man auf diese Art schon die erhabensten Dinge erfahren hat. Wenn wir selbst uns dieser Art Hilfsmittel nicht bedienen, folgt nicht daraus, daß wir sie verachten, sondern deshalb, weil sie uns als Phänomen betrachtet, alles gelehrt haben, was wir wissen wollten, weil sie nichts mehr zu unserer Überzeugung hinzufügen können, und weil die Ausdehnung der Kundgebungen, die wir erhalten, eine Schnelligkeit erfordern, die der Typtologie nicht mehr zukommt.

Pneumatographie oder direkte Schrift und Pneumatophonie oder Geisterlaute

Die Pneumatographie ist die von einem Geiste unmittelbar hervorgebrachte Schrift ohne jeden Vermittler. Sie unterscheidet sich von der Psychographie, weil diese die Übertragung des Gedankens eines Geistes mittelst Schrift durch die Hand eines Mediums ist.

Das Phänomen der unmittelbaren Schrift ist ohne Zweifel eines der außerordentlichsten des Spiritismus. So befremdend es bei der ersten Betrachtung erscheinen mag, es ist heute restlos bewiesen und unwiderlegbar.

Bei der ersten Enthüllung dieses Phänomens war das herrschende Gefühl der Zweifel. Auch der Gedanke an Betrug hat sich mit eingestellt. Jedermann kennt die Wirkung der sogenannten sympathetischen Tinten, deren Schrift anfangs vollkommen unsichtbar ist und die im Verlaufe einiger Zeit zum Vorschein kommt. Man konnte daher die Leichtgläubigkeit mißbraucht haben, und wir werden nicht behaupten, daß dies nie geschehen sei. Wir sind vielmehr überzeugt, daß so manche Personen diese Ausflüchte angewendet haben, sei es aus gewinnsüchtigen Absichten, aus Eigenliebe oder um an ihre Macht glauben zu machen. Aber es wäre töricht, weil man eine Sache nachahmen kann, daraus zu schließen, daß sie nicht besteht. Die Vorsichtsmaßnahmen, um sich von der Wirklichkeit der damals überraschenden Tatsache zu überzeugen, waren sehr einfach und sehr leicht, und dank dessen braucht man

heutigentags über dieses Phänomen keinen Zweifel mehr zu haben.
Da die Möglichkeit der direkten Schrift ohne Vermittler ein Attribut des Geistes ist, da es Geister zu allen Zeiten gab und sie zu jeder Zeit die verschiedenen Phänomene, die wir heute kennen, hervorgebracht haben, mußten sie auch die unmittelbare Schrift früher genau so gut wie heute hervorgebracht haben. Allein auf diese Art kann man die drei feurigen Worte an der Wand des Festsaales des Belsazar erklären. Das Mittelalter, reich an Wundern, die aber auf den Scheiterhaufen unterdrückt wurden, muß auch die unmittelbare Schrift gekannt haben, und vielleicht fände man in der Theorie Abwandlungen, die die Geister im Hinblick auf die Materie bewirken können, die den Hauptgrund des damals so verbreiteten Glaubens an die Verwandlung der Metalle bildeten.
Die Frage der direkten Schrift ist erst seit der Veröffentlichung der spiritistischen Manifestationen ernsthaft zur Sprache gekommen. Der erste Forscher, der sie in Paris zur Kenntnis gebracht hat, war der Baron von *Güldenstubbe,* der über diesen Gegenstand ein sehr interessantes Werk mit einer großen Menge von Abbildungen erhaltener Schriften veröffentlicht hat. In Amerika war dieses Phänomen schon seit einiger Zeit bekannt. Die soziale Stellung des Baron von *Güldenstubbe* entfernt jeden Verdacht eines beabsichtigten Betruges, denn dieser kann durch keinen eigennützigen Grund erklärt werden. Man könnte höchstens glauben, daß er Täuschungen unterlegen sei, aber eine Tatsache ist entschieden dagegen: Diese Erscheinungen sind auch bei anderen Personen vorgekommen, wo Vorsichtsmaßnahmen jeden Betrug und Irrtum von vornherein ausschlossen.
Die unmittelbare Schrift erhält man, wie fast alle nicht spontanen Manifestationen, durch Sammlung der Gedanken, durch Gebet und Anrufung. Man hat sie oft in den Kirchen, auf den Gräbern, am Fuße von Statuen oder an den Bildnissen von Verschiedenen, die man anrief, bekommen. Es ist natürlich einleuchtend, daß die Örtlichkeit keinen anderen Einfluß hat, als eine größere Sammlung des Geistes und Konzentration der Gedanken zu bewirken. Es ist erwiesen, daß

man sie auch ohne Nebenumstände und an den gewöhnlichsten Orten erhalten kann, selbst auf einem Möbelstück, wenn man sich in der erforderlichen geistigen Verfassung befindet, und mediale Fähigkeiten besitzt.
Anfangs behauptete man, daß man den Bleistift zum Papier legen müsse. Dann ließe sich die Tatsache erklären. Man weiß, daß Geister die Bewegung und das Wegtragen von Gegenständen bewirken, daß sie dieselben ergreifen und manchmal sogar durch die Luft werfen. Daher können sie auch einen Bleistift nehmen und sich desselben bedienen, um Buchstaben zu schreiben. Da sie ihm durch die Hand des Mediums, eines Brettchens o. ä. den Impuls geben, können sie dies auch auf eine unmittelbare Art tun. Aber man gelangte bald zu der Erkenntnis, daß ein Bleistift nicht nötig ist und daß ein einfaches Stückchen Papier, gefaltet oder nicht gefaltet, genügt. Man findet auf diesem nach einigen Minuten geschriebene Buchstaben. Hier findet eine Verwandlung des Phänomens statt und bringt uns in eine andere Ordnung der Dinge.
Die Buchstaben sind in der Regel mit irgendeiner Substanz gebildet worden. Sobald man dem Geiste diese zum Schreiben verwendbare Substanz nicht geliefert hat, hat er sie selbst gebildet. Wo hat er sie hergenommen? Wir haben die vollständige Theorie dieses Phänomens im VIII. Kapitel gegeben. In diesem Falle bedient sich der Geist weder unserer Substanz noch unserer Werkzeuge. Er schafft sich die Materie und die nötigen Werkzeuge selbst, indem er sein Material aus dem primitiven allgemeinen Elemente schöpft, das er durch seinen Willen Umwandlungen eingehen läßt, um zu der beabsichtigten Wirkung zu gelangen. Er kann also, wie schon früher gesagt, ebensogut einen Rotstift, Druckerschwärze oder gewöhnliche Tinte, wie auch einen schwarzen Bleistift und sogar Buchstaben zum Drucken herstellen, die fest genug sind, um Erhabenheiten zum Abdruck zu bringen, wie wir es gesehen haben.
Die Tochter eines uns bekannten Herrn, ein Kind von 12—13 Jahren, erhielt ganze beschriebene Seiten, mit einer der Pastellfarbe ähnlichen Substanz, von Geistern.
Wenn wir die direkte Schrift der Geister vom Gesichtspunkte

des Nutzens aus betrachten, können wir sagen, daß ihr größter Nutzen bis jetzt der materielle Beweis einer sehr wichtigen Tatsache war: des Eingreifens einer verborgenen Macht, die darin ein neues Mittel fand, sich uns zu offenbaren.

Doch die erhaltenen Mitteilungen sind selten von großem Umfang, sie sind gewöhnlich spontan und beschränken sich auf einzelne Worte, Sätze, und oft auf unverständliche Zeichen. Man hat sie in allen Sprachen erhalten, griechisch, lateinisch, syrisch, in hieroglyphischen Zeichen usw. Aber es kam nie zu so schneller, wechselseitiger Verständigung wie bei der Psychographie oder der Schrift mittelst eines Mediums.

Da die Geister Geräusche und Schläge verursachen können, so können sie logischerweise auch Geschrei jeder Art und artikulierte Laute der menschlichen Sprache an unserer Seite oder in der freien Luft hören lassen. Diese Erscheinung bezeichnen wir mit dem Namen Pneumatophonie. Nach dem, was wir von der Natur der Geister wissen, könnte man denken, daß einzelne von den niederen Geistern sich selbst täuschen und glauben, so wie in ihrem irdischen Leben reden zu können. Man muß sich aber hüten, alle Töne, die keine erkennbare Ursache haben, oder das einfache Ohrensausen für verborgene Stimmen zu halten, oder gar zu glauben, daß uns ein klingendes Ohr anzeigt, daß man irgendwo von uns spricht. Dieses Sausen hat eine rein physische Ursache und ist ohne jede Bedeutung für uns, während die pneumatophonischen Töne Gedanken ausdrücken. Nur daran kann man erkennen, daß ihrem Entstehen eine intelligente Ursache zugrunde liegt.

Recht oft passiert es, daß man im Halbschlafe Worte, Namen, oft auch ganze Sätze deutlich aussprechen hört und dies so stark, daß wir sofort aus dem Schlafe aufschrecken. Obwohl es möglich ist, daß dies in manchen Fällen wirklich eine Manifestation ist, hat diese Erscheinung nicht genügend Positives an sich, daß man es nicht auch einer der Theorie der Halluzination ähnlichen Ursache zuschreiben könnte. Anders verhält es sich, wenn man ganz wach ist, denn wenn es wirklich ein Geist ist, der sich so vernehmen läßt, kann man fast immer mit ihm einen Gedankenaustausch pflegen.

Die spiritistischen oder pneumatophonischen Töne haben zwei

sich sehr unterscheidende Arten ihres Entstehens. Es ist einmal eine innere Stimme, die in unserem inneren Sein, gewissermaßen in unserem Gewissen, ertönt, aber obwohl die Worte deutlich und klar sind, haben sie dennoch kein Material, sind sie nicht begrifflich zu fassen. Ein andermal wieder sind sie äußerlich und deutlich artikuliert, als kämen sie von einer an unserer Seite schreitenden Person her.
Auf welche Art sich aber auch die Pneumatophonie äußert, sie ist fast immer spontan und kann nur sehr selten bewußt hervorgerufen werden.

Psychographie — Körbchen und Brettchen
Direkte Psychographie oder Handschrift

Wie die anderen Wissenschaften, so hat auch die spiritistische Wissenschaft Fortschritte gemacht und zwar viel schnellere als die anderen. Nicht allzuviele Jahre trennen uns von dem primitiven und unvollständigen Mittel, das man für gewöhnlich die sprechenden Tische nennt. Wir sind schon soweit, daß wir mit den Geistern ebenso schnell und leicht verkehren können, wie es die Menschen unter sich tun, und zwar durch die gleichen Mittel: durch die Schrift und das Wort. Die Schrift hat für uns inbesondere den Vorzug, die Einwirkung einer verborgenen Kraft viel materieller zu beweisen und Spuren zurückzulassen, die man aufbewahren kann, wie wir es mit unserer eigenen Korrespondenz tun. Die ersten dazu verwendeten Hilfsmittel waren Brettchen und Körbchen, mit Bleistiften versehen.
Wir sagten, eine mit besonderen Fähigkeiten begabte Person könne einem Tische oder einem Gegenstande im Zimmer eine drehende Bewegung mitteilen. Nehmen wir statt des Tisches ein kleines Körbchen, etwa 20 Zentimeter im Durchmesser, ganz gleich ob von geflochtenen Weiden oder aus Holz. Durch den Boden des Körbchens stecken wir, gut befestigt, einen Bleistift mit der Spitze nach unten, und setzen ihn auf einen Bogen weißen Papiers auf. Die eine Hand hält das Körbchen in der Schwebe, die andere Hand legt ihre Finger leicht auf

den Rand des Körbchens, und nun beginnt dieses seine Bewegung. Aber statt sich zu drehen, wird es den Bleistift in verschiedener Richtung über das Papier führen, und nichtssagende Zeichen oder wirkliche Schriftzüge bilden. Wird ein Geist gerufen und stellt man seine Fragen, so wird er nicht mehr durch Klopfen, sondern durch geschriebene Worte antworten. Die Bewegungen des Körbchens sind nicht mehr so automatisch wie bei dem sich drehenden Tischchen, sie werden intelligent. In dieser Richtung geht der Bleistift, wenn er an das Ende der Linie gelangt ist, nicht wieder zurück, um die zweite Zeile anzufangen, sondern er fährt zirkelförmig fort zu schreiben, daß die Schriftzüge eine Schneckenform bilden. Man muß das Papier mehrmals umdrehen, um das Geschriebene lesen zu können. Die derart erhaltene Schrift ist nicht immer bequem lesbar, da die Worte fortlaufend und nicht getrennt sind. Das Medium entziffert sie aber leicht durch seine Intuition. Man kann aus Sparsamkeitsgründen auch eine Schiefertafel und Schieferstift statt Papier und Bleistift nehmen. Dies Körbchen nennen wir Kreiselkörbchen. Man kann statt seiner auch eine Schachtel aus Pappe oder Holz nehmen, und der Bleistift bildet in jedem Falle die Achse.
Es sind hier mehrere Abwandlungen ersonnen worden, um dasselbe Ziel schneller zu erreichen. Die bequemste ist eine, die wir das Schnabelkörbchen nennen und die darin besteht, einen hölzernen Stiel in schräger Richtung am Körbchen anzubringen, der an der Seite einen Vorsprung von 10—15 cm bildet. Durch ein an der Spitze dieses Stieles oder Schnabels gemachtes Loch steckt man einen Bleistift, so daß die Spitze auf dem Papiere ruht. Legt das Medium die Finger auf den Rand des Körbchens, bewegt sich die ganze Vorrichtung und der Bleistift schreibt wie im vorher erzählten Falle, aber die Schrift ist in diesem Falle leserlicher. Auch sind die Worte hier getrennt und die Linien nicht mehr spiralförmig, sondern wie bei der gewöhnlichen Schrift gerade, da das Medium den Bleistift leicht von einer Linie zur andern übertragen kann. Man erhält auf diese Art Gespräche von mehreren Seiten ebenso schnell, als wenn man mit der Hand schriebe.
Die handelnde Intelligenz äußert sich oft durch ganz deut-

liche Zeichen. Wenn der Bleistift an das Ende der Zeile kommt, macht sie unwillkürlich einen Ruck um umzukehren. Will sie sich auf einen vorhergehenden Satz der gleichen Seite beziehen, so sucht sie denselben mit der Bleistiftsspitze, wie wir es mit dem Finger machen würden, und dann unterstreicht sie ihn. Will sich der Geist an einen der Umstehenden wenden, so kehrt sich das Ende des hölzernen Stieles zu ihm. Um abzukürzen, drückt er oft die Worte Ja und Nein durch Zeichen der Bejahung oder Verneinung als Striche aus, wie wir mit dem Kopfe nicken oder ihn schütteln. Will er Zorn oder Ungeduld ausdrücken, macht er wiederholte Schläge mit der Bleistiftsspitze, und oft bricht er sie dadurch ab.

Anstelle des Körbchens bedienen sich manche Personen einer Art kleiner, eigens hierfür hergestellter Holzplatten von 12—15 cm Länge, und 5—6 cm hoch, mit drei Füßen, davon der eine den Bleistift trägt oder der Bleistift gleichzeitig den Fuß bildet. Die zwei anderen sind abgerundet oder mit einem kleinen elfenbeinernen Kügelchen versehen, um leicht auf dem Papier dahingleiten zu können. Andere wieder bedienen sich eines einfachen länglichen, viereckigen oder ovalen Brettchens von 15—20 cm Länge, das auf der einen Seite eine Nute zum Anbringen des Bleistiftes trägt. Zum Schreiben aufgestellt, befindet es sich in einer geneigten Stellung und stützt sich mit einer Seite auf dem Papier. Oft hat diese Seite zwei kleine Rädchen, um die Bewegung zu fördern. Beim Gebrauche dieser beschriebenen Vorrichtungen sollten immer zwei Personen experimentieren, es ist aber nicht nötig, daß die zweite Person medial ist. Sie dient nur der Erhaltung des Gleichgewichts und erleichtert die Mühe des Mediums.

Wir nennen eine auf diese Art erhaltene Schrift *indirekte* Psychographie, im Gegensatz zu der direkten oder manuellen Psychographie, die durch die Hand des Mediums direkt erhalten wird. Um die letztere Prozedur zu begreifen, muß man sich Rechenschaft davon geben, was bei dieser Operation vor sich geht. Der fremde Geist, der sich mitteilt, wirkt auf das Medium. Dieses bewegt unter seinem Einfluß maschinenmäßig den Arm und die Hand zum Schreiben, für gewöhnlich ohne jede Kenntnis dessen, was es schreibt. Die Hand wirkt auf das Körbchen, das Körbchen auf den Bleistift. Das Körbchen wird also nicht intelligent, es ist nur das Werkzeug, der Vermittler zwischen der Hand und dem Bleistifte. Wenn ihr diesen Vermittler hinwegtut und den Bleistift direkt in die Hand nehmt, werdet ihr den gleichen Erfolg haben, weil das Medium so schreibt, wie es dies normalerweise gewohnt ist. Es kann also auch jede Person, die mit solchem Hilfsmittel schreiben kann, direkt schreiben. Diese Art ist die einfachste, leichteste und bequemste, da sie keiner Vorbereitungen bedarf und weil sich die Schrift zu den ausgedehntesten Kundgebungen verwenden läßt.

Zu allem Anfange der Manifestationen, wo man von diesem Gegenstande noch zu wenig bestimmte Begriffe hatte, wurden Aufsätze mit den Schlagzeilen „Mitteilungen eines Körbchens . . “, eines Brettchens, eines Tisches usw. veröffentlicht. Man begreift heute das Unpassende dieser Ausdrücke, denn wie wir sahen, sind dies alles nur intelligente Werkzeuge, auf kurze Zeit künstlich belebt, die von sich aus nichts mitteilen können. Man nahm hier die Wirkung für die Ursache, das Werkzeug für die Grundkraft.

Wenn die Mitteilungen durch Schläge stattgefunden haben, und diese Schläge von einem Stuhle oder Stocke gegeben wurden, so ist es weder ein sprechender Tisch noch sprechender Stuhl oder Stock, der das gewünschte Wissen verkündet, sondern die Art des Instrumentes wird bezeichnet. Erfolgt die Mitteilung durch Schrift, ist es für uns Psychographie, geschieht es durch Schläge, ist es Typtologie. Denn nachdem sich der Spiritismus zur Wissenschaft wandelt, benötigt er auch eine wissenschaftliche Sprache.

Von den Medien und ihren verschiedenen Arten

Jeder Mensch, der den Einfluß der Geister empfindet, ist bereits mehr oder weniger Medium. Diese Fähigkeit ist kein Privilegium, sie ist dem Menschen angeboren. Da man diese Anlagen bei fast allen Menschen findet, kann man sagen, fast jeder Mensch ist ein Medium. Bei der Ausübung dieser Fähigkeit schreibt man diese Eigenschaft allerdings nur jenen zu, die diese Medialität deutlich ausgesprochen besitzen, so daß sie sich durch offenbare Wirkungen von gewisser Bedeutung äußert. Dies hängt von einer mehr oder weniger empfindsamen Organisation des Körpers ab.

Man muß noch bemerken, daß sich diese Gabe nicht bei allen Medien auf die gleiche Art kundgibt. Gewöhnlich haben sie besondere Befähigung für diese oder jene Art von Erscheinungen, was ebensoviele Abarten bedeutet, wie es Manifestationsarten gibt. Die häufigsten sind: Medien für physische Wirkungen, sensitive oder eindrucksfähige Medien, hörende, sprechende, sehende, somnambule, heilende, schreibende oder psychographische und pneumatographische Medien für direkte Schrift. Wir wollen sie hier im Einzelnen betrachten:

Physikalische Medien

Die Medien für physische Wirkungen sind besonders befähigt, materielle Phänomene hervorzubringen, wie Bewegung lebloser Körper, Laute, Geräusche usw. Man kann sie in freiwillige und unfreiwillige Medien einteilen. Die freiwilligen Medien sind jene, die von ihrer Kraft Kenntnis besitzen und die spiritistischen Phänomene durch einen Akt ihres Willens hervorbringen. Obwohl diese Gabe dem menschlichen Geiste angeboren ist, besitzen sie bei weitem nicht alle im gleichen Grade. Selten sind auch die Medien, die für große Wirkungen begabt sind, die das Aufheben schwerer Körper in der Luft, die Übertragung eines Gegenstandes durch die Luft, und besonders Geistererscheinungen hervorzubringen imstande sind. Die einfachsten Kundgebungen sind die der Bewegung eines Gegenstandes oder Tischchens, ferner die Schläge, die entweder durch das Heben dieses Gegenstandes oder in ihm bewirkt werden. Sie sind unwichtig, aber dennoch sollten wir sie nicht vernachlässigen, sie können zu interessanten Beobachtungen Anlaß geben und zur Überzeugung verhelfen. Zu bemerken ist noch, daß die Fähigkeit, materielle Effekte hervorzubringen, nur selten bei jenen Medien besteht, denen bessere Mittel zu Mitteilungen zu Gebote stehen, wie die Schrift und das Wort. Gewöhnlich vermindert sich die Begabung in der einen Beziehung in dem Maße, als sie in einer anderen zunimmt.

Die unfreiwilligen oder natürlichen Medien sind solche, deren mediale Begabung *ohne* ihr Wissen zustande kommt oder besteht. Sie haben keine Kenntnis von ihrer Macht und oft erscheint ihnen das Ungewöhnliche, das um sie herum geschieht, gar nicht außerordentlich. Es bildet einen Teil ihrer selbst, wie bei Personen, die für ein doppeltes Gesicht befähigt sind und nicht daran zweifeln. Diese Medialität findet man in jedem Alter und oft bei sehr jungen Kindern.

Die Gabe unfreiwilliger Medialität ist an sich nicht das Zeichen einer Krankheit, denn sie geht oft mit einer vollkommenen Gesundheit Hand in Hand. Ist derjenige, der sie besitzt, krank, so rührt dies von einer anderen Ursache her. Therapeutische Heilmittel und Arzneien sind unvermögend, Medialität zu beseitigen. Sie kann in vielen Fällen Folge einer gewissen organischen Schwäche sein, doch ist dies nie eine wirksame Ursache. Man soll daher aus Gesundheitsrücksichten keine Furcht haben, üble Folgen können nur entstehen, wenn diese Personen ausübende Medien werden und mit ihren Gaben Mißbrauch treiben. Denn dann würde bei ihnen eine zu starke Ausströmung des Lebens-Fluidums stattfinden und infolgedessen eine Schwächung der Organe erfolgen. Wer mit solchen Erscheinungen vertraut ist, weiß übrigens, daß sie mehr der moralischen als der physischen Ordnung angehören, und daß man ihre Lösung vergeblich in unseren exakten Wissenschaften suchen würde.

Gerade darum, weil sich diese Phänomene an die moralische Ordnung anschließen, muß man mit großer Sorgfalt alles vermeiden, was die Einbildungskraft anregen kann, denn man kennt die Folgen, die durch Furcht entstehen können, sie können sogar töten!

Wenn sich eine mediale Anlage bei einem Menschen von selbst entwickelt, so ist nichts anderes zu tun, als das Phänomen seinen natürlichen Lauf nehmen zu lassen. Die Natur ist klüger als die Menschen. Die Vorsehung hat ihre Absichten, und die kleinste Ursache kann Werkzeug einer Wirkung von größter Tragweite werden. Man muß zwar zugestehen, daß diese

Erscheinung manchmal ermüdende und belästigende Formen annimmt, aber hier folgen Hinweise, was man in einem solchen Falle tun kann.

Im V. Kapitel von den spontanen physischen Manifestationen haben wir schon einige Ratschläge über diesen Gegenstand erteilt, indem wir sagten, daß man trachten muß, mit dem Geiste in Verkehr zu treten, um von ihm zu erfahren, was er überhaupt will. Das nachfolgende Mittel ist ebenfalls auf Erfahrung begründet:

Die unsichtbaren Geister, die ihre Anwesenheit durch wahrnehmbare Zeichen zu erkennen geben, sind meist immer Geister einer niederen Stufe, die man durch moralische Überlegenheit beherrschen kann. Diese Überlegenheit muß man sich zu erwerben streben, und um sie zu erreichen, muß man die Leitung der Sitzung nicht einem natürlichen, unerfahrenen Medium, sondern einem ausgebildeten Medium zu übertragen bemüht sein. Dann entsteht eine ähnliche Wirkung, wie sie beim Somnambulismus vor sich geht. Man weiß, daß der natürliche Somnambulismus gewöhnlich weicht, wenn er durch den magnetischen ersetzt wird. Man hält die sich freimachende Kraft der Seele nicht auf, aber man gibt ihr einen anderen Lauf. Ebenso verhält es sich mit der mediumistischen Kraft. Um dahin zu gelangen, muß man, anstatt die Phänomene zu hemmen, was man übrigens selten erzielt und was oft nicht ohne Gefahr abläuft, das Medium anregen, *sie nach seinem Willen hervorzurufen,* indem es so dem Geiste Gehorsam angewöhnt. Auf diese Art gelangt es dahin, ihn zu beherrschen, und aus einem oft tyrannischen Gebieter macht es häufig einen gelehrigen Unteranen. Eine merkwürdige und durch die Erfahrung bekräftigte Sache ist, daß in einem solchen Falle ein Kind oft mehr Kraft entwickelt als ein Erwachsener. Dies ist eine neue Bekräftigung des Hauptpunktes der Theorie, daß nicht der Geist, sondern nur sein Körper ein Kind ist, und daß er eine seiner Einverleibung notwendigerweise vorhergegangene Entwicklung besitzt, die ihm ein Übergewicht über niedere Geister verleiht.

Die Moralisierung des Geistes durch Ratschläge einer dritten und einflußreichen, erfahrenen Person ist sehr oft ein kräftiges

Mittel, wenn das Medium nicht imstande ist, es selbst zu tun.
Zu dieser Gattung von Medien scheinen auch jene Personen zu gehören, die mit einer gewissen Menge natürlicher Elektrizität versehen sind und die durch eine einfache Berührung alle Wirkungen der Anziehung und Abstoßung hervorbringen können. Es ist übrigens nicht richtig, sie unter allen Umständen als Medien zu bezeichnen, denn wahre Medialität setzt die direkte Wirkung eines Geistes voraus, aber im besprochenen Falle haben übereinstimmende Versuche gelehrt, daß die Elektrizität ganz allein der Vermittler dieser Erscheinungen sein kann. Diese sonderbare Befähigung, die man fast eine Schwäche nennen könnte, kann sich auch zur Medialität gesellen, aber oft ist sie ganz unabhängig. Wir wir schon sagten: der einzige Beweis vom Eingreifen eines Geistes ist der intelligente Charakter der Manifestationen. Sobald dieser Charakter nicht festzustellen ist, darf man sie einer rein physischen Ursache zuschreiben.

Sensitive oder eindrucksfähige Medien

So nennt man Personen, die befähigt sind, die Anwesenheit der Geister durch einen unbestimmten Eindruck, eine Art von Frösteln durch alle Glieder, wovon sie sich keine Rechnung geben können, wahrzunehmen. Diese Kategorie hat keinen entschiedenen Charakter. Fast alle Medien sind dieses Eindrucks fähig, es ist daher mehr eine allgemeine als besondere Eigenschaft. Sie ist die Grundfähigkeit für die Entwicklung medialer Eigenschaften und unterscheidet sich von der rein physischen und nervösen Eindrucksfähigkeit, mit der man sie nicht verwechseln darf. Es gibt Menschen, die keine empfindsamen Nerven haben und dennoch mehr oder weniger die Anwesenheit der Geister fühlen, während andere sehr empfindsame sie nicht wahrnehmen. Diese Fähigkeit entwickelt sich durch Gewohnheit und kann zu einer Feinheit gelangen, daß der damit Begabte an dem Eindruck nicht nur die gute oder schlechte Beschaffenheit des Geistes an seiner Seite, sondern auch seine Individualität erkennt, wie der Blinde die Annäherung dieser oder jener Person empfindet. Er wird in Bezug auf Geister wahrhaft sensitiv.

Ein guter Geist macht bei seiner Annährung immer einen sanften, angenehmen Eindruck auf das Medium, ein böser dagegen wirkt peinlich, angstvoll und unangenehm, es ist wie eine unreine Witterung.

Hörende Medien

Sie hören die Stimme der Geister, wie wir es schilderten, als wir von der Pneumatophonie handelten, eine innere Stimme. Ein andermal wiederum ist es eine äußere Stimme, so klar und deutlich wie die einer lebenden Person. Ein hörendes Medium kann also mit den Geistern in eine Unterhaltung oder ein Gespräch treten. Wenn sie gewohnt sind, mit bestimmten Geistern zu verkehren, erkennen sie dieselben am Klang und am Tonfall ihrer Stimme. Ist man nicht selbst mit dieser Fähigkeit begabt, kann man auch durch Vermittlung eines hörenden Mediums, das die Stelle eines Dolmetschers vertritt, mit einem Geiste verkehren. Diese Gabe gehört zu den angenehmsten, wenn das Medium nur die guten Geister hört oder zumindest nur jene, die es ruft. Wenn es aber ein böser Geist verfolgt, der alle Minuten dic widerlichsten, unflätigsten und unanständigsten Sachen hören läßt, ist es eine wahre Belästigung. Man muß dann trachten, sich von ihm durch jene Mittel zu befreien, die wir im Kapitel von der Besessenheit angeben werden.

Sprechende Medien

Die hörenden Medien, die nur das übertragen, was sie hören, sind keine sprechenden Medien. Letztere hören oft gar nichts, bei ihnen wirkt der Geist auf die Sprachorgane, wie er bei schreibenden Medien auf die Hand wirkt. Will ein Geist sich mitteilen, so bedient er sich jenes Organs, das beim Medium am biegsamsten ist. Bei dem einen leiht er sich die Hand, bei dem andern die Stimme, und bei einem dritten das Gehör. Das sprechende Medium spricht gewöhnlich ohne Bewußtsein dessen, was es redet, und manchmal sagt es Sachen, die weit über seine Kenntnisse und seine gewöhnlichen Gedankengänge hinausgehen, die sogar den Grad seiner Intelligenz übersteigen. Obwohl es sich bei Wachheit und in seinem normalen Zustande befindet, behält es selten die Erinnerung an das, was es sagte. Der Mund ist bei ihm nur Werkzeug, dessen sich der Geist bedient, mit dem eine andere Person in Verkehr treten kann wie durch ein hörendes Medium. Doch die Passivität eines sprechenden Mediums ist nicht immer vollständig, es gibt auch Medien, die sich ihres Redens bewußt sind, und zwar erst in dem Augenblick, wo sie die Worte aussprechen.

Sehende Medien

Sehende Medien sind mit der Fähigkeit begabt, Geister zu sehen. Es gibt deren solche, die diese Gabe als Normalzustand besitzen, also wenn sie vollkommen wach sind, und sie behalten eine vollkommene Erinnerung an das Gesehene. Andere besitzen sie nur im somnambulen Zustande. Diese Fähigkeit ist selten bleibend. Sie ist fast immer die Wirkung einer augenblicklichen, vorübergehenden Krise. Man kann in die Kategorie der sehenden Medien alle mit dem „Zweiten Gesicht" begabten Personen einreihen. Die Möglichkeit, Geister im Traume zu sehen, ist ohne Zweifel das Ergebnis einer Art Medialität, bildet aber keine sehenden Medien.

Das sehende Medium glaubt mit den Augen zu sehen wie jene, die das Zweite Gesicht haben. Aber in Wirklichkeit sieht die Seele, und dies ist der Grund, warum sie ebensogut mit geschlossenen wie mit offenen Augen sehen. Daraus folgt, daß ein Blinder die Geister ebensogut sehen könnte wie ein Sehender. Geister, die in ihrem menschlichen Leben blind gewesen sind, haben uns berichtet, daß sie bei Lebzeiten durch ihre Seele bestimmte Gegenstände wahrgenommen haben, und daß sie durchaus nicht in schwarze Finsternis gehüllt waren.

Man muß die zufälligen und die spontanen Geister*erscheinungen* von der Gabe, Geister zu sehen, unterscheiden. Erscheinungen sind recht häufig, besonders im Augenblick des Sterbens von Personen, die man geliebt und gekannt hat und die nun kommen um uns anzukündigen, daß sie diese Welt verlassen haben. Die Sehfähigkeit besteht in der, wenn nicht bleibenden, so doch sehr häufigen Möglichkeit, den ersten besten angekommen Geist zu sehen, auch wenn er uns fremd ist.

Das ist die Gabe, die sogenannte sehende Medien besitzen. Unter ihnen gibt es solche, die nur Geister sehen, die man ruft und von denen sie eine genaue Beschreibung geben können. Und andere gibt es, bei denen diese Fähigkeit noch allgemeiner ist: sie sehen die ganze Geister-Bevölkerung, die uns umgibt, sehen sie kommen und gehen und ihren Beschäftigungen obliegen.

Die Gabe, Geister zu sehen, kann sich ohne Zweifel entwickeln, aber es ist eine jener Gaben, deren natürliche Entwicklung man ohne Nachhilfe abwarten soll, wenn man nicht das Spiel seiner Einbildungskraft werden will. Ist die Anlage zu einer Befähigung vorhanden, so äußert sie sich von selbst. Man sollte sich überhaupt mit dem begnügen, was uns Gott verliehen hat und nichts Unmögliches begehren, man könnte Gefahr laufen, auch noch das zu verlieren, was man hat.

Wenn wir gesagt haben, daß die spontanen Geistererscheinungen häufig vorkommen, wollten wir damit nicht ausdrücken, sie seien sehr alltäglich. In Bezug auf die sehenden Medien im eigentlichen Sinne sind sie noch seltener und man muß dem Medium mißtrauen, das behauptet, diese Gabe zu besitzen. Es ist ratsam, dies erst nach Beweisen zu glauben. Es gibt hier sichere Kontrollen, z. B. die Genauigkeit des Aussehens der Geister, die das Medium nie gesehen hat. Hier ein Beispiel:

Eine Witwe, deren Mann sich ihr oft mitteilte, befand sich eines Tages bei einem sehenden Medium, das sie ebensowenig wie ihre Familie kannte. Das Medium sagte zu ihr: „Ich sehe einen Geist an Ihrer Seite." Die Frau entgegnete: „Ach, das ist ohne Zweifel mein Mann, der mich fast nie verläßt." Doch das Medium entgegnete: „Nein, es ist eine Frau von höherem Alter, sie ist auf eine einfache Art frisiert und trägt ein weißes Band auf der Stirn." Nach dieser Beschreibung und nach anderen noch festgestellten Tatsachen erkannte die Dame mit voller Sicherheit ihre Großmutter wieder, an die sie zu jener Zeit gar nicht gedacht hatte. Wollte das Medium seine Sehergabe nur vortäuschen, wäre ihm die Anpassung an die Vermutungen der Dame leicht gewesen. Dieses Vorkommnis beweist noch eine andere Tatsache, daß nämlich das Sehen des Mediums nicht ein Reflex der fremden Gedanken war.

Somnambule Medien

Der Somnambulismus kann als eine Abart der medialen Gabe betrachtet werden. Besser gesagt, es sind zwei Arten von Phänomenen, die sehr oft vereinigt angetroffen werden. Der Somnambule handelt unter dem Einfluß seines eigenen Geistes, es ist seine Seele, die im Augenblick der Befreiung sieht, hört und außerhalb der Grenzen seiner irdischen Sinne wahrnimmt. Was er sagt, schöpft er aus sich selbst. Seine Gedanken sind gewöhnlich richtiger als im Normalzustande. Seine Kenntnisse sind ausgedehnter, weil seine Seele frei ist. Mit einem Worte: er lebt das Leben der Geister. Ein Medium ist im Gegenteil hierzu das Werkzeug einer fremden Intelligenz, es ist passiv und was es sagt, kommt nicht von ihm. Der Somnambule drückt also seine eigenen, das Medium aber fremde Gedanken aus. Aber ein Geist, der sich einem gewöhnlichen Medium mitteilen kann, kann es ebensogut bei einem Somnambulen machen. Oft macht der Zustand der Freiheit der Seele während des Somnambulismus diese Mitteilung viel leichter. Viele Somnambule sehen die Geister vollkommen und beschreiben sie mit einer solchen Genauigkeit wie die sehenden Medien, sie können sich mit ihnen besprechen und uns ihre Gedanken übertragen. Was sie über ihre eigenen Kenntnisse hinaus Erhabenes sagen, ist ihnen oft von anderen Geistern eingeben worden. Hier folgt ein Beispiel, wo die doppelte Handlung des Geistes eines Somnambulen und eines fremden Geistes auf eine auffallende Weise dargestellt ist:

Einer unserer Freunde hatte als Somnambulen einen Knaben von 14 bis 15 Jahren von gewöhnlicher Intelligenz und von sehr geringer Ausbildung. Trotzdem gab er im Somnambulismus Beweise einer großen Erleuchtung und eines besonderen Scharfsinnes. Er zeichnete sich sehr bei der Behandlung von Kranken aus und bewirkte eine große Anzahl von Heilungen, die für unmöglich gehalten wurden. Eines Tages gab er einem Kranken, dessen Krankheit er mit größter Genauigkeit beschrieb, einen ärztlichen Rat. Er konnte aber nicht die erforderlichen Arzneien angeben, weil sein Engel, der Doktor, nicht da war. „Was verstehst du unter deinem Engel, den Doktor?" wurde gefragt. „Jenen, der mir die Arzneien diktiert", antwortete er. „So bist du selbst es nicht, der die Arzneien sieht?" — „Ich sage es Ihnen ja, daß es mein Engel, der Doktor ist, der sie mir ansagt."

So war bei diesem Somnambulen der Akt des Sehens der Krankheit ein Akt seines eigenen Geistes, der dazu keiner fremden Beihilfe bedurfte, aber die Heilmittel wurden ihm durch einen anderen angesagt. Dieser andere war nicht da, daher konnte er auch nichts darüber sagen. Für sich allein war er nichts anderes als Somnambuler, und unter dem Beistande seines Engeldoktors, wie er ihn nannte, war er ein somnambules Medium.

Das somnambule Hellsehen ist eine Befähigung, die vom menschlichen Organismus abhängt, und ganz unabhängig von der geistigen Erhabenheit, dem Fortschritte und selbst vom moralischen Zustande des Subjektes ist. So kann ein Somnambuler sehr hellsehend sein, und doch unfähig, gewisse Fragen zu lösen, wenn sein Geist wenig fortgeschritten ist. Derjenige, der aus sich selbst spricht, kann also Gutes und Schlechtes, Wahres und Falsches sagen, mehr oder weniger Zartgefühl und Bedenklichkeit äußern, ganz nach dem Grade sittlicher Höhe der Tiefe des eigenen Geistes. In solchem Falle kann der Beistand eines fremden Geistes sein Ungenügendes ergänzen. Aber ein Somnambuler kann auch von einem lügenhaften, leichtsinnigen, sogar von einem bösen Geist Beistand erhalten, genau wie ein Medium. Hier ist also klar ersichtlich, daß die moralischen Eigenschaften einen großen Einfluß ausüben, um gute Geister anzuziehen.

Heilende Medien

Wir erwähnen hier nur, daß diese Art von Medialität hauptsächlich in der Gabe gewisser Personen besteht, durch die bloße Berührung, durch einen Blick und selbst durch eine Bewegung ohne Mitwirkung eines Medikaments zu heilen. Man wird sagen, dies sei nichts anderes als Magnetismus. Es ist einleuchtend, daß hier das magnetische Fluid eine große Rolle spielt, aber wenn man dies Phänomen aufmerksam betrachtet, erkennt man ohne Mühe, daß da noch etwas anderes hinzukommt. Die gewöhnliche Magnetisierung ist eine fortgesetzte, regelmäßige und methodische Behandlung, aber hier geht die Sache ganz anders. Fast alle Magnetiseure sind befähigt, zu heilen, wenn sie es verstehen, sich dabei angemessen zu benehmen, während bei heilenden Medien die Heilkraft eine spontane ist. Einige besitzen sie sogar, ohne je vom Magnetismus etwas gehört zu haben. Der Einfluß einer verborgenen Kraft, worin die Medialität besteht, wird unter Umständen bemerkbar. Dies besonders dann, wenn man betrachtet, daß die Mehrzahl Personen, die man mit Recht für heilende Medien erklären kann, ihre Zuflucht zum Gebete nehmen, was ja eine wahre Anrufung ist. Hierüber wurden von den Geistern auf unsere Fragen nachstehende Antworten gegeben:

1. Kann man die Personen, die mit einer magnetischen Kraft versehen sind, als eine eigene Gattung von Medien betrachten?
„Wollet ihr daran zweifeln?"
2. Aber während ein Medium ein Vermittler ist zwischen dem Geiste und dem Menschen, schöpft der Magnetiseur seine Kraft aus sich selbst, scheint also nicht Vermittler einer fremden Kraft zu sein?
„Das ist ein Irrtum. Die magnetische Kraft hat ihren Sitz im Menschen, aber sie wird durch die Einwirkung des Geistes, den er zur Hilfe ruft, vermehrt. Wenn du z. B. in der Absicht magnetisierst, zu heilen, und dabei einen guten Geist anrufst, der sich für dich und den Kranken interessiert, so unterstützt er deine Kraft und deinen Willen. Er dirigiert dein Fluid und verleiht ihm die nötigen Eigenschaften."
3. Es gibt aber doch sehr gute Magnetiseure, die nicht an Geister glauben?
„Glaubst du, daß die Geister nur auf diejenigen einwirken, die an sie glauben? Jedermann, der Gutes will, ruft sie ohne es zu wissen, ebenso wie er durch die Begierde zum Bösen und durch schlechte Absichten unbewußt schlechte Geister anruft."

4. Wenn einer, der die Kraft besitzt, an den Einfluß der Geister glaubt, würde er wirksamer behandeln?
„Er würde Sachen verrichten, die an Wunder grenzen."
5. Haben gewisse Personen wirklich die Gabe, durch die bloße Berührung zu heilen, ohne Beihilfe der magnetischen Einflüsse?
„Ganz gewiß! Habt ihr davon nicht zahlreiche Beispiele?"
6. Ist in einem solchen Falle nur die magnetische Kraft oder nur der Einfluß der Geister vorhanden?
„Das eine wie das andere. Diese Personen sind wahre Medien, weil sie unter dem Einflusse der Geister handeln."
7. Kann man diese Macht übertragen?
„Die Macht nicht, aber die Kenntnis der zur Ausübung nötigen Dinge, wenn man die Macht besitzt. Mancher würde nicht vermuten, daß er diese Kraft besitzt, wenn er nicht glauben würde, daß sie ihm übertragen wurde."
8. Kann man durch das bloße Gebet Heilungen bewirken?
„Manchmal ja, wenn Gott es erlaubt. Aber vielleicht erfordet es das Wohl des Kranken, daß er noch leidet, und ihr glaubt dann, daß euer Gebet nicht erhört worden ist."
9. Gibt es zu diesem Zwecke wirksame Gebetsformeln?
„Nur der Aberglaube kann gewissen Worten eine besondere Kraft zuschreiben, und nur unwissende Geister und Lügner können solche Ideen unterhalten, indem sie Formeln vorschreiben. Aber es besteht die Möglichkeit, daß wenig aufgeklärten Personen, die rein spirituelle Sachen nicht begreifen können, die Anwendung einer Formel besonderes Vertrauen einflößt. In diesem Falle ist es nicht die Formel, die wirksam ist, sondern der Glaube, der durch die Anwendung der Formel gestärkt wird."

Pneumatographische Medien

Man benennt mit dieser Bezeichnung jene Medien, die geeignet sind, direkte Schrift zu erhalten, was nicht allen schreibenden Medien verliehen ist. Diese Gabe ist noch sehr selten, sie entwickelt sich wahrscheinlich durch Übung. Aber ihr praktischer Nutzen beschränkt sich auf die ganz offenkundige Einwirkung einer verborgenen Macht bei den Manifestationen. Nur die Erfahrung kann uns darüber belehren, wer sie besitzt. Man kann es versuchen, auch kann man darüber den Schutzgeist durch andere Kommunikationsmittel darüber befragen. Nach der größeren oder kleineren Kraft des Mediums bekommt man einfache Züge, Zeichen, Buchstaben, Worte, Sätze und selbst ganze Seiten Schrift. Gewöhnlich genügt es, einen zusammengelegten Bogen Papier an einem beliebigen oder vom Geiste bezeichneten Platze 10—15 Minuten, manchmal auch länger, liegen zu lassen. Das Gebet und die Sammlung der Gedanken sind die wesentlichen Bedingungen. Und dies ist der Grund, warum es unmöglich ist, solche Schrift in einer Versammlung wenig ernsthafter Menschen, die nicht mit sympathischen oder wohlwollenden Gefühlen beseelt sind, zu erhalten.

Schreibende oder psychographische Medien

Unter allen Mitteilungsarten zwischen Menschen und Geistern ist die Handschrift das einfachste, bequemste und auch vollständigste Verständigungsmittel. Ihr Erreichen muß man mit allen Kräften anstreben, denn es ermöglicht, mit den Geistern einen ununterbrochenen und regelmäßigen Verkehr zu unterhalten, wie er unter uns Menschen besteht. Es ist jenes Mittel, wodurch die Geister am ehesten ihre Natur und den Grad ihrer Vollkommenheit oder Niedrigkeit enthüllen. Durch die Leichtigkeit, mit der sie sich ausdrücken können, machen sie uns mit ihren intimsten Gedanken bekannt. Sie setzen uns so in den Stand, sie zu beurteilen und nach ihrem Werte einzuschätzen. Die Schreibfähigkeit ist überdies die Gabe, die am meisten geeignet ist, sich durch Übung entwickeln zu lassen.

Mechanische Medien

Wenn man gewisse Umstände betrachtet, die bei der Bewegung eines Tisches, eines Körbchens oder schreibenden Brettchens zum Vorschein kommen, kann man nicht daran zweifeln, daß Geister ihren Einfluß auf diese Gegenstände ausüben. Das Körbchen wirft sich oft mit solcher Gewalt herum, daß es den Händen des Mediums entgleitet. Manchesmal richtet es sich gegen bestimmte Personen auf, um sie zu schlagen. Wieder ein anderes Mal verraten seine Bewegungen gefühlvolle Teilnahme. Gleiches findet oft statt, wenn der Bleistift in die Hand genommen wird. Oft wird er dann mit Kraft weggeworfen, oder die Hand zittert krampfhaft wie das Körbchen und schlägt mit Zorn auf den Tisch, selbst dann, wenn das Medium sich in der größten Ruhe befindet und sich wundert, seiner nicht Herr zu sein. Sagen wir offen, daß solche Erscheinungen immer das Dasein unvollkommener Geister andeuten. Wahrhaft erhabene Geister sind stets ruhig, würdevoll und wohlwollend. Werden sie nicht gehört, so ziehen sie sich zurück und überlassen ihren Platz anderen Geistern. Der Geist kann also unmittelbar seinen Gedanken ausdrücken, sei es durch Bewegung des Gegenstandes, wobei die Hand des Mediums nur den Stützpunkt bildet, sei es durch Einwirkung auf die Hand selbst. Wirkt der Geist unmittelbar auf die Hand, gibt er dieser eine vom Willen des Mediums völlig unabhängige Bewegung. Sie geht ohne Unterbrechung und ohne Zutun des Mediums fort, solange der Geist etwas mitzuteilen hat und bleibt mit der Beendigung stehen. Charakteristisch bei dieser Erscheinung ist, daß das Medium nicht die geringste Kenntnis hat, was es schreibt, und diese gänzliche Unkenntnis bildet eben das, was man ein passives oder mechanisches Medium nennt.

Intuitive Medien

Die Übertragung des Gedankens findet auch durch die Vermittlung des Geistes des Mediums, besser gesagt, seiner Seele, statt. Als eine Seele bezeichnen wir den einverleibten Geist. Der fremde Geist wirkt in diesem Falle nicht auf die Hand, um sie zum Schreiben zu bringen, sondern auf die Seele, mit der er sich identifiziert. Die Seele bewegt unter diesem Einfluß die Hand und diese den Bleistift. Als eine wichtige Tatsache sei bemerkt, daß der fremde Geist den eigenen des Mediums nicht ersetzt, denn er kann die Seele nicht ersetzen, aber er

beherrscht sie ohne ihr Wissen und prägt ihr seinen Willen ein.
Hierbei ist die Rolle der Seele nicht absolut passiv. Sie ist es ja, die den Gedanken des fremden Geistes empfängt und ihn fortpflanzt. In dieser Lage weiß das Medium, was es schreibt, obwohl es nicht sein eigener Gedanke ist. Das ist es, was man ein intuitives Medium nennt. Man wird einwenden, nichts beweist uns, daß es der fremde Geist ist, der da schreibt, und nicht der des Mediums. Der Unterschied ist auch manchesmal schwer, aber immer kann man den eingegebenen Gedanken daran erkennen, daß er nie vorgedacht wurde. Er entsteht in dem Verhältnisse, als man schreibt, und oft ist er einer vorhergehenden Idee völlig entgegengesetzt. Er kann auch ganz außerhalb des Bereiches der Kenntnisse und Fähigkeiten des Mediums liegen.

Halbmechanische Medien

Bei dem rein mechanischen Medium ist die Bewegung der Hand unabhängig von seinem Willen. Bei dem intuitiven Medium ist die Bewegung freiwillig oder wahlweise so oder so. Das halbmechanische Medium nimmt an seinen Zuständen Anteil. Es empfindet einen ohne das Zutun seiner Hand gegebenen Impuls, aber zugleich hat es das Bewußtsein dessen, was es schreibt, und zwar in dem Verhältnisse, als sich die Worte bilden. Bei dem ersten, dem rein mechanischen Medium, folgt der Gedanke den Zügen der Schrift, bei dem zweiten, dem intuitiven, geht er ihm voran, und bei dem dritten, dem halbmechanischen, begleitet er ihn. Die letztgenannten Medien sind die zahlreichsten.

Inspirierte Medien

Jedermann, der im normalen Zustande oder im Zustande der Ekstase fremde Kommunikationen erhält, kann in die Kategorie der inspirierten Medien eingereiht werden. Es ist eine Abart der intuitiven Medialität mit dem Unterschiede, daß dabei der Einfluß einer verborgenen Macht noch weniger fühlbar ist. Bei den Inspirierten ist es viel schwieriger, den eigenen Gedanken von dem eingegebenen zu unterscheiden. Was den letzteren kennzeichnet, ist das Spontane seines Eintretens. Die Inspiration kommt uns von den Geistern, die uns zum Guten oder zum Bösen beeinflussen wollen, aber häufiger ist sie das Werk jener, die uns wohlwollen. Wir begehen oft den Fehler, ihren Ratschlägen nicht zu folgen. Die Inspiration paßt sich allen Verhältnissen unseres Lebens an, wenn wir Entschlüsse fassen wollen. In dieser Beziehung kann man sagen, daß jeder Mensch ein Medium ist. Es gibt niemanden, der nicht seinen Schutz- und seine Familiengeister hätte, die sich mit allen Kräften bemühen, ihren Günstlingen heilsame Gedanken einzugeben. Wäre man von dieser Wahrheit überzeugt, würde man öfters zu seinem Schutzengel Zuflucht nehmen, besonders in Augenblicken, wo man nicht weiß, was zu reden und zu tun ist.

Zu den inspirierten Medien kann man noch jene zählen, die ohne außergewöhnliche Intelligenz und ohne aus dem Normalzustande herauszutreten, lichte, intelligente Augenblicke haben, die ihnen für Augenblicke eine ungewöhnliche Leichtigkeit schöpferischer Gedanken, große Beredsamkeit und zuweilen auch das Vorgefühl der Zukunft verleihen. In diesen Momenten, wo man voller Begeisterung ist, überfließen die Ideen, folgen einander und verbinden und verketten sich gewissermaßen von selbst. Menschen von Genie in jeder Richtung, Künstler und Gelehrte, Dichter und Literaten sind unstreitig fortgeschrittene Geister, die von sich selbst aus befähigt sind, große Dinge zu begreifen. Sie sind sehr oft Medien, ohne es zu wissen, besitzen aber doch die unbestimmte Ahnung einer fremden Hilfe, denn jeder, der die Begeisterung in Anspruch nimmt, nimmt eben eine Anrufung vor. Folgende Fragen und Antworten bestätigen diese Behauptung:

1. Welches ist die erste Ursache der Begeisterung?
   „Ein Geist, der sich durch den Gedanken mitteilt."
2. Hat die Inspiration nur die Erfüllung wichtiger Sachen zum Gegenstande?
   „Nein, sie hat oft auf die allergewöhnlichsten Dinge des Lebens Bezug. Du willst vielleicht irgendwohin gehen, und eine innere Stimme sagt dir, es ist für dich gefährlich. Oder sie rät dir, eine Sache zu tun, an die du nicht denkst. Das ist

eine Inspiration. Es gibt sehr wenige Menschen, die in bestimmten Momenten nicht mehr oder weniger inspiriert wären."

3. Kann ein Autor, ein Maler oder Musiker in Momenten der Begeisterung als Medium betrachtet werden?
„Ja, denn in solchen Augenblicken ist ihre Seele frei und wie von der Materie entblößt. Sie erlangen einen Teil der geistigen Fähigkeiten und erhalten die Mitteilungen anderer Geister, die sie inspirieren, viel leichter."

Medien mit Vorahnungen

Die Vorahnung ist eine direkte Anschauung künftiger Dinge. Viele Personen besitzen diese Anlage mehr oder weniger ausgebildet und verdanken sie einer Art Zweiten Gesichtes. Sie ermöglicht ihnen, die Folgen der gegenwärtigen Verhältnisse und die Verkettung der künftigen Ereignisse vorauszusehen. Aber oft ist diese Gabe auch die Wirkung von verborgenen Kommunikationen, und besonders in diesem Falle kann man allen, die mit dieser Fähigkeit begabt sind, den Namen „Medium mit Vorahnung" geben, eine Abart der inspirierten Medien.

Besondere Befähigung der Medien
Übersicht über ihre verschiedenen Arten

Außer den eben aufgezählten Arten von Medien hat die Medialität eine Unmenge von Schattierungen, die zur Gruppe der speziellen Medien gehören und von einer besonderen, noch nicht geklärten Begabung abhängen, ganz abgesehen von den Eigenschaften und Kenntnissen des sich uns manifestierenden Geistes.

Das Wesen der Kommunikation ist immer der Natur des Geistes entsprechend, es trägt den Stempel seiner Erhabenheit oder Niedrigkeit, seiner Weisheit oder Unwissenheit. Auf diese Art findet man bei ihm eine unbestrittene Neigung, sich mit der einen Sache lieber als mit der anderen zu beschäftigen. Klopfgeister verrichten nur physische Manifestationen, und unter Geistern, die intelligente Manifestationen geben, gibt es poetische, musikalische, zeichnende, moralisierende, gelehrte und medizinische Ratschläge spendende Arten. Wir reden hier von Geistern der mittleren Ordnung. Bei einer gewissen Stufe angelangt, verschmelzen die Fähigkeiten in der Einheit des Vollkommenseins. Aber neben der Fähigkeit des Geistes gibt es auch jene des Mediums, das für ihn ein mehr oder weniger bequemes und biegsames Werkzeug darbietet und in dem er besondere Eigenschaften findet, die wir nicht beurteilen können. Bei der gleichen Beschaffenheit der medialen Kraft wird der Geist dem einen oder anderen den Vorzug geben, nach Art der Mitteilungen, die er darbieten will.

So sieht man zum Beispiel Medien merkwürdige Gedichte schreiben, obwohl sie unter gewöhnlichen Umständen niemals zwei Verse machen können. Andere wieder sind Dichter und können als Medien nur Prosa schreiben. Ebenso verhält es sich mit dem Zeichnen, der Musik o. ä. Es gibt Medien, die keine wissenschaftlichen Kenntnisse, aber besondere Befähigung für gelehrte Mitteilungen haben. Andere für historische Studien, wieder andere sind moralische Dolmetscher. Welcher Art die Anlage eines Mediums auch sein mag, die Mitteilungen, die es mit der größten Leichtigkeit erhält, tragen an sich gewöhnlich einen besonderen Stempel. Es gibt auch solche, die einen gewissen Gedankenkreis nicht überschreiten. Sobald sie sich davon entfernen, erhalten sie nur unvollständige, lakonische oder falsche Kundgebungen.

Abgesehen von den Ursachen der Befähigung teilen sich die Geister mit Vorliebe, je nach ihrer Sympathie, durch diesen oder einen anderen Vermittler mit. So wird der gleiche Geist bei gleichen Umständen mit gewissen Medien viel verständlicher, nur weil ihm diese besser zusagen.

Man befindet sich im Irrtum, wenn man denkt, weil man ein gutes Medium mit leichter Schreibfähigkeit bei der Hand hat, bekommt man auch von ihm gute Kommunikationen aller Art. Die erste Bedingung ist immer, die Quelle festzustellen, aus der die Kundgebungen kommen. Aber es ist ebenso nötig, auf die Eigenschaften des Werkzeugs, das man dem Geiste zur Verfügung stellt, bedacht zu sein. Man muß daher auch die

Natur des Mediums studieren, wie man die des Geistes studiert hat, denn dies sind die zwei wesentlichsten Elemente, um ein genügendes Resultat zu erhalten. Noch ein drittes gibt es, das eine ebenso wichtige Rolle spielt: die Absicht, der innere Gedanke, das mehr oder weniger löbliche Gefühl des Fragestellers, und das ist begreiflich. Damit eine Kommunikation gut ist, muß sie von einem guten Geiste herkommen. Damit dieser gute Geist sie übertragen kann, braucht er ein gutes Werkzeug. Und damit er sie übertragen möchte, muß ihm auch der Zweck zusagen. Der Geist, der die Gedanken liest, urteilt darüber, ob die ihm vorgelegte Frage auch eine ernste Antwort verdient, und ob die Person, die sie an ihn richtet, auch würdig ist, sie zu bekommen.

Wir wiederholen nun hier die Hauptgattungen der Medien, um sozusagen ein übersichtliches Bild zu geben, das alle Arten der bisherigen Kapitel enthält. Wir haben sie nach Ursachen und Wirkungen eingeteilt. Einigen begegnet man oft, andere sind selten, und es gibt sogar ausnahmsweise Arten. Diese Angaben sind übrigens alle von Geistern gemacht worden, die diese Übersicht mit besonderer Sorgfalt durchgesehen haben und mit zahlreichen Bemerkungen und neuen Arten vervollständigten.

Man kann die Medien in zwei große Gruppen einteilen, und zwar in Medien für physische Manifestationen, solche also, die Kräfte besitzen für Einwirkungen der Geister auf die Materie, also für sichtbare Erscheinungen, und in Medien für intellektuelle Einwirkungen der Geister. Alle dazwischenliegenden medialen Fähigkeiten beziehen sich mehr oder weniger auf die eine oder die andere der beiden Hauptkategorien.

Wenn man die verschiedenen Phänomene zergliedert, sieht man, daß bei einer jeden eine physische Wirkung vorkommt, und daß sich an diese physische Wirkung sehr oft eine intelligente Erscheinung anknüpft. Die Grenze zwischen beiden läßt sich oft schwer bestimmen, was aber keine nachteiligen Konsequenzen hat. Wir verstehen unter der Bezeichnung „Medien für intelligente Wirkungen“ solche, die besonders als Vermittler zu regelmäßigen und aufeinanderfolgenden Mitteilungen dienen können.

a) Verschiedenheiten, die alle Gattungen der Medialität gemeinsam haben.

Sensitive Medien sind Personen, die befähigt sind, das Dasein der Geister durch einen allgemeinen oder lokalen, unbestimmten oder materiellen Eindruck zu empfinden. Die meisten unterscheiden die guten oder bösen Geister nach der Art ihres Eindruckes.

Zarte und sehr empfindliche Medien: Sie müssen sich der Verbindung mit heftigen Geistern oder solchen enthalten, deren Eindruck peinlich ist, wegen der schweren Ermüdung, die daraus hervorgeht.

Natürliche oder unbewußte Medien sind solche, die ihre Phänomene spontan, ohne jede Teilnahme des eigenen Willens und am häufigsten unbewußt hervorbringen.

Fakultative, d. h. wahlweise oder freiwillige Medien sind solche, die genügend Kraft haben, die Phänomene durch einen Akt ihres freien Willens hervorzubringen. Wie groß dieser aber auch sein möge, sie vermögen nichts, wenn der Geist nicht einwilligt, wodurch der Einfluß einer auswärtigen Macht bewiesen ist.

b) Spezielle Abarten körperlicher Kundgebungen

Medien für Klopfgeister sind solche, durch deren Teilnahme sich Lärm und klopfende Schläge erzeugen. Eine sehr gewöhnliche Abart der Medien mit oder ohne Willen.

Bewegende Medien sind solche, die von Geistern benutzt werden, um die Bewegung materieller Gegenstände hervorzubringen.

Medien der Übertragung und des Hebens sind solche, deren animale elektrische Kraft die Geister brauchen, um das Übertragen von Körpern durch die Luft und ihr Schweben dortselbst ohne alle Unterstützung hervorzubringen. Es gibt auch Medien, die sich selbst heben können. Sie sind mehr oder weniger selten, je nach der Entwicklung des Phänomens, sehr selten im Falle des Selbsthebens.

Medien für musikalische Wirkungen bewirken das Spiel gewisser Instrumente ohne jede Berührung. Sie sind sehr selten.

Medien für Geistererscheinungen und Materialisationen sind solche, die fluidische oder tastbare und für die Umstehenden sichtbare Geistererscheinungen hervorbringen können. Sie kommen nur ausnahmsweise vor.

Medien für Überbringungen oder Apporte sind solche, die den Geistern bei der Überbringung materieller Gegenstände Beistand leisten können. Sie sind eine Abart der bewegenden Medien und nur für Übertragungen geeignet. Nur ausnahmsweise vorkommend.

Nächtliche Medien sind solche, die bestimmte physische Effekte nur in der Dunkelheit erzielen. Man kann in ihnen ohne weiteres eine Abart erkennen, aber dieses Phänomen hängt mehr von den umgebenden Umständen als von der Natur des Mediums und des Geistes ab. Die Mehrzahl nächtlicher Medien könnte durch Übung dahin gelangen, ebensogut bei Tage zu wirken. Diese Art von Medien sind selten.

Pneumatographische Medien sind diejenigen, die von Geistern eine direkte Schrift erhalten. Ein sehr seltenes Phänomen!

Heilende Medien sind solche mit der Kraft zum Heilen oder die durch Auflegung der Hände oder durch Gebet die Krankheit erleichtern können. Diese Gabe ist nicht wesentlich medial, sie ist oft nur ein erhöhter Grad der magnetischen Kraft, die notfalls vom Beistande guter Geister unterstützt wird.

Weckende Medien sind Personen, die die Macht haben, durch ihren Einfluß bei anderen die Schreibfähigkeit zu wecken. Es ist eher eine magnetische Wirkung als ein Akt der Medialität im engeren Sinne, denn nichts beweist uns die Intervention eines Geistes.

c) Spezielle Medien für körperliche Kundgebungen

Hörende Medien sind solche, die Geistermitteilungen mit ihrem Ohr aufnehmen können.

Sprechende Medien sind solche, die unter dem Einfluß der Geister reden. Sie gibt es häufig genug.

Sehende Medien sind solche, die Geister im Zustande des Wachens sehen können. Das zufällige und unvermutete Sehen eines Geistes bei einer besonderen Gelegenheit kommt häufig vor, aber das ständige Sehen der Geister ohne Unterschied und ohne Unterbrechung ist selten. Es ist eine Fähigkeit, die dem gegenwärtigen Zustande unserer Organe widerstrebt.

Inspirierte Medien sind solche, denen die Gedanken durch die Geister eingegeben werden, sei es für die gewöhnlichen Verrichtungen des Lebens oder für die Arbeiten der Intelligenz, sehr oft ohne ihr Wissen.

Medien mit Vorahnungen sind Personen, die unter gewissen Umständen eine unbestimmte Anschauung der künftigen alltäglichen Dinge haben.

Prophetische Medien, eine Abart der inspirierten Medien oder jener mit Vorahnung, die mit Erlaubnis Gottes mit größerer Gewißheit als die Medien der Vorahnung die Enthüllung der zukünftigen Dinge von allgemeinem Interesse erhalten, um sie anderen Menschen als Richtschnur mitzuteilen.

Somnambule Medien sind solche, die den Beistand der Geister im Zustande des Somnambulismus genießen.

Ekstatische Medien sind solche, die im Zustande der Ekstase von seiten der Geister Enthüllungen erhalten. Hier sind viele Überspannte das Opfer ihrer eigenen Einbildungskraft und trügerischer Geister. Die restlosen Glauben verdienen, sind sehr selten.

Malende und zeichnende Medien sind solche, die unter Geistereinfluß malen und zeichnen. Wir reden hier von jenen, die ernsthafte Sachen erhalten, denn man kann diesen Namen nicht Medien geben, die durch Spottgeister groteske Bilder anfertigen lassen.

Musikalische Medien sind diejenigen, die unter dem Einfluß der Geister Musik machen, komponieren oder Noten schreiben. Es gibt mechanische, halbmechanische, intuitive und inspirierte musikalische Medien, genauso wie für literarische Kommunikationen.

d) Schreibende Medien in ihren Arten

1. Nach Art der Ausführung

Schreibende oder psychographische Medien sind solche, die die Gabe besitzen, unter dem Einflusse der Geister selbst zu schreiben.

Mechanisch schreibende Medien sind solche, deren Hand einen unfreiwilligen Eindruck erhält und die keine Kenntnis haben, was sie schreiben. Sie sind sehr selten.

Schreibende halbmechanische Medien sind solche, deren Hand unfreiwillig fortgeht, die aber die augenblickliche Kenntnis der Worte und Sätze nach Maßgabe der Schrift haben. Sie sind die häufigsten Medien.

Intuitive Medien sind solche, denen sich die Geister durch den Gedanken offenbaren und deren Hand von ihrem Willen geleitet wird. Von den inspirierten Medien unterscheiden sie sich darin, daß die letzteren es nicht nötig haben, zu schreiben, während das intuitive Medium den Gedanken niederschreibt, der ihm soeben über einen bestimmten Gegenstand eingegeben wird. Sie kommen sehr häufig vor, sind aber dem Irrtum ausgesetzt, weil sie oft nicht unterscheiden können, was von den Geistern oder ihrer eigenen Denkkraft kommt.

Polygraphische Medien sind jene, deren Schrift sich mit dem Wechsel des sich offenbarenden Geistes verändert, oder die geeignet sind, dieselbe Schrift hervorzubringen, die ein Geist bei Lebzeiten schrieb. Der erste Fall ist sehr häufig, der zweite seltener.

Polyglotte Medien sind solche mit der Fähigkeit, in Sprachen zu reden oder zu schreiben, die ihnen völlig unbekannt sind. Diese Medien sind sehr selten.

Ungebildete Medien sind solche, die als Medien schreiben, aber im gewöhnlichen Zustande weder lesen noch schreiben können. Sie sind noch seltener als polyglotte Medien, denn es ist dabei eine noch viel größere materielle Schwierigkeit zu überwinden.

2. *Nach Art der Einwirkung der Anlage*

Neulinge als Medien sind solche, deren Fähigkeiten noch nicht vollständig entwickelt sind.

Unproduktive Medien erhalten nur unbedeutende Sachen, einzelne Silben, Zeichen, Buchstaben ohne bestimmte Folge.

Gemachte oder gebildete Medien sind solche, deren mediale Fähigkeit vollständig entwickelt ist. Sie können die erhaltenen Mitteilungen leicht, genau und ohne Mühe übertragen. Man begreift, daß dies Resultat nur durch Übung zu erreichen ist, während bei den Anfängern unter den Medien die Kommunikationen langsam und schwierig sind.

Lakonische Medien sind solche, deren Kommunikationen, obwohl sehr leicht, dennoch kurz sind und ohne jede Enthüllung.

Deutliche Medien: Die Mitteilungen, die sie erhalten, haben die ganze Breite und Ausdehnung, die man nur von einem vollkommenen Schriftsteller erhalten kann. Diese Fähigkeit hängt von der Ausdehnung und der Leichtigkeit in der Verbindung der Fluide ab. Die Geister suchen diese Medien auf, um Themen zu behandeln, die große Enthüllungen und Offenbarungen enthalten.

Erfahrene Medien: Die Leichtigkeit der Ausführung ist eine Sache der Übung, die man oft in kurzer Zeit erlangt, während die Erfahrung das Ergebnis eines ernsten Studiums aller Schwierigkeiten ist. Erfahrung gibt dem Medium den nötigen Takt, die Natur der sich manifestierenden Geister richtig einzuschätzen, ihre guten und bösen Eigenschaften nach den kleinsten Anzeichen zu beurteilen und die Hinterlist der Truggeister zu erkennen.

Lenksame Medien sind solche, deren Fähigkeiten sich leichter zu verschiedenen Arten der Sitzungsresultate fügen und durch die sich alle Geister oder beiläufig alle spontan oder nach Anrufung manifestieren können. Diese Art ist den sehr sensitiven Medien ähnlich.

Exklusive Medien nennt man jene, durch die sich ein bestimmter Geist mit Vorliebe manifestiert, oft mit Ausschluß aller anderen Geister, und der durch Vermittlung des Mediums für diejenigen antwortet, die man ruft. Ist er gut, kann er dem Medium durch Sympathie anhängen, ist er böse, versucht er es in seine Abhängigkeit zu bringen.

Medien für Evokationen: Die lenksamen Medien sind natürlich die geeignetsten für diese Art und für die Fragen, die man im einzelnen an die Geister stellen kann. Es gibt in dieser Beziehung ganz besondere Medien. Die Antworten beschränken sich fast immer auf eine bestimmte Sache, die mit der Entwicklung der allgemeinen Sachlage unvereinbar ist.

Medien für spontan Diktiertes: Sie erhalten vorzugsweise

spontane Mitteilungen von ungerufen herbeigeeilten Geistern. Diese Gabe kommt einem Medium speziell zu, es ist daher schwierig und oft unmöglich, mit ihm einen Sitzungsversuch zu machen.

3. Nach Art und Beschaffenheit der Mitteilungen

Versmachende Medien: Sie erhalten viel leichter gereimte Mitteilungen als andere Medien. Sie finden sich häufig für schlechte Verse, sind aber selten, wenn es sich um gute Verse handelt.

Poetische Medien: Ohne Verse zu erhalten, haben ihre Kommunikationen etwas Zartes und Duftiges. Nichts Rauhes ist darin enthalten, und sie sind mehr als andere Ausdruck der zarten und gefühlvollen Empfindungen. Aber alles darin ist zu ernstem Forschen unverwendbar, und es wäre vergeblich, von ihnen etwas Bestimmtes und Nützliches zu fordern. Sie sind sehr häufig.

Positive Medien: Ihre Kommunikationen haben für gewöhnlich den Charakter der Reinheit und Bestimmtheit, die sich für die umständliche Auseinandersetzung und vollständige Belehrung vortrefflich eignet. Sie sind sehr selten.

Literarische Medien: Sie haben weder das Zerfahrene der poetischen Medien noch die gemessene Kürze der positiven Medien, sondern sie reden mit Weisheit. Ihr Stil ist korrekt, elegant und oft von hoher Beredsamkeit.

Inkorrekte Medien können sehr gute Erfolge haben, Gedanken von reinster Moralität. Aber ihr Stil ist zerstreut, inkorrekt, überhäuft von Wiederholungen und unpassenden Ausdrücken. Gewöhnlich ist dies die Folge mangelnder Bildung des Mediums, es ist in dieser Beziehung kein gutes Werkzeug für den Geist.

Historische Medien sind solche, die besondere Begabung für historische Enthüllungen haben. Diese Gabe ist wie alle anderen von den Kenntnissen des Mediums unabhängig, man sieht oft Leute von geringer Bildung und selbst Kinder über ihren Bildungsgrad erhabene Themen behandeln. Ihre Gattung ist sehr positiv und sehr selten.

Wissenschaftliche Medien, wir sagen nicht gelehrte Medien, denn sie können oft sehr unwissend sein. Trotzdem sind sie zu Mitteilungen, die auf die Wissenschaft Bezug haben, ganz besonders geeignet.

Medizinische Medien: Ihre Arbeit dient Geistern als Dolmetscher für medizinische Anordnungen. Man darf sie nicht etwa mit den heilenden Medien verwechseln, denn sie tun nichts anderes, als den Gedanken des Geistes übertragen, sonst haben sie gar keinen Einfluß. Diese Medien findet man sehr häufig.

Religiöse Medien: Sie erhalten leichter als andere Medien Mitteilungen religiösen Charakters oder solche, die religiöse Fragen behandeln, gleich, welchen Glaubens sie sind.

Philosophische und moralische Medien: Ihre Mitteilungen haben im allgemeinen moralische Fragen und solche der hohen Philosophie zum Gegenstande. Für die Moral findet man sie sehr häufig.

Medien zu gemeinen und unflätigen Kommunikationen. Schon diese beiden Ausdrücke kennzeichnen die Art von Mitteilungen, die gewisse Medien erhalten, und die Natur der Geister, die sie geben. Wer immer die spiritistische Welt nach allen Graden der Stufenleiter studiert hat, weiß, daß es dort Geister gibt, deren Verkehrtheit jener der verdorbenen Menschen gleicht, die sich darin gefallen, ihre Gedanken mit den gröbsten und gemeinsten Worten auszudrücken. Andere weniger Verworfene begnügen sich mit gemeinen Ausdrücken. Man versteht, daß solche Medien den Wunsch haben, von diesen Geistern schnellstens befreit zu werden.

4. Nach der physischen Beschaffenheit des Mediums

Ruhige Medien: Sie schreiben stets mit einer gewissen Langsamkeit, ohne je die geringste Aufregung zu erfahren.

Schnelle Medien: Sie schreiben mit größerer Schnelligkeit, als sie dies im gewöhnlichen Leben tun. Die Geister offenbaren sich ihnen mit Blitzesschnelligkeit. Man kann sagen, daß sie einen Überfluß von Fluid besitzen, das es ihnen gestattet, sich augenblicklich mit dem Geiste zu identifizieren. Diese Eigenschaft hat auch manchmal ihren Nachteil, sie macht die Schrift für jeden anderen außer dem Medium schwer leserlich oder unlesbar. Sie ist auch sehr ermüdend, denn sie verschwendet unnützerweise sehr viel Fluid.

Konvulsive oder krampfhafte Medien befinden sich in einem Zustande fast fieberhafter Aufregung. Ihre Hand, zuweilen auch ihr ganzer Körper, ist von einem Zittern befallen, das sie nicht bemeistern können. Die wichtigste Ursache davon ist zweifellos ihre empfindliche Körperbeschaffenheit, aber es hängt auch sehr von der Natur der Geister ab, die sich durch sie offenbaren. Diese Medien sollten nur selten von ihrer Gabe Gebrauch machen, denn der häufige Gebrauch könnte ihr Nervensystem zu sehr angreifen.

5. Nach den moralischen Eigenschaften des Mediums

Wir erwähnen diese Eigenschaften nur im allgemeinen zur Erinnerung und um die Übersicht zu vervollständigen, da sie ja in den besonderen Kapiteln behandelt werden: Über den moralischen Einfluß der Medien, über die Beherrschung, von der Identität der Geister und in anderen Kapiteln. Man wird darin sehen, welchen Einfluß die Tugend und die Fehler des Mediums auf die Sicherheit der Mitteilungen ausüben können und wie jene Medien beschaffen sind, die man als Gute oder Unvollkommene betrachten kann.

e) Unvollkommene Medien

Belagerte Medien sind solche, die sich von lästigen und trügerischen Geistern nicht losmachen können, sich aber nicht durch sie beirren lassen.
Verblendete Medien sind solche, die von trügerischen Geistern mißbraucht werden und sich über die Natur der erhaltenen Kommunikationen täuschen.
Beherrschte Medien sind Medien, die der moralischen und oft auch der materiellen Herrschaft eines bösen Geistes unterliegen.
Leichtsinnige Medien nehmen ihre Befähigung nicht für ernst und bedienen sich ihrer nur zur Unterhaltung und zu nichtigen Sachen.
Gleichgültige Medien sind jene, die aus den erhaltenen moralischen Lehren keinen Nutzen ziehen und ihr Betragen und ihre Gewohnheiten nicht im geringsten ändern.

Eingebildete Medien sind solche, die glauben, sich im Verkehr mit höheren und höchsten Geistern zu befinden. Sie glauben an ihre Unfehlbarkeit und betrachten alles, was nicht von ihnen kommt, als untergeordnet und irrig.
Stolze Medien sind derart, daß sie sich auf die überkommenen Geisterbotschaften etwas einbilden. Sie glauben, vom Spiritismus nichts mehr lernen zu können und beziehen ihre Lehren, von Geistern erhalten, nicht auf sich. Die Gaben, die sie besitzen, genügen ihnen nicht, sie wollen alle besitzen.
Reizbare Medien, eine Abart der stolzen Medien, werden durch die Kritik beleidigt, die ihren Kundgebungen als Objekt unterzogen werden. Sie ärgern sich über den kleinsten Widerspruch, und wenn sie die Resultate ihrer Medialität vorweisen, so geschieht es, um sie bewundern zu lassen, aber nicht, um eine Belehrung zu fordern.
Lohnsüchtige Medien wollen mit ihrer Begabung Geld verdienen.
Ehrgeizige Medien sind solche, die ohne ihre Fähigkeit zu verwerten, einen Vorteil daraus zu ziehen hoffen.
Medien von schlechtem Glauben sind solche, die zwar bestimmte Gaben besitzen, aber andere, die sie nicht besitzen, vortäuschen, um sich ein Ansehen zu geben.
Egoistische Medien sind, die sich ihrer Befähigung nur zu ihrem eigenen Vorteil bedienen und ihre erhaltenen Geistermitteilungen für sich behalten.
Eifersüchtige Medien sind diejenigen, die andere, mehr geschätzte Medien mit Verdruß ansehen, weil sie ihnen überlegen sind.

f) Gute Medien

Ernste Medien sind solche, die sich ihrer Gaben nur zum Guten und zu Sachen von wahrem Nutzen bedienen. Sie würden es für eine Entweihung halten, sich derselben zur Befriedigung Neugieriger oder Gleichgültiger oder zu bloßen Spielereien zu bedienen.
Bescheidene Medien sind solche, die sich aus den erhaltenen Kommunikationen keinen Verdienst machen, so schön sie auch

sein mögen. Sie betrachten sich dabei als Fremde und halten sich als vor Täuschungen nicht gesichert.

Ergebene Medien sind solche, die begreifen, daß ein Medium eine Mission zu erfüllen hat und daß es nötigenfalls seine Neigungen, Gewohnheiten, Vergnügungen, seine Zeit und selbst seine materiellen Interessen dem Wohle anderer opfern müsse.

Sichere Medien sind von der Art, daß sie Leichtigkeit in der Ausführung ihrer Tätigkeit mit Sicherheit verbinden und durch ihren eigenen Charakter, durch die Erhabenheit der Geister, von denen sie unterstützt werden, das meiste Vertrauen verdienen, und die dadurch am allerwenigsten der Gefahr ausgesetzt sind, betrogen zu werden. —

Dieses ausführliche und gut übersichtliche Bild der medialen Arten und Abarten ist von großer Wichtigkeit, nicht allein für die aufrichtigen Medien, die guten Glaubens trachten werden, sich vor den aufgezeigten Klippen, denen sie ausgesetzt sind, zu wahren, sondern auch für alle jene, die sich der Medien bedienen, weil es ihnen den Maßstab dafür gibt, was sie vernünftigerweise von einem Medium erwarten können.

Alle Arten von Medien haben eine unbegrenzte Menge Abstufungen ihrer Intensität. Es gibt viele, die sozusagen nur Abarten darstellen, die aber nichtsdestoweniger Tatsachen einer besonderen Begabung bilden. Es ist äußerst selten, daß die Gabe eines Mediums streng auf eine einzige Gattung eingeschränkt wäre. Dasselbe Medium kann mehrere Fähigkeiten besitzen, aber immer gibt es dabei eine vorherrschende, und das ist diejenige, die es auszubilden trachten soll, wenn sie nützlich ist. Es ist ein großer Fehler, wenn man um jeden Preis die Ausbildung einer Fähigkeit erzwingen will, die man nicht besitzt. Man soll jene pflegen, deren Anlage man in sich erkennt, aber anderen nachzujagen heißt seine Zeit zu verlieren und vielleicht jene Fähigkeiten einbüßen, mit denen man begabt ist, zumindest aber sie zu schwächen.

Das Studium der medialen Arten und Abarten ist auch für die Anrufer und Zirkelleiter notwendig. Nach der Natur des Geistes, den man anrufen will und nach den Fragen, die man zu stellen beabsichtigt, soll man das geeignetste Medium wäh-

len. Sich an das erste beste wenden, bedeutet, sich der Möglichkeit auszusetzen, unvollständige oder irrige Antworten zu erhalten.
Zu bemerken bleibt noch, daß die vielen Arten, unter denen sich die Medialität darstellt, und zu denen man noch manche andere hinzufügen könnte, nicht immer mit dem Charakter des Mediums im Einklange stehen. So kann zum Beispiel ein für gewöhnlich heiteres und joviales Medium unablässig ernste, sogar strenge Geistermitteilungen bekommen und umgekehrt. Das ist wieder ein Beweis dafür, daß das Medium unter dem Einfluß einer fremden Einwirkung handelt.

Bildung der Medien — Entwicklung der Medialität Veränderung der Schrift — Verlust und Unterbrechung der Medialität

Wir wollen uns an dieser Stelle hauptsächlich mit den schreibenden Medien beschäftigen, weil dies die am meisten verbreitete Art der Medialität ist, und dazu noch die einfachste und bequemste Art, die uns die befriedigendsten und vollständigsten Ergebnisse liefert. Es ist auch die Art, die sich jedermann wünscht. Leider gibt es bis heute kein Kennzeichen dafür, das uns andeutet, ob man diese Gabe besitzt. Die physischen Zeichen, die einige Personen für derartige Anzeichen gehalten haben, waren nicht sicher. Man trifft diese Gabe bei Kindern und Greisen, bei Männern und Frauen, ganz gleich, wie das Temperament, der Gesundheitszustand, der intellektuelle oder moralische Grad der Entwicklung beschaffen sind. Es gibt nur ein einziges Mittel, das Vorhandensein zu erproben, nämlich es zu versuchen.
Man kann die Schrift, wie wir es ausgeführt haben, mittelst eines Körbchens, Brettchens oder unmittelbar mit der Hand erhalten, und da dies letzte Mittel das leichteste ist und wohl das einzige, das heutzutage noch angewendet wird, raten wir, die Versuche derart zu beginnen. Der Vorgang ist ganz einfach: Man nimmt Bleistift und Papier und versetzt sich ohne jede Vorbereitung ganz passiv in die Lage einer schreibenden

Person. Aber um zum Ziele zu gelangen, sind noch einige Ratschläge angebracht.

Was die Handhaltung anbetrifft, empfehlen wir, alles zu vermeiden, was die freie Bewegung der Hand behindern könnte. Es ist sogar anzuraten, sie nicht auf dem Papier ruhen zu lassen. Die Spitze des Bleistiftes muß hinlänglich aufliegen, um schreiben zu können, aber nicht zuviel, um etwa zu schwer zu sein und Widerstand zu leisten. Alle diese Vorsichten werden später unnötig, wenn man einmal soweit ist, geläufig schreiben zu können, denn dann gibt es kein Hindernis mehr. Die Vorsichtsmaßregeln gelten nur für den Schüler.

Es ist einerlei, ob man sich einer Feder oder eines Bleistiftes bedient. Manche Medien ziehen die Feder vor, aber sie paßt nur für solche, die bereits erfahren sind und die bedächtig schreiben. Denn es gibt ja auch Medien, die mit solcher Geschwindigkeit schreiben, daß der Gebrauch einer Feder fast unmöglich und sehr unbequem ist. Ebenso verhält es sich, wenn die Schrift zackig und sehr unregelmäßig ist, oder wenn man es mit heftigen Geistern zu tun hat, die mit der Spitze schlagen, sie abbrechen oder das Papier damit zerreißen.

Der Wunsch jedes angehenden Mediums ist natürlich, sich mit dem Geiste von Personen zu verbinden, die ihm teuer sind. Doch er muß seine Ungeduld mäßigen, denn der Verkehr mit einem bestimmten Geist ist für den Anfänger mit physischen Schwierigkeiten verbunden. Damit sich ein Geist offenbaren kann, muß zwischen ihm und dem Medium eine fluidische Verbindung bestehen, die sich nicht immer augenblicklich bildet. Nur nach Maßgabe der Entwicklung seiner Fähigkeiten erlangt das Medium nach und nach die erforderliche Eignung, sich mit einem jeden Geist, der da kommt, in Verbindung zu setzen. Es kann also geschehen, daß der Geist, mit dem man verkehren will, sich nicht im günstigen Umstand befindet, es zu können, obwohl er anwesend ist, wie es auch sein kann, daß er weder die Möglichkeit noch die Erlaubnis hat, dem an ihn gerichteten Rufe zu folgen. Deshalb darf man bei dem Versuche nicht darauf bestehen, einen bestimmten Geist mit Ausschluß aller anderen zu rufen. Es geschieht oft, daß sich die fluidalen Beziehungen mit ihm nicht bilden, auch wenn man Sympathie für ihn hegt. Bevor man also daran denken kann, von diesem oder jenem Geiste Zeichen zu erhalten, muß man an der Ausbildung der Medialität arbeiten. Es empfiehlt sich, eine allgemeine Bitte um Erfolg an die Geisterwelt zu richten und sich besonders an seinen Schutzgeist zu wenden.

Hier gibt es keine Formeln. Wer behauptet, eine zu besitzen, kann ohne weiteres für einen Gaukler gehalten werden, denn die Form gilt den Geistern nichts. Doch muß jede Anrufung aus guten Gründen immer im Namen Gottes geschehen. Man kann sie in folgende oder ähnliche Worte kleiden: „Ich bitte Gott den Allmächtigen, einem guten Geiste zu gestatten, sich mir zu offenbaren und mich schreiben zu lassen. Ich bitte auch meinen Schutzengel, mir gütigst beizustehen und alle bösen Geister zu entfernen." Hierauf wartet man, bis sich ein Geist meldet, indem er etwas schreibt. Es kann sein, daß es jener ist, den man gewünscht hat, es kann auch geschehen, daß es ein unbekannter Geist oder der Schutzengel ist. Auf jeden Fall gibt er sich gewöhnlich zu erkennen, indem er seinen Namen unterschreibt. Aber dann entsteht die Frage nach seiner Identität, eine Frage, die große Erfahrung erfordert, denn es gibt wenig Anfänger, die nicht der Täuschung ausgesetzt sind.

Hat man vor, ganz bestimmte Geister zu rufen, so ist es wesentlich, sich im Anfange nur an jene Geister zu wenden, die man als gut und sympathisch kennt, und die auch einen Grund haben, um zu kommen, wie Eltern, Angehörige und Freunde. In diesem Falle kann die Anrufung etwa so formuliert werden: „Im Namen des allmächtigen Gottes bitte ich den Geist des . . . (folgt der Name), sich mir zu offenbaren." Oder: „Ich bitte Gott den Allmächtigen, dem Geiste des . . . (folgt der Name) zu erlauben, sich mir zu offenbaren." Oder man ruft auf eine ähnliche Art. Es wäre aber ein großer Irrtum, zu glauben, daß der sich nach solcher Anrufung manfestierende Geist auch wirklich der Angerufene ist, auch wenn er sich für ihn ausgibt. Man lege dem Geist Kontrollfragen vor, deren Fälle nur ihm und dem Frager, aber nicht dem Medium bekannt sind, z. B. an welcher Krankheit er starb, wer bei seinem Ableben zugegen war usw. Daran wird man ihn erkennen.

Ebenso nötig ist es, die ersten Fragen so zu stellen, daß die Antwort darauf mit einem einfachen Ja oder Nein gegeben werden kann, z. B. „Bist du da?“ „Willst du antworten?“ „Kannst du mich schreiben lassen?“ Es handelt sich darum, den Verkehr einzuleiten, später ist diese Vorsicht nicht mehr nötig. Die Hauptsache ist, daß keine wertlosen Fragen gestellt werden, daß sie nicht eigene Privatinteressen berühren, und daß sie besonders der Ausdruck eines gütigen und wohlwollenden Gefühls für den Geist sind, an den man sich wendet.

Noch wichtiger als die Art der Anrufung ist die Ruhe, die Sammlung, verbunden mit dem lebhaften Verlangen und dem festen Willen, daß sie gelinge. Unter dem Willen verstehen wir hier nicht einen flüchtigen Willen, der nach jedem Einfall handelt, und aller Augenblicke durch andere Gedanken unterbrochen wird, sondern einen ernsten, anhaltenden, festen Willen, ohne Ungeduld und gespanntes Verlangen. Diese Sammlung wird durch Einsamkeit und Stille begünstigt und durch Beseitigung alles dessen, was Zerstreuung verursachen könnte. Dann bleibt nach diesen Voraussetzungen nur übrig, die Versuche alle Tage zu wiederholen und immer zehn bis fünfzehn Minuten zu verlängern. Dies sollte man vierzehn Tage und sogar einen oder zwei Monate fortsetzen, sogar noch länger, bis sich ein Erfolg einstellt. Wir kennen Medien, die sich erst nach Ablauf von sechs Monaten der Übung nach und nach ausgebildet haben, während andere gleich das erste Mal flüssig schrieben.

Um unnütze Versuche zu vermeiden, kann man einen ernsten, vorgerückten Geist durch ein anderes Medium darüber befragen. Aber hier ist etwas zu bemerken: Wenn man an die Geister die Frage stellt, ob man ein Medium ist, antworten sie fast immer bejahend. Dies hindert aber nicht, daß die Versuche oft mißlingen, doch ist es leicht zu erklären. Man stellt dem Geist eine allgemeine Frage und er antwortet auf eine allgemeine Weise. Wie man weiß ist nichts dehnbarer, wie der Begriff Medialität, weil sie sich unter den verschiedenartigsten Formen und in sehr verschiedenen Graden darstellt. Man kann also ein Medium in einer ganz anderen Beziehung sein als man denkt. Auf die unbestimmte Frage „Bin ich ein Medium?" kann der Geist mit Ja antworten, auf die viel bestimmtere „Bin ich ein Schreibmedium?" antwortet er vielleicht gar mit Nein. Man muß auf die Natur des Geistes, den man befragt, Rücksicht nehmen. Es gibt so leichtfertige und unwissende Geister wie Menschen, die aufs Geratewohl antworten. Darum raten wir, sich an aufgeklärte Geister zu wenden, die sehr gern auf diese Frage antworten und im Falle einer Aussicht auf Erfolg noch den besten Weg dazu zeigen.

Eine Möglichkeit für ein schnelles Gelingen besteht darin, ein gutes, schon ausgebildetes Schreibmedium als Hilfsmittel zu gebrauchen. Wenn dieses seine Hand oder seine Finger auf die schreiben-sollende Hand legt, ist es selten, daß sie nicht sogleich schreibt. Die Hand, die den Bleistift hält, wird gewissermaßen ein Anhängsel der Hand des Mediums, wie es ein Körbchen oder Brettchen wäre. Es genügt auch manchmal, den Arm oder die Hand dessen, der schreiben will, stark zu magnetisieren. Der Magnetiseur kann auch seine Hand auf die Schulter legen, und wir haben gesehen, wie einige unter diesem Einfluß schnell geschrieben haben. Diese Wirkung kann auch ohne alle Berührung durch den bloßen Willen hervorgebracht werden. Es ist begreiflich, daß das Vertrauen des Magnetiseurs in seine eigene Macht hier eine große Rolle spielt, und daß ein ungläubiger Magnetiseur wenig oder gar keine Wirkung hervorbringen würde.

Die Mitwirkung eines erfahrenen Leiters ist bisweilen sehr nützlich, um den Anfänger auf eine Anzahl Vorsichten hinzuweisen, die er sonst oft vernachlässigt. Besonders nötig ist es, ihn über die Natur der ersten Fragen und über die Art zu belehren, wie er sie stellen soll.

Ein anderes Mittel, das auch sehr zur Entwicklung der Schreibfähigkeit beitragen kann, besteht darin, eine Anzahl von Personen zu versammeln, die alle vom gleichen Wunsche und von einer gemeinsamen Absicht beseelt sind. Sie sollen gleichzeitig bei völligem Stillschweigen und mit religiöser Sammlung zu schreiben versuchen, indem jeder seinen Schutzgeist oder einen anderen sympathischen Geist um Beistand bittet. Einer kann zugleich ohne besondere Bezeichnung und für alle Mitglieder der Versammlung einen allgemeinen Anruf an die guten Geister in der schon geschilderten Art machen. Es ist selten, daß dann unter den Anwesenden nicht einige deutliche Zeichen der Medialität zeigen oder selbst in kurzer Zeit nicht geläufig schreiben würden.

Man begreift leicht, was in diesem Falle geschieht. Die durch eine gemeinsame Absicht vereinigten Personen bilden ein kollektives Ganzes, dessen Macht und Empfänglichkeit durch eine Art magnetischen Einflusses vermehrt wird, der zur Entwicklung der Schreibfähigkeit beiträgt. Unter den durch den vereinigten Willen angezogenen Geistern gibt es bestimmt einige, die in den anwesenden Personen geeignete Werkzeuge finden, wenn nicht den einen, so den andern, und sie benützen diese Werkzeuge. Diese Art soll besonders in jenen Kreisen in Anwendung kommen, die nicht eine genügende Anzahl von Medien besitzen.

Man hat Mittel zur Bildung von Medien gesucht, aber bis heute kennen wir kein besseres, als das angegebene. Wenn aber Anlagen für die Schreibfähigkeit nicht vorhanden sind, so kann sie nichts hervorbringen, nicht einmal die Elektrisierung, die auch schon, ohne Erfolg, angewendet wurde.

Der Glaube ist bei dem lernenden Medium nicht die erste und strengste Bedingung. Er unterstützt zwar die Bemühungen, aber er ist nicht unerläßlich. Die Reinheit der Gesinnung, der Wunsch und ein guter Wille genügen. Man hat vollkommen ungläubige Personen gesehen, die ganz erstaunt waren, gegen ihren Willen schreiben zu müssen, während aufrichtig Gläubige es nicht konnten, ein Beweis, daß diese Befähigung von einer organischen Anlage abhängig ist.

Das erste Zeichen der Anlage zum Schreiben ist eine Art Zittern im Arme und in der Hand. Nach und nach wird die Hand durch einen Antrieb fortgezogen, den sie nicht bemeistern kann. Anfangs macht sie oft nur bedeutungslose Züge, dann zeichnen sich die Buchstaben immer mehr und mehr deutlicher, und endlich erlangt die Schrift die Geschwindigkeit der Handschrift. Auf jeden Fall muß man die Hand ihrer natürlichen Bewegung überlassen, und weder Widerstand leisten noch sie antreiben.

Manche Medien schreiben flüssig und mit Leichtigkeit gleich vom Anfang an, manchmal, aber selten, gleich bei der ersten Sitzung. Andere wieder machen lange Zeit hindurch Striche und wahre kalligraphische Übungen. Die Geister sagen, dies geschehe um ihnen die Hand loszubinden. Wenn sich aber die Übungen zu sehr verlängern oder in lächerliche Zeichen ausarten, gibt es keinen Zweifel, daß es ein Foppgeist ist, denn gute Geister machen nie etwas umsonst. In diesem Falle sollte man seinen Eifer verdoppeln, um ihren Beistand zu erlangen. Erfolgt trotzdem keine Änderung, so soll man aufhören, sobald man merkt, daß man doch nichts Ernsthaftes bekommt. Man kann den Versuch zu jeder Zeit wieder beginnen, aber soll stets beim ersten zweideutigen Zeichen aufhören. Diesen Bemerkungen fügte ein Geist hinzu:

„Es gibt Medien, deren Fähigkeiten sich nicht über diese Zeichen erheben können. Sie sind unproduktive Medien. Es ist für sie unnütz, auf Schreiben zu beharren. Die anfänglich erhaltenen Kommunikationen soll man nur als Übungen betrachten, die den untergeordneten Geistern anvertraut werden, deshalb soll man ihnen nur eine geringe Wichtigkeit beilegen. Wenn ein Medium kein ernstes Ziel verfolgt, so kann es vorkommen, daß die untergeordneten Geister bleiben und sich an das Medium binden. Fast alle Medien sind durch diesen Schmelztiegel gegangen, um sich auszubilden. Sie müssen das Möglichste tun, sich die Sympathie der wahrhaft höheren Geister zu erwerben."

Die Klippe für die meisten der beginnenden Medien besteht darin, daß sie es mit den untergeordneten Geistern zu tun bekommen und sie können froh sein, wenn dies nur leichtfertige Geister sind. Ohne die nötige Vorsicht kann man hier die Frucht der schönsten Anlagen verlieren.

Der erste Punkt ihrer Sorgfalt besteht darin, sich mit innigem Vertrauen unter den Schutz Gottes zu stellen und den Beistand seines Schutzengels anzurufen, denn dieser ist immer gut, während Familiengeister leichtfertig und sogar schlecht sein können.

Der zweite Punkt ist, sich mit Sorgfalt zu bestreben, die Natur der ersten sich kundgebenden Geister kennenzulernen. Es ist immer ratsam, ihnen zu mißtrauen. Bei verdächtigen Anzeichen muß man inbrünstige Gebete an seinen Schutzgeist richten und den bösen Geist mit aller Kraft ablehnen. Man muß ihm beweisen, daß man nicht sein Spielzeug ist. Will ein leichtsinniger oder schlechter Geist nicht weichen, so muß das Medium auf längere Zeit mit den Schreibversuchen aussetzen und unbedingt vermeiden, an den Geist zu denken, da hierin ja schon ein Verkehr liegt. Der Geist wird dann das Medium verlassen, weil er sich langweilt. Es ist also das vorhergehende Studium der Theorie unerläßlich, will man Übelstände vermeiden, die durch die Unerfahrenheit bedingt sind.

Wir beschränken uns darauf, hier zu sagen, daß man außer ihrer Sprache noch folgendes als untrügliche Beweise für die Niedrigkeit der Geister betrachten kann: alle dummen Zeichen und Figuren, unnütze und kindliche Sinnbilder, jede wunderliche und ungleiche Schrift, absichtlich verdreht, von übermäßiger Größe oder sich in ungewöhnliche und lächerliche Formen verlierend. Die Schrift kann sehr schlecht sein, selbst wenig leserlich, was hier mehr vom Medium als vom Geiste abhängig ist, ohne etwas Ungewöhnliches an sich zu haben. Wir haben irregeleitete Medien kennengelernt, die die Erhabenheit der Geister nach der Größe der Buchstaben beurteilten und die besonderen Wert auf Druckbuchstaben legten, eine Kinderei, die mit wirklicher Erhabenheit unvereinbar ist.

Wichtig ist, nicht gegen seinen Willen in Abhängigkeit böser Geister zu kommen, noch wichtiger, sich nicht freiwillig in ihre Abhängigkeit zu bringen. Schon die unmäßige Begierde, zu schreiben, und sei es durch einen bösen Geist, dessen man sich später wieder entledigen kann, ist gefährlich. Nicht ungestraft begehrte man seine Hilfe und seinen Beistand, den er sich oft teuer bezahlen läßt.

Manche Anfänger, die merkten, daß sich ihre mediale Begabung zu langsam entwickelte, hatten den Einfall, zu ihrer Hilfe einen Geist zu rufen, auch wenn er böse wäre. Sie rechneten damit, ihn nachher einfach verabschieden zu können. Unmittelbar darauf schrieben gleich mehrere und konnten nicht wieder aufhören. Ihre Geister, unbekümmert darum, daß sie nur als Notbehelf gerufen wurden, waren einfach nicht mehr zum Weggehen geneigt. Wir kennen Personen, die sich in ihrem Eigendünkel für stark genug hielten, die bösen Geister nach ihrem Belieben entfernen zu können, die aber lange Jahre hindurch Plagen aller Art erdulden mußten und sogar durch Unglück und die grausamsten Täuschungen gestraft worden sind.

Zuerst zeigt sich der Geist offenbar als böse. Dann aber wird er heuchlerisch, um an seine Bekehrung oder an eine angebliche Übermacht des Mediums glauben zu lassen, und darauf nach seinem Belieben mit dem Medium zu verfahren.

Die Schrift ist oft sehr leserlich, die Worte und Buchstaben sind vollkommen abgesondert. Bei gewissen Medien wieder ist sie für einen jeden anderen schwer zu entziffern, außer für den, der schreiben tut. Da muß man sich eine gewisse Geläufigkeit erwerben. Oft ist sie in großen Zügen formiert. Geister sind mit dem Papier wenig sparsam. Ist ein Wort oder Satz unleserlich geschrieben, so bittet man den Geist, nochmals anzufangen, und er tut es gewöhnlich gern. Ist die Schrift ganz unleserlich, selbst für das Medium, so kommt dieses durch häufige und fortgesetzte Übungen dahin, eine deutlichere zu erhalten. Es gehört aber der feste Wille dazu und die Bitte an den Geist, korrekter zu schreiben. Manche Geister bedienen sich oft jener angenommenen Zeichen, die in den regelmäßigen Versammlungen zur Anwendung kommen. Um anzuzeigen, daß ihnen eine Frage nicht gefällt, oder daß sie darauf nicht antworten wollen, machen sie z. B. einen langen Strich oder ein ähnliches Zeichen.

Wenn der Geist das beendet hat, was er zu sagen hatte, oder wenn er nicht mehr antworten will, bleibt die Hand plötzlich stehen und das Medium kann kein Wort mehr erhalten, so groß auch seine Macht und sein Wille sein mögen. So lange der Geist aber noch nicht beendet hat, geht im Gegenteil davon der Bleistift weiter, ohne daß es der Hand möglich wäre, aufzuhalten. Will ein Geist etwas spontan kundgeben, so ergreift die Hand krampfhaft den Bleistift und fängt an zu schreiben, ohne daß sich das Medium dem widersetzen kann. Es empfindet fast immer in sich ein gewisses Gefühl, das ihm andeutet, ob nur eine Unterbrechung eingetreten ist, oder ob der Geist geendigt hat. Es ist ganz selten, daß es nicht wüßte, ob sich dieser entfernt hat oder blieb.

Dies sind die wesentlichsten Hinweise, die wir zur Entwicklung der Psychographie zu geben hatten. Die Erfahrung wird bei der Ausübung noch so manche Einzelheiten ergeben, die zu erwähnen hier unnötig ist, weil jedes Medium sie anders anwendet.

Alles, was wir vorstehend sagten, bezieht sich auf das mechanische Schreiben, das alle Medien zu erlernen streben. Aber der reine Mechanismus ist selten und es mischt sich sehr oft den Kommunikationen mehr oder weniger Intuition bei.

Das Medium, das sich dessen bewußt ist, was es schreibt, zweifelt oft an seiner Befähigung. Es weiß nicht, ob das Geschriebene von ihm selbst oder einem fremden Geiste kommt. Es hat aber durchaus keinen Grund, sich darüber zu beunruhigen und soll die Sache trotzdem fortsetzen. Sorgfältige Beobachtung wird in dem Geschriebenen leicht eine Menge Sachen und Gedanken finden, die nicht von ihm stammen können und ihm sogar widerstreben, ein deutlicher Beweis, daß sie nicht von ihm kommen. Mit der Erfahrung wird der Zweifel schwinden.

Wenn es dem Medium nicht gegeben ist, ausschließlich mechanisch zu schreiben, werden alle Versuche, dieses Resultat zu erzielen, vergebens sein. Dennoch braucht es sich nicht für unbegabt zu halten. Wenn es nur mit der intuitiven Medialität begabt ist, so muß es sich damit eben begnügen. Auch sie wird ihm große Dienste erweisen, wenn es nur versteht, daraus Nutzen zu ziehen.

Ist nach langen Versuchen keine Spur unfreiwilliger Bewegung zu erkennen, oder sind die Handbewegungen zu schwach, soll das angehende Medium den ersten ihm eingegebenen Gedanken niederschreiben, es ist schon vorgekommen, daß sich die mechanische Bewegung dann dennoch eingestellt hat. Wir erwähnten schon, daß es Fälle gibt, wo es ganz gleichgültig ist zu wissen, ob der Gedanke vom Medium oder einem fremden Geiste kommt. Dies ist besonders dann der Fall, wenn ein nur intuitives oder inspiriertes Medium eine Arbeit für sich selbst verrichtet. So ist es bei der Inspiration der Dichter, Denker, Weisen und der Gelehrten der Fall.

Setzen wir nun voraus, daß bei einem Medium die Befähigung in ihrer vollen Entwicklung vorhanden ist und das Medium mit Leichtigkeit schreibt, es also ein fertiges Medium ist, so wäre es von ihm ein großer Fehler, sich von jeder anderen Belehrung abzukehren. Es hat nur die materiellen Hindernisse überwunden, aber nun beginnen erst die wahren Schwierigkeiten, und es hat jetzt mehr denn je Ratschläge der Vernunft und Erfahrung nötig, wenn es nicht in unzählige ihm gelegte Schlingen geraten will. Versucht es zu früh mit eigenen Flügeln zu fliegen, wird es bald die Beute lügenhafter Geister werden.

Vor allem ist zu verhüten, daß es mit seiner Schreibfähigkeit Mißbrauch treibt. Darum ist ratsam, sich ihrer nur in wirklich wichtigen Momenten und nicht aller Augenblicke zu bedienen. Geister stehen nicht jederzeit zur Verfügung und so laufen diese Personen Gefahr, durch Mystifikationen gefoppt zu werden. Es ist gut, zu diesem Zwecke Tage und Stunden festzulegen, weil man dann selbst als Vorbereitung eine gesammelte Stimmung mitbringt und die Geister, mit denen man sich zu dieser Zeit verabredet hat, sich auch danach richten.

Wenn sich ungeachtet aller Versuche eine Medialität nicht ergeben sollte, so muß man notwendigerweise darauf verzichten, wie man auch auf Singen Verzicht leisten muß, wenn man keine Stimme dazu hat.

Eine bei den schreibenden Medien sehr gewöhnliche Erscheinung ist die Veränderung der Schrift, je nach den sich offenbarenden Geistern. Das Merkwürdigste dabei ist, daß sich die gleiche Schrift mit demselben Geiste immer wieder erneuert, vielfach ist sie sogar ganz die, die er bei Lebzeiten gehabt hat. Wir werden später die Folgerungen sehen, die man daraus für die Identität ziehen kann. Die Veränderung der Schrift findet nur bei den mechanischen und halbmechanischen Medien statt, weil bei ihnen die Bewegung der Hand unfreiwillig ist und durch den Geist geleitet wird. Nicht so verhält es sich bei den rein intuitiven Medien, da in diesem Falle der Geist einzig und allein auf den Gedanken wirkt und die Hand wie unter gewöhnlichen Umständen durch den Willen des Schreibenden geleitet wird. Aber die Einförmigkeit der Schrift beweist durchaus nichts gegen die Fähigkeit, selbst bei einem mechanischen Medium, da die Schriftveränderung keine absolute Bedingung in der Manifestation der Geister bildet. Sie hängt von einer besonderen Begabung ab, womit die am meisten mechanischen Medien nicht immer beschenkt wurden. Wir bezeichnen diejenigen, die mit dieser Fähigkeit begabt sind, als polygraphische Medien.

Die mediale Fähigkeit ist Unterbrechungen und vorübergehenden Schwächungen unterworfen, sowohl für die physischen Manifestationen als auch für die Schrift. Hier folgen Antworten der Geister auf einige hierüber gestellte Fragen:

1. Können die Medien ihre Fähigkeiten verlieren?
   „Das geschieht oft, ganz gleich, in welcher Richtung diese lagen. Aber oft ist es nur eine momentane Unterbrechung, die mit der sie hervorbringenden Ursache aufhört."
2. Liegt die Ursache des Verlustes der Medialität in der Erschöpfung des Fluidums?
   „Nein. Das Medium kann mit sonst einer Fähigkeit begabt sein, es vermag nichts ohne Mithilfe der Geister. Wenn es nichts mehr erhält, so ist nicht immer die Erschöpfung der Fähigkeiten daran schuld. Oft sind es Geister, die sich seiner nicht mehr bedienen wollen oder können."
3. Was kann bei einem Medium das Fortbleiben der Geister veranlassen?
   „Der Gebrauch, den es von seinen Fähigkeiten macht, ist den guten Geistern wichtig. Wir können es verlassen, wenn es sich dieser zu frivolen Dingen oder aus ehrgeizigen Absichten bedient. Wenn der Geist sieht, daß das Medium seinen Absichten nicht entspricht, seine Belehrungen und Ermahnungen nicht benützt, zieht er sich zurück, um einen würdigeren Schützling zu suchen."
4. Kann der Geist, der sich zurückzieht, nicht durch einen anderen ersetzt werden?
   „Es fehlt nicht an Geistern, die sich nach nichts mehr seh-

nen, als sich mitteilen zu können, und diese sind gern bereit, sich an die Stelle der anderen zu setzen. Aber wenn ein guter Geist das Medium verläßt, so konnte er es wohl auch nur momentan verlassen haben, es somit für eine bestimmte Zeit aller Erfolge zu berauben, um ihm eine Belehrung zu geben und zu beweisen, daß seine Befähigung nicht von ihm abhänge. Die Unterbrechung der Schreibfähigkeit ist aber nicht immer eine Strafe. Oft beweist sie die Sorgfalt des Geistes für das Medium, das er liebt, er will ihm die oft notwendige Ruhe verschaffen. In diesem Falle erlaubt er anderen Geistern nicht, ihn zu ersetzen. Gute Geister werden dies respektieren, leichtsinnige und schlechte sich darüber hinwegsetzen wollen."

5. Man sieht aber sehr verdienstvolle und moralische Medien, die das Bedürfnis nach Ruhe nicht haben und die eine Unterbrechung sehr kränkt, weil sie deren Ziel nicht begreifen.

   „Dann geschieht es, um ihre Geduld auf die Probe zu stellen und um ihre Ausdauer beurteilen zu können. Oft auch, um ihnen Zeit zu geben, über die erhaltenen Belehrungen nachzudenken. Nur an diesem Nachdenken erkennen wir die wahrhaft ernsten Medien."

6. Ist es notwendig, daß das Medium in diesem Falle die Schreibversuche fortsetzt?

   „Wenn es ihm der Geist anrät, dann schon. Wenn er aber befiehlt, sich des Schreibens zu enthalten, soll das Medium es tun."

7. Gibt es ein Mittel, diese Prüfung abzukürzen?

   „Die Ergebung und das Gebet. Es genügt, jeden Tag einige Minuten den Versuch zu machen, er hat keinen anderen Grund als den, sich zu überzeugen, ob die Fähigheit zurückgekehrt ist."

8. Ist zugleich mit der Unterbrechung auch die Entfernung der Geister, die sich gewöhnlich mitzuteilen pflegen, verbunden?

   „Auf keinen Fall. Das Medium befindet sich etwa in der Lage eines Menschen, der zeitweilig das Augenlicht verliert und dennoch von seinen Freunden umgeben ist, ohne sie sehen zu können."

9. Also enthält die Unterbrechung der medialen Fähigkeit nicht immer einen Tadel seitens der Geister?
„Nein, es kann sogar ein Beweis des Wohlwollens sein."

10. An welchen Zeichen kann man einen Tadel erkennen?
„Das Medium möge sein Gewissen befragen und überlegen, was für einen Gebrauch es von seiner Fähigkeit gemacht hat."

11. Wenn ein Medium nicht mehr schreiben kann, soll es sich an ein anderes Medium wenden?
„Das hängt von der Ursache der Unterbrechung ab. Dieser liegt oft die Absicht zugrunde, euch einige Zeit ohne Mitteilung zu lassen, damit ihr euch nicht daran gewöhnt, ohne uns nichts zu unternehmen. In diesem Falle wird es durch ein zweites Medium ebenso wenig befriedigt werden."

12. Zu was für Zwecken hat die Vorsehung gewisse Individuen mit der Medialität einer ganz besonderen Art begabt?
„Sie sind mit einer Mission betraut worden, sie sind Vermittler zwischen Geistern und Menschen."

13. Es gibt aber Medien, die ihre Fähigkeiten nur mit Widerwillen gebrauchen.
„Das sind die unvollkommenen Medien, sie kennen den Wert der ihnen verliehenen Gnade nicht."

14. Wenn es eine Mission ist, wie kommt es, daß diese nicht ein Vorrecht der guten Menschen ist, daß sie auch oft Menschen verliehen wurde, die keine Achtung verdienen?
„Sie wurde ihnen gegeben, weil sie dieselbe zu ihrer eigenen Besserung benötigen, damit sie dadurch gute Belehrungen erhalten. Wenn sie ihre Gaben nicht nützen, haben sie die Folgen zu tragen."

15. Können jene, die mit großem Verlangen als Medium zu schreiben wünschen, ohne es zu können, daraus den Schluß ziehen, daß die Geister für sie kein Wohlwollen hegen?

„Nein. Gott kann ihnen diese Befähigung verweigert haben, genau so, wie er ihnen die Anlage zur Dichtkunst und Musik versagt haben kann. Wenn sie sich der Gabe der Medialität nicht erfreuen, so können sie dafür andere Gaben haben."

16. Wie kann sich ein Mensch durch die Belehrungen der Geister vervollkommnen, wenn er weder selbst noch durch andere die Mittel besitzt, diesen Unterricht unmittelbar zu bekommen?

„Hat er nicht die Bücher, wie der Christ das Evangelium hat? Um die von Jesus gelehrte Moral auszuüben, hat der Christ es nicht nötig, Jesu Worte aus seinem eigenen Munde gehört zu haben."

Nachteile und Gefahren der Medialität
Ihr Einfluß auf Gesundheit, das Gehirn und die Kinder

1. Ist die Medialität Zeichen irgend eines leidenden oder auch nur unregelmäßigen Zustandes?

„Manchmal eines unregelmäßigen, aber nicht krankhaften Zustandes. Es gibt Medien von kräftiger Gesundheit. Wenn es auch kranke gibt, sind sie es aus anderen Gründen."

2. Kann die Ausübung der medialen Befähigung Ermüdung verursachen?

„Eine zu lange Ausübung jeder Fähigkeit bringt Ermüdung mit sich. Das gilt auch von der Medialität, besonders von der, die sich mit den physischen Wirkungen befaßt. Sie veranlaßt notwendigerweise einen ermüdend großen Aufwand des Fluidums, der sich aber durch die Ruhe wieder ersetzt."

3. Kann die Ausübung der Medialität an sich selbst für die Gesundheit Nachteile haben?

„Es gibt Fälle, wo es klug und sogar notwendig ist, sich ihres Gebrauches zu enthalten. Das Medium fühlt es gewöhnlich, und wenn es Müdigkeit empfindet, soll es aufhören."

4. Gibt es Menschen, für die diese Übung mehr Nachteil hat als für andere?
„Dies hängt von dem physischen und moralischen Zustande des Mediums ab. Es gibt Menschen, bei denen es nötig ist, alle Ursachen einer Aufregung zu vermeiden, und diese Menschen sind zahlreich."
5. Kann die Medialität Irrsinn hervorbringen?
„Nicht mehr als jede andere Sache, wenn man dazu wegen Schwäche des Gehirns eine Anlage hat. Wenn kein Grund dafür besteht, wird Medialität keinen Irrsinn hervorbringen, besteht aber Grund dafür, so sagt schon die reine Vernunft, daß man mit Schonung vorgehen soll, weil jeder Grund zur Erschütterung des Gehirns schädlich wirken kann."
6. Ist eine Gefahr vorhanden, wenn man die Medialität schon bei Kindern entwickelt?
„Ganz gewiß, und ich behaupte, eine sehr große! Diese zarten und schwachen Organismen würden zu sehr erschüttert und ihre junge Einbildungskraft zu sehr aufgeregt werden. Auch werden weise Eltern sie von diesen Ideen fernhalten und mit ihnen über dies Thema nur mit Rücksicht auf die moralischen Folgen reden."
7. Es gibt aber Kinder, die von Natur aus Medien sind, teils für physische Wirkungen, teils für Schrift und Visionen. Ist ein Nachteil in diesen Fällen dabei vorhanden?
„Nein, wenn die Befähigung bei einem Kinde eine spontane ist, so liegt sie schon in seiner Natur und seine Konstitution ist dafür geeignet. Das ist aber nicht der Fall, wenn sie hervorgerufen und dadurch überreizt wird."
8. In welchem Alter kann man sich ohne Gefahr mit der Medialität beschäftigen und sie ausbilden?
„Es gibt da kein bestimmtes Alter, das hängt ganz von der physischen und noch mehr von der moralischen Entwicklung ab. Es gibt Kinder von 12 Jahren, die davon weniger angegriffen werden als erwachsene Personen. Ich rede hier von der Medialität im Allgemeinen, die für physische Wirkungen ist auf jeden Fall für den Körper sehr ermüdend."

Die Ausübung des Spiritismus erfordert also, wie wir sahen, viel Wissen, um der Hinterlist trügerischer Geister zu entgehen. Können schon erwachsene Menschen von ihnen betrogen werden, so sind Kindheit und Jugend infolge ihrer Unerfahrenheit diesen Gefahren noch mehr ausgesetzt. Man weiß, daß Sammlung eine unerläßliche Bedingung ist, ohne die man mit ernsten Geistern nicht in Verbindung treten kann. Da man von einem Kinde den erforderlichen Ernst und diese Sammlung nicht erwarten kann, ist zu befürchten, daß es ein Spielball schlechter Geister wird, wenn es sich selbst überlassen bleibt.

Unter den günstigsten Bedingungen ist noch zu wünschen, daß ein mit medialen Fähigkeiten begabtes Kind sie nur unter den Augen von erfahrenen Personen ausübt, die das Kind über die Hochachtung, die man den Seelen der Verstorbenen entgegenzubringen hat, durch ihr eigenes Beispiel belehren.

Rolle des Mediums bei Geisterkundgebungen — Einfluß des Geistes auf das Medium — Fähigkeiten für Sprachen, Musik, Zeichnen — Ausführungen eines Geistes über Medien

1. Ist das Medium im Augenblick des Gebrauches seiner Fähigkeiten in normalem Zustande?
„Es ist zuweilen in einer mehr oder weniger ausgesprochenen Krisis, die es ermüdet. Es bedarf daher der Ruhe. Sein Zustand weicht oft kaum merklich vom normalen ab, besonders bei Schreibmedien."
2. Können die geschriebenen oder mündlichen Mitteilungen auch von dem im Medium einverleibten Geiste kommen?
„Die Seele eines Mediums kann sich ebenso mitteilen wie jede andere. Genießt sie einen gewissen Grad der Freiheit, erlangt sie wieder die Eigenschaften des Geistes. Unter den Geistern, die ihr anruft, befinden sich einige, die noch auf der Erde einverleibt sind. Sie sprechen mit euch daher als Geister und nicht als Menschen. Warum wollt ihr, daß es sich bei einem Medium nicht ebenso verhält?"

Scheint diese Erklärung nicht die Ansicht jener zu bestätigen, die glauben, daß alle Kundgebungen vom Geiste des Mediums, aber nicht von anderen Geistern herrühren?
„Sie haben nur darum Unrecht, weil sie es unbedingt behaupten. Es ist gewiß, daß der Geist des Mediums durch sich selbst handeln kann, aber das ist noch kein Grund, warum andere Geister nicht auch durch ihre Vermittlung handeln könnten."

3. Wie kann man unterscheiden, ob der antwortende Geist jener des Mediums oder ein fremder ist?
„An der Beschaffenheit der Mitteilungen. Studiert die Umstände und die Sprache, und ihr werdet es erkennen. Es gibt Antworten, die man unmöglich dem Medium zuschreiben kann, deshalb sage ich euch: studiert und beobachtet!"

4. Da sich der Geist des Mediums in seinen früheren Existenzen Kenntnisse erworben haben kann, die er in der körperlichen Hülle vergessen hat, deren er sich aber als Geist erinnert, kann er Mitteilungen, die seine Ausbildung überschreiten, nicht aus dem Vorrat seiner Kenntnisse geschöpft haben?
„Das geschieht oft im Zustande der somnambulen und ekstatischen Krisis. Aber nochmals, es gibt Umstände, die keinen Zweifel zulassen."

5. Sind Mitteilungen, die vom guten Geiste des Mediums herrühren, immer niedrigerer Art als die durch fremde Geister gegebenen?
„Immer nicht, denn der fremde Geist kann selbst einer niederen Klasse der Geister angehören und in diesem Falle weniger Wissen haben."

6. Überträgt der Geist, der sich durch ein Medium mitteilt, seinen Gedanken unmittelbar, oder hat der Gedanke den im Medium einverleibten Geist zum Vermittler?
„Der Geist des Mediums dient als Vermittler, weil er mit dem sprechenden Körper verbunden ist und weil wohl ein Band zwischen euch und den Geistern, die sich mitteilen, vorhanden sein muß. Genauso, wie ein elektrischer Draht vorhanden sein muß, um eine Nachricht in die Weite zu

tragen und eine intelligente Person, die sie empfängt und überträgt.“

7. Übt der im Medium einverleibte Geist einen Einfluß auf die Mitteilungen aus, die von fremden Geistern kommen und die er übertragen soll?
„Ja, wenn es diesen nicht sympathisch ist, kann er ihre Antworten abändern und sie seinen eigenen Ideen und Neigungen anpassen. Aber er beeinflußt die Geister nicht, er ist ihnen nur ein schlechter Übersetzer.“

8. Ist das die Ursache, warum gewisse Geister bestimmten Medien einen Vorzug geben?
„Es gibt keine andere Ursache. Sie suchen einen Dolmetscher, der mit ihnen am meisten sympathisiert und ihre Gedanken am vollständigsten wiedergibt.“

9. Man begreift, daß es so bei den intuitiven Medien ist. Wie verhält es sich aber bei den mechanischen?
„Ihr habt kein klares Verständnis der Rolle, die ein Medium spielt. Da waltet ein Gesetz, das ihr noch nicht begriffen habt. Erinnert euch, daß der Geist zur Bewegung eines Körpers einen Teil lebenskräftigen Fluides nötig hat, das er vom Medium borgt, einen Tisch momentan zu beleben, daß dieser seinem Willen gehorche. So begreift daraus auch, daß er zu einer intelligenten Mitteilung auch eines intelligenten Vermittlers, nämlich des Geistes des Mediums, bedarf. Es ist daher der Geist des Mediums, der den Gedanken, ohne es zu wissen, erhält und ihn weitergibt.“

10. Nach diesen Erklärungen hat es den Anschein, daß der Geist des Mediums niemals passiv ist?
„Er ist passiv, wenn er seine eigenen Gedanken nicht denen des fremden Geistes beimischt, aber er ist nie eine absolute Null. Seine Mithilfe ist als Vermittler immer nötig, selbst bei jenen Medien, die ihr als mechanische bezeichnet.“

11. Ist die Unabhängigkeit bei einem mechanischen Medium nicht mehr gewährleistet als bei einem intuitiven?
„Ohne Zweifel, und für manche Kommunikationen ist ein mechanisches Medium vorzuziehen. Kennt man jedoch die

Fähigkeiten eines intuitiven Mediums gut, ist es unter Umständen gleichgültig. Ich will damit sagen, daß manche Mitteilungen weniger Genauigkeit fordern."

12. Unter den verschiedenen Systemen, die zur Erklärung der spiritistischen Phänomene aufgestellt wurden, gibt es dies, daß die wahre Medialität in einem toten Hilfsmittel läge, zum Beispiel in dem Körbchen, das als Werkzeug dient, daß sich also der fremde Geist mit diesem Gegenstande identifiziere und ihn nicht nur lebend, sondern auch intelligent mache. Wie denkt ihr darüber?

„Da kann man nur ein Wort sagen, nämlich: Wenn der Geist zugleich mit dem Leben dem Körbchen auch Intelligenz übertragen hätte, so würde es auch von selbst ohne Medium schreiben. Es wäre recht sonderbar, daß der intelligente Mensch zur Maschine herabsinken und ein mechanischer Körper intelligent werden sollte."

13. Eine bekannte Erscheinung könnte die Meinung erwecken, daß der tote Körper doch Intelligenz besitzt, da er durch seine Bewegung Leidenschaften, Zorn oder Zuneigung ausdrücken kann.

„Wenn ein Mensch im Zorn einen Stock schwingt, befindet sich der Zorn nicht im Stock, auch nicht in der Hand, die ihn schwingt, sondern im Gedanken, der die Hand lenkt. Tische und Körbe sind nicht intelligenter als der Stock. Es ist nicht der Geist, der sich in ein Körbchen verwandelt oder darin Wohnung nimmt."

14. Kann man diese belebten Gegenstände dann als Abart der Medien betrachten, etwa als „träge Medien"?

„Es ist eine Frage um Worte, die uns nichts angeht. Es steht euch völlig frei, einen Menschen eine Marionette zu nennen."

15. Die Geister haben nur die Gedankensprache. Weil sie keine artikulierte Sprache besitzen, gibt es für sie nur eine einzige Sprache. Dennoch kann sich ein Geist auf medialem Wege in einer Sprache ausdrücken, die er bei Lebzeiten niemals gesprochen hat. Wo nimmt er in diesem Falle die Worte her, deren er sich bedient?

„Ihr habt euch schon soeben selbst die Antwort auf eure Frage gegeben, indem ihr sagt, daß die Geister nur eine, und zwar die Gedankensprache haben. Diese Sprache ist allen, sowohl den Menschen als auch den Geistern, verständlich. Der wandelnde Geist spricht, wenn er sich an den einverleibten Geist des Mediums wendet, weder englisch noch französisch, sondern in der *einen* Sprache, die eine Sprache des Gedankens ist. Um seine Ideen in eine artikulierte und übersetzbare Sprache zu kleiden, schöpft er die Worte aus dem Wortreichtum des Mediums."

16. Wenn es so ist, müßte sich der Geist nur in der Sprache des Mediums ausdrücken können, während er doch auch Sprachen spricht und schreibt, die dem Medium unbekannt sind. Ist das kein Widerspruch?

„Zunächst bedenket, daß nicht alle Medien zu diesen Kundgebungen gleich geeignet sind, und dann, daß sich die Geister dazu nur dann herbeilassen, wenn sie glauben, es könnte nützlich sein. Für die üblichen Mitteilungen und jene von einer größeren Ausdehnung ziehen sie es vor, sich einer dem Medium bekannten Sprache zu bedienen, weil ihnen diese weniger Schwierigkeiten bietet."

17. Kommt die Fähigkeit mancher Medien, in einer ihnen unbekannten Sprache zu schreiben, nicht daher, daß ihnen diese Sprache in einer früheren Existenz geläufig war?

„Das kann manchmal der Fall sein, ist aber nicht die Regel. Der Geist kann mit einiger Anstrengung zeitweilig den materiellen Widerstand, dem er begegnet, überwinden. Dies geschieht, wenn das Medium in seiner Sprache schreibt mit jenen Worten, die es nicht kennt."

18. Wenn ein Mensch sonst nicht schreiben kann, könnte er als Medium schreiben?

„Ja, aber es ist verständlich, daß es dann noch mehr materielle Hindernisse zu überwinden gibt, da die Hand nicht gewohnt ist, Buchstaben zu bilden. Ebenso verhält es sich bei zeichnenden Medien, die sonst nicht zeichnen können."

19. Könnte ein wenig intelligentes Medium Mitteilungen einer höheren Art übertragen?

„Ja, aus dem gleichen Grunde, wie ein Medium in einer Sprache schreiben kann, die es gar nicht kennt. Die Medialität ist von der Intelligenz ebenso wie von den moralischen Eigenschaften unabhängig, und in Ermangelung eines besseren Werkzeuges kann sich der Geist desjenigen bedienen, das er gerade zur Hand hat. Es ist natürlich, daß er für Kommunikationen von bestimmter Art das Medium vorzieht, das ihm die wenigsten materiellen Schwierigkeiten bietet."

20. Woher kommt die Fähigkeit gewisser Medien, in Versen zu schreiben, obwohl sie von der Poesie nichts verstehen?

„Die Poesie ist eine wirkliche Sprache. Sie können in Versen schreiben, wie sie in einer ihnen fremden Sprache schreiben können. Außerdem können sie in einer früheren Existenz Dichter gewesen sein. Erworbene Kenntnisse sind für den Geist nie verloren, da er in allen Sachen zur Vollkommenheit emporsteigen muß. Dann gibt ihnen das, was sie gewußt haben, jene Leichtigkeit der Darstellung, die sie im gewöhnlichen Zustande nicht haben."

21. Verhält es sich auch bei jenen so, die eine besondere Befähigung für das Zeichnen und die Musik haben?

„Ja, denn die Musik und die bildliche Darstellung sind auch Ausdrucksweisen des Gedankens."

22. Hängt der Ausdruck des Gedankens durch Poesie, Zeichnung und Musik einzig und allein von der speziellen Befähigung des Mediums oder jener des Geistes ab?

„Oft vom Medium, zuweilen vom Geiste. Die höheren Geister besitzen alle Geschicklichkeiten, niedere haben nur beschränkte Kenntnisse."

23. Warum hat der Mensch, der überlegenes Talent in einer Existenz hatte, es nicht mehr in einer folgenden?

„Nicht immer verhält es sich so, denn oft vervollständigt er in einer Existenz das, was er in einer vorhergehenden begonnen hat. Aber es kann auch sein, daß eine vorwiegende Fähigkeit eine gewisse Zeit hindurch schlummert, damit sich eine andere freier entwickeln kann. Es bleibt ein verborgener Keim vorhanden, der sich später wiederfinden wird und von dem immer einige Spuren oder zumindest eine unbestimmte Andeutung vorhanden bleiben."

Der fremde Geist versteht also ohne Zweifel alle Sprachen, weil diese der Ausdruck des universellen Gedankens sind. Um aber diesen Gedanken wiederzugeben, ist ein Instrument nötig, und dieses ist das Medium. Die Seele des Mediums, die den Gedanken empfängt, kann ihn nur durch die Organe seines Körpers übertragen. Nun können diese Organe für eine unbekannte Sprache nicht jene Biegsamkeit haben, die sie für eine ihnen geläufige Sprache besitzen.

Für Fragen von hoher Tragweite braucht man ein ausgebildetes Medium, das dem Geiste kein mechanisches Hindernis entgegenstellt. Hier noch eine Bemerkung von Wichtigkeit in bezug auf fremde Sprachen: Die Versuche dieser Art werden meist aus Neugierde und als Experimente gemacht. Aber nichts ist guten Geistern mehr zuwider, als die Proben, denen man sie zu unterziehen versucht. Höhere Geister geben sich dafür nie her und entfernen sich, wenn man diesen Weg beschreitet. So sehr sie die nützlichen und ernsten Sitzungen lieben, so sehr widerstrebt es ihnen, sich mit zwecklosen und unnützen Dingen zu beschäftigen.

Hier folgt die spontan gegebene Abhandlung eines höheren Geistes, der sich schon durch Mitteilungen erhabenster Art kundgetan hat, über die Rolle der Medien. Ihr ist nichts mehr hinzuzufügen:

„Wie auch die Natur der schreibenden Medien beschaffen sein mag, ob mechanisch, halbmechanisch oder intuitiv, unsere Art, sie zu benutzen, weicht bei allen Kommunikationen nicht wesentlich voneinander ab. Wir verkehren mit den einverleibten Geistern ebenso wie mit den eigentlichen Geistern nur durch den Strahl unseres Gedankens. Unsere Gedanken brauchen nicht erst in das Kleid eines Wortes gehüllt zu werden, um den Geistern verständlich zu sein, und alle Geister empfangen den einen Gedanken, den wir ihnen mitzuteilen wünschen, schon allein dadurch, daß wir diesen Gedanken an sie richten, und zwar nach dem Verhältnis ihrer intellektuellen Fähigkeiten. Dieserart ist für uns der einverleibte Geist, der uns als Medium dient, geeigneter, unseren Gedanken einem anderen Einverleibten wiederzugeben, auch wenn er selbst ihn nicht versteht, als ein nicht einverleibter und wenig fortgeschrittener Geist, würden wir uns seiner als Vermittler bedienen. Denn das irdische Wesen leiht uns seinen Körper als Werkzeug, was der wandelnde Geist nicht vermag.

Wenn wir daher bei einem Medium dessen Gehirn mit den in seinem gegenwärtigen Leben erworbenen Kenntnissen ausgerüstet finden, dazu seinen Geist reich an schlummernden, früher erworbenen Kenntnissen, so bedienen wir uns derselben vorzugsweise, weil das Phänomen der Mitteilung für uns mit ihm viel leichter ist, als mit einem Medium mit beschränkter Intelligenz und ungenügenden früheren Kenntnissen.

Mit einem Medium, dessen gegenwärtige oder frühere Intelligenz sich in fortschreitender Entwicklung befindet, teilt sich unser Gedanke auf der Stelle von Geist zu Geist vermöge einer dem Wesen des Geistes selbst innewohnenden Fähigkeit mit. Wir finden im Gehirn des Mediums die nötigen Elemente, um unseren Gedanken in entsprechende Worte zu kleiden. Deshalb tragen die durch ein solches Medium diktierten Mitteilungen, so verschieden auch die sich offenbarenden Geister sein mögen, ein diesem Medium eigentümliches Gepräge an Form und Farbe, obwohl sie von verschiedenen Geistern herrühren. Und obwohl ihm der Gedanke fremd sein kann, obwohl der Gegenstand einem Kreise angehört, in dem er sich selbst gewöhnlich irrt, und obwohl das, was wir sagen wollen, durchaus nicht von ihm kommt, so beeinflußt er trotzdem die Form durch seine Eigenschaften und durch die seiner Individualität eigentümlichen Besonderheiten.

Vergleichen wir die Medien mit Bechern, die mit gefärbten und durchsichtigen Flüssigkeiten gefüllt sind, dann sind wir wie Lichter, die gewisse moralische, philosophische und innere Gesichtspunkte durch blaue, grüne oder rote Medien betrachten in der Art, daß unsere Lichtstrahlen genötigt sind, durch mehr oder weniger geschliffene, mehr oder weniger durchsichtige, farbige Gläser zu scheinen, d. h. durch mehr oder weniger intelligente Medien, so daß die Gegenstände, die wir erklären wollen, die eigene und besondere Form dieser Medien annehmen. Endigen wir mit dem Vergleich, daß wir Geister wie Künstler sind, die eine Arie komponiert haben oder spielen wollen, und wir haben nur einen Flügel, eine Violine, eine Flöte zur Hand. Es ist verständlich, daß wir mit dem Flügel, der Flöte oder der Violine unser Stück auf eine für die Zuhörer sehr verständliche Art ausführen werden. Obwohl nun die von den verschiedenen Instrumenten kommenden Töne wesentlich klangverschieden voneinander sind, so wird unsere Komposition trotzdem, abgesehen von der Verschiedenheit der Töne, ein und dieselbe sein. Haben wir aber nur ein primitives Pfeifchen zur Verfügung, so werden wir weniger verständlich. Darin besteht die ganze Schwierigkeit. Bedienen wir uns eines wenig fortgeschrittenen Mediums, so wird unsere Arbeit viel länger und mühsamer, weil wir unsere Zuflucht zu unvollständigen Formen nehmen, was für uns ein Hindernis ist. Dann sind wir gezwungen, unsere Gedanken zu zergliedern und Wort für Wort, Buchstabe für Buchstabe vorzunehmen, was uns natürlich langweilig und ein wahres Hindernis der Schnelligkeit und Entwicklung unserer Kundgebungen ist. Deshalb sind wir glücklich, wohlunterrichtete, gut eingeschulte, mit fertigen Materialien zur Ausübung versehene Medien, mit einem Worte, gute Werkzeuge zu finden.

Das ist auch der Grund, daß wir uns vorzugsweise an die aufgeklärten und unterrichteten Klassen gewendet haben, den Spiritismus zu verbreiten, die mediale Schreibfähigkeit zu entwickeln, obgleich man in diesen Kreisen die ungläubigsten und unmoralischsten Individuen findet. Und das ist auch ferner der Grund, daß wir heutzutage den untergeordneten und zu Kunststücken geneigten Geistern die Ausübung der physischen Manifestationen überlassen, weil die meisten Menschen die Phänomene, die in Auge und Gehör fallen, den rein geistigen und physiologischen vorziehen.

Schreiten wir zu spontanen Kundgebungen, so wirken wir auf das Gehirn des Mediums ein und vereinigen die von ihm ausgehenden Elemente mit unseren Materialien, und alles dies ohne Vorwissen des Mediums. Will uns aber ein Medium auf die eine oder andere Art befragen, so ist es nötig, vorher darüber ernstlich nachzudenken, um uns dann auf eine metho-

dische Art zu befragen, denn so wird uns die Antwort erleichtert. Denn wie euch schon bei einer anderen Belehrung gesagt worden ist: euer Gehirn befindet sich oft in einer unentwirrbaren Unordnung, und für uns ist es ebenso mühsam als schwer, uns im Irrgange eurer Gedanken zu bewegen.
Wenn Fragen durch einen Dritten gestellt werden, so ist es gut und nützlich, daß die Reihe der Fragen dem Medium im voraus mitgeteilt wird, damit sich dieses mit dem Geiste des Fragenden verständigen kann und sich gleichsam mit ihm identifiziere, denn wir können dann viel leichter antworten.
Gewiß, wir können auch über die Mathematik reden, vermittelst eines Mediums, das darin völlig unbewandert ist. Oft besitzt der Geist des Mediums diese Kenntnis im Keime, im latenten, ruhenden Zustande. Ebenso verhält es sich mit Astronomie, mit Poesie, Medizin und den verschiedenen Sprachen sowie mit allen anderen besonderen Kenntnissen des Menschengeschlechtes. Wir haben außerdem noch das Mittel einer mühsamen Zusammensetzung von behandelten Gegenständen, die dem Medium ganz fremd sind, wo wir dann die Buchstaben und Worte wie in einer Buchdruckerei sammeln.
Wie wir schon anfangs gesagt haben, besteht für die Geister keine Notwendigkeit, ihre Gedanken einzukleiden, sie erhalten den Gedanken und teilen ihn schon durch die Tatsache selbst, daß er sich in ihnen befindet, anderen mit, wogegen die einverleibten Wesen ihn nur in Worte gekleidet zu fassen vermögen. Während für euch das Wort, der Satz nötig ist, um ihn im Geiste aufzunehmen, ist für uns weder eine sichtbare noch tastbare Form erforderlich. *Eraste und Timotheus*

Diese Darstellung über die Rolle der Medien und die Vorgänge, durch die sich die Geister mitzuteilen vermögen, ist ebenso klar wie logisch. Daraus ergibt sich die Tatsache, daß der Geist *nicht seine Ideen,* sondern die nötigen Materialien, sie auszudrücken, im Gehirn des Mediums schöpft, und daß die Mitteilung desto leichter ist, je mehr und vollkommenere Materialien dies Gehirn enthält. Wenn der Geist sich in einer dem Medium verständlichen Sprache ausdrückt, findet er in ihm die Worte schon vorhanden, um den Gedanken darin einzuhüllen. Soll dies in einer fremden Sprache geschehen, so findet er darin nicht die fertigen Worte, sondern einfach die Buchstaben. Deshalb ist der Geist bemüht, sozusagen Buchstaben für Buchstaben zu diktieren, etwa als wollten wir jemanden Deutsch schreiben lassen, der nicht ein einziges Wort Deutsch versteht. Man begreift, daß ein so gearteter Vorgang sich mit der Ausdehnung und Schnelligkeit der Kommunikationen wenig verträgt, und daß die Geister da natürlich die besten Werkzeuge, d. h. die für ihre Zwecke bestabgerichteten Medien vorziehen.

Wenn alle, die diese Erscheinungen als Mittel für ihre Überzeugung begehren, vorläufig wenigstens die Theorie studiert hätten, so würden sie wissen, unter welchen schwierigen Bedingungen sie ausnahmsweise geschehen.

Moralischer Einfluß des Mediums
Abhandlung eines Geistes über moralischen Einfluß

1. Steht die Entwicklung der Medialität im Verhältnis zur moralischen Entwicklung des Mediums?
   „Nein, seine eigentliche Fähigkeit hängt von seinem Organismus ab, nicht von der Moral. Anders verhält es sich mit dem Gebrauch, der je nach den Eigenschaften des Mediums mehr oder weniger gut sein kann."
2. Es wurde immer behauptet, die Medialität sei eine Gabe Gottes, eine Gunst, eine Gnade. Warum wurde sie da nicht vorzugsweise guten Menschen verliehen? Warum sieht man unwürdige Menschen, die damit Mißbrauch treiben, in einem sehr hohen Grade begabt?
   „Alle Anlagen sind Gnaden, weil es eben Menschen gibt, denen sie fehlen. Ebensogut könntet ihr fragen, warum Gott Übeltätern ein gutes Gesicht, Dieben die Geschicklichkeit und Bösen die Beredsamkeit gegeben hat, die sich ihrer doch nur dazu bedienen, um schlechte Dinge zu tun und zu sagen. Genauso verhält es sich mit der Medialität. Unwürdige sind damit begabt, weil sie dieselbe mehr als

andere zu ihrer Besserung benötigen. Glaubt ihr, daß Gott den Schuldigen die Heilmittel versagt?"

3. Werden jene Medien, die von ihrer Befähigung schlechten Gebrauch machen, die üblen Folgen davon tragen müssen?

   „Wenn sie dieselben schlecht anwenden, werden sie doppelte Strafe erhalten, weil sie ein Mittel, sich aufzuklären, nicht benützen. Wer deutlich sieht und dennoch stolpert, ist mehr zu tadeln als ein Blinder, der in einen Graben fällt."

4. Es gibt Medien, die spontan und fast beständig Mitteilungen über den gleichen Gegenstand, über gewisse moralische Fragen, über besondere, näher bezeichnete Fehler erhalten. Geschieht dies zu einem besonderen Zwecke?

   „Ja. Der Zweck besteht darin, es über einen oft wiederholten Gegenstand aufzuklären, oder um es von bestimmten Fehlern zu bessern. Deshalb reden die Geister zu dem einen ohne Unterlaß vom Stolze, zu dem andern von der Nächstenliebe. Die Übersättigung soll ihnen endlich die Augen öffnen. Es gibt kein Medium, das seine Anlagen nicht mißbraucht, sei es aus Ehrgeiz oder Interesse. Sie werden durch Hochmut, Leichtsinn usw. kompromittiert. Daher die gleichbleibenden Ermahnungen, die sie meist nicht auf sich beziehen."

Anmerkung: Die Geister verbinden oft mit ihren Verweisen sehr viel Schonung. Sie geben sie auf indirekte Art, um jenem, dem sie gelten, mehr Verdienst in der Anwendung zu lassen. Aber Verblendung und Stolz sind bei manchen Medien so groß, daß sie sich in dem vor Augen gestellten Bilde selbst nicht wiedererkennen.

5. Wirkt das Medium bei den Belehrungen, die ihm diktiert werden, nicht als ein passives Werkzeug mit, um zur Belehrung anderer zu dienen?

   „Oft sind diese Ermahnungen und Ratschläge nicht für das Medium persönlich diktiert worden, sondern für andere, an die wir uns nur vermittelst dieses Mediums wenden können, das aber seinen eigenen Teil daran nehmen soll. Glaubt nicht, daß die mediale Fähigkeit besteht, um eine oder zwei Personen zu bessern. Das Ziel ist viel größer, es handelt sich um die Menschheit."

6. Da die moralischen Eigenschaften des Mediums die unvollkommenen Geister fernhalten, wie kommt es da, daß ein mit guten Eigenschaften begabtes Medium falsche oder grobe Antworten erhält?

„Kennt ihr alle Falten seiner Seele? Ohne gerade lasterhaft zu sein, ist ein Medium manchmal leichtsinnig und frivol, zuweilen hat es direkt eine Lehre nötig, um auf der Hut zu sein."

7. Warum erlauben die höheren Geister, daß Menschen, mit großer Kraft begabt, die viel Gutes tun könnten, Werkzeuge des Irrtums werden?

„Sie streben danach, sie zu beeinflussen. Aber wenn sie durchaus zu einem schlechten Weg hindrängen, lassen sie dieselben gehen."

8. Ist es ganz unmöglich, durch ein schlechtes Medium gute Kundgebungen zu erhalten?

„Wohl kann ein unvollkommenes Medium gute Mitteilungen bekommen, da seine Fähigkeiten gut sind. Gute Geister können sich seiner bei passender Gelegenheit aus Mangel an einem anderen bedienen, aber das ist immer nur zeitweilig."

9. Welches Medium könnte man als vollkommen bezeichnen?

„Vollkommen? Ihr wißt ja wohl, daß es auf dieser Erde keine Vollkommenheit gibt, sonst wäret ihr nicht da. Sagt also nur, ein *gutes* Medium, und das ist schon viel! Auch diese sind sehr selten. Ein vollkommenes Medium wäre jenes, bei dem die bösen Geister nie den Versuch gemacht hätten, es zu täuschen. Das beste Medium ist dasjenige, das nur mit guten Geistern sympathisiert und am wenigsten getäuscht worden ist."

10. Wenn es mit den guten Geistern sympathisiert, wie können sie es dulden, daß es getäuscht wird?

„Die guten Geister geben es zuweilen bei den besten Medien zu, um ihre Urteilskraft zu üben und Wahres vom

Falschen unterscheiden zu lehren. So gut auch ein Medium sein mag, so ist es doch nicht derart vollkommen, um sich nicht durch irgendeine schwache Seite eine Blöße zu geben, und das soll ihm zur Erfahrung dienen. Die falschen Mitteilungen, die es von Zeit zu Zeit bekommt, sind Ermahnungen, daß es sich nicht für unfehlbar halte und nicht stolz werde, auch wenn es seltene und merkwürdige Erfolge hat."

11. Wenn uns das Wort der höheren Geister nur unter Schwierigkeiten rein zukommt, ist dies nicht ein Hindernis bei der Verbreitung der Wahrheit?
„Nein, denn das Licht gelangt immer zu demjenigen, der bereit ist, es zu empfangen. Wer sich aufklären will, muß die Finsternis meiden, und die Finsternisse liegen in der Unreinheit des Herzens. Die Geister, die ihr als die Personifizierung des Guten betrachtet, hören nicht gern den Ruf derjenigen, deren Herz durch Stolz und Begehrlichkeit und durch Mangel an Nächstenliebe befleckt ist."

Auch wenn das Medium vom Gesichtspunkte der Ausübung nur ein Werkzeug ist, so übt es dennoch in moralischer Beziehung einen sehr großen Einfluß aus. Da der Geist, um sich mitzuteilen, sich mit dem Geiste des Mediums verbinden muß, kann diese Verbindung nur stattfinden, wenn zwischen beiden eine Sympathie besteht. Die Seele übt auf den fremden Geist eine Art Anziehung oder Abstoßung aus, je nach dem Grade ihrer Ähnlichkeit oder Unähnlichkeit. Daraus folgt, daß die moralischen Eigenschaften des Mediums einen wesentlichen Einfluß auf die Natur jener Geister haben, die sich unter ihrer Vermittlung kundgeben. Ist es zum Beispiel lasterhaft, kommen die niederen Geister gleich gruppenweise.

Alle moralischen Unvollkommenheiten sind offene Pforten, die den bösen Geistern Zutritt gewähren. Aber die Pforte, die sie mit der größten Gewandtheit benützen, ist der Stolz, weil man ihn sich am wenigsten eingesteht. Stolz hat zahlreiche Medien, die mit den besten Fähigkeiten begabt waren, verdorben. Sie hätten ohne ihn sehr nützlich werden können. Er gibt sich bei den Medien durch untrügliche Zeichen zu erkennen, auf die wir daher unsere Aufmerksamkeit richten müssen.

Da ist zuerst ein blinder Glaube an die Erhabenheit ihrer Mitteilungen und an die Unfehlbarkeit des sich kundgebenden Geistes. Der Glanz großer Namen, womit sich die Geister schmücken, verblendet sie, und da ihre Eigenliebe unter der Erkenntnis, daß sie gefoppt werden, leiden würde, weisen sie jeden Rat ab. Der kleinste Widerspruch, die einfachste kritische Bemerkung beleidigt sie und führt sie zuweilen bis zur Gehässigkeit gegen Menschen, die ihnen Dienste erwiesen haben. Begünstigt durch die von den Geistern, die keinen Widerspruch haben wollen, hervorgerufene Einsamkeit und Vereinsamung der Medien, haben schlechte Geister leichtes Spiel, sie in ihren Illusionen zu erhalten. Auch bringen sie dieselben leicht dazu, die größten Unsinnigkeiten für erhabene Dinge zu halten. Also ein unumschränktes Vertrauen in die Erhabenheit dessen, was sie erhalten, Verachtung dessen, was nicht von ihnen stammt, unüberlegte Wichtigkeit, die sie pompösen Namen beilegen, Verwerfung der guten Ratschläge, üble Aufnahme jeder Kritik, Glaube an ihre Geschicklichkeit trotz Mangels an Erfahrung, das sind die Kennzeichen hochmütiger Medien.

Betrachten wir dagegen das Bild eines wahrhaft guten Mediums, zu dem man Vertrauen haben kann. Wir setzen zunächst eine große Leichtigkeit in der Ausübung der medialen Gaben voraus, die es den Geistern gestattet, sich frei und ungehindert durch materielle Schwierigkeiten zu offenbaren.

Ist diese Voraussetzung vorhanden, ist das Wichtigste die Natur der sich offenbarenden Geister, und da darf man sich nicht an den in diesem Falle meist schlichten Namen halten, sondern an die Art der Sprache. In der Überzeugung, daß seine Befähigung eine Gabe ist, die ihm zur Erfüllung von Gutem verliehen wurde, wird es nie überheblich sein und sich kein Verdienst daraus machen. Es empfängt die guten Mitteilungen wie eine Gnade, deren es sich durch seine Güte, sein Wohlwollen und durch seine Sittlichkeit würdig zu machen bestrebt sein muß. Das erstgenannte stolze Medium wird hochmütig durch seinen Umgang mit höheren Geistern, dieses aber wird demütig, weil es sich stets dieser Gnade für unwürdig erachtet.

Die nachfolgenden Belehrungen hierüber sind uns von einem Geiste gegeben worden, von dem wir bereits mehrere Kundgebungen gebracht haben:

„Wir haben schon gesagt, daß die Medien als solche nur einen untergeordneten Einfluß bei den Kundgebungen der Geister haben. Mitteilungen von größter philosophischer Tragweite und Kundgebungen von vollkommener Moral werden nicht selten durch Medien gegeben, die für solchen höheren Unterricht wenig geeignet sind, während andererseits oft wenig erbauliche Mitteilungen durch Medien kommen, die sich schämen, ihnen zum Mittler gedient zu haben. Im allgemeinen kann man behaupten, daß gleichartige Geister sich stets anziehen und daß Geister der erhabenen Welten sich selten durch schlechtleitende Begabungen mitteilen, wenn sie gute Medien zur Hand haben.

Leichtsinnige und wenig ernste Medien ziehen Geister von derselben Natur an, deshalb tragen ihre Mitteilungen das Gepräge von Abgedroschenheit und Gemeinheit, von unzusammenhängenden und sehr oft heterodoxen, d. h. andersgearteten Ideen. Natürlich können sie oft auch Gutes sagen, aber gerade in solchen Fällen muß man eine strenge und gewissenhafte Prüfung vornehmen, denn mitten unter dies Gute mengen heuchlerische Geister Falschheit und Lüge. Kommunikationen dieser Art sind nur für die vereinsamten Spiritisten oder für die neugebildeten, noch unwissenden Gruppen gefährlich.

Ich will nicht von den Medien reden, die sich darin gefallen, sich unflätige Mitteilungen anzuhören und sich solche sogar zu erbitten. Lassen wir sie in der Unterhaltung mit ihren zynischen Geistern. Kommunikationen dieser Art suchen von selbst die Einöde und Einsamkeit, sie würden unter den Mitgliedern der ernsthaften Gruppen nur Verachtung und Mißmut hervorbringen.

Eines eurer Sprichwörter sagt: ‚Im Zweifel enthalte dich einer Entscheidung!' Gebt daher nie etwas zu, was nicht ganz klar ist. Sobald eine neue Meinung oder ein neues System auftaucht, unterwerft es der Zergliederung durch Vernunft und Logik, sobald etwas zweifelhaft daran scheint. Es ist besser,

zehn Wahrheiten zu verwerfen, als eine einzige Lüge oder falsche Theorie zuzulassen. Verwerft ihr heute auch aufrichtige Wahrheiten, so wird bald eine unzweideutige Tatsache oder eine unabweisbare Situation kommen, die euch logisch und klar deren tatsächliche Wirklichkeit bekräftigt.
Seid euch stets dessen bewußt, daß es für Gott und die guten Geister nichts Ungläubiges gibt als die Unbilligkeit und die Ungerechtigkeit.
Der Spiritismus ist unter den Menschen bereits weit verbreitet und hat die Anhänger seiner Lehre genügend moralisch gemacht. Geister haben nicht mehr nötig, sich schlechter und unvollkommener Medien zu bedienen. Wenn ein Medium durch Betragen oder Sitten, durch Mangel an Liebe und Nächstenliebe begründeten Anlaß zu Verdacht gibt, verzichtet darauf. Es liegt da eine verborgene Schlange im Grase. Das ist mein Schluß über den moralischen Einfluß der Medien." *Eraste*

Der Einfluß der Umgebung

1. Übt die Umgebung, in der sich das Medium befindet, einen Einfluß auf seine Kundgebungen aus?
   „Alle Geister, die das Medium umgeben, unterstützen es, im Guten wie auch im Bösen."
2. Können die höheren Geister nicht über den bösen Willen des einverleibten Geistes und jener, die ihn umgeben, siegen?
   „Ja, wenn sie es für nützlich halten, und nach der Absicht dessen, der sich an sie wendet. Die erhabensten Geister können sich zuweilen nach einer besonderen Gunst trotz der Unvollkommenheit des Mediums und der Anwesenden offenbaren, aber diese Mitteilung bleibt dann der Umgebung fremd und unverständlich."
3. Trachten die höheren Geister nicht danach, die leichtsinnigen Versammlungen zu ernsteren Ideen zu führen?
   „Höhere Geister begeben sich nicht in Versammlungen, von denen sie wissen, daß ihre Gegenwart unnütz ist. In noch wenig fortgeschrittenen Versammlungen von Spiritisten,

wo aber Aufrichtigkeit und guter Wille herrschen, gehen sie gern, auch wenn sie dort nur mittelmäßige Medien antreffen."

4. Ist den niederen Geistern der Zutritt zu den ernsten Versammlungen verboten?
„Nein, sie bleiben dort, um an den Lehren, die gegeben werden, teilzunehmen. Sie schweigen aber, wie Unwissende in der Gesellschaft von Weisen schweigen."

Es wäre ein Irrtum, zu glauben, daß man ein Medium sein müsse, um Wesen aus der Geisterwelt an sich zu ziehen. Der Raum ist mit ihnen angefüllt, unaufhörlich haben wir sie um uns. Nach dem, was wir über die Ursachen der Sympathie oder Antipathie der Geister gesagt haben, wird man leicht begreifen, daß wir von denen umgeben sein müssen, die eine Verwandtschaft zu unserem eigenen Geiste haben, je nachdem er gut oder niedrig gesinnt ist. Betrachten wir nun den moralischen Zustand unserer Erdkugel, so werden wir begreifen, welche Gattung von Geistern unter den frei umherwandelnden Geistern vorherrschen muß. Wenn wir jedes Volk für sich nehmen, so werden wir nach dem herrschenden Charakter der Bewohner, nach ihrer Beschäftigung, ihren mehr oder weniger moralischen und menschlichen Gefühlen die Arten der Geister beurteilen können, die sich dort vorzugsweise einverleiben.

Jedesmal also, sooft sich die Menschen versammeln, haben sie um sich eine unsichtbare Versammlung von Geistern, die mit ihren Tugenden oder Lastern sympathisieren. Diese ungerufenen und uns gleichgesinnten Geister sind ohne alle Absicht in unserer Nähe. Wenn wir nun zugeben, daß wir die Möglichkeit haben, uns mit den Wesen der unsichtbaren Welt durch ein Medium in Verbindung zu setzen: wer wird nun auf unsere Anrufung antworten? Natürlich jene, die hierzu bereit sind und nur auf die Gelegenheit, sich uns mitzuteilen, warten. Wenn man in einer leichtfertigen Gesellschaft einen höheren Geist zitiert und um eine Kundgebung bittet, so kann er kommen und einige vernünftige Worte reden, wie ein Hirt in die Mitte seiner verirrten Schafe tritt. Doch sobald er sieht, daß er weder verstanden noch daß auf ihn gehört wird, geht er wieder fort.

Es genügt nicht, daß eine Versammlung nur ernsthaft ist, um Mitteilungen höherer Art aus dem Jenseits zu bekommen. Es gibt Menschen, die nie lachen und deren Herz dennoch nicht rein ist. Und immer ist es das Herz, das die Geister anzieht!
Man erkennt dadurch den großen Einfluß der Umgebung auf die Natur der intelligenten Manifestationen. Aber dieser Einfluß ist doch nicht so bedeutungsvoll, wie es behauptet wurde, als man die Geisterwelt noch nicht so wie heute kannte. Die Verhältnisse der Umgebung werden um so besser sein, je mehr darin das Streben zum Guten hin, reine und erhabene Gefühle und aufrichtiges Bestreben, sich zu bessern, vorhanden sein wird.

Medialität bei den Tieren

Können auch Tiere Medien sein? Man hat sich diese Frage schon oft gestellt, und bestimmte Vorkommnisse scheinen sie zu bejahen. Was diese Meinung besonders zur Geltung bringen konnte, sind die merkwürdigen Zeichen von Intelligenz bei einigen dressierten Vogelarten, die den Gedanken zu erraten scheinen und aus einem Paket Karten gerade jene herausziehen, die eine passende Antwort auf eine bestimmte Frage geben. Man kann ihnen ohne Zweifel einen gewissen Grad relativer Intelligenz zusprechen. Infolge gewisser Erfahrungen müßte man ihnen sogar die Gabe eines Zweiten Gesichtes zuschreiben, die höher steht als jene der hellsehendsten Somnambulen. Man weiß, daß das Hellsehen in seinem Wesen veränderlich und häufigen Unterbrechungen unterworfen ist, während es bei Vögeln zum Beispiel beständig wäre und mit einer Regelmäßigkeit und Genauigkeit im genannten Punkte ausgeübt wird, wie man es bei keinem Somnambulen sieht. Mit einem Worte, das Hellsehen würde nie einen Fehler begehen.
Mögen nun die Erfahrungen darüber sein wie sie wollen, die Hauptfrage bleibt aus einem anderen Grunde immer noch ungelöst. Denn wie die Nachahmung des Somnambulismus das echte Vorkommen dieser Fähigkeit nicht verhindert, ebenso

würde die Nachahmung der Medialität durch Vögel nichts gegen die echte Möglichkeit einer ähnlichen Fähigkeit bei ihnen oder bei anderen Tieren beweisen. Daher handelt es sich darum, zu erfahren, ob die Tiere wie die Menschen geeignet sind, den Geistern als Mittler für die Verbindung mit der Menschheit zu dienen. Wir haben einen sehr tiefen und weisen Geist darüber befragt und bringen nachstehend seine Abhandlung über dies Thema. Seine Belehrung wurde infolge einer Erörterung gegeben, die in einer Pariser Gesellschaft für spiritistische Studien stattgefunden hat.

„Ich beginne heute mit der Frage über die Medialität der Tiere, die einer eurer eifrigsten Anhänger aufgeworfen und verteidigt hat. Er behauptete, daß wir Vögel und andere Tiere zu unseren Mitteilungen an die Menschen benutzen können. Das ist, was ihr in der Philosophie oder vielmehr in der Logik schlicht und einfach ein Sophisma, d. h. einen Trugschluß, nennt. Ihr belebt, so sagt er, die träge Materie, einen Tisch, Sessel, ein Piano. So müßt ihr also auch eine bereits beseelte Materie, zum Beispiel die Vögel, beleben können.

Weder in einem normalen Zustand als auch im Spiritismus ist es *nicht* so und kann es auch nicht so sein.

Verständigen wir uns zuerst über den Gegenstand. Was ist ein *Medium?* Es ist ein *Wesen*, es ist ein *Individuum*, das den Geistern als Vereinigungsband dient, damit sich diese den Menschen als einverleibten Geistern mit Leichtigkeit kundgeben können. Es gibt also notwendigerweise ohne Medium keine greifbare, keine innerliche, keine schriftliche oder physische oder sonstwie geartete Mitteilung aus dem Jenseits.

Dies ist ein Grundsatz, der bei allen Spiritisten gilt. Das Gleichartige begeht Handlungen mit seinesgleichen und wie das Gleichartige. Wer sind nun die Gleichartigen für die Geister, wenn nicht die einverleibten Geister? Muß man es euch immer wieder und ohne Aufhören wiederholen? Euer Perisprit und der unsere sind aus der gleichen Quelle geschöpft, sind von einer und derselben Natur, sind mit einem Worte *gleichartig*. Sie besitzen die Eigentümlichkeit einer mehr oder weniger entwickelten Ähnlichkeit, einer mehr oder weniger starken magnetischen Kraft, die es uns Geistern und den Einverleibten gestattet, uns sehr schnell und sehr leicht miteinander in Verkehr zu setzen.

Schließlich noch, was den Medien ganz eigentümlich zugehört, was das eigentliche Wesen ihrer Individualität bildet, ist eine ganz besondere Verwandtschaft mit uns, zugleich eine besondere Spannkraft, die in ihnen jeden materiellen Widerstand vernichtet und zwischen ihnen und uns eine Strömung und eine Art von Vereinigung herstellt, die unseren Verkehr mit euch durch sie erleichtert.

Die Menschen sind immer geneigt, alles zu übertreiben. Die einen, und ich rede hier nicht von den Materialisten, sprechen den Tieren die Seele ganz ab, andere wollen ihnen eine Seele zugestehen, und noch dazu eine solche wie die unsere. Warum will man auf diese Art das Vervollkommnungsfähige mit dem Nicht-Vervollkommnungsfähigen verwechseln? Seid davon überzeugt, jenes Prinzip, das die Tiere belebt, sie handeln, sich bewegen, sie in ihrer Sprache reden läßt, hat bis jetzt noch nicht die Fähigkeit, mit der ätherischen Seele, mit einem anderen Wort, mit dem Geiste sich zu vereinigen und zu verschmelzen.

Ist der Hund, den seine höhere Intelligenz unter den Tieren zum Freunde und Hausgenossen des Menschen gemacht hat, aus seiner eigenen Macht, aus eigenem Antriebe bildungsfähig? Niemand würde es wagen, dies zu behaupten, denn ein Hund bringt keinen anderen Hund zum Fortschritt. Solange die Welt besteht, baut der Fischotter immer seine Hütte an den Gewässern nach denselben Verhältnissen und nach einer unabänderlichen Regel. Die Nachtigallen und Schwalben haben ihre verschiedenartigen Nester nie anders gebaut, als ihre Voreltern es getan haben. Ein Nest von Sperlingen von vor der Sündflut und ein Sperlingsnest der heutigen Zeit ist immer ein Sperlingsnest und in der gleichen Art gebaut. Bienen und Ameisen, diese kleinen haushälterischen Republiken, haben sich in ihrer Gepflogenheit des Vorratsammelns weder in ihrem Verfahren, noch in ihren Sitten und in ihren Erzeugnissen geändert.

Betrachtet die andere Seite: Wenn ihr die Laubhütten und die Zelte der frühen Zeiten auf dieser Erde sucht, findet ihr an ihrer Stelle Häuser, Schlösser und Paläste, Zeugen der modernen Zivilisation. Der Kleidung aus rohen Tierfellen folgten die goldverbrämten Gewebe von Samt und Seide, und so werdet ihr auf Schritt und Tritt den Beweis eines beständigen Fortschrittes der Menschheit zum Vollkommeneren finden. Aus diesem stetigen, unüberwindlichen Fortschreiten des menschlichen Geschlechts und aus dem unendlichen Stehenbleiben der anderen belebten Wesen schließet, daß es, wenn es gemeinsame Gesetze für alles, was lebt und sich auf dieser Erde bewegt, gibt — nämlich das Lebensprinzip und die Materie —, es so sein muß, daß ihr, einverleibte Geister, ganz allein einem unveränderlichen Gesetze des Fortschritts unterworfen seid, das euch seit jeher vorwärtstreibt.

Gott hat die Tiere an eure Seite gestellt, um euch zu nähren, zu kleiden und euch zu unterstützen. Er gab ihnen ein gewisses Maß von Verstand zu den Diensten, die sie zu leisten berufen sind, aber er hat in seiner Weisheit nicht gewollt, daß sie dem gleichen Gesetze des Fortschritts unterworfen sind. So, wie sie geschaffen wurden, sind sie bis heute geblieben, und so werden sie bis zum Absterben ihrer Art bleiben.

Man hat gesagt, die Geister beleben und bewegen die Materie, wie Tische, Sessel, Pianos usw. „Bewegen“? Dazu muß man sagen Ja. Aber „Beleben“? Nein! Denn noch einmal gesagt: Ohne Medium kann keines dieser Phänomene stattfinden. Was ist schon Besonderes daran, daß wir mit Hilfe eines oder mehrerer Medien die passive Materie in Bewegung bringen, die eben durch ihre Passivität und zufolge ihrer Trägheit geeignet sind, jene Bewegungen und Impulse anzunehmen, die wir ihnen geben wollen. Dazu benötigen wir ein Medium, das ist gewiß. Aber es ist durchaus nicht nötig, daß das Medium gegenwärtig oder sich dessen bewußt ist. Wir können besonders in erfolgreichen Zirkelsitzungen fühl- und sichtbare Geistermanifestationen und Herbeibringung von Gegenständen ausführen, eben mit jenen Elementen, die das Medium unbewußt und ohne zugegen zu sein, uns liefert. Unsere fluidische Hülle, die unwägbarer und viel feiner ist als der feinste und unwägbarste Hauch von einem Schleier, ermöglicht uns jene Phänomene.

Gewiß ist, daß Geister sich Tieren sichtbar und tastbar machen können. Oft überfällt diese dann ein plötzlicher Schrecken, den ihr euch nicht erklären könnt. Oft seht ihr Pferde, die weder vorwärts noch rückwärts gehen wollen oder sich vor einem eingebildeten Hindernis bäumen. Seid überzeugt, daß dieses eingebildete Hindernis häufig ein Geist oder eine Gruppe von Geistern ist, denen es Vergnügen macht, sie am Fortgehen zu behindern. Erinnert euch an Bileams Eselin, die einen Engel vor sich sehend und ein flammendes Schwert fürchtend, nicht weiter gehen wollte, weil sich der Engel, bevor er sich Bileam sichtbar manifestierte, zuvor dem Tiere allein sichtbar machen wollte. Aber ich wiederhole es: wir machen weder die Tiere noch die träge Materie zu Medien. Immer ist die bewußte oder unbewußte Mitwirkung eines menschlichen Mediums nötig, weil wir die Verbindung von gleichen Fluiden benötigen, die wir weder bei den Tieren, noch bei der rohen Materie finden.
Herr F. hat, wie wir wissen, seinen Hund magnetisiert. Wie weit ist er damit gekommen? Er hat ihn getötet, das arme Tier ist gestorben, nachdem es durch die Magnetisierung in eine Art von Erschlaffung und Abspannung gefallen ist. Indem man ein Tier mit einem Fluidum überflutete, das in einer für seine Natur zu hohen Sphäre geschöpft wurde, hat man es zugrunde gerichtet. Da also zwischen unserem Perisprit und der fluidischen Hülle der Tiere eine Vereinigung unmöglich ist, würden wir sie augenblicklich töten, wenn wir sie medial machen wollten.
Ich erkenne vollkommen an, daß es bei Tieren verschiedene Anlagen gibt, daß sich gewisse Gefühle, gewisse den menschlichen Leidenschaften analoge Leidenschaften in ihnen entwikkeln, daß sie dadurch empfindsam, dankbar, rachsüchtig oder gehässig werden, ganz wie man mit ihnen umgeht. Dies kommt daher, weil Gott, der nie etwas unvollständig tut, gewissen Tieren als Begleitern oder Dienern der Menschen, gesellschaftliche Eigenschaften verliehen hat, die den wilden Tieren völlig fehlen. Aber von da bis zur Möglichkeit, als Medien der Übertragung des Gedankens von Geistern zu dienen,

gibt es einen unübersteigbaren Abgrund. Es ist die Verschiedenheit der Naturen.
Ihr wißt, daß wir die nötigen Elemente im Gehirn des Mediums schöpfen, um unseren Gedanken eine für euch wahrnehmbare Form zu geben. Nur vermittelst der Materialien, die das Medium besitzt, überträgt es unsere Gedanken in die menschliche Sprache. Welches Material würden wir wohl im Gehirn eines Tieres finden? Gibt es darin Worte, Zahlen, Buchstaben oder sonstige Zeichen, die sich selbst noch beim primitiven Menschen finden?
Die abgerichteten Tiere verstehen gewisse Gedanken. Aber habt ihr sie je Gedanken hervorbringen sehen? Mediale Tatsachen können also ohne bewußte oder unbewußte Beihilfe von Medien nicht hervorgebracht werden, und Geister können nur unter den einverleibten Geistern diejenigen finden, die ihnen als Medium dienen können. *Eraste*

Von der Besessenheit

Zu den Klippen, die eine praktische Ausübung des Spiritismus gefährlich machen, muß man in erster Linie die Besessenheit rechnen, das heißt die Herrschaft, die manche Geister über bestimmte Menschen ausüben können. Nur niedere Geister suchen zu beherrschen und machen besessen. Gute Geister lassen keinen Zwang fühlen, sie raten, bekämpfen den Einfluß der bösen, aber wenn man nicht auf sie hört, ziehen sie sich zurück. Böse Geister hingegen hängen sich dort an, wo sie die geringste Blöße finden. Bekommen sie über jemanden die Herrschaft, so bleiben sie und identifizieren sich mit seinem eigenen Geiste.
Bei der Besessenheit unterscheidet man verschiedene Grade, die sich aus der Macht des ausgeübten Zwanges und aus der Natur ihrer Wirkungen ergeben. Die Bezeichnung „Besessenheit“ ist in gewisser Hinsicht eine allgemeine Benennung. Man versteht darunter eine Gattung von Phänomenen, die sich in drei besondere Arten einteilen lassen: die einfache Besessenheit, die Verblendung und die vollkommene Unterjochung.

Die einfache Besessenheit tritt ein, wenn ein boshafter Geist sich einem Medium aufdrängt, sich gegen seinen Willen in dessen Verbindung mit Jenseitigen einmengt, es verhindert, mit andern Geistern zu verkehren und sich für jene ausgibt, die man ruft.

Man ist noch nicht im Zustande der Besessenheit, wenn man von einem Lügengeiste betrogen wird. Dem besten Medium kann dies geschehen, besonders anfangs, weil noch die nötige Erfahrung fehlt. Auch bei uns können rechtschaffene Menschen das Opfer von Betrügern werden. Man kann also betrogen werden, ohne besessen zu sein. Besessenheit besteht in der Hartnäckigkeit des Geistes, von dem man sich nicht wieder losmachen kann.

Bei der einfachen Belästigung weiß das Medium, daß es mit einem Truggeiste zu tun hat. Dieser verbirgt auch seine schlechten Absichten und den Wunsch, hinderlich zu sein, durchaus nicht. Da das Medium diese Betrügerei kennt und auf der Hut ist, wird es selten betrogen. Diese Art Besessenheit ist also nur unangenehm und bringt keine großen Nachteile mit sich. In diese Gruppe kann man auch jene physischen Belästigungen einreihen, die in tobenden und hartnäckigen Kundgebungen böser Geister bestehen, und Schläge und anderes Getöse von selbst hören lassen.

Die Verblendung hat schwerere Folgen. Es ist eine Täuschung, hervorgebracht durch die unmittelbare Einwirkung des Geistes auf die Gedanken des Mediums. Sie behindert in gewisser Weise sein Urteil hinsichtlich der Kundgebungen. Das verblendete Medium glaubt sich nicht betrogen. Der Geist vermag ihm blindes Vertrauen einzuflößen. Dies verhindert, die Absurdität seiner Kundgebungen zu begreifen, selbst wenn sie der ganzen Welt in die Augen springt. Die Täuschung kann soweit gehen, daß das Medium in der lächerlichsten Kundgebung etwas Erhabenes sieht. Diese Besessenheit kann nicht nur einfache, urteilslose Menschen befallen, sondern die verständigsten, geistreichsten und aufgeklärtesten Menschen werden ihre Opfer. Durch das Gelingen dieser Täuschung begünstigt, führt der Geist den von ihm Beherrschten wie einen Blinden und kann bewirken, daß er die wunderlichsten Lehren, die falschesten Theorien als den einzigen Ausdruck der Wahrheit annimmt. Er kann das Medium sogar zu lächerlichen, kompromittierenden und gefährlichen Handlungen treiben.

Man begreift also den Unterschied zwischen Besessenheit und Verblendung, begreift auch, daß die Geister, die diese Zustände bewirken, in ihrem Charakter verschieden sein müssen. Ist der erstere Geist nur lästig durch seine Zudringlichkeit, ist der letztere ein geschickter und verkappter Geist. Nur durch die Maske der Tugend, durch große Worte der Nächstenliebe, der Demut und der Liebe zu Gott, klammert er sich fest, läßt aber trotzdem alle Zeichen seiner Niedrigkeit durchblicken. Man muß tatsächlich verblendet sein, es nicht wahrzunehmen. Darum fürchtet er auch die Leute, die ihn durchschauen. Er fordert die Beseitigung eines jeden Menschen, der dem Medium die Augen öffnen könnte.

Die vollständige Unterjochung ist ein Zwang, der den Willen des Unterjochten völlig aufhebt und ihn gegen seinen Willen handeln läßt. Die Unterjochung kann eine moralische oder körperliche sein. Im ersteren Falle ist der Unterjochte gezwungen, lächerliche und abgeschmackte Entschlüsse zu fassen, die er durch eine Art Illusion für notwendig hält, und die ihm vernünftig scheinen. Im zweiten Falle wirkt der Geist auf die Körperorgane und ruft unfreiwillige Bewegungen hervor. Ein Schreibmedium z. B. hat das ständige Bestreben zu schreiben, selbst in den unpassendsten Augenblicken. Wir sahen Medien, die ohne Bleistift oder Feder die Schriftzeichen beständig mit dem Finger machten, im Sande, auf der Gasse, an Toren und Mauern.

Manchmal geht diese körperliche Unterjochung noch weiter, bis zu den lächerlichsten Taten. Wir kannten einen Mann, weder jung noch schön, der sich unwiderstehlich gezwungen sah, vor einem jungen Mädchen auf die Knie zu fallen und sie als Gattin zu begehren. Zu anderen Malen fühlte er auf dem Rücken und in den Kniegelenken solchen Druck, daß er in die Knie gehen und an einem öffentlichen Orte in Gegenwart vieler Menschen die Erde küssen mußte. Er war durchaus kein Narr und litt fürchterlich unter diesen Zuständen.

Man bezeichnet diese Herrschaft der Geister bis zur Beirrung der Geistesfähigkeiten als Besessenheit. Wir dagegen haben dafür die Bezeichnung Unterjochung, und zwar aus zweierlei Gründen: Besessenheit läßt den Glauben erwecken, als wäre das Wesen böse geschaffen und müßte ewig böse bleiben, während es nur mehr oder weniger unvollkommene Wesen gibt, die sich alle bessern können. Ferner weil er die Idee von der Besitzergreifung des Körpers durch einen fremden Geist ausdrückt, eine Art von Mitbewohnung des Mediumkörpers, während er in Wirklichkeit nur einen Zwang ausübt. Das Wort Unterjochung drückt unsere Ansicht vollständig aus. Für uns gibt es keine Besessenen, sondern nur geplagte, unterjochte und verblendete Menschen.

Die Besessenheit ist eine der gefährlichsten Klippen der Medialität. Sie kommt oft vor und man kann sie nicht sorgfältig genug bekämpfen. Abgesehen von allen persönlichen Unannehmlichkeiten, die sie mit sich bringt, ist sie absolutes Hindernis der Wahrhaftigkeit von Kundgebungen. Da sie immer die Wirkung eines Zwanges ist, gute Geister aber nie Zwang ausüben, muß die ganze Kundgebung eines solchen Mediums verdächtigen Ursprungs sein und sie verdient kein Vertrauen.

Man erkennt die Besessenheit an folgenden Anzeichen:

1. Durch das Andrängen eines Geistes, sich auf jeden Fall durch die Schrift, das Gehör usw. kundzugeben, indem er sich widersetzt, andere Geister zuzulassen.
2. An der Verblendung des Mediums, die es trotz seiner Intelligenz behindert, das Falsche und Lächerliche seiner Mitteilungen zu erkennen.
3. Am Glauben an die Unfehlbarkeit und Identität der sich mitteilenden Geister, die unter achtungsvollem Namen abgeschmackte Sachen reden.
4. Am Wohlgefallen des Mediums an den Lobeserhebungen der Geister.
5. An den Bestrebungen, jene Personen zu entfernen, die hier gute Ratschläge geben könnten.
6. Durch das Mißfallen an der Kritik über den Gegenstand erhaltener Mitteilungen.

7. An dem unaufhörlichen und zu ungelegenster Zeit auftretenden Bedürfnisse, schreiben zu müssen.
8. An dem unbestimmten körperlichen Drange, der den Willen beherrscht und dazu zwingt, ohne den eigenen Willen zu handeln und zu reden.
9. An dem beständigen Geräusch, Schlägen, Klopfen, und der Unordnung ringsum, deren Ursache oder Ziel man ist.

In Anbetracht der Gefahr, derart von ungebetenen Geistern belästigt zu werden, erhebt sich die Frage, ob es nicht eine recht bedenkliche Sache ist, ein Medium zu sein. Ist dies alles nicht eine Schattenseite der spiritistischen Kundgebungen? Die Antwort auf diese Frage ist sehr leicht, und wir bitten, sie mit Sorgfalt zu erwägen.

Weder die Medien noch die Spiritisten haben die Geister geschaffen, aber die Geister haben den Spiritismus und die Medien gemacht. Da Geister nichts anderes sind als die Seelen von Menschen, so gibt es Geister seit es Menschen gegeben hat, sie haben also zu jeder Zeit einen guten oder bösen Einfluß auf die Menschheit ausgeübt. Mediale Befähigung der Menschen ist für sie nur ein Mittel, sich zu offenbaren. In Ermangelung derselben tun sie es auf tausend andere mehr oder weniger verborgene Arten. Es wäre also ein Fehler, zu glauben, daß die Geister ihren Einfluß nur durch geschriebene oder mündliche Kundgebungen ausüben.

Eine allgemeine Regel sagt: Wer immer schlechte spiritistische Kommunikation erhält, seien es geschriebene oder mündliche, steht unter einem bösen Einfluß. Dieser Einfluß wirkt auf ihn, mag er nun schreiben oder nicht schreiben, mag er ein Medium sein oder nicht. Die Schrift liefert das Mittel, sich über die Natur der Geister, die auf jemanden einwirken, zu belehren und sie zu bekämpfen, wenn sie böse sind. Man kann es mit einem viel größeren Erfolg tun, wenn man die Beweggründe kennenlernt, die sie zum Handeln bestimmen. Ist er zu blind, die Gründe zu begreifen, können ihm andere die Augen öffnen.

Kurz gesagt, die Gefahr liegt nicht im Spiritismus an sich, er kann im Gegenteil zur Kontrolle dienen und uns von jener

Gefahr befreien, der wir ohne unser Wissen beständig entgegengehen.
Die Gründe der sogenannten Besessenheit sind nach dem Charakter des Geistes verschieden. Manchmal handelt es sich um eine Rache, die er an jemanden ausübt, über den er sich zu Lebzeiten oder in einer früheren Existenz zu beklagen hatte. Oft hat er keinen anderen Grund als die Begierde, Böses zu tun. Wenn er leidet, will er oft, daß auch andere leiden. Er findet eine Art Vergnügen daran, andere zu plagen und zu quälen, auch reizt ihn oft die Ungeduld des Menschen, während Geduld ihn ermüdet. Wenn man sich aber aufregt und Verdruß zeigt, tut man gerade das, was er will. Diese Geister handeln zuweilen aus Haß und Neid gegen den Guten, deshalb werfen sie ihre boshaften Blicke auf die rechtschaffensten Menschen.
Andere sind von einem Gefühl der Feigheit geleitet, das sie veranlaßt, aus der moralischen Schwäche gewisser Menschen Nutzen zu ziehen, Menschen, von denen sie wissen, daß sie nicht fähig sind zu widerstehen. Einer von dieser Art, der einen jungen Menschen von etwas beschränkter Intelligenz unterjocht hatte, gab uns auf die Frage, warum er gerade diese Wahl getroffen habe, zur Antwort, daß er ein großes Bedürfnis fühle, jemanden zu quälen. Da aber eine verständige Person ihn zurückweisen würde, hänge er sich eben einem Dummkopf an, der ihm keine Tugend entgegenzusetzen habe.
Es gibt belästigende Geister ohne Bosheit, die sogar Gutes an sich haben können, die aber auf ihr falsches Wissen stolz sind. Sie haben ihre eigenen Gedanken, ihre Systeme über die Wissenschaften, über die gesellschaftlichen Verhältnisse, über Moral und Philosophie. Sie möchten ihrer Meinung Geltung verschaffen und suchen zu diesem Zweck leichtgläubige Medien, die sie verblenden, um sie daran zu hindern, Wahres vom Falschen zu unterscheiden. Diese Art Geister sind die gefährlichsten, weil sie ihren lächerlichen Ansichten Glauben verschaffen können. Da sie den Zauber großer Namen kennen, machen sie sich auch kein Gewissen daraus, sich mit solchen Namen zu zieren, vor denen man sich beugt und schrecken selbst vor der

Gotteslästerung nicht zurück, sich Jesus, Jungfrau Maria oder den Namen eines anderen Heiligen zuzulegen.
Sie trachten danach, durch pomphafte Sprache zu blenden, geschmückt mit großen Worten der Nächstenliebe und Moral. Sie werden sich hüten, jemals einen schlechten Rat zu erteilen, weil sie genau wissen, daß sie abgewiesen werden. Auch verteidigen sie diejenigen, die sie mißbrauchen, indem sie sagen: Ihr seht doch wohl, daß sie nichts Schlechtes sagen!
Die systematischen Geister sind im allgemeinen sehr schreibselig, deshalb suchen sie Medien, die mit Leichtigkeit schreiben, aus denen sie willige und begeisterte Werkzeuge zu machen sich bestreben, indem sie dieselben verblenden. Sie sind fast immer wortreich und geschwätzig und ersetzen Qualität ihrer Kundgebungen durch Quantität. Es gefällt ihnen, ihren Medien umfangreiche, aber unverdauliche Schriften zu diktieren, die wenig verständlich sind, und zum Glück als Gegengift die materielle Unmöglichkeit haben, von der Menge gelesen zu werden. Die wahrhaft erhabenen Geister sind sparsam in Worten, mit nur wenig Worten sagen sie viel. Ein verschwenderischer Wortschwall muß immer verdächtig erscheinen. Man kann nicht umsichtig genug sein, solche schwülstigen Schriften zu veröffentlichen. Die Utopien und absonderlichen Ideen, die sie oft im Übermaß enthalten, beleidigen den gesunden Sinn und bringen einen schlechten Eindruck auf Neulinge hervor. Sie bringen ihnen einen völlig falschen Begriff vom Spiritismus.
Es geschieht oft, daß ein Medium nur mit einem einzigen Geiste verkehren kann, der sich ihm anhängt und für diejenigen antwortet, die man durch seine Vermittlung anruft. Es ist dies nicht immer eine Besessenheit, es kann auch von einem Fehler der Biegsamkeit des Mediums oder von einer besonderen Verwandschaft von seiner Seite für diesen oder jenen Geist sein. Nur das ist eine Belästigung, wenn sich der Geist aufdrängt und durch seinen Willen andere Geister entfernt. Gute Geister tun so etwas nie. Gewöhnlich duldet der Geist, der sich eines Mediums in der Absicht, es zu beherrschen, bemächtigt hat, keine kritische Prüfung seiner Aussagen. Sieht er, daß sie nicht angenommen, sondern besprochen werden, zieht

er sie nicht zurück, sondern er gibt dem Medium den Gedanken ein, sich zu isolieren, oft befiehlt er es direkt. Jedes Medium, das sich an der Kritik seiner Offenbarungen stößt, ist das Echo des Geistes, der es beherrscht.
Die Vereinsamung ist für das Medium immer eine recht unangenehme Sache, weil es für seine Kommunikationen keine Kontrolle hat. Es soll sich nicht nur um das Urteil eines Dritten bemühen, sondern es ist auch nötig, alle Gattungen von Kundgebungen kennen zu lernen, um sie zu vergleichen. Wenn ein Medium sich nur auf jene Mitteilungen beschränkt, die es bekommt, setzt es sich der Täuschung über ihren Wert aus, so gut sie auch sein mögen.
Die Mittel, den Belästigungsgrad der Besessenheit zu bekämpfen, sind nach dem Charakter, den sie annimmt, verschieden. Die Gefahr besteht nicht für jedes Medium, das überzeugt ist, es mit einem lügenhaften Geiste zu tun zu haben, aber obwohl nicht direkt besessen, ist es doch eine unangenehme Angelegenheit. Aber eben darum hat sein Verharren für den Geist einen ganz besonderen Reiz. Zwei Dinge kann man in diesen Fällen tun: Dem Geiste beweisen, daß man sich nicht von ihm foppen läßt und daß es ihm unmöglich ist, das Medium zu hintergehen. Und zweitens seine Geduld ermüden, indem man sich viel geduldiger zeigt als er. Hat er die Überzeugung, daß er seine Zeit verliert, geht er wieder. Doch nicht immer reicht dies aus, es gibt Geister, die warten können und lange Zeit. Monate und sogar Jahre sind für sie eine Kleinigkeit. Darum soll das Medium auch inständig zu seinem Schutzgeist beten und auch die anderen guten Geister, die ihm sympathisch sind, um ihren Beistand bitten. Den belästigenden Geist soll man, so unbedeutend er auch sein möge, mit vollem Ernst behandeln, aber auch gleichzeitig mit Wohlwollen, soll für ihn beten und ihn durch eigenes gutes Betragen überwinden. Ist er ein verstockter Sünder, wird er anfangs darüber lachen, aber mit Beharrlichkeit ermahnt, wird er sich endlich bessern.
Es ist auch ratsam, allen schriftlichen Verkehr mit den Geistern zu unterbrechen, sobald man empfindet, daß die Mitteilungen von einem bösen Geist kommen. Man soll ihm nicht das Vergnügen gewähren, gehört zu werden. In manchen

Fällen ist es sogar nützlich, sich einige Zeit des Schreibens überhaupt zu enthalten.
Das Schreibmedium kann also diesen Kontakt vermeiden, indem es aufhört zu schreiben. Anders aber ist es beim hörenden Medium, das der belästigende Geist zu jeder Zeit mit seinen gemeinen und obszönen Vorschlägen verfolgen kann und das keine Mittel besitzt, sich einfach die Ohren zu verstopfen. Übrigens muß man gestehen, daß manche Medien an der trivialen Sprache solcher Geister direkt Wohlgefallen finden, und sie noch dazu aufmuntern.
Man kann zusammenfassend sagen, daß es für ein Medium, das sich nicht mißbrauchen läßt, weder Unannehmlichkeiten noch Gefahr gibt, weil es nicht betrogen werden kann. Anders verhält es sich bei der Verblendung, denn da ist die Herrschaft über den, dessen sich der Geist bemächtigt hat, ohne Grenzen. Das einzige, was man tun kann, ist ihn zu überzeugen, daß er mißbraucht wird. Spricht er darauf an, kann man seine Besessenheit auf den Fall einer einfachen Belästigung zurückbringen.
Die körperliche Unterjochung nimmt dem Beherrschten meist die nötige Kraft, des bösen Geistes Herr zu werden, daher wird der Einfluß einer dritten Person notwendig, der entweder durch den Magnetismus oder durch die Macht seines Willens wirkt. Bei Mangel an Mithilfe des besessenen Mediums muß die dritte Person trachten, die Oberhand über den Geist zu gewinnen. Da seine Macht aber nur eine moralische sein kann, kann sie nur von dem ausgeübt werden, der dem Geiste moralisch überlegen ist. Seine Macht wird umso größer sein, je größer sein moralisches Übergewicht ist. Nur dies imponiert dem Geiste, weil er gezwungen ist, sich vor ihm zu beugen. Das ist auch der Grund, warum Jesus eine so große Gewalt besaß, die Teufel, d. h. die beherrschenden bösen Geister, auszutreiben.
Wir können nur ganz allgemeine Ratschläge an dieser Stelle erteilen, denn diese belästigenden Geister zu bannen hilft kein materieller Vorgang, keine besondere Formel noch irgend ein kräftiges Stichwort. Liegt Mangel an Fluidum vor, kann die Hilfe eines guten Magnetiseurs wertvoll sein. Auf jeden Fall

ist es gut, die Ratschläge eines höheren Geistes oder seines Schutzengels durch ein sicheres Medium einzuholen.
Die moralischen Unvollkommenheiten sind meist das Hindernis für seine Befreiung. Und daraus ergibt sich für uns eine Lehre von größter Tragweite, nämlich die, daß die moralischen Fehler den beherrschenden Geistern einen Punkt zum Anklammern geben. Das beste Mittel, sich von ihnen zu befreien, besteht darin, die guten Geister anzuziehen, indem man Gutes tut und Gutes spricht. Gute Geister haben gewiß mehr Macht als die Bösen, und ihr Wille genügt, die letzteren zu beseitigen. Aber sie stehen nur denen bei, die sie durch eigene Anstrengung zum Guten hin unterstützen. Andernfalls entfernen sie sich und überlassen das Feld den Bösen, die auf diese Art oftmals Werkzeuge der Strafe werden.
Man muß sich natürlich hüten, alles Unangenehme, das einem begegnet, der Einwirkung von Geistern zuzuschreiben. Unannehmlichkeiten sind oft Folgen von Unbedacht und Sorglosigkeit. Ein Bauer teilte uns einmal mit, daß seit 12 Jahren in seinen Viehbeständen dauernd Unfälle zu beklagen sind, sicher seien böse Geister daran schuld. Er hielt mehrere neuntägige Andachten, die das Übel nicht beseitigten, ebensowenig die Messen, die er lesen ließ und die vorgenommenen Exorzismen, d. h. Austreibungen. Er konnte nun nur noch annehmen, sein Vieh sei behext worden. Weil er uns eine größere Macht der Beschwörung zutraute als seinem Dorfpfarrer, ließ er um unsere Meinung fragen. Die Antwort der Geister war: „Die Krankheiten und die Sterblichkeit der Tiere dieses Mannes kommen daher, weil seine Stallungen verpestet sind, da er sie nicht verbessern läßt, weil es Geld kostet."
Wir möchten dies Kapitel mit den Antworten schließen, die uns zur Unterstützung dessen, was wir darüber sagten, die Geister gaben:

1. Warum können sich gewisse Medien von den bösen Geistern, die sich ihnen anhängen, nicht lösen, und warum sind die guten Geister, die sie rufen, nicht mächtig genug, die anderen zu entfernen und sich unmittelbar mitzuteilen?
   „Es ist nicht die Macht, die dem guten Geiste fehlt, es ist

oft das Medium, das nicht stark genug ist, ihn zu unterstüzen. Die Natur des Mediums eignet sich mehr für andere Beziehungen, sein Fluid identifiziert sich mehr mit dem einen Geiste als mit dem anderen. Das gibt denen, die sie mißbrauchen wollen, ein großes Übergewicht."

2. Es gibt aber sehr verdienstvolle Personen von unbescholtenem Rufe, die dennoch verhindert werden, mit guten Geistern zu verkehren, wie ist es in diesem Falle?
„Das ist eine Prüfung. Wer sagt euch übrigens, daß das Herz nicht vielleicht mit einem Übel befleckt ist, oder daß der Stolz nicht die scheinbare Güte beherrscht? Diese Prüfungen sollen dem von Geistern beherrschten zur Demut bekehren und ihm seine eigene Schwäche zeigen. Selbst wer allen Anschein von Tugend hat, kann dennoch verborgene Fehler haben. Ihr sagt von dem, der nichts Böses tut, gut scheint und seinen sozialen Pflichten nachkommt, es sei ein braver, würdiger Mann. Wißt ihr, ob seine guten Eigenschaften nicht durch den Hochmut verdunkelt werden? Ob er nicht habsüchtig, eifersüchtig, schmähsüchtig, streitsüchtig oder sonstwie ist, ohne daß ihr es bemerkt? Das mächtigste Mittel, den Einfluß böser Geister zu bekämpfen ist, sich soviel es nur geht, der Natur der guten zu nähern."

3. Ist die Belästigung durch einen schlechten Geist, die das Medium hindert, Mitteilungen Jenseitiger zu erhalten, Zeichen seiner Unwürdigkeit?
„Ich habe nicht gesagt, daß es ein Zeichen der Unwürdigkeit ist, sondern daß sich ein Hindernis entgegensetzen könnte. Dies muß beseitigt werden, sonst werden seine Bitten vergeblich sein. Bei einem Kranken genügt es nicht, zu bitten: „Herr Doktor, geben Sie mir die Gesundheit, ich will gesund sein!" Der Arzt vermag nichts auszurichten, wenn der Kranke nicht tut, was er verordnet."

4. Die Entziehung des Verkehrs mit bestimmten Geistern ist daher als eine Art Strafe aufzufassen?
„In manchen Fällen kann es eine wahre Strafe sein, genauso wie die Möglichkeit, mit ihnen zu verkehren, eine Belohnung ist."

5. Kann man den bösen Einfluß schlechter Geister nicht dadurch bekämpfen, daß man sie moralisiert?

„Das ist ja eben, was man nicht vernachlässigen sollte, was man aber nicht tut. Oft ist es eine Aufgabe, die euch auferlegt wurde, und die ihr mit Nächstenliebe im religiösen Sinne erfüllen sollt. Durch weise Ratschläge kann man diese Geister zur Reue bringen und ihren Fortschritt beschleunigen.

Die verdorbenen Geister nähern sich lieber jenen Menschen, die sie quälen können, als den guten Geistern, von denen sie sich tunlichst weit entfernen. Fänden sie bei solcher Annäherung Menschen, die ihnen moralisch helfen wollen, würden sie ihnen nicht folgen, sondern über sie lachen. Versteht man es aber, sie richtig zu fassen, lassen sie sich endlich bewegen. Die erhabenen Geister dürfen mit ihnen nur im Namen Gottes reden, und das erschreckt sie. Der Mensch hat gewiß keine größere Macht als die höheren Geister, aber seine Sprache paßt sich besser ihrer Natur an. Die Macht, die der Mensch über die Geister ausüben kann, steht im Verhältnis zu seiner höheren Moral. Höhere Geister kann er nicht beherrschen, nicht einmal diejenigen, die gut und wohlwollend sind, ohne höhere Wesen zu sein. Wohl kann er aber jene Geister bemeistern, die in moralischer Hinsicht unter ihm stehen."

6. Wenn die körperliche Unterjochung bis zu einem gewissen Grade getrieben wird, könnte sie dann auch den Irrsinn zur Folge haben?

„Ja, eine Art von Irrsinn, dessen Ursache der Welt unbekannt ist, der aber zu dem gewöhnlichen, bekannten Irrsinn in keinerlei Beziehung steht. Unter denen, die man als Irre behandelt, gibt es sehr viele, die nur unterjocht sind. Sie brauchen eine moralische Behandlung, während man sie mit der körperlichen Behandlung zu wirklichen Irren macht. Wenn die Ärzte den Spiritismus einmal anerkannt haben werden, dann werden sie diesen Unterschied auch herausgefunden haben und die Behandlung umstellen."

7. Was soll man von jenen denken, die im Spiritismus eine

Gefahr sehen und glauben, das Mittel, diese zu vermeiden, bestände darin, spiritistische Sitzungen zu untersagen?

„Sie könnten zwar den Verkehr mit den Geistern untersagen, aber nicht die spontan entstehenden Manifestationen behindern. Denn sie können die Geister nicht unterdrücken, noch ihren verborgenen Einfluß verhindern. Das wäre etwa, als wenn sich Kinder die Augen zuhielten und glauben, wenn sie nicht sehen, sieht man sie auch nicht. Es wäre eine Torheit, eine Sache unterdrücken zu wollen, die so große Vorteile bietet, nur weil Unbesonnene damit Mißbrauch treiben könnten.

Von der Identität der Geister

Die Frage der Identität der Geister ist selbst unter den Anhängern des Spiritismus eine umstrittene. Die Geister bringen uns ja keinen Paß oder Personalausweis mit und man weiß, mit welcher Leichtigkeit manche von ihnen fremde Namen führen. Hier liegt gleich nach der Besessenheit eine der größten Schwierigkeiten des praktischen Spiritismus. Am Ende ist die absolute Identität in vielen Fällen eine ganz beiläufige Nebenfrage von keinerlei Bedeutung.

Die Identität von Personen des Altertums ist am schwierigsten festzustellen, oft ist es sogar ganz unmöglich und man ist auf die rein moralische Beurteilung angewiesen. Man beurteilt die Geister genau wie die Menschen nach ihrer Sprache. Wenn sich ein Geist unter dem Namen *Fenelon* vorstellt, dabei aber Gemeinheiten und Kindereien sagt, so ist es wohl gewiß, daß es nicht der bekannte Schriftsteller, Kanzelredner und spätere Erzbischof sein kann. Sagt er uns aber Dinge, die Fenelon's Charakter würdig sind und die dieser nicht bestreiten würde, so hat man schon einen, wenn auch nicht materiellen Beweis, daß er es sein könnte. Alle Wahrscheinlichkeit spricht dann dafür. In diesem Falle ist Identität einfache Nebensache. Sobald der Geist nur gute und moralische Dinge

kundgibt, liegt wenig daran, unter wessen Namen sie gegeben werden.
Man wird ohne Zweifel einwenden, daß ein Geist, der einen erborgten Namen anwendet, trotzdem einen Betrug begeht und kein guter Geist sein könne, auch dann, wenn er nur Gutes sagt. Gerade hier sind aber sehr zarte und schwierige Unterschiede zu machen, und wir wollen versuchen, sie zu entwickeln.
Im Verhältnis, wie sich die Geister im Jenseits stufenweise vervollkommnen, verschmelzen die verschiedenen Charaktere ihrer Persönlichkeit in einer Art Einheit der Vollendung. Trotzdem behalten sie ihre Individualität. Es ist dies bei den höheren und reineren Geistern der Fall. Dabei ist der Name, den sie auf der Erde in einer der tausend körperlichen Existenzen führten, durch die sie gegangen sind, völlig ohne Belang. Bemerkenswert ist noch, daß die Geister zueinander durch die Ähnlichkeit ihrer Eigenschaften angezogen wurden, daß sie also ganze sympathische Familien oder Gruppen bilden.
Wenn man die unermeßliche Anzahl von Geistern in Betracht zieht, die seit dem Beginn der Zeiten im Jenseits bis zum höchsten Range emporstiegen, und sie mit der geringen Anzahl von Menschen vergleicht, die auf der Erde einen großen, bedeutenden Namen hinterlassen haben, dann wird man begreifen, daß unter den höheren Geistern, die sich uns mitteilen können, die Mehrzahl für uns keine Namen haben wird. Aber da wir eben Namen hören wollen, um unseren Gedanken einen Stützpunkt zu geben, können sie die Namen bekannter Personen annehmen, deren Natur sich am besten der ihren angleicht. Daher kommt es, daß sich unsere Schutzengel am häufigsten unter dem Namen eines verehrten Heiligen zu erkennen geben, für den wir die größte Sympathie haben. Wenn der Schutzengel sich also den Namen des heiligen Peter beilegt, so ist dies noch kein materieller Beweis, daß es sich gerade um den Apostel dieses Namens handelt. Er kann es sein, es kann aber auch ein anderer ganz unbekannter Geist sein, der aber zu den Geistern des Ranges gehört, in dem sich der heilige Peter befindet. Es folgt ferner daraus, daß der Schutz-

engel, unter jenem Namen angerufen, auf den Ruf hin erscheinen wird, weil wir ihn durch unseren Gedanken anzogen und der Name völlig gleichgültig ist.
Ebenso verhält es sich, so oft ein höherer Geist sich spontan unter dem Namen einer bekannten Person offenbart. Nichts beweist, daß es gerade der Geist dieser Person ist. Wenn er nichts sagt, was die Erhabenheit des Charakters dieser Person verleugnet, so spricht die Vermutung dafür, daß er es sein könnte. Auf jeden Fall kann man aber sagen, ist er es nicht, so muß es ein Geist des gleichen Grades oder vielleicht ein von ihm gesandter Geist sein. Im Ganzen gesehen, ist der Name eine Sache von untergeordneter Bedeutung.
Ganz anders ist die Lage, wenn ein Geist von niederem Range sich mit einem ehrenvollen Namen schmückt, um seinen Worten Glauben zu verschaffen. Dieser Fall kommt so häufig vor, daß man sich vor solchen Vertretungen nicht genug hüten kann. Es geschieht mit der Zuhilfenahme dieses erborgten Namens und mit Hilfe der Verblendung des Mediums, daß sympathische Geister, die mehr hochmütig als weise sind, die lächerlichsten Ideen zur Geltung bringen wollen.
Die Frage der Identität ist also nach dem Dargelegten beinahe gleichgültig, wenn es sich um allgemeine Belehrungen handelt, weil sich die höheren Geister immer untereinander vertreten können, ohne daß dies irgend einen Einfluß hätte. Die höheren und daher älteren Geister bilden gleichsam ein kollektives Ganzes, deren Individualitäten uns mit wenigen Ausnahmen beinahe gänzlich unbekannt sind. Was uns betrifft, ist nicht ihre Person, sondern es sind ihre Äußerungen. Sind es gute Kommunikationen, so liegt wenig daran, ob derjenige, der sie erteilt, Peter oder Paul heißt, man beurteilt ihn nach seinen Eigenschaften und seinem Unterrichte. Anders ist es bei den vertraulichen Mitteilungen, weil uns hier das Individuum selbst interessiert. Mit vollem Recht besteht man bei dieser Gelegenheit darauf, sich zu überzeugen, ob der angerufene Geist wirklich der ist, den man wünschte.
Leichter ist die Identität festzustellen, wenn es sich um Geister von Zeitgenossen handelt, deren Charakter und Gewohnheiten man kennt. Es sind ja dieselben Gewohnheiten, die sie

hatten und noch nicht abgelegt haben, durch die sie sich erkennbar machen, und diese sind die sichersten Zeichen ihrer Identität. Der Geist kann ohne Zweifel Beweise davon geben, wenn man ihn darum bittet, aber nicht immer und nur dann, wenn er es für angemessen findet. Im allgemeinen beleidigt ihn solche Frage, daher sollte man sie tunlichst vermeiden. Wenn der Geist seinen Körper verläßt, so verliert er nicht seine Empfindlichkeit, es kränkt ihn jede Frage, mit der man ihn auf die Probe stellen will. Es gibt Fragen, die man nicht zu stellen wagt, wenn er uns lebend begegnen würde, aus Furcht, den Anstand zu verletzen. Was dem Lebenden recht, sollte dem Toten billig sein, warum sollte man nach seinem Tode weniger Rücksicht nehmen?

Während sich die Geister weigern, auf kindische und ungereimte Fragen zu antworten, die man aus Anstand bei ihren Lebzeiten nicht an sie gerichtet hätte, geben sie oft spontan unwiderlegliche Beweise ihrer Identität von sich durch den Charakter, der sich in ihrer Sprache ausdrückt, durch die Anwendung von Worten, die sie oft gebrauchten, durch die Anführung gewisser Tatsachen, durch besondere, den Anwesenden manchmal unbekannte Umstände, deren Wirklichkeit bezeugt werden konnte. Beweise der Identität gehen überdies aus einer Menge unvorhergesehener Umstände hervor, die sich nicht immer auf den ersten Blick, sondern erst zufolge der Unterredungen darstellen. Man soll sie daher erwarten, ohne sie direkt hervorzurufen, indem man mit aller Sorgfalt jene beobachtet, die aus der Natur der Mitteilungen selbst fließen können.

Ein Mittel, das man oft mit gutem Erfolge anwendet, um sich von der Echtheit der Identität bei verdächtigen Geistern zu überzeugen, besteht darin, ihn im Namen des allmächtigen Gottes bestätigen zu lassen, daß er wirklich jener ist, für den er sich ausgibt. Es ereignet sich oft, daß ein Geist mit erborgtem Namen vor solcher Gotteslästerung zurückschreckt. Nachdem er angefangen hat zu schreiben: „Ich bestätige im Namen des . . . “ bleibt er plötzlich stehen, macht vielleicht im Zorn bedeutungsvolle Striche oder zerbricht den Bleistift. Und wenn er ein guter Heuchler ist, umgeht er die Frage durch

einen gedanklichen Vorbehalt, indem er z. B. schreibt: „Ich versichere euch, daß ich die Wahrheit sage . . “ oder: „Ich versichere euch im Namen Gottes, daß ich es bin, der mit euch redet . . “ usw. Aber es gibt auch Geister, die nicht so gewissenhaft sind und alles beschwören, was man von ihnen will. Einer teilte sich einem Medium mit und behauptete sogar, daß er Gott selbst sei. Das Medium, das sich durch eine so hohe Gunst sehr geehrt fühlte, zögerte nicht, es zu glauben. Als er von uns zitiert wurde, wagte er es nicht, auf seinen Betrug bestehen zu bleiben und sagte: „Ich bin nicht Gott, aber sein Sohn.“ „So bist du also *Jesus*? Das ist aber nicht sehr wahrscheinlich, denn Jesus ist zu hochgestellt, um eine Ausflucht anzuwenden. Wage es also zu behaupten, daß du *Christus* bist!“ — „Ich sage ja nicht, daß ich Jesus bin, ich sage, daß ich der Sohn Gottes bin, ich bin doch eines seiner Geschöpfe.“
Man könnte daraus schließen, daß die Verweigerung eines Geistes, seine Identität im Namen Gottes zu bestätigen, ein offener Beweis ist, daß sein angenommener Name auf Betrug hinausläuft, die Behauptung aber nur eine Vermutung und keinen sicheren Beweis bildet.
Unter die Beweise der Identität kann man auch die Ähnlichkeit der Schrift und Unterschrift einreihen, doch abgesehen davon, daß nicht jedes Medium dieses Resultat erhält, ist es auch nicht immer eine hinreichende Gewährleistung. Es gibt in der Geisterwelt genauso Betrüger wie in unserer irdischen, und daher ist es nur eine Mutmaßung der Identität, die erst durch bestimmte Begleitumstände ihre Gültigkeit erhält. So verhält es sich auch mit geheimnisvollen Zeichen, die manche guten Geister als Sigel oder Talisman ausgeben und die von den bösen nicht nachgeahmt werden können. Aber für Geister, die es wagen, im Namen Gottes falsch zu schwören oder eine Unterschrift zu fälschen, kann auch kein sonstwie geartetes Zeichen ein Hindernis sein. Der beste Beweis der Identität besteht immer in der Sprache und in den zufälligen Umständen.
Man könnte nun sagen, wenn ein Geist die Unterschrift fälschen kann, kann er auch ebensogut die Sprache nachahmen. Das ist wahr. Wir haben Geister gehört, die frech den Namen

Christus angenommen haben, und um zu hintergehen, ahmten sie den Stil der Evangelien nach. Sie verschwendeten die wohlbekannten Worte: „Wahrlich, wahrlich, ich sage Euch . . . !“ Aber wenn man das ohne jede Voreingenommenheit studiert, wenn man den Grund der Gedanken und die Tragweite der Ausdrücke erforscht, wenn man Seite an Seite mit schönen Grundsätzen der Nächstenliebe manches Läppische und Lächerliche sieht, müßte man wohl verblendet sein, um sich täuschen zu lassen. Gewisse Bestandteile der materiellen Form einer Sprache können nachgeahmt werden, aber nicht der Gedanke. Nie wird Unwissenheit und Laster das wahre Wissen und die echte Tugend nachahmen. Deshalb hat das Medium wie auch der Anrufer den ganzen Scharfsinn und die ganze Urteilskraft nötig, um die Wahrheit von der Lüge zu unterscheiden. Viele, viele Medien schon haben unglaubwürdige Kommunikationen erhalten, die von Jesus, Maria oder von einem Heiligen unterzeichnet waren.

Wenn die absolute Identität der Geister in vielen Fällen eine Nebenfrage und ohne Bedeutung ist, so verhält es sich anders mit der Unterscheidung von guten und bösen Geistern. Ihre Individualität kann uns gleichgültig sein, aber ihr Charakter niemals. Bei allen belehrenden Kommunikationen muß man daher alle Aufmerksamkeit auf diesen Punkt richten. Nur er kann uns den Maßstab für das Vertrauen geben, das wir einem Geiste schenken dürfen, der sich uns unter irgendeinem Namen kundgibt. Ist er gut oder böse? Zu welcher Stufe der geistigen Stufenleiter gehört er? Das sind die Hauptfragen.

Wir haben gesagt, man beurteile Geister wie man Menschen beurteilt, nach ihrer Sprache. Erhält ein Mensch zwanzig Briefe von unbekannten Personen, wird er am Stil, an den Gedanken und an einer ganzen Menge anderer Zeichen beurteilen können, welche Schreiber unterrichtet oder unwissend, schlecht erzogen oder gebildet, leichtsinnig oder empfindsam sind. Ebenso ist es mit den Geistern. Man muß sie als Korrespondenten betrachten, die man noch nie gesehen hat, und soll sich fragen, was man von einem Menschen halten würde, der solche Sachen sagen oder schreiben würde. Man kann es als Regel ohne Ausnahme betrachten, daß die Sprache der

Geister immer dem Grade ihrer Reinheit angemessen ist. Die wahrhaft erhabenen Geister sagen nicht nur Gutes, sie sagen es auch in Worten, die jede Gemeinheit absolut ausschließen. Immer verrät die Sprache ihren Ursprung, sei es durch die mitgeteilten Gedanken oder sei es durch die Form. Und selbst dann, wenn uns ein Geist über seine angemaßte Erhabenheit täuschen wollte, genügt es, einige Zeit mit ihm zu verkehren, um ihn abschätzen zu können.

Güte und Wohlwollen gehören auch noch zu den wesentlichen Eigenschaften reiner Geister. Sie hegen keinen Haß, weder gegen Menschen noch gegen Geister, sie bedauern die Schwachen, tadeln die Fehler, aber stets mit Mäßigung und ohne Erbitterung. Da die wahrhaft guten Geister nur Gutes sagen und Gutes wollen kann man daraus schließen, daß jeder Mangel an Güte und Wohlwollen in der Rede eines Geistes von keinem guten kommen kann.

Intelligenz ist weit davon entfernt, ein sicheres Zeichen der Erhabenheit zu sein, denn Intelligenz und Moral gehen nicht immer im gleichen Schritt. Ein Geist kann gut und wohlwollend sein, doch nur beschränkte Kenntnisse haben, während ein intelligenter und aufgeklärter Geist im Moralischen sehr weit zurück sein kann.

Allgemein glaubt man, wenn man den Geist eines Menschen um etwas befragt, der auf dieser Erde besondere Fachkenntnisse hatte, daß dieser viel sicherer die Wahrheit sagen werde. Das ist zwar ein logischer Schluß, aber es ist nicht immer wahr. Die Erfahrung lehrt, daß alle Menschen, also auch die Gelehrten, die unsere Erde erst vor kurzem verlassen haben, noch unter dem Einfluß der Vorurteile des irdischen Lebens stehen, denn sie können sich nicht sogleich davon frei machen. Es kann also durchaus sein, daß sie unter dem Einfluß der irdischen Gedankengänge weniger klar sehen, als sie meinen.

Wenn man alle Mitteilungen einer strengen Prüfung unterzieht, die Gedanken und Ausdrücke prüft und zergliedert, dabei alles verwirft, was gegen die Logik und den gesunden Sinn verstößt, was den Charakter des Geistes verleugnet, der sich vermeintlicherweise manifestiert, entmutigt man die trügerischen Geister, die sich endlich in der Überzeugung zurückziehen, daß sie nicht täuschen können. Dieses Mittel ist das einzige wirksame und unfehlbare, denn es gibt keine schlechte Kundgebung, die einer strengen Kritik standhalten könnte. Gute Geister fühlen sich dadurch nie beleidigt, raten eine solche Prüfung sogar selbst an, da sie nichts zu fürchten haben. Nur die schlechten können dabei alles verlieren und stoßen sich daran.

Der heilige Ludwig gab in diesem Sinne folgenden Rat: „So sehr das Vertrauen gerechtfertigt erscheint, das euch die Geister einflößen, so können wir die Ermahnung nicht oft genug wiederholen, alle Mitteilungen, die ihr bekommt, abzuwägen und reiflich zu überlegen. Unterwerft alles der strengsten Kontrolle der Vernunft, und sobald euch ein Punkt verdächtig, zweifelhaft oder dunkel erscheint, verlangt die nötigen Aufklärungen, um euch entscheiden zu können."

Man kann die Wege, um die Eigenschaften der Geister zu erkennen, in die folgenden Grundsätze zusammenfassen:

1. Es gibt keinen anderen Maßstab, den Wert der Geister zu unterscheiden, als den gesunden Verstand. Jede, auch die von Geistern gegebene Formel ist abgeschmackt und kann von keinem höheren Geiste kommen.
2. Man beurteilt die Geister nach ihrer Sprache und ihren Handlungen. Ihre Handlungen sind die Gefühle, die sie mitteilen, und die von ihnen erteilten Ratschläge.
3. Da man weiß, daß gute Geister nur Gutes sagen und tun können, kann Minderwertiges nie von einem guten Geiste kommen.
4. Erhabene Geister führen immer eine würdige, edle und erhabene Sprache, sie sagen alles mit Anstand und Einfachheit und schmeicheln nie. Sie brüsten sich nie mit ihrem Wissen und nie mit ihrer Stellung unter den übrigen Geistern. Die Sprache der niederen und gemeinen Geister hat immer einen Anflug menschlicher Leidenschaften.
5. Man kann die Geister nicht nach materiellen Formen und der Korrektheit des Stils beurteilen, sondern muß den

inneren Sinn ergründen, ihre Worte prüfen, sie kalt, reiflich und ohne jedes Vorurteil abwägen.

6. Die Sprache der erhabenen Geister ist immer gleich, wenn nicht in der Form, so dem Wesen nach. Die Gedanken sind dieselben. Sie können nach den günstigen Umständen, den Bedürfnissen und nach der Leichtigkeit der Mitteilung mehr oder weniger entwickelt sein, aber sie werden sich nie widersprechen. Wenn zwei Mitteilungen, die den gleichen Namen tragen, sich widersprechen, so ist die eine davon ganz offenbar falsch. Die wahrhafte wird jene sein, die dem bekannten Charakter der Person nicht widerspricht.
7. Die guten Geister sagen nur, was sie wissen, sie schweigen oder gestehen ihre Unkenntnis ein, wenn sie etwas nicht wissen. Die schlechten Geister reden über alles mit Bestimmtheit, ohne sich um die Wahrheit zu bekümmern. Jede offenkundige Unlogik und Abweichung, jeder Grundsatz, der den gesunden Menschenverstand verletzt, zeigt den Betrug, auch wenn sich der Geist für aufgeklärt ausgibt.
8. Man erkennt die leichtfertigen Geister an der Unverfrorenheit, mit der sie die Zukunft enthüllen und Dinge verkünden, die zu wissen uns nicht gegeben ist. Gute Geister können die Zuknuft fühlen lassen, falls diese Kenntnis nützlich sein kann. Aber nie geben sie die Daten genau an. Jede Ankündigung eines Ereignisses mit genauer Zeitangabe ist das Zeichen einer Mystifikation.
9. Höhere Geister drücken sich einfach und ohne Wortschwall aus. Ihr Stil ist kurz und bündig, ohne die Poesie der Gedanken und der Ausdrücke auszuschließen, für alle verständlich und erfordert keine Anstrengung, um verstanden zu werden. Sie beherrschen die Kunst, mit wenig Worten vieles zu sagen. Die niederen Geister verbergen die Leere ihrer Gedanken unter hochtrabendem Wortschwall. Dazu ist ihre Sprache oft anmaßend.
10. Die guten Geister befehlen niemals, sie drängen sich nie auf, sie raten nur. Folgt man ihnen nicht, ziehen sie sich zurück. Die bösen dagegen sind heftig, erteilen Befehle,

und wollen, daß man ihnen gehorche. Sie bleiben, allen zum Trotz. Jeder Geist, der sich aufdrängt, verrät seinen Ursprung.

11. Die guten Geister schmeicheln nie. Sie billigen es, wenn man Gutes tut, aber immer mit Zurückhaltung. Böse Geister erteilen übertriebene Lobeserhebungen, reizen zum Hochmut und zur Eitelkeit, während sie die Demut predigen.
12. Hohe Geister sind in allen Dingen über die Form erhaben. Niedere Geister allein pflegen kleinlichen Einzelheiten, die mit wahrhaft erhabenen Ideen unverträglich sind, Wichtigkeit beizulegen. Jede kleinliche Vorschrift ist ein sicheres Zeichen der Niedrigkeit und des Betruges von seiten des Geistes, obgleich er einen ganz imposanten Namen angenommen hat.
13. Man muß allen sonderbaren und lächerlichen Namen mißtrauen, die gewisse Geister annehmen, um damit der Leichtgläubigkeit zu imponieren. Es wäre falsch, diese Namen ernst zu nehmen.
14. Man muß auch jenen Geistern mißtrauen, die sich zu leicht unter verehrten Namen vorstellen, und darf ihre Worte nur mit größter Zurückhaltung aufnehmen. Gerade hier ist eine strenge Kontrolle einfach unerläßlich. Oft ist es nur eine Maske, die sie annehmen, um ihre angeblich innigen Beziehungen zu erhabenen Geistern glaubhaft zu machen.
15. Gute Geister sind sehr gewissenhaft in Bezug auf jene Dinge, die sie anraten. Sie kennen nur ein ernstes und nützliches Ziel. Man muß daher alles als verdächtig betrachten, was diesen Charakter nicht hat oder was die Vernunft mißbilligt.
16. Man erkennt auch die guten Geister an der klugen Zurückhaltung alles dessen, was jemanden bloßstellen könnte. Sie vermeiden, Böses zu enthüllen. Die leichtfertigen oder übelwollenden Geister freuen sich, es aufdekken zu können. Während die guten Geister Unrecht zu mildern suchen und Nachsicht predigen, übertreiben es die bösen und fachen die Zwietracht an.

17. Gute Geister schreiben nur Gutes vor. Ein Grundsatz, ein Ratschlag, der mit der reinen Nächstenliebe nicht vollständig im Einklange steht, kann kein Werk guter Geister sein.

18. Die guten Geister raten nur vollkommen vernünftige Sachen an. Jede Empfehlung, die sich von dem geraden Wege, von dem gesunden Sinne und von den unabänderlichen Naturgesetzen entfernen würde, deutet auf einen beschränkten Geist, der des Vertrauens unwürdig ist.

19. Die bösen oder noch niederen Geister verraten sich noch durch materielle Zeichen, über die man sich nicht täuschen kann. Ihre Einwirkung auf das Medium ist manchmal gewalttätig und bringt bei ihm ungestüme und stoßweise Bewegungen, eine fieberhafte und krampfhafte Aufregung hervor, die sehr von der Ruhe und Sanftmut der guten Geister absticht.

20. Niedere Geister benützen oft Mitteilungswege, über die sie verfügen, zum Erteilen verräterischer Ratschläge. Sie erregen Mißtrauen und Feindseligkeit gegen alle, die ihnen widerwärtig sind.

21. Die Geister jener Menschen, die auf dieser Erde eine bestimmte körperliche oder geistige Beschäftigung hatten, stehen noch unter der Herrschaft der irdischen Gedankengänge. Sie nahmen einen Teil der Vorurteile, der Neigungen und auch der Leidenschaften, die sie hier unten hatten, mit sich, was man an ihrer Sprache leicht erkennen kann.

22. Die Kenntnisse, womit sich manche Geister oft brüsten, sind keine Zeichen ihrer Erhabenheit. Die unveränderliche Reinheit der moralischen Gefühle ist in dieser Beziehung der wahre Probierstein.

23. Es genügt nicht, einem Geist Fragen zu stellen, um die Wahrheit zu erkennen. Man muß vor allem wissen, an wen man sich wendet. Die niederen und selbst die unwissenden Geister beantworten auch die ernsthaftesten Fragen. Es genügt auch nicht, daß ein Geist einst auf der Erde ein großer Mann gewesen ist, um in der jenseitigen Welt das höchste Wissen zu besitzen.

24. Scherz und Laune der guten Geister ist oft fein und witzig, aber er ist nie gemein. Bei den Spottgeistern, die nicht grob sind, ist der beißende Witz oft sehr treffend.
25. Wenn man die Charaktere der Geister mit Sorgfalt studiert, besonders vom Gesichtspunkte der Moral, so wird man ihre Natur und den Grad des Vertrauens, das man ihnen entgegenbringen darf, erkennen.
26. Um die Geister ähnlich wie Menschen beurteilen zu können, muß man ganz zuerst sich selbst beurteilen können. Viele Menschen betrachten ihre eigene Meinung für den Maßstab aller Dinge des Lebens. Ihnen fehlt die erste und wichtigste Eigenschaft für jede gesunde Beurteilung, nämlich die Richtigkeit des Urteils.

Alle die hier gegebenen Belehrungen beruhen auf Erfahrung und aus dem von den Geistern erteilten Unterricht. Wir vervollständigen sie nachstehend durch Antworten, die von ihnen selbst über die wichtigsten Punkte gegeben wurden:

1. Woran kann man die Erhabenheit oder Niedrigkeit der Geister erkennen?

   „An ihrer Sprache, wie ihr einen einfältigen von einem verständigen Menschen unterscheidet. Die höheren Geister widersprechen sich nie und wollen nur gute Sachen. Die kleineren sind noch unter der Herrschaft weltlicher Gedanken, ihre Gespräche sind voller Unwissenheit und Unvollkommenheit."
2. Ist die Wissenschaft bei einem Geiste immer ein sicheres Zeichen seiner Erhabenheit?

   „Nein, denn er steht noch unter dem Einfluß des Erdenlebens, er kann noch eure Schwächen und Vorurteile besitzen. Es gibt Leute, die auf Erden außerordentlich hochmütig und eifersüchtig sind. Glaubt ihr, daß sie diese Fehler mit dem Verlassen der Erde verlieren? Es bleibt nach dem Hinscheiden besonders bei denen, die sehr ausgesprochene Leidenschaften besaßen, eine Art Atmosphäre zurück, die all diese schlechten Eigenschaften in sich enthält und die sie einhüllt."
3. Viele Schutzgeister unterschreiben sich mit dem Namen

eines Heiligen oder einer anderen bekannten Person. Was soll man davon halten?

„Alle diese Namen und bekannten Persönlichkeiten würden nicht hinreichen, um für einen jeden Menschen einen Schutzgeist zu bieten. Unter den Geistern gibt es wenige, die einen auf der Erde bekannten Namen haben, deshalb legen sie sich sehr oft keinen Namen bei, wenn ihr nicht direkt einen verlangt."

4. Kann der erborgte Name nicht als ein Betrug betrachtet werden?

„Es wäre wohl ein Betrug, wenn ein böser Geist dadurch betrügen wollte. Aber wenn ein Geist das Gute bezweckt, so erlaubt Gott, daß es unter Geistern gleichen Grades so ist, weil unter ihnen eine Solidarität und Ähnlichkeit der Gedanken herrscht."

5. Wenn sich daher ein Schutzgeist als der heilige Paul bezeichnet, so ist es also nicht gewiß, daß es der Geist oder die Seele dieses Apostels ist?

„Nein. Ihr werdet Tausende von Personen finden, denen gesagt wurde, daß ihr Schutzengel der heilige Paul sei. Aber was liegt auch daran, wenn der Geist nur ebenso erhaben ist? Ich sagte schon, ihr wünscht einen Namen, darum nehmen die Geister irgendeinen Namen an, um gerufen und erkannt zu werden. Je erhabener ein Geist ist, desto größer ist sein Strahlenglanz. Ein Schutzgeist höherer Ordnung kann Hunderte von Einverleibten unter seinem Schutz haben. Eure Notare, die sich mit den Geschäften von mehreren hundert Familien belasten, sind da ein irdisches Beispiel. Warum meint ihr, daß wir Geister zur moralischen Leitung der Menschen weniger geeignet sein sollen, als es jene zur Führung eurer weltlichen Geschäfte sind?"

6. Warum nehmen die sich kundgebenden Geister so oft den Namen eines Heiligen an?

„Sie nehmen jene Namen an, die auf den Menschen in Hinsicht auf seinen Glauben den größten Eindruck hervorbringen."

7. Kommen gewisse höhere Geister, wenn man sie anruft,

persönlich, oder schicken sie, wie manche es glauben, nur Bevollmächtigte?

„Warum sollten sie nicht persönlich kommen, wenn sie können? Aber wenn der Geist selbst nicht kommen kann, muß er notwendigerweise einen Stellvertreter senden."

8. Ist der Stellvertreter immer genügend aufgeklärt, um so zu antworten, wie der angerufene Geist selbst es getan hätte?

„Die höheren Geister wissen, wem sie die Sorge, sie zu ersetzen, anvertrauen können. Je erhabener die Geister sind, desto mehr einigen sie sich in einem gemeinschaftlichen Gedanken in der Art, daß für sie die Persönlichkeit gleich ist, und ebenso muß es auch für euch sein."

9. Wie können erhabene Geister es zugeben, daß Geister niederer Klasse sich mit achtungsvollen Namen schmücken, um durch oft verkehrte Grundsätze die Menschen in Irrtum zu führen?

„Es geschieht nicht mit ihrer Erlaubnis, daß sie so handeln. Gibt es derartige Dinge nicht auch bei euch? Alle, die auf diese Art betrügen, werden auch dafür gestraft werden. Wenn ihr nicht so unvollkommen wäret, hättet ihr nur gute Geister um euch. Werdet ihr betrogen, so habt ihr es euch also nur selbst zuzuschreiben."

10. Werden wenig fortgeschrittene Geister nicht manchmal gesendet, um einen höheren Geist zu ersetzen, damit ihnen Gelegenheit im Unterrichten geboten wird?

„Niemals in höheren Sphären, d. h. in den ernsten Kreisen und für eine allgemeine Belehrung. Geister, die sich zu diesem Zweck bei euch einfinden, tun es immer aus eigenem Antriebe, und wie ihr selbst sagt, um sich darin zu üben. Deshalb tragen auch ihre Mitteilungen, obwohl gut, immer einige Spuren ihrer Niedrigkeit. Sie werden nur zu Mitteilungen von geringerer Wichtigkeit gesandt."

11. Die Lächerlichkeiten geringer Geister sind zuweilen mit guten Grundsätzen untermischt. Wie soll man sich diesen Zwiespalt erklären, der eine gleichzeitige Anwesenheit von guten und bösen Geistern anzudeuten scheint?

„Böse und leichtfertige Geister stehen nicht an, euch

Denksprüche zu geben, ohne ihre Tragweite und Bedeutung genau zu kennen. Sind etwa unter euch alle diejenigen, die solche Denksprüche aufstellen, höhere Menschen? Wohl kaum!“

12. Verleiten Geister immer wissentlich zu Irrtümern?
„Nein, es gibt gute Geister, die aber unwissend sind und sich im guten Glauben täuschen können. Wenn sie zum Bewußtsein ihrer Untüchtigkeit gelangen, so gestehen sie es ein und sagen nur das, was sie wissen.“

13. Teilen uns Geister immer in böser Absicht etwas Falsches mit?
„Nein, wenn es ein leichtsinniger Geist ist, so ist ihm das Mystifizieren eine Unterhaltung.“

14. Können gewisse Geister auch in den Augen eines sehenden Mediums eine falsche Gestalt annehmen?
„Das kann geschehen, ist aber schwierig. Kommt es vor, so hat es einen Zweck, den die bösen Geister selbst nicht kennen. Sie dienen dann als Werkzeug, um eine Lehre zu erteilen.“

15. Genügt es, um nicht getäuscht zu werden, gute Vorsätze zu haben? Sind vollkommen ernsthafte Menschen, die ihren Studien kein Gefühl müßiger Neugierde beifügen, auch der Gefahr der Täuschung ausgesetzt?
„Weniger als andere, das ist wohl einleuchtend, aber jeder Mensch hat eine Schwäche, die Spottgeister anzieht. Er glaubt stark zu sein, ist es aber meistens nicht. Daher soll er seiner Stärke mißtrauen, die oft aus Hochmut und Vorurteilen entsteht.“

16. Warum erlaubt Gott, daß sich schlechte Geister mitteilen und entsprechende Dinge sagen?
„Selbst in dem Schlechtesten liegt eine Belehrung. Eure Aufgabe ist es, sie zu erkennen.“

17. Können die Geister durch ihre geschriebenen Mitteilungen ungerechtfertigtes Mißtrauen gegen andere Personen einflößen und selbst Freunde dadurch entzweien?
„Verkehrte und eifersüchtige Geister können ebensogut Übel anrichten wie die Menschen. Höhere Geister sind immer verständig und rücksichtsvoll, wenn sie zu tadeln

haben. Sie sagen nichts Böses, sie warnen mit Schonung. Wünschen sie, daß zwei Personen sich in ihrem eigenen Interesse nicht mehr sehen, so lassen sie Ereignisse eintreten, die sie auf eine natürliche Weise trennen. Eine Sprache, die geeignet ist, Zwietracht und Mißtrauen zu säen, ist stets das Werk eines bösen Geistes."

18. Wegen der Leichtigkeit, mit der sich die bösen Geister in die Mitteilungen mischen können, scheint es, daß man nie sicher ist, die reine Wahrheit zu erhalten?

„O ja, denn ihr seid mit Urteilskraft ausgerüstet, um die Mitteilung richtig einschätzen zu können. Beim Lesen eines Briefes wißt ihr ja auch genau, ob ihn ein wohlerzogener Mensch oder ein grober Flegel, ein Weiser oder ein einfältiger Mensch schrieb."

19. Könnten die höheren Geister die bösen verhindern, falsche Namen anzunehmen?

„Gewiß, sie vermögen es, aber je schlechter die Geister sind, desto eigensinniger sind sie auch, und oft widerstehen sie der Einrede. Es gibt Menschen, um die sich die höheren Geister mehr als um andere kümmern. Wenn sie es für nötig halten, wissen sie diese auch gegen die Lüge zu schützen. Die Truggeister sind dann machtlos dagegen."

20. Was gibt es für Gründe für eine solche Begünstigung?

„Es ist keine Begünstigung, sondern Gerechtigkeit. Die guten Geister bekümmern sich um diejenigen, die sich ihre Belehrungen zunutze machen und allen Ernstes an ihrer Besserung arbeiten."

21. Warum erlaubt Gott den Geistern die Entweihung verehrter Namen, indem sie diese fälschlich annehmen?

„Ihr könntet auch fragen, warum erlaubt Gott den Menschen, zu lügen und Gott zu lästern? Die Geister haben genau wie die Menschen ihren freien Willen zum Guten wie zum Bösen."

22. Gibt es eine wirksame Formel, um Truggeister zu vertreiben?

„Eine Formel nicht, ein an Gott gerichteter Gedanke ist besser."

23. Manche Geister haben behauptet, unnachahmliche Schrift-

zeichen zu haben, durch die sie sich erkennbar machen können und die ihre Identität beweisen. Ist das wahr?

„Die höheren Geister haben kein anderes Zeichen, sich erkennen zu geben, als die Erhabenheit ihrer Gedanken und ihrer Sprache. Ein materielles Zeichen können alle Geister nachahmen. Was die niederen Geister anbelangt, so verraten sie sich auf eine Art, daß man geradezu blind sein müßte, um sich betrügen zu lassen."

24. Können die Truggeister nicht den Gedanken nachahmen?
„Sie ahmen jeden Gedanken nach, gleichsam wie Theaterdekorationen die Natur nachahmen."

25. Es hat also den Anschein, als ob es leicht sei, den Betrug durch aufmerksames Studium zu entdecken?
„Zweifelt nicht daran! Schlechte Geister betrügen nur die Menschen, die sich gutwillig betrügen lassen. Man muß die Augen des Diamantenhändlers haben, um echte Steine von falschen unterscheiden zu können."

26. Es gibt Menschen, die auf die Worte ein größeres Gewicht legen als auf die Gedanken. Sie halten selbst falsche und gemeine Ideen für erhaben. Wie können solche Menschen die Werke der Geister beurteilen, da sie nicht einmal Menschenwerk beurteilen können?
„Wenn diese Menschen Bescheidenheit genug besitzen, ihre Unzulänglichkeit zu erkennen, so verlassen sie sich hierin nicht auf sich selbst. Es gibt einfache und wenig unterrichtete Leute, die schwerer zu täuschen sind als andere mit Geist und Wissen."

27. Verraten sich die bösen Geister in der Schrift durch unwillkürliche materielle Zeichen?
„Die geschickten Geister nicht, die ungeschickten irren sich. Jedes unnütze und kindische Zeichen ist ein sicheres Merkmal für ihre Niedrigkeit."

28. Viele Medien erkennen die guten und bösen Geister an dem angenehmen oder widrigen Eindruck, den sie bei ihrer Annäherung empfinden. Ist der unangenehme Eindruck, die krampfhafte Bewegung, das Übelbefinden, immer ein Zeichen der schlechten Natur der Geister, die sich kundgeben?

„Das Medium empfängt die Gefühle des Zustandes, darin sich der ihm erscheinende Geist befindet. Wenn der Geist glücklich ist, so ist er ruhig, gelassen und gesetzt. Ist er unglücklich, so ist er bewegt, fieberhaft, und diese Gemütsbewegungen gehen natürlich auf das Nervensystem des Mediums über. Schon immer war es so: Wer gut ist, ist gelassen und ruhig, wer schlecht ist, ist in beständiger Aufregung."

Anmerkung: Es gibt Medien von größerer oder geringerer Empfänglichkeit des Nervensystems. Deshalb kann die Aufregung nicht als ausnahmslose Regel betrachtet werden. Man muß bei allem die Umstände berücksichtigen. Die unangenehme Beschaffenheit des Eindrucks ist eine Folge des Kontrastes. Wenn der Geist des Mediums mit einem bösen Geiste sympathisiert, so wird er wenig oder gar nicht aufgeregt. Auch darf man die Schnelligkeit der Schrift, die von einer ganz besonderen Biegsamkeit gewisser Medien herrührt, nicht mit der starken Aufregung verwechseln, die selbst die langsamsten Medien bei der Berührung mit unvollkommenen Geistern erfahren können.

Von den Anrufungen der Geister, Tiere und lebenden Menschen

Geister können sich entweder spontan, d. h. aus freien Stücken, mitteilen, oder sie können auf unseren Anruf, unseren Wunsch kommen. Manche Menschen glauben, daß man davon Abstand nehmen müsse, diesen oder jenen Geist zu rufen, und daß es vorzuziehen sei, abzuwarten, wer sich mitteilen will. Sie meinen, wenn man einen bestimmten Geist ruft, ist man nicht sicher, daß er sich auch einfindet, während ein aus eigenem Antriebe kommender Geist seine Identität besser beweist, weil er durch sein Kommen den Wunsch ankündigt, mit uns sprechen zu wollen. Nach unserer Ansicht ist dies ein Irrtum, erstens weil wir immer von Geistern umgeben sind, und am häufigsten von solchen niederen Graden, die nichts mehr wünschen, als sich mitzuteilen, und zweitens aus dem eben angegebenen Grunde, denn wenn man keinen ruft, so öffnet man das Tor für alle, die eintreten wollen. Der unmittelbar an einen bestimmten Geist gelangte Anruf ist ein Band zwischen ihm und uns. Wir rufen ihn durch unseren Wunsch und setzen auf diese Art den Eindringlingen eine Schranke entgegen. Ohne unmittelbaren Anruf hätte ein Geist oft keinen Beweggrund, zu uns zu kommen, wenn es nicht gerade unser Schutzgeist ist.

Diese beiden Verfahren haben jede ihren Vorteil, ein Nachteil würde nur in der unbeschränkten Ausschließung einer von beiden liegen. Die spontanen Mitteilungen haben keinen Nachteil, wenn man Herr der Geister und gewiß ist, daß die bösen Geister keine Herrschaft gewinnen können. Oft ist es nützlich, den eigenen Willen derer abzuwarten, die sich kundgeben wollen, weil ihr Gedanke keinem Zwang unterliegt. Man kann auf diese Art wunderbare Ergebnisse erhalten, während es nicht gewiß ist, ob der gerufene Geist zum Reden aufgelegt oder überhaupt fähig ist, es im gewünschten Sinne zu tun. Eine sorgsame Prüfung, die wir angeraten haben, ist eine Schutzwehr gegen schlechte Mitteilungen. In den regelmäßigen Versammlungen, besonders, wo man sich mit einer fortgesetzten Arbeit beschäftigt, gibt es immer gewöhnliche Geister, die sich, ohne gerufen zu werden, wie zu einem Stelldichein einfinden. Durch die Regelmäßigkeit der Sitzungen sind sie im voraus davon unterrichtet. Oft ergreifen sie spontan das Wort, um irgendeinen Gegenstand zu behandeln, eine Aufgabe zu erörtern oder vorzuschreiben, was man tun soll. Da erkennt man sie leicht, sei es an ihrer Sprache, die stets die gleiche bleibt, sei es an ihrer Schrift oder an Gewohnheiten, die ihnen eigentümlich sind.

Will man mit einem bestimmten Geiste verkehren, muß man ihn notwendigerweise rufen. Kann er kommen, so bekommt man gewöhnlich zur Antwort: „Ja!" oder „Ich bin da!" oder „Was wünscht ihr von mir?" Zuweilen geht er geradwegs zur Behandlung des Stoffes über, indem er von vornherein die Fragen beantwortet, die man ihm stellen wollte.

Wird ein Geist zum ersten Male angerufen, so ist es nötig, die Fragen mit Bestimmtheit zu stellen. In den gestellten Fragen muß man die gebietende Art vermeiden, die ihn veranlassen würde, sich zu entfernen. Die Fragen müssen je nach dem Geiste liebevoll und ehrerbietig sein und auf jeden Fall vom Wohlwollen des Anrufenden künden.

Man ist oft überrascht über die Schnelligkeit, mit der sich der angerufene Geist einfindet, selbst beim ersten Male. Man könnte annehmen, er wurde benachrichtigt, und dies ist auch der Fall, wenn man sich vorher mit seiner Anrufung beschäftigt. Diese Vorausbeschäftigung ist eine Art vorbereitender Anrufung, und da wir unsere Schutzgeister immer um uns haben, die sich mit unseren Gedanken vereinigen, so bereiten sie schon die Wege vor. Der Geist, den man rufen will, ist schon gegenwärtig. Im entgegengesetzten Falle ist es der Schutzgeist des Mediums, oder jener des Wortführers im Zirkel, oder ein Familiengeist, der ihn suchen geht, und dazu braucht er kaum Zeit. Kann der gerufene Geist nicht gleich kommen, so kündigt der Bote, ein uns günstig gestimmter, helfender Geistfreund, einen Aufschub an. Er kann fünf Minuten, eine Viertel- oder eine ganze Stunde und sogar mehrere Tage dauern. Ist er angekommen, so sagt er: „Er ist da!“ und dann kann das Fragen beginnen.

Der Bote ist nicht immer ein notwendiger Vermittler, der Ruf des Anrufenden kann vom Geiste unmittelbar gehört werden.

Wenn wir sagten, daß man die Anrufung im Namen Gottes machen sollte, so verstehen wir darunter, daß unsere Ermahnung ernsthaft und nicht leichtfertig zu betrachten ist. Wer darin eine bloße Formel sehen würde, für den wäre es besser, sich derselben zu enthalten.

Die Anrufungen bieten den Medien oft mehr Schwierigkeiten als die spontanen Kundgebungen, besonders wenn es sich um eine genaue Beantwortung von Fragen handelt, die bestimmt gefaßt sein sollten. Dazu benötigt man spezielle Medien, die zugleich lenksam und verläßlich sind, und wir wissen, daß dieselben sehr selten sind. Wie wir beobachteten, stellen sich die fluidischen Beziehungen nicht immer augenblicklich mit dem ersten besten Geiste ein. Es ist daher nützlich, daß sich die Medien nicht früher auf Anrufungen in Einzelheiten verlegen, als bis sie von der Entwicklung ihrer Fähigkeit und von der Natur der sie unterstützenden Geister überzeugt sind. Medien, die von minder guten Jenseitigen umgeben sind, können bei fortgesetzten Anrufungen nicht ständig Erfolg haben.

Die Medien werden gewöhnlich mehr aus Privatinteressen als für allgemeine Interessen zu Kundgebungen und Geisterzitationen gesucht. Dies läßt sich durch das natürliche Begehren erklären, sich mit jenen Wesen zu besprechen, die uns einstmals teuer waren. Wir glauben, den Medien an dieser Stelle einige wichtige Ermahnungen geben zu müssen. Zuerst ist diesem Begehren nur mit Zurückhaltung Folge zu leisten bei Personen, von deren Aufrichtigkeit man nicht völlig überzeugt ist. Zweitens sich dazu unter keinem Vorwande herzugeben, wenn sie sehen, daß es nur zur Befriedigung der Neugierde ist. Jede müßige Frage oder solche, die den Rahmen derjenigen, die man allgemein an Geister stellen kann, überschreiten würde, ist abzulehnen.

Die Fragen müssen mit Deutlichkeit, Bestimmtheit und ohne Hintergedanken gestellt werden, wenn man entsprechende Antworten erhalten will. Man muß daher alle jene verwerfen, die einen heuchlerischen Charakter an sich tragen. Geister lieben es nicht, auf die Probe gestellt zu werden. Der Anrufer muß frei und offen zu Werke gehen. Wenn er sich nicht deutlich erklären will, soll er sich lieber der Frage enthalten. Auch soll man Geister-Zitationen nur mit großer Vorsicht vornehmen, wenn die Personen, auf deren Wunsch es geschieht, nicht zu den Anwesenden zählen. Sie allein können die Antworten kontrollieren, über die Identität urteilen, Aufklärungen veranlassen und, wenn nötig, Zwischenfragen stellen. Ihre Anwesenheit ist ein Band, das den Geist anzieht, der oft nicht sehr dazu aufgelegt ist, sich fremden Menschen, für die er wenig Sympathie empfindet, kundzugeben. Kurz, das Medium muß alles vermeiden, was es in einen Lebensberater verwandeln würde, denn dies ist in den Augen vieler Menschen gleichbedeutend mit einem Wahrsager.

Man kann alle Geister rufen, gleich welcher Sphäre sie angehören, die guten wie die bösen, jene, die das Leben erst vor kurzem verlassen haben als auch die, die in den ältesten Zeiten lebten, unsere Eltern, Freunde wie auch jene, die uns fremd und gleichgültig sind. Aber damit ist nicht gesagt, daß sie auch immer auf unseren Ruf hin erscheinen können oder wollen. Unabhängig von ihrem Willen oder von der Erlaubnis, die ihnen von einer höheren Macht verweigert werden kann, können sie durch Gründe verhindert sein, die zu erfahren uns nicht immer gestattet ist. Damit wollen wir sagen, daß es kein absolutes Hindernis gibt, ausgenommen jene, auf die wir noch zurückkommen werden. Hindernisse, die der Kundgebung eines Geistes entgegenstehen können, sind fast immer persönlicher Art und hängen von bestimmten Umständen ab.

Manifestationen eines Geistes können durch ihm eigentümliche oder fremde Ursachen behindert sein. Zu den ersteren gehören seine Beschäftigungen oder bestimmte Missionen, die er zu erfüllen hat und von denen er sich nicht einfach abwenden kann, um unseren Wünschen nachzukommen. In diesem Falle ist sein Besuch nur aufgeschoben. Auch seine eigene Lage kann Hindernis sein. Obwohl der Zustand der Einverleibung für den Geist kein absolutes Hindernis ist, kann er in gewissen Momenten zum Hindernis werden, besonders in den niederen Welten, wenn der Geist selbst noch nicht von der Materie befreit ist. In den höheren Welten, wo die Bande des Geistes und der Materie sehr schwach sind, ist die Manifestation fast ebenso leicht wie im nicht einverleibten Zustande. Die dem angerufenen Geist fremden Ursachen der Behinderung am Erscheinen hängen meist von der Natur des Mediums ab, von der Person, die ihn ruft, von der Zusammensetzung des Zirkels, der anruft, und endlich vom Zweck, dem die Sitzung dienen soll. Manche Medien erhalten besonders Mitteilungen von ihren Familiengeistern, die mehr oder weniger erhaben sein können. Andere wieder sind geeignet, allen Geistern als Vermittler zu dienen. Das hängt von der Sympathie oder Antipathie, der Anziehung oder Abstoßung ab, die der Geist des Mediums persönlich auf den fremden Geist ausübt. Ferner hängt das Gelingen, abgesehen von den inneren Eigenschaften des Mediums, auch von der Entwicklung seiner medialen Fähigkeiten ab. Die Geister kommen lieber und erklären sich eher bei einem Medium, das ihnen keine materiellen Hindernisse entgegenstellt. Bei sonst gleichen Umständen gilt hinsichtlich der moralischen Bedingungen der Grundsatz: Je größer die Fähigkeit eines Mediums zum Schreiben oder zum anderweitigen Umgang mit dem Jenseits ist, desto allgemeiner werden seine Beziehungen zu der geistigen Welt.

Schließlich muß man noch der Leichtigkeit Rechnung tragen, die eine Gewohnheit, mit diesem oder jenem Geiste zu verkehren, gewähren muß. Mit der Zeit identifiziert sich der fremde Geist mit jenem des Mediums wie auch dem des Anrufers. Abgesehen von der Sympathie stellen sich zwischen ihnen fluidische Beziehungen ein, die die Mitteilungen begünstigen. Daher ist die erste Unterredung nicht immer so befriedigend, wie man sich das wünscht, und darum fordern die Geister oft selbst, wieder gerufen zu werden. Ein Geist, der immer kommt, fühlt sich schließlich wie zu Hause, er ist mit seinen Zuhörern und Dolmetschern befreundet und spricht und handelt viel freier.

Aus dem Gesagten geht also hervor, daß die Fähigkeit, einen Geist zu rufen, für den Geist nicht die Verpflichtung in sich schließt, uns auf Befehl zu Diensten zu stehen, daß er manchmal kommen kann und ein anderes Mal nicht, daß er durch ein Medium und Anrufer, die ihm passend sind, Verkehr ausüben kann, aber nicht mit anderen, unpassenden. Ferner, daß er sagen kann, was er will, ohne den Zwang, zu sagen, was er nicht will, endlich daß er aus Ursachen, die von seinem Willen abhängen können oder auch nicht, plötzlich mit dem Kommen ganz aufhören kann, selbst wenn er sich einige Zeit sehr eifrig gezeigt hat. Aus allen diesen Gründen ist es bei Anrufung eines neuen Geistes nötig, seinen Schutzgeist zu befragen, ob diese Anrufung nützlich ist. Falls es nicht der Fall sein sollte, gibt er sehr häufig auch die Gründe an, und dann wäre es unnütz, darauf zu bestehen.

Hier schaltet sich eine wichtige Frage ein, nämlich die, ob es mit Gefahr verbunden ist oder nicht, wenn man böse Geister ruft. Das hängt ganz von dem Zweck ab, den man sich vorgenommen hat, und von der Gewalt, die man über sie hat. Die Gefahr verschwindet, wenn man sie zu einem ernsthaften, belehrenden Zweck ruft und die Absicht hat, sie zu bessern.

Im Gegenteil dazu ist die Gefahr sehr groß, wenn man sie nur aus Neugierde und zur Unterhaltung ruft oder wenn man sich unter ihre Abhängigkeit begibt, indem man sie um irgendeinen Dienst bittet. Die guten Geister können ihnen in diesem Falle sehr wohl die Macht erteilen, das Gewünschte zu tun und den Verwegenen später zu bestrafen, weil sie ihnen mehr Macht zumuteten als Gott. Man kann diese Geister nicht wie einen Diener abschieben, wenn sie ihren Dienst geleistet haben. So gering er auch gewesen sein mochte, es ist immer ein mit dem bösen Geiste geschlossener Pakt, der seine Folgen trägt.

Man kann auf die niederen Geister nur durch seine moralische Überlegenheit eine Herrschaft ausüben. Die geringsten Geister erkennen ihre Meister in den guten Menschen. Gegen denjenigen, der ihnen nur die Gewalt seines Willens entgegensetzen kann, streiten sie, und meist sind sie die Stärkeren.

Man wundert sich, daß der Name Gottes, den man gegen sie anruft, oft ohnmächtig ist und sie nicht beeindruckt. Der heilige Ludwig hat den Grund dafür in folgender Antwort gegeben:

„Der Name Gottes hat über die unvollkommenen Geister nur im Munde desjenigen einen Einfluß, der sich seiner mit Autorität, bedingt durch seine Tugenden, bedienen kann. Im Munde eines Menschen, der keine moralische Überlegenheit über den Geist besitzt, ist „Gott" ein Wort wie jedes andere. Ebenso verhält es sich mit den heiligen Sachen, die man ihnen vorhält. Die furchtbarste Waffe ist in jenen Händen unwirksam, die sie nicht zu bedienen verstehen."

Die Erhabenheit oder Niedrigkeit der Geister deutet uns den Ton an, dessen wir uns schicklich ihnen gegenüber zu bedienen haben. Eines ist einleuchtend: Je erhabener sie sind, desto größere Ansprüche haben sie auf unsere Hochachtung, Verehrung und Unterwürfigkeit. Wir dürfen ihnen als Geister nicht weniger Ehrerbietung bezeugen, als wir es bei ihren Lebzeiten aus irdischen Gründen getan hätten. Auf Erden würden wir ihren Rang und ihre soziale Stellung betrachtet haben, in der Geisterwelt gründet sich unsere Hochachtung nur auf ihre moralische Überlegenheit. Ihre Erhabenheit verachtet die Kindereien unserer schmeichelhaften Form. Nicht durch Worte kann man sich ihr Wohlwollen erwerben, sondern durch die Reinheit der Gefühle. Es wäre daher lächerlich, ihnen Titel zu geben, die unsere Sitten dem Rangunterschiede zugrunde legen und die ihrer Eitelkeit vielleicht zu Lebzeiten hätten schmeicheln können. Da sie erhaben sind, geben sie nichts darauf, es mißfällt ihnen sogar. Ein guter Gedanke ist ihnen lieber als die schmeichelhaftesten Beinamen. Der Geist eines ehrwürdigen Geistlichen, der auf Erden ein Kirchenfürst und ein rechtschaffener Mensch gewesen ist, der das Gesetz Jesu ausübte, antwortete einmal jemandem, der ihm bei einer Anrufung den Titel „Monseigneur" beilegte: „Du solltest wenigstens ‚Ex-Monseigneur' sagen, denn hier gibt es nur einen Seigneur (Herrn), nämlich Gott. Glaube mir, daß ich hier Wesen sehe, die mir auf Erden zu Füßen fielen und vor denen ich mich nun selbst beuge."

Was die niederen Geister anbelangt, so weist uns ihr Charakter die Sprache zu, die für sie schicklich ist. Unter ihnen gibt es viele, die harmlos und wohlwollend, aber dennoch unwissend und unbesonnen sind. Diese ebenso zu behandeln wie die ernsten Geister, wäre genauso, als sich vor einem Schüler zu verneigen oder vor einem mit einem Doktorhute geschmückten Esel. Ein vertraulicher Ton wäre bei ihnen nicht am unrechten Orte, sie nehmen ihn nicht übel und hören ihn recht gern.

Unter den niederen Geistern gibt es viele, die unglücklich sind. Ihre Leiden sollten unser Mitleid wecken, denn das Wohlwollen, das wir ihnen entgegenbringen, ist für sie eine Erleichterung. Sind sie uns schon nicht sympathisch, so sollen sie doch jede Nachsicht finden, wie auch wir sie von den Mitmenschen verlangen.

Geister, die ihre Niedrigkeit durch Zynismus in ihrer Sprache, durch Lügen und die Niedrigkeit ihrer Gefühle verraten, sind unserer Teilnahme weniger wert als jene, die Reue zeigen. Aber wir sind ihnen jenes Mitleid schuldig, das wir selbst für den größten Verbrecher fühlen, und das Mittel, sie zum Schweigen zu bringen, ist, sich höher zu zeigen, als sie sind. Sie geben sich nur den Medien hin, von denen sie nichts zu fürchten glauben, denn im rechtschaffenen Menschen finden sie genau wie in den höheren Geistern ihre Meister.

Kurz gesagt: Es wäre ebenso unehrerbietig, die höheren Geister wie seinesgleichen zu behandeln, als es lächerlich wäre, für alle ohne Ausnahme die gleiche Verehrung zu hegen. Bewahren wir daher die Hochachtung für die Geister, die sie verdienen, Dankbarkeit für diejenigen, die uns beschützen und beistehen, und für alle andern ein Wohlwollen, denn wir wissen nicht, ob wir es später nicht auch einmal benötigen.

Die Mitteilungen, die man von sehr erhabenen Geistern oder von jenen erhält, die einmal große Persönlichkeiten des Altertums darstellten, sind uns durch die erhabenen Belehrungen, die sie enthalten, sehr schätzenswert. Diese Geister haben einen Grad der Vollkommenheit erreicht, der es ihnen gestattet, einen ausgebreiteten Ideenkreis zu erreichen, Geheimnisse zu lösen, die gewöhnliche Sicht der Menschen zu überschreiten und uns infolgedessen besser über viele Dinge zu belehren. Daraus folgt aber nicht, daß die Mitteilungen niederer Geister ohne Nutzen wären. Man kann mehr als eine Lehre daraus ziehen. Um ein Volk kennenzulernen, muß man es in allen seinen Ständen studieren. Die Geschichte eines Volkes ist nicht die seiner Könige und Obrigkeiten. Um es wirklich beurteilen zu können, muß man es in seinem inneren Leben, in seinen Privatangelegenheiten sehen. Nun sind die höheren Geister die Spitzen der jenseitigen Welt. Ihre Erhabenheit stellt sie so hoch über uns, daß wir über den Abstand erschrecken, der uns von ihnen trennt. Geister von schlichter, einfacher Art machen uns die Verhältnisse ihrer neuen Existenz faßlicher. Bei ihnen ist die Verbindung des körperlichen Lebens mit dem geistigen Leben viel inniger. Wir begreifen es mehr, weil es uns viel näher berührt. Indem wir von ihnen selbst erfahren, was aus den Menschen aller Stände und aller Charaktere, rechtschaffenen wie lasterhaften, großen und kleinen, glücklichen und unglücklichen, des Jahrhunderts geworden ist, die mit uns gelebt haben, deren wirkliches Leben, Tugenden und Laster wir kennen, was sie denken und empfinden, begreifen wir ihre Freuden und ihre Leiden. Wir nehmen daran Anteil und schöpfen daraus einen moralischen Unterricht, der uns um so nützlicher ist, je näher die Beziehungen zwischen ihnen und uns gewesen sind. Die gewöhnlichen Geister zeigen uns die praktische Anwendung der großen und erhabenen Wahrheiten, davon uns die höheren Geister die Theorie lehren. Die Anrufung der einfachen, schlichten Geister hat überdies den Vorteil, uns mit leidenden Geistern in Berührung zu bringen, denen man eine Erleichterung verschaffen und deren Fortschritt man durch heilsame Ratschläge fördern kann. Man kann sich also nützlich machen, indem man sich selbst belehrt. Es liegt viel Egoismus darin, wenn man in dem Umgange mit Geistern nur seine eigene Befriedigung sucht und es verschmäht, seine helfende Hand dem Unglücklichen zu reichen.

Hier eine Anzahl von Fragen und Antworten von Geistern über die verschiedenen Anrufungen:

1. Kann man die Geister auch anrufen, ohne eine Medium zu sein?

   „Jedermann kann Geister anrufen, und wenn diejenigen, die ihr ruft, sich nicht deutlich bemerkbar machen können, so sind sie trotzdem bei euch und hören euch zu."

2. Kommt der gerufene Geist immer auf den an ihn gerichteten Ruf?

   „Das hängt von den besonderen Umständen ab, darin er sich befindet. Es gibt Situationen, wo er es nicht kann."

3. Welche Ursachen können einen Geist verhindern, unserem Rufe zu folgen?

   „Zunächst sein Wille. Dann sein körperlicher Zustand, wenn er gerade einverleibt ist. Dann die Missionen, mit denen er beauftragt sein kann. Auch kann ihm die Erlaubnis versagt worden sein, sich kundzugeben. Es gibt Geister, die sich nie mitteilen können, das sind jene, die ihrer Natur nach noch in niedrigeren Welten leben, als es die Erde ist. Geister, die sich in den Sphären der Strafe befinden, können es ebensowenig, außer mit höherer Bewilligung. Damit ein Geist sich kundgeben oder mitteilen kann, muß er den Grad jener Welt erreicht haben, wohin er gerufen wird, sonst ist er fremd mit den Ideen dieser Welt und hat zu ihr keine Berührungspunkte. Anders verhält es sich mit den Geistern, die in einer Mission oder Abbüßung in niedere Welten gesandt wurden. Sie haben das nötige Wissen, um antworten zu können."

4. Aus welchem Grunde kann dem Geiste die Erlaubnis, sich kundzugeben, versagt werden?

„Es kann eine Prüfung oder Strafe für ihn sein, oder auch für jenen, der ihn ruft."

5. Wie können die im Weltraume und die in den verschiedenen Welten verstreuten Geister von allen Punkten des Universums aus die an sie gerichteten Anrufungen vernehmen?

„Manchmal werden sie von den euch umgebenden Geistern benachrichtigt. Im allgemeinen liegt hier ein Phänomen vor, das euch kaum erklärt werden kann, da ihr die Art der Gedankenübertragung unter Geistern noch nicht begreift. Der Geist, den ihr ruft, erhält sozusagen einen Gegenstoß des Gedankens, eine Art elektrischer Bewegung, die seine Aufmerksamkeit dorthin lenkt, woher der Gedankenstoß kam, gleich, wie weit der Geist davon entfernt ist. Man kann sagen, er hört den Gedanken, wie ihr auf Erden einen Ruf hört."

6. Ist das Universal-Fluid der Vermittler des Gedankens, so wie die Luft Vermittlerin des Schalles ist?

„Ja, nur mit dem Unterschiede, daß sich der Schall nur in beschränktem Umkreise hören läßt, während der Gedanke das Unendliche erreicht. Der Geist im Raume ist wie der Wanderer in einer weiten Ebene, der plötzlich seinen Namen rufen hört und sich nach der Seite hinwendet, woher der Ruf kommt."

7. Wird der Gedanke des Anrufens je nach Umständen mehr oder weniger leicht verstanden?

„Ohne Zweifel. Der durch ein wohlwollendes Gefühl gerufene Geist ist lebhaft gerührt, es ist gleichsam eine befreundete Stimme, die er erkennt, sonst bleibt die Anrufung ohne Erfolg. Der aus der Anrufung hervorkommende Gedanke trifft den Geist, ist er aber nicht gut gezielt, geht er ins Leere. Es ist bei den Geistern wie bei den Menschen; ruft jemand, der ihm gleichgültig oder unsympathisch ist, vernehmen sie zwar den Ruf, aber oft hören sie ihn gar nicht."

8. Kommt der gerufene Geist freiwillig, oder ist er gezwungen, zu kommen, wenn er gerufen wird?
„Er gehorcht dem Willen Gottes, d. h. dem allgemeinen Gesetze, das im Weltall schwingt. Man kann nicht sagen, er käme gezwungen, denn er beurteilt, ob sein Kommen nützlich ist, und selbst dann noch hat er seinen freien Willen. Höhere Geister kommen immer, wenn sie zu einem guten Zweck gerufen werden, und sie verweigern die Antwort nur Menschen, die sich eine Unterhaltung daraus machen."

9. Kann der Geist auch das Kommen auf den Ruf hin verweigern?
„Ja, wo bliebe sonst sein freier Wille? Glaubt ihr, daß alle Wesen des Weltalls nur zu eurem Dienste da sind? Ein niederer Geist kann jedoch von einem höheren gezwungen werden, zu kommen."

10. Gibt es für den Anrufer ein Mittel, den Geist zu zwingen, gegen seinen Willen zu kommen?
„Nein, wenn dieser Geist euresgleichen an Höhe ist oder in der Moral höher steht als ihr. Ich sage in der Moral und nicht Intelligenz, weil ihr gegen ihn keine Autorität habt. Steht er darin aber unter euch, dann vermögt ihr es, denn dann werden euch dabei auch noch andere Geister helfen."

11. Ist eine Gefahr dabei, die niederen Geister zu rufen, und muß man nicht fürchten, in ihre Gewalt zu kommen, wenn man sie ruft?
„Sie beherrschen nur diejenigen, die sich beherrschen lassen. Dem gute Geister beistehen, der hat nichts zu fürchten, er imponiert den niederen Geistern. Außerhalb der Zirkel, als Alleinrufende, sollten die Anfänger und die Medien sich dieser Art von Anrufungen enthalten."

12. Ist es nötig, zu den Anrufungen eine besondere Gemütsstimmung mitzubringen?
„Die Sammlung des Gemütes ist die beste aller Stimmungen, wenn man mit ernsten Geistern verkehren will. Mit dem Glauben und dem Wunsche für das Gute beseelt, ist man mächtiger, die höheren Geister zu rufen. Indem

man seine Seele durch Sammlung in der Anrufung erhebt, vereinigt man sich mit den guten Geistern und macht sie geneigter, zu kommen."

13. Ist zu den Anrufungen auch der Glaube notwendig?

„Der Glaube an Gott wohl. Der sonstige Glaube wird kommen, wenn ihr das Gute wollt und den Wunsch habt, euch belehren zu lassen."

14. Haben Menschen, die sich zu einem gemeinsamen Gedanken vereinigten, mehr Macht, die Geister anzurufen, als ein Einzelner?

„Wenn sie alle durch die Nächstenliebe und zum Guten vereinigt sind, so erreichen sie Großes. Nichts ist schädlicher für den Erfolg von Anrufungen, als die Verschiedenheit der Gedanken."

15. Ist es nützlich, eine Kette zu bilden, indem man sich zum Anfange einige Minuten die Hand reicht?

„Die Kette ist ein materielles Mittel, das eine Vereinigung zwischen euch nicht bewirkt. Nützlicher ist es, sich in einem gemeinsamen Gedanken zu vereinigen, indem jeder für sich gute Geister anruft."

16. Sind Anrufungen an bestimmten Tagen und zu bestimmten Stunden vorzuziehen?

„Ja, und wenn es tunlich ist, immer am gleichen Orte. Der beständige Wunsch, den ihr habt, hilft den Geistern, zu kommen und sich mit euch in Verbindung zu setzen. Auch Geister haben ihre Beschäftigungen, die sie euretwegen nicht plötzlich verlassen können. Immer der gleiche Ort ist aber nicht Bedingung, die Geister kommen überall hin. Bestimmte Orte sind vorzuziehen, weil sich das Gemüt dort vielleicht besser sammelt."

17. Haben manche Gegenstände wie Medaillen, Amulette und Talismane die Eigenschaft, Geister anzuziehen oder abzustoßen, wie es manche Menschen behaupten?

„Diese Frage ist unnütz, denn ihr wißt, daß die Materie auf die Geister keinen Einfluß besitzt. Die Macht der Talismane hat immer nur in der Einbildungskraft der Leichtgläubigen bestanden."

18. Was soll man von Geistern halten, die das Stelldichein an Trauerorten und zu ungewöhnlicher Zeit anordnen?

„Diese Geister unterhalten sich auf Kosten derer, die ihnen folgen. Es ist immer unnütz und manchmal gefährlich, solchen Einflüsterungen Folge zu leisten. Unnütz, weil man dabei nichts gewinnt, gefährlich wegen seines Einflusses auf schwache Gemüter."

19. Gibt es Tage und Stunden, die den Anrufungen besonders günstig sind?

„Den Geistern ist es gänzlich gleichgültig. Die günstigsten Augenblicke sind die, wo der Anrufer durch die gewohnten Beschäftigungen am wenigsten zerstreut ist, wo Körper und Geist ruhig sind."

20. Ist ein Anruf für den betreffenden Geist eine angenehme oder unangenehme Sache? Kommen sie gerne, wenn man sie ruft?

„Dies hängt von ihrem Charakter und dem Beweggrunde ab, warum man sie ruft. Ist das Ziel ein gutes und das Medium ihnen sympathisch, so ist es für sie eine angenehme, anziehende Sache. Unter den Geistern gibt es aber auch Menschenverächter, die nicht gestört werden möchten, und deren Antworten von ihrer üblen Laune zeugen, besonders, wenn gleichgültige Menschen sie rufen. Ein Geist hat gar keinen Grund, auf den Ruf eines Unbekannten hin zu kommen, besonders, wenn es nur ein Neugieriger ist. Kommt er, so macht er nur kurze Besuche."

Anmerkung: Es gibt Menschen, die ihre Eltern nur zu dem Zwecke rufen, um sie über die gewöhnlichsten Sachen des materiellen Lebens zu befragen. Aber unsere Eltern jenseits des Grabes bekümmern sich um uns nur im Verhältnis der Liebe, die wir ihnen bewahren.

21. Gibt es unter den guten und bösen Geistern einen Unterschied in der Bereitwilligkeit, unserem Rufe zu folgen?

„Ja, da gibt es einen großen Unterschied. Böse Geister kommen nur dann gern, wenn sie herrschen können oder zu betrügen hoffen. Sie haben einen Widerwillen dagegen, ihre Fehler zu gestehen und sich belehren zu lassen.

Für gute Geister ist die Anrufung peinlich, wenn sie zu Nichtigkeiten oder Befriedigung von Neugierde gerufen werden. Entweder erscheinen sie gar nicht, oder sie ziehen sich sofort wieder zurück. Oft ruft ihr nur an, um zu hören, was euch der Geist sagen werde, oder ihr befragt ihn um Umstände aus seinem Leben, die er gern für sich behielte, weil ihr nicht sein Vertrauen besitzt."

Anmerkung: Erfahrung lehrte, daß die Anrufung immer angenehm ist, wenn sie in ernster und nützlicher Absicht geschieht. Gute kommen mit Vergnügen, uns zu unterrichten, Leidende finden eine Erleichterung in unserem Mitleid, alte Bekannte finden eine Befriedigung in unserer Erinnerung. Leichtfertige lieben es, von leichtsinnigen Menschen zur Unterhaltung gerufen zu werden, weil sie sich auf deren Kosten belustigen können.

22. Müssen die Geister immer erst gerufen werden, um sich kundzugeben?

„Nein, oft stellen sie sich ungerufen ein, und das beweist euch, daß sie gerne kommen."

23. Wenn sich ein Geist von selbst einstellt, ist man dann hinsichtlich seiner Identität sicherer?

„Durchaus nicht, die Truggeister wenden dies Mittel oft an, um besser betrügen zu können."

24. Wenn man einen Geist in Gedanken ruft, kommt er auch, wenn es zu keiner Kundgebung kommen soll? Auch wenn er weder schriftlich noch durch Worte gerufen wird?

„Die Schrift ist ein materielles Mittel, nicht sie, sondern der Gedanke ist es, der Geister anzieht."

25. Wenn sich ein niedriger Geist offenbart, wie kann man ihn zwingen, sich wieder zurückzuziehen?

„Indem man ihn nicht anhört. Aber wie wollt ihr, daß er sich zurückziehen soll, da euch seine Schlechtigkeiten gefallen?"

26. Ist die Anrufung im Namen Gottes eine Schutzwehr gegen die Einmischung böser Geister?

„Der Name Gottes hält nicht alle bösen Geister, aber viele davon zurück. Durch ihn entfernt ihr immer einige, und ihr werdet ihrer noch mehr entfernen, wenn die Anrufung Gottes im Grunde des Herzens und nicht als abgenützte Formel erfolgt."

27. Kann man mehrere Geister zur gleichen Zeit namentlich rufen?

„Das hat durchaus keine Schwierigkeit, und wenn ihr drei oder vier Hände zum Schreiben hättet, so würden euch drei oder vier Geister zur gleichen Zeit antworten."

28. Wenn mehrere Geister gleichzeitig gerufen werden und es nur ein Medium gibt, wer von den Geistern antwortet dann?

„Einer antwortet für alle und drückt ihren gemeinsamen Gedanken aus."

29. Könnte sich der gleiche Geist zugleich in ein und derselben Sitzung durch zwei verschiedene Medien kundgeben?

„Genauso leicht, wie es Menschen gibt, die zu gleicher Zeit zwei verschiedene Briefe diktieren."

30. Wenn ein Geist zu gleicher Zeit an mehrere Stellen hingerufen wird, kann er auf die gleichzeitig an ihn gestellten Fragen antworten? Falls ja, teilt sich dann der Geist, oder hat er die Gabe der Allgegenwart?

„Ein höherer Geist kann es wohl. Mit den Geistern verhält es sich hier wie mit der Sonne. Der Gedanke des Geistes ist wie ein Funken Lichtes, der sich in die Ferne ergießt und von allen Seiten des Horizontes gesehen werden kann. Je höher der Geist ist, desto heller strahlt sein Gedanke und verbreitet sich sein Licht. Die niederen Geister sind noch zu materiell, sie können nur einer einzigen Person auf einmal antworten und daher nicht zu gleicher Zeit anderswo erscheinen. Erhält ein höherer Geist gleichzeitig zwei Anrufe, die ernst und inbrünstig sind, antwortet er beiden, sonst gibt er der ernsthafteren den Vorzug."

31. Kann man die reinen Geister, die nicht mehr unter dem Zwang ihrer Einverleibungen stehen, rufen?

„Ja, aber sie offenbaren sich selten und nur dem reinen und aufrichtigen Herzen. Aber man muß jenen niederen Geistern mißtrauen, die vorgeben, bereits so weit zu sein, um sich in euren Augen mehr Ansehen zu verschaffen."

32. Wie kommt es, daß der Geist der berühmtesten Menschen auf den Anruf der einfachsten Menschen so leicht erscheint?

„Die Menschen beurteilen die Geister nach sich selbst, und das ist falsch. Nach dem Tode des Körpers besteht kein irdischer Rang mehr, da gibt es keinen anderen Unterschied als ihre Güte, und Geister, die gut sind, gehen überall hin, wo es Gutes zu tun gibt."

33. Welche Zeit nach dem Tode muß verstreichen, ehe man einen Geist rufen kann?

„Gar keine, man könnte es selbst im Augenblick des Todes tun. Aber da sich der Geist um diese Zeit noch in Verwirrung befindet und nicht klar sieht, antwortet er nur unvollständig."

Anmerkung: Da die Dauer der Verwirrung sehr verschieden ist, kann es keinen bestimmten Aufschub für die Anrufung geben. Aber es kommt selten vor, daß der Geist nach Ablauf von acht Tagen noch nicht genügend Bewußtsein erlangt hat, um antworten zu können. Er kann es zuweilen schon sehr gut nach zwei bis drei Tagen nach dem Tode, man kann zu dieser Zeit den Versuch mit aller Schonung wagen.

34. Ist die Anrufung des Geistes im Augenblicke des Ablebens für ihn peinlicher als zu einer späteren Zeit?

„Allerdings. Es ist etwa so, als wenn man euch aus dem Schlafe reißt, bevor ihr vollkommen erwacht seid, doch gibt es Geister, denen dies durchaus nicht widerwärtig ist und sogar bei der Befreiung des Geistes vom Körper hilft."

35. Wie kann der Geist eines Kindes, das im zartesten Alter gestorben ist, mit Sachkenntnis antworten, da es doch in seinem Leben noch kein Bewußtsein hatte?

„Die Seele eines Kindes ist ein noch in die Wickelbänder der Materie eingehüllter Geist. Aber von der Materie befreit, genießt er seine Seelenkräfte, denn Geister haben kein Alter, was beweist, daß der Geist des Kindes schon gelebt hat. Er kann jedoch in seiner Rede einige Spuren vom Charakter seiner Kindheit behalten, solange er nicht vollständig von der Materie befreit ist."

Anmerkung: Der körperliche Einfluß, der sich längere oder kürzere Zeit am Geiste eines Kindes fühlbar macht, läßt sich auch am Geiste jener bemerken, die im Zustande des Irrsinns starben. Der Geist an sich ist ja nicht irrsinnig, aber man weiß, daß manche Geister noch eine ganze Zeit hindurch glauben, nicht gestorben zu sein. Daher ist es nicht zu verwundern, daß bei einem Irrsinnigen der Geist noch im Glauben ist, zu leben.

36. Kann man auch den Geist eines Tieres rufen?

„Nein. Nach dem Tode eines Tieres ist das intelligente Wesen, das in ihm war, in einen latenten, ruhenden Zustand zurückgesunken. Es wird von gewissen Geistern, die mit der Aufgabe betraut sind, neue Wesen zu beleben, sogleich gebraucht, um in ihm die Aufgabe seiner aufsteigenden Weiterbildung fortzusetzen. Dadurch gibt es in der Geisterwelt keine wandelnden Tiergeister, sondern nur menschliche Geister."

Wie konnte es aber geschehen, daß manche Personen die Tierseelen gerufen und von ihnen Antwort erhalten haben?

„Rufet einen Felsen, und selbst er wird euch antworten. Es gibt immer eine Menge von Geistern, die bereit sind, für alles das Wort zu ergreifen."

37. Ist die Einverleibung eines Geistes ein absolutes Hindernis für seine Anrufung?

„Nein, doch der Zustand des Körpers muß es dem Geiste gestatten, sich für diesen Moment befreien zu können. Der einverleibte Geist kommt um so leichter, wenn die Welt, darin er sich gegenwärtig befindet, von einer höheren Ordnung ist, weil die Körper selbst dort weniger materiell sind."

38. Kann man den Geist einer lebenden Person rufen?

„Ja, weil man einen einverleibten Geist rufen kann. Der Geist eines Lebenden kann sich auch in den Augenblicken seiner Freiheit einfinden, ohne gerufen zu werden. Das hängt von seiner Sympathie für die Person ab, der er sich mitteilt."

39. In welchem Zustande befindet sich der Körper der Person, deren Geist gerufen wird?

„Er schläft oder träumt. Dann ist eben der Geist frei."

Könnte der Körper erwachen, während der Geist abwesend ist?

„Nein, der Geist muß in ihn zurückkehren. Unterhält er sich während dieser Zeit gerade mit euch, so verläßt er euch und sagt euch auch, warum er es tut."

40. Wie wird der vom Körper abwesende Geist davon in Kenntnis gesetzt, daß seine Anwesenheit im Körper notwendig ist?

„Der Geist eines lebenden Körpers ist von diesem nie vollständig getrennt. Mag er sich noch so weit von ihm entfernen, er bleibt durch ein fluidisches Band mit ihm in Verbindung, das dazu dient, ihn zurückzurufen, falls es notwendig ist. Dieses Band wird nur durch den Tod zerschnitten."

Anmerkung: Dieses fluidische Band wird oft von sehenden Medien wahrgenommen. Es ist eine Art leuchtender Streifen, der sich in der Richtung gegen den Körper verliert. Einige Geister haben uns gesagt, daß man daran diejenigen erkennt, die noch an die körperliche Welt gebunden sind.

41. Was würde geschehen, wenn der Körper während des Schlafes oder in Abwesenheit des Geistes eine tödliche Verletzung empfinge?

„Der Geist würde zuvor davon unterrichtet werden und würde noch vor Eintritt des Todes in seinen Körper zurückkehren."

42. Ist der Geist einer Person, die während ihres Schlafes angerufen wird, ebenso frei, sich kundgeben zu können, wie der einer toten Person?

„Nein, er ist immer noch erdgebundener als ein Verstorbener."

Könnte der Geist in einem solchen Zustande am Kommen verhindert sein, weil er sich anderswo befindet?

„Doch, es kann geschehen, daß sich der Geist gerade an einem Orte befindet, wo es ihm gefällt, dann kommt er nicht auf die Anrufung hin, besonders wenn sie noch durch jemanden erfolgt, der ihm gleichgültig ist."

43. Ist es absolut unmöglich, den Geist einer wachen Person zu rufen?

„Nicht gerade absolut unmöglich, aber sehr schwer. Wenn die Anrufung wirkt, kann es sein, daß diese Person einschläft, aber der Geist kann sich als Geist nur kundgeben, wenn seine Anwesenheit zu intelligenter Tätigkeit seines Körpers nicht notwendig ist."

44. Hat eine angerufene lebende Person nach dem Erwachen Kenntnis von diesem Anruf?

„Nein, ihr selbst werdet öfter angerufen, als ihr denkt. Nur der Geist allein weiß es und kann hiervon zuweilen einen unbestimmten Eindruck wie von einem Traume zurückbehalten."

Wer könnte uns wohl rufen, wenn wir noch völlig unbekannte Personen sind?

„Während früherer Existenzen könnt ihr in dieser Welt oder in anderen Welten bekannt oder berühmt gewesen sein, ebenso können euch eure Eltern und Freunde dieser Welt oder anderer Sphären rufen. Nehmen wir einmal an, dein Geist hätte den Körper des Vaters einer anderen Person belebt. Wenn also diese Person ihren Vater anruft, so ist es dein Geist, der angerufen wurde und antworten wird."

45. Antwortet der Geist einer lebenden Person, wenn er angerufen wird, wie ein Geist, oder in den Lebensbegriffen seines Wachzustandes?

„Das hängt von seiner Erhabenheit ab, aber er urteilt viel richtiger und weniger nach Vorurteilen, ganz wie die Somnambulen. Es ist ein Zustand, der diesem ähnlich ist."

46. Wenn der Geist eines Somnambulen im magnetischen Schlaf angerufen wird, wäre er heller als jener einer anderen Person?

„Er würde leichter antworten, weil er freier ist. Alles hängt vom Grade der Unabhängigkeit des Geistes und des Körpers ab."

47. Kann man die Denkweise einer Person verändern, indem man während ihres Schlafes auf ihren Geist einwirkt?

„Manchmal ja. Der Geist ist dann nicht mit so engen Banden wie sonst an die Materie gebunden, daher ist er für moralische Eindrücke viel empfänglicher. Diese Eindrücke können auf die Anschauungsweise, die er im Wachzustande hat, Einfluß ausüben. Unglücklicherweise geschieht es aber oft, daß beim Erwachen wieder die physische Natur die Oberhand hat und die Person hat dadurch die guten Vorsätze vergessen.“

48. Steht es dem Geiste einer lebenden Person frei, zu sagen oder nicht zu sagen, was er will?

„Er hat seine geistigen Anlagen und seinen freien Willen, und da er auch mehr Einsicht besitzt, ist er umsichtiger als im wachen Zustande.“

49. Könnte man eine Person, die man anruft, dazu zwingen, etwas zu verraten, was sie verschweigen möchte?

„Ich habe gesagt, der Geist hat seinen freien Willen. Aber es wäre möglich, daß eine Person als Geist gewissen Sachen weniger Wert beimißt als im Wachzustande. Wenn sie nicht reden will, so kann sie ja weggehen, um Unannehmlichkeiten zu entgehen.“

50. Kann der freie Geist einer lebendigen Person durch einen zweiten Geist gezwungen werden, zu kommen und zu reden, wie dies bei entkörperten Geistern der Fall ist?

„Unter den Geistern, mögen sie Verstorbenen oder Lebendigen angehören, gibt es keine Oberherrschaft außer der moralischen Erhabenheit, und ihr müßt schon glauben, daß ein höherer Geist seine Unterstützung zu einer schlechten Sache nie hergeben würde.“

51. Kann man einen Geist rufen, dessen Körper sich noch im Mutterleibe befindet?

„Nein, ihr wißt, daß sich dieser Geist dort in vollständiger Unklarheit befindet.“

Anmerkung: Die Einverleibung findet erst in dem Augenblick restlos statt, wo das Kind zu atmen beginnt. Von der Empfängnis an ist der den Embryo zu beleben bestimmte Geist im Werden, Wachsen und in Klärung begriffen, die sich mit der Annäherung an die Geburt vermehrt. Sie nimmt ihm das Bewußtsein seiner selbst, mithin auch die Fähigkeit, zu antworten.

52. Könnte auch ein Truggeist die Stelle einer gerufenen lebenden Person einnehmen?
„Ohne Zweifel, und es ereignet sich oft, besonders wenn die Absicht des Anrufers nicht rein ist. Übrigens hat die Anrufung von lebenden Personen nur als psychologisches Studium Interesse. Man muß sich derselben enthalten, wenn sie kein belehrendes Resultat liefern kann."

53. Hat die Anrufung des Geistes einer lebenden Person irgendeine Unannehmlichkeit zur Folge?
„Sie ist nicht immer ohne Gefahr, es hängt von der Lage der angerufenen Person ab. Ist sie krank, so kann man ihre Leiden vermehren."

54. Wann könnte die Anrufung einer lebenden Person solche Unzuträglichkeiten herbeiführen?
„Man muß sich hüten, Kinder in einem noch zarten Alter anzurufen, auch darf man nicht schwächliche Greise und Schwerkranke rufen. Ein Unfall kann schnell eintreten, sobald der Körper geschwächt ist. Die plötzliche Aufhebung der intellektuellen Fähigkeiten während des Wachzustandes könnte auch dann eine Gefahr bringen, wenn die angerufene Person in einem Zustande wäre, der ihre ganze Aufmerksamkeit und Geistesgegenwart erfordert."

55. Empfindet der Körper einer lebenden Person während der Anrufung eine Ermüdung durch die Arbeit, die der abwesende Geist leistet?
„Eine Person antwortete in diesem Zustande auf die gleiche Frage und behauptete, ihr Körper sei sehr ermattet."

56. Da die Anrufung lebender Personen Unangenehmes zur Folge haben kann, wenn man sie ohne Vorsicht vornimmt, wie ist es dann, wenn man einen Geist ruft, von dem man nicht weiß, daß er einverleibt ist, und der sich vielleicht in ungünstigen Umständen befinden könnte?
„Es hat keine Gefahr, denn er wird nur kommen, wenn es ihm möglich ist. Habe ich euch übrigens nicht geraten, zuvor zu fragen, ehe ihr die Anrufung vornehmt, ob sie auch möglich ist?"

57. Wenn wir in ungünstigen Momenten einen unwidersteh-

lichen Drang zu schlafen haben, kommt das daher, daß wir von irgendwo gerufen wurden?

„Das kann durchaus sein, aber am häufigsten ist es nur eine physische Wirkung. Der Körper bedarf der Ruhe oder der Geist benötigt die Freiheit."

58. Können zwei Menschen, indem sie sich wechselseitig anrufen, ihre Gedanken miteinander austauschen und auf diese Art korrespondieren?

„Freilich, und diese menschliche Telegraphie oder Telepathie wird eines Tages ein allgemeines Mittel gegenseitiger Verständigung sein."

Und warum könnte sie nicht gleich gegenwärtig angewendet werden?

„Sie ist schon für manche Menschen in Anwendung gekommen, aber noch nicht für jedermann. Die Menschen müssen sich zuvor reinigen, damit sich der Geist mehr von der Materie befreit, dann hat man sogar das Recht, die Anrufung im Namen Gottes zu tun. Bisher ist dieses Mittel auf die Auserwählten und von der Materie befreiten Geister beschränkt, die sich im gegenwärtigen Zustande der Erdbewohner nur selten finden."

Fragen, die man an die Geister stellen kann

Man kann auf die Art und Weise, wie Fragen richtig zu stellen sind, nicht genug Gewicht legen, und mehr noch auf die Beschaffenheit dieser Fragen. Man muß dabei zweierlei beobachten: die Form und den Inhalt. In bezug auf die Form müssen sie mit Deutlichkeit und Bestimmtheit abgefaßt sein. Ein nicht minder wichtiger Punkt ist die Reihenfolge, die bei ihrer Zusammenstellung berücksichtigt werden soll. Erfordert ein Thema eine ganze Reihe von Fragen, so ist es nötig, daß sie sich methodisch miteinander verbinden, also eine aus der anderen methodisch hervorgeht. Die Geister antworten darauf viel leichter und deutlicher, als wenn es dem Zufall überlassen bleibt, von einem Gegenstande ohne Verkettung auf den anderen überzugehen. Aus diesem Grunde ist es auch immer sehr nützlich, die Fragen vorzubereiten, ausgenommen natürlich die Zwischenschaltung jener Fragen, die sich während der Sitzung durch besondere Umstände ergeben. Diese vorbereitende Arbeit ist, wie wir schon sagten, eine Art vorausgehender Anrufung, bei deren Ausarbeitung der Geist vielleicht schon zugegen ist und sich auf die Antworten vorbereiten konnte. Es wird auffallen, daß der Geist sehr oft auf gewisse Fragen schon von vornherein antwortet, ein Beweis dafür, daß er sie schon vorauswußte.

Der Inhalt einer Frage erfordert eine noch ernstere Aufmerksamkeit. Oft ruft die Natur der Frage eine wahre oder falsche Antwort hervor. Es gibt Fragen, die Geister aus uns unbekannten Gründen überhaupt nicht beantworten können oder dürfen, daher ist es unnütz, auf eine Antwort zu bestehen. Am meisten soll man jene Fragen vermeiden, die den Scharfsinn eines Geistes auf die Probe stellen.

Man sagt, wenn eine Sache existiert, so müssen es die Geister auch wissen. Gerade weil diese Sache euch bekannt ist oder ihr die Mittel besitzt, sie selbst zu untersuchen, geben sich die Geister keine Mühe, euch zu antworten. Eure Forderung verdrießt sie und man erhält nichts Befriedigendes zur Antwort. Würden ernste Menschen, die ein Bewußtsein ihres Wertes haben, auf alle dummen Fragen antworten, die dahin zielten, sie wie Schüler einer Prüfung zu unterwerfen?

Der Wunsch, diese oder jene Person zum Anhänger des Spiritismus zu machen, ist für die Geister kein Grund zur Befriedigung bloßer Neugierde. Sie wissen, daß die Überzeugung früher oder später kommen wird und die angewendeten Mittel, sie herbeizuführen, sind oft ganz anders, als wir denken. Daraus folgt aber nicht, daß man von seiten der Geister nicht nützliche Belehrungen und besonders sehr gute Ratschläge erhalten kann. Aber sie antworten mehr oder weniger gut, je nach ihren eigenen Kenntnissen.

Manche Menschen denken, es ist besser, sich der Fragestellung zu enthalten und lieber die Belehrung der Geister abzuwarten, ohne sie anzurufen. Aber dies ist ein Irrtum. Die Geister erteilen sehr gern spontane Belehrungen von großer Tragweite, und man würde Unrecht tun, sie zu vernachlässigen. Aber es gibt Aufklärungen und Belehrungen, auf die man oft recht lange warten müßte, wenn man nicht direkt darum bittet. Ohne die Fragen, die wir direkt gestellt haben, wäre das „Buch der Geister" und „Das Buch der Medien" nicht zustande gekommen oder es wäre zumindestens sehr unvollständig geblieben. Die Fragen, weit davon entfernt, die geringste Unbequemlichkeit zu verursachen, sind vielmehr im Hinblick auf die Belehrung von großem Nutzen, wenn man es versteht, sie in den erwünschten Grenzen zu halten.

Wenn man das alles wohl verstanden hat, was wir in diesem Werke vorgetragen und gegeben haben, kann man sich schon einen Begriff von den Grenzen machen, in denen es sich ziemt, jene Fragen einzuschließen, die man an die Geister richten kann. Wir wollen aber trotzdem nachfolgend noch Antworten anführen, die über die wichtigsten Gebiete gegeben wurden, worüber noch wenig erfahrene Personen gewöhnlich zu fragen pflegen.

1. Antworten die Geister gerne auf die an sie gestellten Fragen?

   „Je nachdem, wie die Fragen sind. Ernste Geister antworten immer mit Vergnügen auf Fragen, die etwas Gutes zum Zwecke haben."

2. Genügt es, daß eine Frage ernst sei, um eine ernste Antwort zu erhalten?

   „Nein. Das hängt von dem Geiste ab, der euch antwortet."

   Entfernt aber eine ernste Frage die leichtsinnigen Geister?

   „Nicht die Frage ist es, die sie entfernt, sondern der Charakter dessen, der die Frage stellt."

3. Woran erkennt man besonders unsympathische Fragen für gute Geister?

   „Es sind alle jene Fragen, die unnütz sind, zur Befriedigung der Neugierde oder zur Prüfung des Geistes gestellt werden. Auf solche Fragen antworten sie nicht und entfernen sich."

   Gibt es auch Fragen, die den unvollkommenen Geistern zuwider sind?

   „Ja, das sind Fragen, die ihre Unwissenheit oder Hinterlist aufdecken sollen, wenn sie zu betrügen suchen. Sonst antworten sie auf alles, jedoch ohne sich um die Wahrheit zu kümmern.“

4. Was soll man von Menschen denken, die in den Kundgebungen aus dem Jenseits nur Zerstreuung suchen und die Mittel, Aufschluß über das zu erhalten, was sie interessiert?

   „Sie gefallen den niederen Geistern sehr, weil sie sich nur unterhalten wollen.“

5. Wenn die Geister auf gewisse Fragen nicht antworten, tun sie das mit eigenem Willen oder weil eine höhere Macht sich gewissen Enthüllungen widersetzt?

   „Das eine wie das andere kann der Fall sein. Es gibt Dinge, die nicht enthüllt werden sollen, und andere, die der Geist gar nicht kennt. Würde man auf eine Antwort bestehen, hat der Geist immer die Möglichkeit, sich zu entfernen. Deshalb sollt ihr warten, wenn es euch angeraten wird, und nie eine Antwort erzwingen wollen. Das Bestehen auf eine abgelehnte Antwort ist das sicherste Mittel, betrogen zu werden.“

6. Sind alle Geister fähig, die Fragen zu verstehen, die man an sie stellt?

   „Weit gefehlt! Niedere Geister sind unfähig, alle Fragen zu verstehen, was sie aber nicht hindert, gut oder schlecht zu antworten.“

Anmerkung: In manchen Fällen und wenn die Sache nützlich ist, geschieht es häufig, daß ein aufgeklärter Geist dem unwissenden Geist zu Hilfe kommt und ihm eingibt, was er reden soll. Man erkennt ihn am Kontrast einiger Antworten auf gewisse Fragen, und weil es der Geist oft selbst eingesteht.

7. Können die Geister die Zukunft enthüllen?

   „Wüßte der Mensch seine Zukunft, würde er die Gegenwart vernachlässigen. Hier liegt die Ursache, deretwegen ihr immer darauf besteht, eine bestimmte Antwort zu erhalten. Und da begeht ihr ein Unrecht, denn die Geisteroffenbarungen sind keine Wahrsagerei. Wenn ihr durchaus eine Antwort haben wollt, so wird sie euch entsprechend durch einen leichstinnigen Geist gegeben werden.“

8. Gibt es nicht auch künftige Ereignisse, die spontan und wahrheitsgemäß von den Geistern angekündigt werden?

„Es kann geschehen, daß der Geist Dinge voraussieht, die erkennen zu geben er für nützlich hält, oder daß er die Mission hat, sie euch bekanntzumachen. Aber man muß sich um so mehr vor den Truggeistern hüten, die ein Vergnügen daran finden, Vorhersagungen zu geben."

9. Vor welcher Art von Prophezeiungen muß man sich am meisten hüten?

„Vor allen, die nicht dem allgemeinen Nutzen dienen. Die persönlichen Vorhersagungen können fast immer als unglaubwürdig betrachtet werden."

10. Was ist der Zweck der Geister, die aus eigenem Antriebe Ereignisse vorhersagen, die niemals stattfinden oder eintreffen?

„Am häufigsten geschieht es, um sich über die Leichtgläubigkeit, den Schrecken oder die Freude zu belustigen, dann lachen sie über die getäuschten Hoffnungen. Zuweilen haben diese lügenhaften Vorhersagungen ein ernstes Ziel, nämlich den Frager auf die Probe zu stellen, um zu sehen, wie er die Sache aufnimmt."

11. Warum verkünden die ernsten Geister, wenn sie ein Ereignis ankündigen, für gewöhnlich nicht auch den Zeitpunkt des Eintreffens jenes Geschehnisses? Ist es Ohnmacht oder Wille von ihrer Seite?

„Das eine wie das andere. Sie können in gewissen Fällen ein Ereignis voraussehen, es ist dann eine Benachrichtigung, die sie euch erteilen. Aber es ist ihnen nicht gestattet, den Zeitpunkt zu verkünden. Oftmals können sie es auch gar nicht, weil sie ihn selbst nicht kennen. Der Geist kann ein kommendes Ereignis zwar voraussehen, aber sein Eintreffen kann noch von anderen Ereignissen abhängig sein, die nur Gott allein kennt. Die leichtsinnigen Geister, die sich kein Gewissen daraus machen, euch zu täuschen, bestimmen euch Tage und Stunden, ohne sich überhaupt um die Erfüllung zu bekümmern, deshalb soll euch jede genaue Vorhersagung verdächtig sein.

Nochmals gesagt: Unsere Mission besteht darin, euch zum

Fortschritt zu bringen. Wir unterstützen euch soviel wir können. Wer sich von den höheren Geistern Weisheit erbittet, wird nie enttäuscht werden. Doch glaubt nicht, daß wir unsere Zeit damit verlieren werden, alle eure Nichtigkeiten anzuhören und euch eine glückliche Zukunft vorauszusagen. Die Vorsehung hat bei den Kundgebungen, die dem Menschen gemacht werden können, Grenzen gezogen. Ernste Geister beobachten Stillschweigen über alles das, was kundzugeben ihnen untersagt ist."

12. Gibt es Menschen, die mit der Gabe ausgerüstet sind, die Zukunft vorauszusehen?
„Ja, wenn die Seele sich von der Materie befreit, wird der Geist sehend, und wenn es gut ist, erlaubt Gott ihm, gewisse Dinge um des Guten willen zu enthüllen. Aber es gibt da viele Betrüger und Scharlatane. In der Zukunft wird diese Fähigkeit mehr verbreitet sein."

13. Was soll man von den Geistern halten, denen es gefällt, jemandem seinen Tod auf Tag und Stunde vorauszusagen?
„Das sind sehr übel scherzende Geister, die keinen anderen Zweck kennen, als sich an der Furcht anderer zu ergötzen. Man soll sich nie damit beschäftigen."

14. Wie kann es sein, daß manche Menschen durch ein Vorgefühl vom Zeitpunkt ihres Todes benachrichtigt werden?
„Es ist sehr oft ihr eigener Geist, der es in den Augenblicken der Freiheit weiß und davon beim Erwachen eine bestimmte Erinnerung behält. Derart vorbereitet, erschrecken und erregen sich diese Personen nicht. Sie sehen in der Trennung des Geistes vom Körper nur eine Veränderung der Lage."

15. Können uns die Geister mit unseren vergangenen Existenzen bekannt machen?
„Manchmal erlaubt es Gott, daß sie enthüllt werden, je nach dem Zwecke. Wenn es zu eurer Erbauung und eurem Unterricht dient, so wird es wahr sein, und in diesen Fällen geschieht die Kundgebung fast immer spontan, meist

auf eine ganz unvorhergesehene Art. Aber Gott erlaubt es niemals, um bloße Neugierde zu befriedigen."

Wenn man seine vorhergehende Verkörperung nicht wissen soll, verhält es sich dann ebenso mit der Existenzart, die man hatte, mit der gesellschaftlichen Stellung, die man einnahm, mit den guten Eigenschaften und den Fehlern, die in uns vorherrschten?

„Nein, das kann enthüllt werden, weil ihr daraus Nutzen für eine Besserung schöpfen könnt. Aber ihr könnt euch eure Vergangenheit selbst ableiten und rückblickend erahnen, wenn ihr eure Gegenwart studiert."

16. Kann uns etwas über unsere zukünftigen Existenzen enthüllt werden?

„Nein. Alles, was euch eine gewisse Art von Geistern hierüber sagt, ist nur ein Scherz, und das ist begreiflich. Eure zukünftige Existenz kann nicht im voraus festgesetzt werden, weil sie von euren irdischen Taten abhängt, von eurem Betragen im Leben und den Vorsätzen, die ihr als Geister gefaßt habt. Man kann nur sagen, je weniger ihr abzubüßen habt, desto glücklicher wird sie sein. Aber es ist unmöglich, zu bestimmen, wo und wie diese Existenz einmal sein wird, ausgenommen den für jene Geister besonderen und seltenen Fall, die nur auf dieser Erde sind, um eine wichtige Mission zu erfüllen, weil ihre Bahn für später gewissermaßen vorgezeichnet ist."

17. Kann man die Geister um Rat fragen?

„Ja, gewiß. Gute Geister versäumen niemals, denen zu helfen, die sie mit Vertrauen anrufen, besonders wenn es die Seele betrifft. Aber sie verstoßen jene, die sich den Anschein geben, um das Licht zu bitten und sich in der Finsternis gefallen."

18. Können die Geister auch über reine Privatangelegenheiten Rat erteilen?

„Je nach dem Beweggrunde. Es hängt auch davon ab, an welche Geister man sich wendet. Aufklärungen, die das Privatleben betreffen, werden von den befreundeten Geistern mit mehr Genauigkeit gegeben, weil sie der betreffenden Person anhangen und sich um ihre Angelegenheiten kümmern. Sie sind euer Freund und Vertrauter auch im Hinblick auf eure geheimsten Gedanken. Aber oft plagt ihr sie mit solchen abgeschmackten Fragen, daß sie euch einfach sitzen lassen. Ihr solltet nie vergessen, daß kindliche Fragen mit der Erhabenheit der Geister unverträglich sind. Auch muß man den Eigenschaften des vertrauten Geistes Rechnung tragen, der gut oder böse sein kann, je nach der Sympathie für die Person, der er anhängt. Der vertraute Geist eines bösen Menschen ist natürlich ein böser Geist, seine Ratschläge können gefährlich sein."

19. Können die vertrauten Geister die materiellen Interessen durch ihre Enthüllungen begünstigen?
„Sie können es und tun es manchmal, aber die guten Geister geben sich nicht der Habsucht zu dienen hin. Die bösen Geister dagegen lassen vor euren Augen tausend Reize spiegeln, um euch zu ködern und dann durch Betrügerei zu täuschen. Wenn eure Prüfung darin besteht, diesen oder jenen Glückswechsel durchzumachen, helfen euch eure Schutzgeister gern dabei. Aber im Interesse eurer Zukunft ist es ihnen nicht gestattet, euch von den Prüfungen zu befreien. Auch ein guter Vater gestattet nicht alles, was sein Kind begehrt."

Anmerkung: Unsere Schutzgeister können uns unter bestimmten Umständen den besten Weg zeigen, aber um wirklich fortzuschreiten, hat der Mensch oft nötig, auf eigene Kosten Erfahrung zu sammeln. Daher überlassen uns die weisen Geister, obwohl sie uns gut beraten, oft unseren eigenen Kräften. In den gewöhnlichen Umständen unseres Lebens raten sie uns durch Eingebung und überlassen uns so das ganze Verdienst des Guten, wie sie uns auch alle Verantwortlichkeit einer schlechten Wahl überlassen. Es hieße die Herablassung unserer Schutzgeister mißbrauchen und sich über ihre Mission täuschen, wenn man sie alle Augenblicke über die gewöhnlichsten Dinge befragen wollte.

20. Wenn eine Person bei ihrem Tode ungeordnete Sachen hinterläßt, kann man ihren Geist bitten, sie entwirren zu helfen?

„Ihr vergeßt, daß der Tod eine Befreiung von den irdischen Sorgen ist. Glaubt ihr, daß der Geist, der glücklich ist, seine Freiheit erlangt zu haben, gerne kommt, um seine Ketten wieder anzunehmen und sich mit Sachen zu beschäftigen, die ihn nichts mehr angehen, um die Habsucht seiner Erben zu befriedigen? Übrigens bilden die Verlegenheiten, in die euch manchmal der Tod eines Menschen verwickelt, einen Teil eurer Lebensprüfungen und es liegt nicht in der Macht eines Geistes, euch davon zu befreien, weil sie in den Beschlüssen Gottes begründet sind."

Anmerkung: Diese Antwort wird sicher alle enttäuschen, die sich einbilden, die Geister haben nichts besseres zu tun, als uns als hellsehende Helfer zu dienen. Wenn ein Mensch seine Angelegenheiten während seines Lebens aus Sorglosigkeit in Unordnung gelassen hat, so ist es nicht sehr wahrscheinlich, daß er ihnen nach dem Tode mehr Sorgfalt widmen würde. Er ist bestimmt glücklich, von den Mühen befreit zu sein, die sie ihm verursacht haben. Wenn es ein Geist im Interesse der Gerechtigkeit und zugunsten der Person, die er liebt, für nützlich hält, Auskünfte und Enthüllungen dieser Art kund zu machen, so tut er es spontan von sich aus.

21. Kann man die Geister um Aufklärung über ihre Situation in der Geisterwelt bitten?

„Ja, und sie erteilen sie gern, wenn die Bitte aus Sympathie oder dem Wunsche nützlich zu sein, und nicht aus Neugierde ausgesprochen wurde."

22. Können die Geister die Natur ihres Glückes oder ihrer Leiden dem Menschen beschreiben?

„Vollkommen, und diese Art von Enthüllungen sind eine große Belehrung für euch. Sie machen euch mit der Natur der künftigen Belohnungen und Strafen bekannt und zielen dahin, euren Glauben und euer Vertrauen auf die Güte Gottes zu beleben. Die guten Geister sind glücklich, euch die Glückseligkeit der Auserwählten zu beschreiben. Die bösen können gezwungen werden, ihre Leiden zu beschreiben, um bei ihnen die Reue hervorzurufen. Oft finden sie dabei eine Erleichterung. Vergeßt nicht, daß der wesentliche und fast ausschließliche Zweck des Spiritismus eure Besserung ist. Und um diese zu erreichen, ist es den Geistern erlaubt, euch mit dem künftigen Leben bekannt zu machen."

23. Wenn man eine Person anruft, deren Schicksal unbekannt ist, kann man von ihr erfahren, ob sie noch lebt?

„Ja, wenn die Ungewißheit ihres Todes nicht eine Notwendigkeit ist oder eine Prüfung für die Anfragenden."

Wenn die Person bereits tot ist, kann sie die Umstände ihres Todes so bezeichnen, daß sie festgehalten werden können?

„Wenn sie der Sache ein Gewicht beilegt, so kann sie es tun."

Anmerkung: Die Erfahrung lehrte, daß der Geist in solchem Falle durchaus nicht auf die Gründe des Eigennutzes (Erbschaft usw.) Rücksicht nimmt. Wenn ihm daran liegt, seinen Tod zu enthüllen, so tut er es von selbst auf medialem Wege oder durch die Erscheinung. Er kann dann die genauesten Angaben über alles machen. Im gegenteiligen Falle kann auch ein trügerischer Geist vollkommen täuschen. Es geschieht oft, daß das Verschwinden einer Person, deren Tod nicht amtlich beglaubigt werden kann, Schwierigkeiten in die Familienverhältnisse bringt. Nur in den seltensten und äußerst ausnahmsweisen Fällen sahen wir Geister sich mit derartigen Fragen beschäftigen. Es bedeutet also, sich falschen Hoffnungen hinzugeben, wenn man auf diesem Wege Spuren von Erbschaften verfolgen will.

24. Können die Geister uns auch Ratschläge über die Gesundheit geben?

„Die Gesundheit ist eine notwendige Bedingung der Arbeit, die man auf Erden erfüllen soll, deshalb beschäftigen sie sich gerne damit. Aber da es unter ihnen Unwissende und Weise gibt, darf man sich nicht an den ersten besten Geist wenden."

25. Wenn man sich an den Geist eines berühmten Arztes wendet, ist man dann sicher, einen guten Rat zu erhalten?

„Die irdischen Berühmtheiten sind nicht unfehlbar und haben oft Ideen, die nicht immer richtig sind, und von denen sie der Tod nicht sofort befreit. Die höheren Geister allein haben diese Wissenschaft, ohne von euch gekannte Namen zu besitzen. Sie wissen über alles weit mehr als eure Weisen. Der Geist eines Gelehrten kann daher nicht mehr davon verstehen, als er während seines Erdendaseins davon verstand."

26. Wenn ein Wissenschaftler ein Geist geworden ist, erkennt er dann seine wissenschaftlichen Irrtümer?

„Wenn er auf einem erhabenen Standpunkte angelangt ist, um von seiner Eitelkeit befreit zu sein, erkennt er, daß seine Entwicklung nicht vollkommen ist und bekennt es ohne Scham. Ist er aber noch nicht genügend von der Materie befreit, so kann er Vorurteile behalten, die er auf Erden hatte."

27. Könnte ein Arzt gestorbene Kranke rufen, um Aufklärungen über die Ursache ihres Todes zu erhalten und über Fehler, die er bei der Behandlung begangen hat?

„Er kann es, und es wäre ihm sehr nützlich, besonders wenn ihm aufgeklärte Geister beiständen, die seinen Mangel an Kenntnissen bei Kranken ersetzen würden."

28. Können uns die Geister bei wissenschaftlichen Untersuchungen und Entdeckungen behilflich sein?

„Die Wissenschaft ist ein Werk des Genies, sie kann nur durch Arbeit erworben werden, denn nur die Arbeit bringt den Menschen auf seinem Wege vorwärts. Welches Verdienst hätte er, wenn er nur die Geister zu fragen brauchte, um alles zu wissen? Dann könnte jeder Schwachkopf ein Gelehrter werden. Wenn man dem Menschen schon alle Sachen fertig gegeben hätte, was würde ihm seine Intelligenz nützen? Er wäre wie ein Schüler, der seine Aufgaben und Pflichten von jemand anderes erfüllen läßt."

29. Wird ein Gelehrter und Erfinder in seinen Unternehmungen niemals von den Geistern unterstützt?

„Das ist ganz verschieden. Wenn die Zeit für eine Entdeckung gekommen ist, suchen die damit beauftragten Geister einen geeigneten Menschen, der sie gut ausführen kann und prägen ihm die nötigen Gedanken derart ein, daß sie ihm daran das ganze Verdienst lassen. Er muß diese Ideen bearbeiten und ins Werk setzen. Und so verhält es sich in jedem Falle mit allen großen Arbeiten der menschlichen Intelligenz."

30. Können Geister verborgene Schätze entdecken?
„Die höheren Geister beschäftigen sich nicht mit diesen Dingen, doch die Spottgeister zeigen oft Schätze an, die nicht vorhanden sind. Dies geschieht zum Nutzen des Suchenden, um ihm zu zeigen, daß das wahre Glück nicht in Schätzen, sondern in der Arbeit besteht. Hat die Vorsehung jemandem verborgene Schätze bestimmt, so wird er sie auch finden, sonst aber nicht."

31. Was soll man vom Glauben an Geister halten, die verborgene Schätze bewachen?
„Geister, die noch erdgebunden sind, haben ihre Anhänglichkeit an irdische Gegenstände bewahrt. Geizige, die ihre Schätze vergraben haben, können sie noch nach dem Tode bewachen und die Verwirrung, in die sie geraten, wenn ihre Schätze in fremde Hände kommen, ist eine ihrer Strafen, bis sie die Nutzlosigkeit derselben begriffen haben."

Anmerkung: Die Frage über die verborgenen Schätze gehört in die gleiche Gruppe von Fragen, wie jene über die unbekannten Erbschaften. Der Mensch wäre wirklich närrisch, der auf die vermeintlichen Enthüllungen etwas geben würde, die ihm durch die Spaßmacher der unsichtbaren Welt gemacht werden. Wenn Geister derartige Enthüllungen machen wollen oder dürfen, so tun sie es von selbst und haben dazu kein Medium nötig.

32. Welchen Grad des Vertrauens kann man den Beschreibungen der Geister über die anderen Welten schenken?
„Das hängt vom Grade des Fortschrittes der Geister ab, die solche Beschreibung geben. Ihr werdet begreifen, daß die niedrigen Geister ebenso unfähig sind, euch in dieser Beziehung zu unterrichten, wie bei euch ein unwissender Mensch imstande ist, alle Länder der Erde zu beschreiben. Über jene Welten werden von euch oft wissenschaftliche Fragen gestellt, die viele Geister nicht beantworten kön-

nen. Sind sie guten Glaubens, so sprechen sie davon nach ihren persönlichen Ansichten. Sind es leichtsinnige Geister, so unterhalten sie sich damit, euch wunderbare und fantastische Beschreibungen zu geben. Aber es gibt Möglichkeiten, über diese Welten Aufklärung zu erhalten. Die guten Geister lassen sich sogar herbei, jene Welten zu beschreiben, die sie bewohnen, damit es euch zur Belehrung diene."

Was für einen Maßstab kann man an die Richtigkeit dieser Beschreibungen legen?

„Die beste Kontrolle ist die Übereinstimmung, die zwischen diesen Beschreibungen selbst besteht. Doch erinnert euch, daß sie eure moralische Vervollkommnung zum Ziele haben sollen, und so ist es in erster Linie der moralische Zustand der Bewohner, nicht aber der physische und geologische Zustand dieser Himmelskörper, über den ihr besonders belehrt werden könnt. Bei euren gegenwärtigen Kenntnissen könnt ihr solche Studien gar nicht begreifen, sie würden auch nicht zu eurem irdischen Fortschritte mit beitragen."

Widersprüche und Mystifikationen

Die Gegner des Spiritismus machen den Einwurf, daß die Anhänger desselben unter sich nicht einig sind, daß nicht alle demselben Glauben anhängen, kurz, daß sie sich widersprechen. Der Unterricht wurde euch von den Geistern zuteil, sagen sie, wie kommt es also, daß er so voller Widersprüche ist? Nur ein ernstes und tiefes Studium des Spiritismus kann diesen Einwurf entkräften und auf seinen wirklichen Wert zurückführen.

Vor allem muß hier festgestellt werden, daß die Widersprüche, davon einige Personen ein so breites Wesen machen, meist mehr scheinbar als wirklich sind. Oft liegen sie mehr im Äußeren als im Inneren der Sache. Sie haben eine doppelte Quelle: die Menschen und die Geister.

Widersprüche, die menschlichen Ursprungs sind, wurden bereits in diesem Buche hinlänglich auseinandergesetzt. Jeder wird begreifen, daß zu Anfang, als die Beobachtungen noch unvollständig waren, verschiedene Ansichten über Ursachen und Folgen spiritueller Erscheinungen entstehen mußten, von denen eine Anzahl bereits durch ernsteres und tieferes Studium gefallen sind. Mit wenig Ausnahmen kann man sagen, daß heute bei der weitaus größeren Mehrzahl der Spiritisten bis auf einige unbedeutende Einzelheiten Einheit besteht.

Um die Ursache und das Gewicht der Widersprüche spiritistischen Ursprungs zu begreifen, muß man sich mit der Natur der unsichtbaren Welt identifizieren und sie in allen ihren Gestalten studiert haben. Zuerst kann es seltsam erscheinen, daß die Geister nicht alle gleich denken. Doch es kann den nicht überraschen, der die unendliche Anzahl von Stufen in Betracht zieht, die sie zu durchwandeln haben, bis sie die Spitze der Stufenleiter erreichen.

Ihnen eine gleiche Würdigung aller Dinge zuschreiben zu wollen, hieße, sie auf den gleichen Rang und die gleiche Höhe zu stellen und verneinen, daß sie alle das Rechte sehen. Es hieße ferner, daß sie alle zur Vollkommenheit gelangt sind, was nicht der Fall ist und nie sein kann, wenn man in Betracht zieht, daß sie nichts anderes sind als die von der körperlichen Hülle entblößte Menschheit. Da sich Geister jeden Ranges und jeder Stufe mitteilen können, folgt daraus, daß ihre Mitteilungen den Stempel ihres Wissens oder ihrer Unwissenheit, ihrer Erhabenheit oder Niedrigkeit an sich tragen.

Da es nur den vollkommenen Geistern gegeben ist, alles zu kennen, gibt es für andere genau wie für uns Geheimnisse, die sie nach ihrer Art und ihren Gedanken erklären, und über die sie sich mehr oder weniger richtige Begriffe machen können, die sie aus Eigenliebe zur Geltung bringen möchten. Die Widersprüche spiritistischen Ursprungs haben also keine andere Ursache, als die Verschiedenheit in der Intelligenz, in den Kenntnissen, im Urteile und der Moral gewisser Geister, die noch nicht fähig sind, alles zu erkennen und zu begreifen.

Manche Menschen werden sagen: „Was nützt uns die Belehrung der Geister, wenn sie uns keine größere Gewißheit bietet als die Belehrung der Menschen?" Darauf ist leicht zu antworten. Wir nehmen nicht mit dem gleichen Vertrauen von allen Menschen Unterricht an, und unter zwei Belehrungen geben wir jener den Vorzug, deren Urheber uns der aufgeklärteste, fähigste, verständigste und für Leidenschaften am wenigsten zugängliche Lehrer erscheint. Genauso muß man mit den Geistern umgehen. Gibt es welche, die nicht über dem Durchschnitt der Menschheit stehen, so gibt es wieder andere, die diese weit überholt haben, und solche Geister können uns guten Unterricht erteilen. Man muß sie von den Schwärmen niederer Geister, die sich uns anhängen wollen, unterscheiden, wenn man sich aufklären will. Aber selbst ihr Unterricht hat seine Grenze, und wenn es den Geistern nicht gestattet ist, alles zu wissen, umso mehr muß dies bei den Menschen der Fall sein. Es gibt Dinge, über die man höchste Geister vergebens befragen würde, sei es, daß es ihnen verboten ist, sie zu enthüllen, sei es, daß sie über dieselben selbst nichts wissen.

Wir bringen nachstehend wieder einige aufschlußreiche Antworten von Geistern, die wir mit Bezug auf die Widersprüche von ihnen auf unsere Fragen bekamen:

1. Kann derselbe Geist, wenn er sich in zwei verschiedenen Zirkeln offenbart, über den gleichen Gegenstand ganz entgegengesetzte Antworten erteilen?
   „Wenn diese zwei Zirkel in ihren Meinungen und Gedanken verschieden sind, so kann ihnen die Antwort als unter verschiedener Gestalt vorgetragen erscheinen, weil sie unter dem Einflusse von verschiedenen Geister-Ordnungen stehen. Nicht die Antwort ist entgegengesetzt, sondern nur die Fassung, in der sie gegeben wird."
2. Man begreift, daß eine Antwort verändert erteilt werden kann, aber wenn die Ehrenhaftigkeit des Mediums jeden bösen Einfluß ausschließt, wie kommt es dann, daß die höheren Geister eine verschiedenartige und gegenteilige Sprache über denselben Gegenstand zu völlig ernsten Personen halten?
   „Die wahrhaft erhabenen Geister widersprechen sich nie, und ihre Sprache ist mit *denselben* Personen stets dieselbe. Sie kann nach Personen und Orten verschieden sein, aber

man muß dabei aufmerken. Der Widerspruch ist oftmals nur scheinbar, er liegt mehr in den Worten als in dem Gedanken. Ferner kann derselbe Geist auf die gleiche Frage verschieden antworten, wenn der Fortschritt derjenigen, die ihn anrufen, verschieden ist. Es ist nicht immer gut, daß alle eine gleiche Antwort erhalten, es ist gleichsam, als stellte ein Kind und ein Gelehrter die gleiche Frage an dich. Gewiß wirst du dem einen wie dem andern in besonderer Art antworten, um verstanden zu werden. Die Antwort, obgleich verschieden, hätte schließlich denselben Inhalt."

3. Aus welchem Grunde scheinen die ernsten Geister bei gewissen Personen bestimmte Gedanken und selbst Vorurteile zu bestätigen, die sie bei anderen bekämpfen?

„Wenn jemand eine stark eingeprägte Überzeugung hinsichtlich einer, wenn auch falschen Lehre besitzt, so müssen wir ihn von dieser Überzeugung abbringen, aber auch nur nach und nach. Deshalb bedienen wir uns auch oft seiner Ausdrücke und geben uns den Anschein, als gingen wir auf seine Ideen ein. Es ist nicht gut, die Vorurteile zu heftig anzugreifen, wir würden abgelehnt werden. Das ist der Grund, warum Geister oft im Sinne derjenigen reden, die sie nach und nach zur Wahrheit führen wollen. Auch darf man nicht das als einen Widerspruch betrachten, was oft nur die nähere, ausführlichere Darstellung der Wahrheit ist."

4. Selbst offenbare Widersprüche können im Geiste gewisser Personen Zweifel säen, was für Kontrollen hat man, die Wahrheit zu erkennen?

„Um den Irrtum von der Wahrheit zu unterscheiden, muß man diese Antworten gründlich studieren und lange darüber ernstlich nachdenken, also ein ganzes Studium daraus machen, und das braucht Zeit."

5. Es gibt Personen, die für ein ernstes und gründliches Studium weder die Zeit noch die Fähigkeit haben. Sie nehmen, was man lehrt, ohne Prüfung an. Laufen sie nicht Gefahr, in Irrtümer zu verfallen?

„Das Wesentliche ist, Gutes zu tun und nichts Böses anzustellen, und dafür gibt es keine doppelten Lehren. Das Gute ist immer das Gute, ihr mögt es im Namen von Allah oder Jehova verrichten. Es gibt nur einen Gott für das Weltall."

6. Wie können die Geister, die entwickelte Intelligenz zu haben scheinen, offenbar falsche Begriffe von manchen Dingen haben?

„Sie haben ihre Doktrinen. Die noch nicht weit genug fortgeschrittenen Geister, die aber an ihren Fortschritt glauben, nehmen ihre Lehren für Wahrheit."

7. Was sollen wir von der Lehre halten, nach der sich nur ein einziger Geist offenbaren kann, und daß dieser Geist nur Gott oder Jesus sein kann?

„Ein Geist, der dies lehrt, ist ein herrschsüchtiger Geist, und was diese Lehre anbelangt, so widerlegt sie sich von selbst, weil sie sich im Widerspruch zu den bewährtesten Tatsachen und Erfahrungen befindet. Sie verdient keine ernstliche Untersuchung, denn sie besitzt keinen Anhaltspunkt. Die Vernunft sagt euch, daß das Gute aus einer guten Quelle und das Böse aus einer schlechten Quelle stammen muß. Die Verschiedenheit der Mitteilungen ist der sprechendste Beweis für ihren verschiedenartigen Ursprung. Übrigens vergessen die Geister, die behaupten, daß sie sich allein mitteilen, den Grund anzugeben, warum es die anderen nicht können. Ihre Behauptung ist die Verleugnung dessen, was der Spiritismus als das Schönste und Tröstlichste aufzuweisen hat: den Verkehr der sichtbaren mit der unsichtbaren Welt, der Menschen mit den ihnen teueren abgeschiedenen Wesen."

Der Geist der Wahrheit

8. Einer der auffallendsten Widersprüche, den man unter den Mitteilungen der Geister wahrnimmt, ist jener, der sich auf die wiederholte Einverleibung, die Reinkarnation bezieht. Wenn die Wiedereinverleibung eine Notwendigkeit des geistigen Lebens ist, weshalb wird sie nicht gleichermaßen von allen Geistern gelehrt?

„Ihr wißt, daß es Geister gibt, deren Gedankengänge bis heute, wie bei vielen Menschen, sehr beschränkt sind. Sie glauben, das Schicksal, das sie gegenwärtig haben, müsse immer so dauern, sie können nicht über die Grenze ihrer Fassungskraft hinaussehen und bekümmern sich weder darum, woher sie kamen, noch wohin sie einmal gehen. Dennoch müssen sie sich einmal dem Gesetze der Notwendigkeit fügen. Und die Wiedereinverleibung ist für sie eine Notwendigkeit, an die sie nicht früher denken, als bis sie plötzlich da ist. Sie wissen zwar, daß der Geist fortschreitet, aber die Art seines Fortschrittes ist für sie ein Problem. Wenn ihr sie daher fragt, werden sie euch naiv von sieben übereinander gelagerten Himmeln, wie von Stockwerken eines Hauses erzählen. Es gibt auch Geister, die euch von den Sphären des Feuers und der Sterne, auch von der Stadt der Blumen und der Auserwählten erzählen."

9. Wir begreifen, daß wenig fortgeschrittene Geister diese Frage nicht erfassen können, aber wie kommt es, daß sie dann andererseits, obwohl sie von bekannter intellektueller und moralischer Niedrigkeit sind, aus freien Stücken von ihren verschiedenen Existenzen und ihrem Wunsche reden, sich wieder zu verkörpern, um ihre Vergangenheit zu sühnen?

„In der Geisterwelt gehen Sachen vor sich, die ihr schwer begreifen könnt. Habt ihr nicht unter euch auch Leute, die in gewisser Hinsicht sehr unwissend, in anderer Beziehung aber recht aufgeklärt sind? Leute, die mehr Urteilskraft als Unterricht, und wieder andere, die mehr Scharfsinn als Urteilskraft besitzen?

Man muß hier noch der Klugheit Rechnung tragen, die viele Geister gewöhnlich bei Bekanntgabe von Wahrheiten anwenden. Ein zu lebhaftes und zu plötzliches Licht blendet immer, aber es erleuchtet nicht. Sie können es in gewissen Fällen für nützlich finden, je nach den Umständen nur stufenweise Licht zu verbreiten. Moses hat nicht alles gelehrt, was Christus lehrte, und Christus selbst hat vieles gesagt, dessen Verständnis erst künftigen Generationen vorbehalten sein wird. Ihr sprecht von der Wiedereinverleibung und wundert euch, daß diese Lehre in einigen Gegenden nicht gelehrt wurde. Doch bedenket, daß man z. B. in einem Lande, wo das Vorurteil der Hautfarbe im höchsten Grade herrscht, wo es Sklaverei gibt, den Spiritismus schon allein deswegen würde verworfen haben, weil er die Reinkarnation propagiert hätte. Der Gedanke, daß ein Sklave von heute der Herr von morgen und umgekehrt sein könnte, wäre als etwas geradezu Ungeheuerliches erscheinen." *Der Geist der Wahrheit*

10. Haben Irrlehren, die von gewissen Geistern gelehrt werden können, nicht die Wirkung, den Fortschritt der wahren Wissenschaft zu verzögern?

„Diese Irrtümer sind eine Folge der Niedrigkeit dieser eurer Welt. Wenn die Menschen vollkommen wären, würden sie nur Wahres erfahren. Die Irrtümer sind wie falsche Edelsteine, die nur ein geübtes Auge unterscheiden kann. Ihr bedürft also einer Unterweisung, um das Wahre vom Falschen zu unterscheiden. Die falschen Lehren haben den Nutzen, euch darin zu üben, die Wahrheit vom Irrtum zu unterscheiden."

Werden nicht alle, die den Irrtum annehmen, in ihrem Fortschritte aufgehalten?

„Wenn sie den Irrtum annehmen, so geschieht es darum, weil sie nicht genug fortgeschritten sind, um die Wahrheit zu erkennen."

11. Bevor die Einigkeit hergestellt wird, glaubt ein jeder, die Wahrheit für sich zu besitzen. Truggeister werden diesen Glauben nähren. Auf was soll ein unparteiischer Mensch sein Urteil stützen?

„Das reinste Licht ist durch keine Wolke verdunkelt. Ein Diamant ohne Makel besitzt den größten Wert. Beurteilt die Geister daher nach der Reinheit ihres Unterrichtes. Die Einigkeit wird sich auf jener Seite herstellen, wo das Gute niemals mit dem Bösen vermengt wird. Merkt euch, daß die Grundsätze überall die gleichen sind, und daß sie euch in einem gemeinsamen Gedanken vereinigen müssen, nämlich die Liebe zu Gott und die Ausübung des Guten. Mag daher der Fortschritt, den man den Geistern zuschreibt, sonstwie beschaffen sein, das Ziel ist dasselbe, und die Mittel, es zu erreichen, sind die gleichen, nämlich das Gute zu tun.“ *Der Geist der Wahrheit*

Anmerkung: Die Widersprüche, die sich uns in den spiritistischen Botschaften dartun, können aus folgenden Ursachen herrühren: Aus der Unwissenheit mancher Geister; aus dem Aberglauben der niederen Geister; aus dem Willen des Geistes selbst, der seine Rede den Zeit- und Ortsverhältnissen und denen der anwesenden Personen anpassen muß; aus der Unzulänglichkeit der menschlichen Sprache, die es dem Geiste oft nicht gestattet, seinen Gedanken vollständig auszudrükken, und endlich aus der Auslegung, die der Mensch einem Worte oder einer Erklärung geben kann. —

Ist es schon unangenehm, getäuscht zu werden, so ist es noch unangenehmer, mystifiziert, d. h. in diesem Sinne betrogen zu werden. Das ist eine von jenen Unannehmlichkeiten, vor denen man sich leicht bewahren kann. Die Mittel, um die Ränke der Truggeister unschädlich zu machen, fließen aus allen vorhergegangenen Lehren. Hier folgen Antworten von Geistern auf diesbezügliche Fragen:

1. Die Mystifikationen zählen zu den unangenehmsten Klippen des praktischen Spiritismus. Gibt es ein Mittel, sich dagegen zu verwahren und sie auszuschalten?

   „Ich glaube, ihr könnt die Antwort auf diese Frage in allem finden, was euch gelehrt wurde. Ja, es gibt dagegen ein ganz einfaches Mittel, nämlich vom Spiritismus nur das zu begehren, was er euch geben kann und geben soll.

   Sein Ziel ist die moralische Veredlung der Menschheit. Solange ihr euch davon nicht entfernt, werdet ihr nie betrogen werden, weil es nicht zwei Arten gibt, die wahre Moral zu begreifen, die jedermann von gesundem Sinne versteht. Die Geister kommen, um euch zu belehren, auf dem Wege des Guten zu beschützen, aber nicht auf dem Wege der Ehrenstellen und des Glückes und um euren kleinlichen Leidenschaften zu dienen. Würde man sie nie um nichtige Sachen und um solche außer dem Bereich ihres Willens befragen, so würde man nie Truggeistern Zutritt geben.

   Es ist nicht Aufgabe der Geister, euch über Dinge dieser

Welt zu belehren, sondern euch sicher zu dem zu führen, was euch in der anderen Welt nützen kann. Reden sie einmal von irdischen Dingen, so geschieht es darum, weil sie es für nötig halten, aber nicht auf euer Befragen. Brauchten die Menschen nichts anderes zu tun, als sich an die Geister zu wenden, um alles zu erfahren, so hätten sie nicht mehr ihren freien Willen und würden vom Wege zu Gott abweichen. Gott sendet nicht die Geister, um den Menschen den Weg des materiellen Lebens zu ebnen, sondern um sie für die Zuknuft vorzubereiten."

2. Aber es gibt Personen, die nichts fragen und von gewissen Geistern, die ohne gerufen zu werden von selbst kommen, auf eine geradezu unwürdige Art betrogen werden.
   „Obgleich sie nichts fragen, so hören sie doch zu, was ihnen erzählt wird, was auf dasselbe hinausläuft."
3. Warum erlaubt Gott, daß fromme Personen, die den Spiritismus in gutem Glauben annehmen, betrogen werden? Könnte dies nicht zur unangenehmen Folge haben, daß ihr Glaube wankend wird?
   „Wenn dies ihren Glauben erschüttern könnte, so wäre dieser nicht sehr fest begründet gewesen. Alle die den Spiritismus wegen einer getäuschten Hoffnung verlassen, beweisen damit, daß sie ihn nicht verstehen, und daß sie sich nicht an die ernste Seite halten. Gott läßt diese Betrügereien zu, um die Ausdauer der wahren Anhänger zu erproben, und um die zu bestrafen, die daraus einen Gegenstand der Unterhaltung machen."

Der Geist der Wahrheit

Anmerkung: Die Schelmenstücke mystifizierender Geister übersteigen manchmal alles, was man sich denken kann. Und diese Mystifikationen können unangenehme Folgen haben für jene, die sich nicht in Acht nehmen. Unter den Mitteln, die durch Geister zu Betrügereien angewendet werden, muß man als die am häufigsten vorkommenden jene feststellen, die Habsucht aller Art zu wecken beabsichtigen, wie z. B. die Entdeckung angeblich verborgener Schätze, die Ankündigung von Erbschaften, oder andere Glückswechsel. Auch muß man alle auf eine genau angegebene Zeit lautenden Voraussagen als im höchsten Grade verdächtig betrachten, ebenso wie alle mit Bestimmtheit erfolgenden Anzeigen materieller Interessen.

Man muß sich ferner vor jeder durch die Geister vorgeschriebenen oder angeratenen Handlung hüten, wenn diese nicht ganz offenbar vernünftig ist. Niemals darf man sich durch den Namen, den die Geister sich zulegen, um ihren Worten den Anschein der Wahrheit zu geben, blenden lassen. Allzukühnen Theorien und wissenschaftlichen Systemen, sowie allem, was sich vom moralischen Zweck der Manifestationen entfernt, muß man mißtrauen, dann kann man auch nicht mystifiziert werden.

Scharlatanerie und Taschenspielerei — Interessierte Medien Betrügereien im Spiritismus

Weil alles auf der Erde Gegenstand des Eigennutzes werden kann, darf es nicht verwundern, daß man sich auch die Geister zu Nutzen machen wollte. Man wußte nur nicht so recht, wie man dies anfangen sollte. Würde es gelingen, hätten wir mehr falsche Medien als falsche Somnambule. Uneigennützigkeit ist die sprechende Antwort, die unsere Medien allen den geben können, die in den spiritistischen Tatsachen nur geschickte Manöver erblicken wollen, denn uneigennützige Scharlatanerie gibt es nicht.

Wenn der Gewinn, den ein Medium durch seine mediale Eigenschaft bezieht, ein Gegenstand des Verdachtes werden kann, so liegt hierin noch kein Beweis, daß dieser Verdacht auch begründet ist. Ein solches Medium kann wirklich mediale Eigenschaften besitzen, kann auch völlig guten Glaubens handeln, auch wenn es sich bezahlen läßt.

Hat man es verstanden, was wir bisher von den notwendigen Bedingungen gesagt haben, um den guten Geistern als Medium zu dienen, und erwägt dazu noch die vielen Ursachen, die sie wieder von uns entfernen können, betrachtet man dazu die von ihrem Willen unabhängigen Umstände, die oft ein Hindernis für ihr Kommen bilden und endlich noch alle die

moralischen Bedingungen, die einen Einfluß auf die Natur der Mitteilungen haben können, wie wollte man da voraussetzen, daß ein Geist, wenn er auch noch so wenig erhaben wäre, zu jeder Tagesstunde dem Unternehmer von Vorstellungen zur Verfügung stehen könnte, um die Neugierde eines jeden, der da kommt, zu befriedigen? Da aber die leichtfertigen Geister wenig gewissenhaft sind und nur Gelegenheit zur Unterhaltung auf unsere Kosten suchen, kann man den Schluß ziehen, daß man zwar nicht durch ein falsches Medium mystifiziert wurde, wohl aber durch leichtsinnige Geister. Diese Betrachtungen allein geben den Maßstab dafür ab, wieviel Vertrauen man Mitteilungen dieser Art entgegenbringen kann.
Interessierte Medien sind nicht allein jene, die eine bestimmte Zahlung für ihre Leistungen begehren. Der Eigennutz zeigt sich nicht immer durch die Hoffnung auf einen materiellen Gewinn, sondern auch durch die ehrgeizigen Aussichten jeder Art, auf die man persönliche Hoffnungen setzt. Es gibt andere Verkehrtheiten, die Spottgeister sehr gern zu ergreifen wissen.
Medien für physische Manifestationen gehören nicht in diese Kategorie. Ihre Wirkungen werden gewöhnlich durch niedere, weniger gewissenlose Geister hervorgebracht. Wir sagen nicht, daß diese Geister deshalb etwa böse Geister wären. Man kann ein Lastträger, aber dennoch ein Ehrenmann sein. Ein Medium dieser Art, das seine Fähigkeiten in Anwendung bringen wollte, könnte daher Geister haben, die ihm ohne Widerstand beistehen würden. Das Medium für physische Manifestationen hat seine Fähigkeit ebensowenig wie jenes für intellektuelle Kundgebungen zum bloßen Vergnügen erhalten. Bedingung bleibt immer, daß es einen guten Gebrauch davon macht, und wenn das Medium die Gabe mißbraucht, kann ihm die Kraft entzogen werden oder sich zu seinem Nachteile kehren.
Niedere Geister haben ein Wohlgefallen daran, zu betrügen. Aber sie lieben es nicht, selbst betrogen zu werden. Obgleich sie sich gern zu Scherz und Sachen herbeilassen, die die Neugierde reizen, lieben sie es ebensowenig wie andere Geister, ausgehorcht zu werden oder als Statisten für eine Einnahme

zu dienen. Sie beweisen es jeden Augenblick, daß sie ihren Willen haben, und sie handeln, wann und wie es ihnen gutdünkt. Daraus folgt, daß das Medium für physische Effekte in Bezug auf die Regelmäßigkeit der Manifestationen noch weniger sicher ist als das schreibende Medium. Die Behauptung, daß man sie an einem bestimmten Tage und zu einer gewissen Stunde hervorrufen könne, hieße den Beweis größter Unwissenheit liefern. Was soll man also tun, um sein Geld zu verdienen? Man täuscht die Phänomene vor. Diese Erfahrung macht man nicht nur bei jenen, die daraus ein offenes Handwerk machen, sondern auch bei anscheinend ganz einfachen Menschen, die diese Sache viel leichter und bequemer finden, als zu arbeiten. Wenn der Geist nichts liefert, so ersetzt man ihn.

Die mediale Fähigkeit, selbst wenn sie sich in den Grenzen der physischen Manifestationen bewegen würde, ist nicht verliehen worden, um auf den Brettern Parade zu machen. Wer etwa behaupten wollte, daß ihm die Geister zur Verfügung ständen, um sie öffentlich vorzuführen, kann mit gutem Grunde als der Scharlatanerie und der Taschenspielerei verdächtig betrachtet werden.

Aus allem diesem können wir schließen, daß die absolute Uneigennützigkeit die beste Bürgschaft gegen Scharlatanerie ist. Obgleich sie uns nicht immer die Güte der intellektuellen Mitteilungen sichert, so nimmt sie den bösen Geistern ein mächtiges Mittel zum Handeln und schließt gewissen Verleumdungen den Mund zu.

Es würde nun noch übrig bleiben zu besprechen, was man Taschenspielerei aus Liebhaberei nennen könnte, die unschuldige Betrügerei von schlechten Spaßmachern. Man könnte sie ohne Zweifel in leichtsinnigen und frivolen Kreisen als eine Art von Zeitvertreib betrachten, aber nicht in ernsten Vereinigungen, wo dementsprechend auch nur ernste Personen zugelassen werden.

Man wird vielleicht einwenden, daß ein Medium, weil es seine Zeit dem Publikum im Interesse der Sache widmet, dies nicht umsonst tun kann, da es doch leben muß. Aber liegt es im Interesse der Sache oder im eigenen Interesse, wenn es sich dafür hingibt? Liegt es nicht vielmehr daran, weil es in der Medialität ein einträgliches Gewerbe sieht? Um diesen Preis würde man immer bereitwillige Menschen finden. Schließlich hat ein Medium ja auch noch einen anderen Erwerb zur Verfügung. Vergessen wir nicht, daß die Geister, abgesehen von ihrer Erhabenheit oder Niedrigkeit, die Seelen Verstorbener sind, und daß, wenn Moral und Religion uns die Pflicht auferlegen, ihre sterblichen Überreste zu achten, die Pflicht ihren Geist zu achten eine viel höhere ist. Man darf nicht vergessen, daß die physischen ebenso wie die intellektuellen Manifestationen von Gott nur zu unserer Belehrung zugelassen werden.

Abgesehen von diesen moralischen Betrachtungen bestreiten wir keineswegs, daß es ehrbare und gewissenhafte interessierte Medien gibt, einfach weil es in allen Ständen Ehrenmänner gibt. Wir reden hier nur von den Mißbräuchen, aber man wird zugeben, daß Mißbrauch sich mit viel mehr Grund bei bezahlten Medien findet als bei solchen, die ihre Fähigkeit als Gnade betrachten und sie nur gebrauchen, um damit Dienste zu erweisen.

Der Grad des Vertrauens, den man einem bezahlten Medium gegenüber einnehmen kann, hängt in erster Linie von der Achtung ab, die ihm sein Charakter, seine Moral und seine Umstände verschaffen. Ein Medium, das in einem offenbar ernsthaften und vorteilhaften Berufe verhindert wäre, seine Zeit auf eine andere Art zu benützen, und sich damit gerechterweise entschuldigen ließe, darf nicht mit einem anderen Medium verwechselt werden, das mit Vorbedacht aus seiner Medialität eine Einnahmequelle machen würde. Je nach Zweck und Beweggrund können die Geister also entweder die bezahlte Medialität verwerfen, freisprechen oder unterstüzen. Sie beurteilen mehr die Absicht als die materielle Tat.

Somnambule, die ihre Fähigkeit in einer gewinnbringenden Art benützen, befinden sich nicht in derselben Lage. Obwohl auch ihre Ausnützung Mißbräuchen unterworfen ist, und ihre Uneigennützigkeit höchste Garantie für die Aufrichtigkeit bleibt, ist dennoch die Sachlage dadurch verschieden, weil nur ihr eigener Geist handelt. Deshalb steht er ihnen auch jeder-

zeit zur Verfügung, und sie beuten ja nur sich selbst aus, weil es ihnen freisteht, über ihre Person zu verfügen.
Wir verkennen nicht, daß unsere Strenge bei eigennützigen Medien alle jene gegen uns aufwiegeln wird, die diesen neuen Erwerbszweig entweder schon ausbeuten oder die Absicht haben, ihn auszubeuten. Wir haben auch Leute gegen uns, die diese Sache nicht mit dem großen Ernst betrachten wie wir, doch wir glauben, daß uns das Recht zusteht, eine Meinung zu haben und sie auch aussprechen zu dürfen.
Diejenigen, die das Bestehen der physischen Manifestationen leugnen, schreiben die hervorgebrachten Wirkungen gewöhnlich einem Betruge zu. Sie stützen sich dabei darauf, daß geschickte Taschenspieler Sachen ausführen, die als Wunder erscheinen, wenn man ihre Tricks und Geheimnisse nicht kennt. Daraus schließen sie also, daß die Medien auch nichts anderes sind als Taschenspieler. Hierzu sei gesagt, daß es ohne Zweifel Taschenspieler von bewunderungswürdiger Geschicklichkeit gibt, aber sie sind sehr selten. Wenn nun alle Medien die Taschenspielerei betreiben würden, müßte man gestehen, daß diese Kunst unerhörte Fortschritte gemacht hat und plötzlich sehr gewöhnlich geworden ist, weil sie sich bei vielen Menschen sogar im angeborenen Zustande findet, bei Menschen, die sich dessen gar nicht bewußt sind, sogar bei Kindern!
Betrug hat immer ein Ziel, irgend ein eigennütziges, materielles Interesse. Wo es nichts zu gewinnen gibt, da besteht auch kein Interesse zu betrügen. Wir haben es schon einmal mit Bezug auf die bezahlten Medien gesagt: Die beste Garantie bildet immer die absolute Uneigennützigkeit.
Von allen spiritistischen Erscheinungen sind es besonders die physischen Phänomene, die am meisten Gelegenheit zum Betrug bieten, und dies aus einer Ursache, die wir kurz betrachten wollen: Erstens, weil sie sich mehr dem Auge als der Intelligenz darstellen und von der Taschenspielerei gut nachgeahmt werden können. Zweitens, weil sie mehr als die anderen Phänomene die Neugierde wecken und geeigneter sind, die Menge anzuziehen. Von diesem doppelten Standpunkte aus haben die Scharlatane also vollen Grund, diese Arten von Manifestationen nachzuahmen. Die mit der Wissenschaft

größtenteils nicht vertrauten Zuschauer kommen gewöhnlich hin, um mehr eine Zerstreuung als ernsthafte Belehrung zu suchen. Es ist bekannt, daß immer das besser bezahlt wird, was unterhält, als was belehrt. Abgesehen davon, gibt es einen nicht weniger entscheidenden Grund: Wenn Taschenspielerei die materiellen Wirkungen nachahmen kann, für die ja nur Geschicklichkeit erforderlich ist, so bemerken wir bei ihr bis heute weder die Gabe der Improvisation, die eine ungewöhnliche Menge von Intelligenz erfordert, noch die Gabe, schöne und erhabene Lehren hervorzubringen, voll treffender Anspielungen, die uns von Geistermitteilungen her bekannt sind.

Bei allen Dingen sind die Menschen am leichtesten zu betrügen, die nicht vom Fach sind, und genauso verhält es sich auch beim Spiritismus. Alle Menschen, die ihn nicht kennen, sind durch den Schein leicht zu hintergehen, während ein vorhergehendes aufmerksames Studium sie nicht nur mit den Ursachen der Erscheinungen, sondern auch mit den normalen Bedingungen bekannt macht, unter denen sie hervorgebracht werden können, ihnen also auf diese Art die Mittel liefert, jeden Betrug zu erkennen.

Alle spiritistischen Phänomene sind nicht mit gleicher Leichtigkeit nachzuahmen, es gibt einige, die aller Geschicklichkeit der Taschenspielerkunst offensichtlich Trotz bieten. Dieses sind: Die Bewegung von Dingen und Gegenständen ohne jede Berührung, das Heben und Freischweben von schweren Körpern in der Luft, das Klopfen von verschiedenen Seiten, die Erscheinungen, mit Ausnahme von Puppen und geheimer Beihilfe. Deshalb sagen wir, daß man in solchen Fällen die Umstände aufmerksam beobachten muß, unter besonderer Berücksichtigung des Charakters und der Verhältnisse der beteiligten Personen, denen das Hintergehen Vorteile bringen könnte. Das ist die beste Kontrolle, denn andererseits gibt es Umstände, die von vornherein jeden Grund zu einem Verdacht ausschließen.

Eine sehr gewöhnliche Erscheinung ist die der inneren Schläge, die in der Substanz des Holzes selbst geschlagen werden, mit oder ohne Bewegung des Tisches, oder eines sonstigen Gegenstandes dessen man sich gerade bedient. Diese Wirkung ist am leichtesten nachzuahmen, sei es durch die Berührung der Füße oder durch Hervorbringung des Krachens in den Möbeln, und hierzu gibt es einen kleinen Trick: Es genügt, seine beiden Hände auf die Fläche des Tisches zu legen, derart, daß die Fingernägel einander genau berühren. Dann läßt man sie durch eine Muskelbewegung gänzlich unbemerkt ein Klopfen versuchen, was ein trockenes, kleines Geräusch verursacht, das große Ähnlichkeit mit jenem der inneren Typtologie hat. Dieses Geräusch findet sein Echo im Holze und bringt eine komplette Täuschung hervor. Nichts ist leichter, als soviel Schläge hören zu lassen, als gewünscht werden, auf Fragen mit Ja oder Nein zu antworten oder durch Zahlen und Andeutung bestimmter Buchstaben des Alphabets zu antworten.

Noch leichter läßt sich die direkte Schrift nachahmen, ohne die gebräuchlichen chemischen Tinten zu berücksichtigen, die eine Schrift nach gewisser Zeit auf weißem Papier erscheinen lassen, was man durch geeignete Vorsichtsmaßregeln vereiteln kann. Man kann durch eine geschickte Handbewegung ein Papier für das andere unterschieben, oder der Betrüger könnte die Aufmerksamkeit ablenken, während er in geschickter Weise einige Worte schreibt. Man hat auch schon beobachtet, wie zum Schreiben eine Kleinigkeit Blei eines Bleistiftes unter dem Fingernagel versteckt wurde.

Das Phänomen der Überbringung eignet sich nicht weniger gut für die Taschenspielerei, man kann leicht von einem mehr oder weniger geschickten Gaukler gefoppt werden, es braucht nicht einmal ein berufsmäßiger zu sein. In der gleichen Lage befindet sich auch die direkte Schrift.

In dem Kapitel über die speziellen Medien haben wir auf Grund von Geisterbelehrungen erwähnt, welche medialen Fähigkeiten häufig und welche selten sind. Man muß daher jenen Medien mißtrauen, die behaupten, die direkte Schrift leicht zu erhalten oder die vorgeben, eine Mehrheit von Fähigkeiten zu besitzen. Sie ist nur selten gerechtfertigt.

Die verständigen und moralischen Manifestationen aus Geisterkreisen sind nach den Umständen diejenigen, die meiste Garantien bieten, aber auch diese sind vor Nachahmung nicht sicher, besonders was die gewöhnlichen und alltäglichen Mitteilungen anbelangt. Mit den mechanischen Medien glaubt man mehr Sicherheit zu haben, aber das ist ein Irrtum. Der Betrug schleicht sich überall ein und wir wissen, daß man mit Geschicklichkeit selbst ein Körbchen oder Brettchen, das schreibt, nach Belieben lenken und ihm den Anschein einer spontanen Bewegung geben kann. Was allen Zweifel behebt, sind die ausgedrückten Gedanken, die von einem mechanischen, intuitiven, hörenden, sprechenden oder sehenden Medium kommen. Es gibt Mitteilungen, die so erhaben über die Kenntnisse und den intellektuellen Gesichtskreis des Mediums sind, daß man sich wirklich täuschen müßte, sie ihm zuzutrauen. Scharlatanerie kann vielleicht große Geschicklichkeit und reichhaltige Quellen aufweisen, aber wir können nicht zugeben, daß er einem Ignoranten oder Betrüger die Gabe der Wissenschaft verleiht oder jemandem Scharfsinn geben kann, der ihn nicht besitzt.

Von spiritistischen Vereinen und Gesellschaften Wetteifer und Gegenstände der Studien

Spiritistische Vereine können sehr große Vorteile geben, weil sie Gelegenheit bieten, durch den wechselseitigen Austausch der Gedanken und durch Fragen und Bemerkungen, die ein jeder machen kann, aus denen auch jeder Nutzen ziehen kann, sich aufzuklären. Aber damit auch alle davon Erfolge haben, erfordern sie besondere Bedingungen, die wir im Folgenden betrachten wollen. Zunächst ist es nicht recht, sie gewöhnlichen Gesellschaften gleichzustellen. Diese Vereine sind alle kollektiv, und was sie betrifft, ist eine natürliche Folge der vorausgegangenen Belehrungen. Sie haben alle die gleichen Vorsichten anzuwenden und müssen sich vor denselben Klippen hüten wie der Einzelne.

Spiritistische Vereine haben verschiedenen Charakter, je nach ihrem Zweck, daher müssen auch ihre Existenzbedingungen verschieden sein. Ihrer Natur nach können sie frivol, experimentierend oder belehrend sein.

Die frivolen und leichtfertigen Gesellschaften bestehen aus Personen, die nur die scherzhafte Seite der Kundgebungen sehen und sich an den Possen der leichtfertigen Geister ergötzen, die bekanntlich von solchen Versammlungen große Liebhaber sind. Hier ist es, wo man allerlei Gemeinheiten fragt, wo man sich von Geistern lustige Abenteuer berichten läßt, wo man ihre Fernsicht auf die Probe stellt, das Alter, das Geld in der Tasche erraten und sich kleine Geheimnisse und tausend andere Sachen ähnlicher „Wichtigkeit" enthüllen läßt.

Diese Versammlungen sind ohne jede Bedeutung, doch da die leichtfertigen Geister manchmal sehr intelligent und gewöhnlich von einem leichten Humor sind, so kommen dort oft sehr bemerkenswerte Dinge vor, daraus der Beobachter seinen Nutzen ziehen kann. Wenn jemand vom Spiritismus noch nichts anderes gesehen hätte als dies, und die Geisterwelt nach diesen Proben beurteilen wollte, machte er sich völlig falsche Vorstellungen von ihr. Man kann die Bevölkerung einer Weltstadt auch nicht nach den Menschen einer gewissen Vorstadt beurteilen. Der einfache und gesunde Sinn sagt uns, daß erhabene Geister nicht in solche Versammlungen kommen können, wo die Zuschauer keinen Ernst besitzen. Will man sich mit nichtigen Dingen beschäftigen, so muß man freilich die leichtfertigen Geister rufen, aber es wäre eine schwere Entweihung, darin verehrte Namen einzuladen und das Heilige mit dem Gewöhnlichen zu vermengen.

Die experimentierenden Vereine haben mehr die Hervorbringung der physischen Manifestationen zum Gegenstande. Für viele Personen ist dies mehr ein sehenswertes Schauspiel als belehrend. Ungläubige gehen mehr verwundert als überzeugt weg, wenn sie nichts anderes gesehen haben. Ihre ganze Aufmerksamkeit ist auf das Vorhandensein geheimer Fäden gerichtet, denn da sie sich über nichts Aufklärung geben können, vermuten sie überall Betrug. Anders verhält es sich mit jenen, die nachgedacht haben. Sie begreifen von vornherein die Möglichkeit, und positive Tatsachen bestimmen und beenden dann ihre Überzeugung. Fände ein Betrug statt, wären sie imstande, ihn zu entdecken.

Abgesehen davon haben diese Versuche einen Nutzen, den niemand verkennen wird, denn diese Versuche sind es, die zur Entdeckung der Gesetze führen, von denen die unsichtbare Welt regiert wird. Für viele Menschen sind sie ein mächtiger Beweggrund der Überzeugung.

Einen ganz anderen Charakter haben die belehrenden Vereine. Und da gerade sie es sind, die wahre Belehrung geben können, wollen wir die Bedingungen näher betrachten, die sie zu erfüllen haben.

Die erste Bedingung von allen ist im besten Sinne des Wortes, stets ernsthaft zu bleiben. Man muß davon überzeugt sein, daß die Geister, an die man sich wenden will, von einer ganz besonderen Art sind, die eine Mischung des Erhabenen mit dem Gewöhnlichen, des Guten mit dem Bösen von vornherein ausschließt, da es sich nie vereinigen kann. Will man gute Mitteilungen erhalten, muß man sich an die guten Geister wenden, aber es genügt nicht, gute Geister zu rufen, man muß ihnen als Hauptbedingung auch günstige Umstände bieten, damit sie auch gern kommen, denn die höheren Geister kommen nicht in die Versammlungen leichtsinniger und oberflächlicher Menschen. Eine Gesellschaft ist aber nur dann ernsthaft, wenn sie sich unter Ausschluß aller anderen nur mit nützlichen Dingen beschäftigt. Will man aus Neugierde oder zum Zeitvertreib außerordentliche Erscheinungen erhalten, kommen zwar die Geister, die sie hervorbringen, aber die anderen, guten, ziehen sich zurück.

Die physischen Manifestationen haben ihren Nutzen. Mögen alle, die sie sehen wollen, in die experimentierenden Vereine gehen, die sie begreifen wollen, sich in die Studier-Vereine begeben. Nur auf diese Art können die einen wie die andern ihre spiritistischen Kenntnisse ergänzen, wie beim Studium der Medizin die einen die Kollegien, die anderen die Klinik besuchen.

Die spiritistische Lehre umfaßt nicht allein den uns von Geistern erteilten moralischen Unterricht, sondern auch das Studium der Tatsachen. Ihr kommt es zu, alle Phänomene aufzusuchen, um festzustellen, was möglich und was unmöglich ist, kurz, die Beobachtung alles dessen, was unsere Wissenschaft zum Fortschritt bringen kann. Man würde sich daher täuschen, wollte man glauben, daß die Tatsachen auf die außerordentlichen Erscheinungen beschränkt sind und der Aufmerksamkeit in erster Linie bedürfen, weil sie die Sinneswerkzeuge am meisten berühren. Man begegnet ihnen auf Schritt und Tritt in den intelligenten Mitteilungen, was die zum Studium versammelten Personen nicht übersehen dürfen. Diese Studier-Versammlungen sind außerdem von großem Nutzen für die Medien in bezug auf intellektuelle Manifestationen, besonders für jene, die den ernsten Willen haben, sich zu vervollkommnen und nicht mit der albernen Anmaßung ihrer Unfehlbarkeit kommen. Eine der größten Gefahren für die Medialität ist, wie schon mehrmals gesagt, von einem anmaßenden Geiste besessen und verblendet zu sein. Wir können es nicht oft genug wiederholen, hier ist nicht nur die Klippe, sondern auch eine wirkliche Gefahr. Das einzige Mittel, ihr zu entgehen, ist die Kontrolle uneigennütziger und wohlwollender Personen, die solche Mitteilungen mit Kaltblütigkeit und Unparteilichkeit beurteilen, dem Medium die Augen öffnen und es das wahrnehmen lassen, was das Medium selbst nicht sehen kann.

Wir haben gesagt, es können einem Medium die Kenntnisse fehlen, die nötig sind, um die Irrtümer zu begreifen. Es kann sich durch hochtönende Worte, durch eine angemaßte Sprache berücken lassen, und zwar im besten Glauben. Deshalb soll es mangels eigener Einsicht die Zuflucht bescheiden zu anderen Leuten nehmen, getreu den beiden Sprichwörtern, daß vier Augen mehr sehen als zwei, und daß man nie einen guten Richter in eigener Sache abgeben kann. Von diesem Gesichtspunkte aus sind daher Vereine für ein Medium von sehr großem Nutzen.

Jedes Medium, das nicht ein Spielball von Lüge und Betrug werden will, muß daher trachten, sich in einen ernsten Verein einführen zu lassen und dort alles das mitzuteilen, was es abgesondert für sich erhielt. Ist es den Truggeistern ausgesetzt, so ist es das sicherte Mittel, sich von ihnen zu befreien, wenn es zeigt, daß es sich nicht mehr betrügen läßt.

Auf diese Fragen bzw. Punkte haben wir ein ganz besonderes

Gewicht gelegt, denn wenn es hier eine Klippe für Medien gibt, so gibt es sie auch für die spiritistischen Vereine. Es muß ihnen daran liegen, nicht einem jeden Dolmetscher der Geister Glauben zu schenken. Jede Mitwirkung eines beherrschten und verblendeten Mediums wäre für sie mehr schädlich als nützlich, sie dürfen daher ein solches Medium auf keinen Fall annehmen.

Ein ernsthafter Verein soll sich vornehmen, lügenhafte Geister aus seinem Kreis zu beseitigen. Er wäre im Irrtum, wenn er glaubte, daß er wegen seines Zweckes und wegen der Güte seiner Medien frei von allen Gefahren ist. Er gelangt zur Freiheit von jeder Gefahr nur, wenn er sich selbst unter günstigste Bedingungen stellt. Man muß sich, wie schon früher gesagt, einen jeden Menschen als von einer großen Anzahl von Geistern umgeben vorstellen, die sich mit seinem Charakter, mit seinem Geschmacke und mit seinen Neigungen vereinigen. Daher bringt eine jede Person, die in einen Verein eintritt, eine Anzahl von Geistern mit, die mit ihr sympathisieren. In Ermangelung der Vollkommenheit wird jeder Verein der beste sein, wo das Gute das Übergewicht über das Böse besitzt.

Ein Verein ist sozusagen ein kollektives Wesen, seine Eigenschaften und Eigentümlichkeiten sind das Ergebnis der Eigenschaften aller seiner Mitglieder, und sie bilden gleichsam einen Bund. Dieser Bund wird eine um so größere Kraft haben, je gleichartiger er ist. Wenn man das gut verstanden hat, was über die Art, wie die Geister von unserem Anruf verständigt werden, gesagt wurde, so wird man die Macht des vereinigten Gedankens aller Anwesenden leicht begreifen. Da der Geist durch den Gedanken gewissermaßen getroffen wird, ähnlich wie wir von einer Stimme angerufen werden, so werden zwanzig zum gleichen Zwecke vereinigte Personen entsprechend mehr Kraft haben als eine einzige. Damit sich aber alle diese Gedanken auf das gleiche Ziel richten, müssen sie sich im Einklange aufschwingen, daß sie sich sozusagen in Eins vermischen, was aber nicht ohne Sammlung des Gemütes geschehen kann.

Außerdem ist der Geist, wenn er in einen vollkommenen und sympathischen Kreis kommt, viel froher und aufgelegter. Da er dort nur Freunde findet, kommt er viel lieber dahin und ist viel williger, zu antworten. Wer immer den spiritistischen intelligenten Manifestationen mit Aufmerksamkeit gefolgt ist, hat sich von dieser Wahrheit überzeugen können. Jeder spiritistische Verein muß daher nach der möglichst größten Gleichartigkeit streben. Es versteht sich, daß wir von jenen reden, die zu ernsthaften und nützlichen Ergebnissen gelangen wollen. Wenn es sich nur darum handelt, Mitteilungen ohne Unterschied zu erhalten, ohne sich um die Eigenschaften derer zu bekümmern, die sie erteilen, so ist es einleuchtend, daß alle diese Vorsichten nicht nötig sind. Aber dann darf man sich auch nicht über die Beschaffenheit der Botschaften beklagen.

Da die Sammlung des Geistes und die Übereinstimmung der Gedanken die wesentlichen Bedingungen jedes ernsthaften Vereins bilden, so ist es begreiflich, daß eine zu große Anzahl von Anwesenden eine der größten gegenteiligen Ursachen der Gleichförmigkeit sein muß. Es gibt keine bestimmte Grenze für diese Zahl, und man sieht ein, daß hundert Personen in gehörig gesammeltem und aufmerksamem Zustande sich in besserer Form befinden als zehn zerstreute und zerfahrene Personen. Aber es ist ebenso einleuchtend, daß, je größer die Anzahl ist, auch desto schwieriger die Bedingungen zu erfüllen sind. Es ist eine erwiesene Tatsache, daß die kleineren vertraulichen Zirkel für schöne Mitteilungen günstiger sind als größere, und zwar aus den Gründen, die wir eben entwickelt haben, denn die Eintracht ist größer.

Es ist da noch ein Punkt, der ebenfalls berücksichtigt werden muß, und das ist die Regelmäßigkeit der Versammlungen. In jeder Versammlung gibt es Geister, die man die üblichen Gäste nennen kann. Darunter verstehen wir aber nicht jene Geister, die sich überall einfinden und sich in alles einmischen, sondern die Schutzgeister oder diejenigen, die man am meisten befragt. Man darf nicht glauben, daß die Geister nichts anderes zu tun haben, als zu kommen und uns anzuhören. Sie haben ihre Beschäftigungen und können sich in hindernden Situationen befinden, wenn sie angerufen werden. Finden die Versammlungen regelmäßig an bestimmten Tagen und zu bestimmten Stunden statt, so richten sie sich danach ein. Es gibt auch Geister, die die Pünktlichkeit bis zum Übermaß treiben. Sie regen sich über eine Verspätung von einer Stunde auf, und bestimmen sie selbst eine Stunde zur Unterredung, so würde man sie vergeblich einige Minuten früher rufen. Hier ist die Bemerkung angebracht, daß diejenigen, die wahrhaft erhaben sind, in dieser Hinsicht nicht so kleinlich sind. Die Forderung strenger Pünktlichkeit ist ein Zeichen der Niedrigkeit wie alles, was kindisch ist. Erhabene Geister können auch außer den festgesetzten Stunden kommen, und sie kommen auch gern, wenn es sich um einen nützlichen Zweck handelt. Aber nichts ist für die guten Kommunikationen schädlicher, als sie ohne Überlegung zu rufen.

Alles, was wir von den Versammlungen im allgemeinen gesagt haben, findet natürlich auch auf die rechtlich konstituierten Gesellschaften Anwendung. Diese haben ganz besonders mit Schwierigkeiten zu kämpfen, die aus dem Verbande selbst hervorgehen.

Der Spiritismus wird sehr verschieden beurteilt und von einer großen Zahl von Anhängern noch sehr wenig in seiner Wesenheit anerkannt, um jenes mächtige Band zwischen den Gliedern zu sein, das man eine Gesellschaft nennen könnte. Dieses Band kann nur unter jenen bestehen, die darin den moralischen Zweck erblicken, ihn verstehen und auch auf sich selbst anwenden. Wenn Tatsachen über Grundsätze gestellt werden, so kann sie eine einfache Abweichung in der Anschauungsweise zur Entzweiung führen. Nicht so verhält es sich bei den ersteren, denn über die moralische Frage können nicht zweierlei Ansichten bestehen. Auch ist zu bemerken, daß, wenn sich solche dennoch begegnen, ein wechselseitiges Vertrauen eines zum andern hinzieht. Eine Gesellschaft, wo solche Gesinnung ohne Ausnahme herrscht, wäre nicht nur lebensfähig, sondern unauflöslich.

Die Schwierigkeit, schon jetzt eine zahlreiche Menge gleichgesinnter Menschen zusammenzubringen, führt uns zu der Ansicht: Die spiritistischen Vereine müssen bestrebt sein, sich durch kleine Gruppen zu vermehren, dies ist besser, als sich in großen Massen zusammenzuschließen.

Wir haben gesehen, von welcher Wichtigkeit die Gleichartigkeit der Gesinnungen ist, um gute Resultate zu erhalten. Diese Gleichartigkeit ist natürlich um so schwieriger zu erzielen, je größer die Anzahl ist. In den engeren Kreisen kennt man sich besser, man ist hinsichtlich der Personen sicherer, das Stillschweigen und die Gemütssammlung sind dort leichter, und alles geht harmonisch wie in einer Familie zu. Die großen Versammlungen schließen durch die Verschiedenheit der Elemente, aus denen sie bestehen, die Vertraulichkeit aus, sie erfordern große Lokalitäten und kostspielige Hilfsmittel, was bei den kleinen Vereinen alles entbehrlich ist. Je größer eine Versammlung, desto schwieriger ist es, jedermann zufriedenzustellen.

Vergessen wir auch nicht, daß der Spiritismus Feinde hat, denen daran gelegen ist, ihm entgegenzuwirken. Die gefährlichsten sind nicht jene, die ihn öffentlich bekämpfen, sondern die, die im Verborgenen handeln. Sie schleichen sich überall ein, wo sie nur Böses wirken können, und da sie wissen, daß Einigkeit eine Macht ist, so trachten sie dieselbe zu zerstören. Die also in Versammlungen Verwirrung und Zänkerei säen, können uninteressierte Agenten der Feinde des Spiritismus sein. Gegenüber solchen Leuten an Gefühle der Nächstenliebe und Brüderlichkeit appellieren heißt tauben Ohren predigen. Ihr Ziel besteht ja gerade in der Zerstörung jener Gefühle, die das größte Hindernis für sie sind.

Man kann daher als Grundsatz annehmen: Wer immer in einer spiritistischen Gesellschaft Unordnung oder Uneinigkeit offen oder unter der Hand durch ein beliebiges Mittel hervorruft, ist ein Anstifter, von dem man sich so schnell als möglich befreien muß.

In Anbetracht der Notwendigkeit, jede Ursache der Verwirrung und Zerstreuung zu vermeiden, muß eine sich organisierende Gesellschaft alle Aufmerksamkeit auf entstehende Mängel richten. Kleine Vereine haben nichts mehr nötig, als eine sehr einfache Verhaltungsvorschrift zur Erhaltung der Ordnung in den Sitzungen. Die regelmäßig konstituierten Gesellschaften erfordern eine verzweigtere Organisation. Die beste wird jene sein, deren Bestimmungen am wenigsten verwickelt sind.

Die kleineren und großen Gesellschaften und alle Vereine auch geringerer Bedeutung haben noch mit einer anderen Gefahr zu kämpfen. Die Begünstiger der Unordnung sind nicht in ihrer Mitte, sondern befinden sich auch in der unsichtbaren Welt. Ebenso wie es Schutzgeister für Gesellschaften, Städte und Völker gibt, hängen sich auch böse Geister an die Gruppen wie an die einzelnen Individuen. Da das stärkste Gegenmittel gegen dies Gift die Nächstenliebe ist, so suchen sie diese zu ersticken. Man muß daher nicht warten, bis das Übel unheilbar geworden ist, um Abhilfe zu schaffen, man darf nicht einmal die ersten Symptome abwarten, sondern muß bemüht sein, dem Übel zuvorzukommen. Dafür gibt es zwei Mittel, wenn sie gut angewendet werden: Das Gebet vom Herzen und ein aufmerksames Studium der kleinsten Anzeichen, die eine Anwesenheit von Truggeistern enthüllen. Das Gebet zieht gute Geister an, das aufmerksame Studium beweist bösen Geistern, daß sie es mit aufgeklärten, verständigen Menschen zu tun haben, die sich nicht betrügen lassen.

Der Einfluß der Umgebung ist die Folge aus der Natur der Geister und ihrer Handlungsweise gegen die lebenden Menschen. Ein jeder kann sich selbst aus diesem Einfluß die für eine Gesellschaft günstigen Bedingungen ableiten, die sich die Sympathie der guten Geister zu erwerben trachtet und mit der Ausschließung aller bösen Geister gute Kommunikationen zu erhalten sucht. Alle diese Bedingungen liegen in der moralischen Beschaffenheit der Teilnehmer.

Wer immer davon überzeugt ist, daß die höheren Geister sich in der Absicht manifestieren, unseren Fortschritt voranzutreiben, und nicht etwa zu unserem Vergnügen, der wird begreifen, daß sie sich von denen entfernen müssen, die sich darauf beschränken, ihren Stil zu bewundern, ohne daraus irgendwelchen Nutzen zu ziehen.

Es wäre ein Irrtum, zu glauben, daß die Vereine, in denen man sich fast ausschließlich mit den physischen Manifestationen befaßt, sich außerhalb dieses brüderlichen Bandes befinden, und daß sie jeden ernsthaften Gedanken ausschließen. Wenn sie auch keine ganz so strengen Bedingungen fordern, so versucht man es nicht ungestraft, ihnen mit Leichtfertigkeit beizuwohnen. Man würde sich irren, zu glauben, daß der Einfluß der Umgebung dort unbedeutend sei. Man hat viele Beweise vom Gegenteil, zum Beispiel daß oft entsprechende Manifestationen, von kräftigen Medien angeregt, bei manchen Umgebungen nicht völlig gelingen wollen. Naturgemäß gibt es also dafür hindernde Einflüsse, und diese können nur in der Abweichung oder in der Feindseligkeit der Gefühle bestehen, die jede Anstrengung der Geister hemmen.

Die physischen Manifestationen haben großen Nutzen. Sie eröffnen dem Beobachter ein weites Feld, denn es sind ganz ungewöhnliche Erscheinungen, die sich vor seinen Augen abrollen und deren Folgen unberechenbar sind. Wenn auch die physischen Manifestationen von weniger fortgeschrittenen Geistern hervorgebracht werden, so haben sie trotzdem ein einführendes und aufklärendes Ziel, und die guten Geister begünstigen sie, sooft sie einen nützlichen Erfolg sehen.

Hat man Eltern, Freunde und einige berühmte Personen gerufen, um ihre Meinungen jenseits des Grabes mit jenen bei Lebzeiten zu vergleichen, so ist man oft in Verlegenheit, wie man die Unterhaltung weiterführen soll, um nicht in alltägliche Nichtigkeiten zu verfallen. Wenn die Anrufung berühmter Menschen, höherer Geister, hauptsächlich durch die Belehrungen Wert hat, so hat jene der gewöhnlichen sie nicht weniger, obwohl diese nicht imstande sind, Fragen von höherer Bedeutung zu beantworten. Durch ihre Niedrigkeit machen sie sich selbst kenntlich, und je kleiner der Abstand ist, der uns von ihnen trennt, desto mehr Beziehungen zu unserer eigenen Lage finden wir darin, abgesehen davon, daß sie uns oft charakteristische Züge von höchstem Interesse bieten.

Mit den höheren Geistern wird der Rahmen der Studien für uns weiter. Außer den psychologischen Fragen, die ihre Grenze haben, kann man ihnen eine Menge moralischer Probleme vorlegen, die sich ins Unendliche erstrecken, über alle Lagen des Lebens, die wechselseitigen Pflichten, das beste Verhalten in bestimmten Fällen usw.

Außer den Anrufungen bieten die spontanen Mitteilungen Gegenstand eines unbegrenzten Studiums. Man muß den Gegenstand abwarten, über den die Geister sprechen wollen.

In solchem Falle können auch mehrere Medien zu gleicher Zeit arbeiten. Manchmal kann man einen bestimmten Geist rufen, aber gewöhnlich wartet man diejenigen ab, die sich einfinden wollen, und oft kommt einer unerwartet. Diese Kundgebungen können dann Anlaß zu einer Menge von Fragen geben.

Die Beschäftigungen in einer jeden Sitzung können etwa auf folgende Art geregelt werden:

1. Das Lesen der spiritistischen Mitteilungen, die man in der vorigen Sitzung erhalten, ins Reine geschrieben.
2. Verschiedene Berichte, Verlesung der außerhalb der Sitzungen erhaltenen Mitteilungen. Berichte über Tatsachen, die den Spiritismus betreffen.
3. Arbeiten des Studiums. Spontane Kommunikationen. Verschiedene an die Geister gerichtete Fragen und moralische Probleme. Anrufungen.
4. Konferenz. Kritische und analytische Prüfungen der verschiedenen Botschaften und Belehrungen aus dem Jenseits. Diskussion über verschiedene Punkte der spiritistischen Wissenschaft.

Die entstehenden Gruppen sind manchmal in ihren Arbeiten durch den Mangel an Medien behindert. Medien sind wirklich eines der wesentlichsten Elemente der spiritistischen Vereine. Aber deswegen sind sie noch nicht das unentbehrliche Element. Zu glauben, daß man ohne sie nichts anfangen kann, ist ein Irrtum. Alle Mitglieder, die das ernste Studium vor Augen haben, finden tausend ebenso nützliche wie vorteilhafte Beschäftigungen, als wenn sie durch sich selbst operieren könnten. Deshalb machen wir hier auf die wahrhaft ernsten Vereine aufmerksam, nämlich jene, denen mehr daran gelegen ist, sich zu unterrichten als nur Zeitvertreib zu suchen.

Die Gesellschaften, die sich ausschließlich mit intellektuellen Mitteilungen befassen, und jene, die sich auf das Studium der physischen Manifestationen verlegt haben, sie haben jede für sich ihre abgegrenzte Aufgabe. Weder die einen noch die anderen würden im wahren Geiste des Spiritismus handeln, wenn sie einander mit scheelen Augen betrachten würden. Und die, die zuerst auf die andern einen Stein des Anstoßes werfen würden, bewiesen schon dadurch den bösen Einfluß, unter dem sie stehen.

Es wäre kindisch, einen spiritistischen Winkelverein zu gründen, weil man nicht durchaus gleich denkt. Noch schlimmer aber wäre es, wenn die verschiedenen Gruppen oder Gesellschaften einer Stadt sich mit Eifersucht anblicken würden. Man kann Eifersucht begreifen zwischen Leuten, die sich Konkurrenz bieten und sich gegenseitig einen materiellen Nachteil zufügen können, aber bei geistigen Vereinen kann Eifersucht nur Eigenliebe und niedere Rivalität sein.

Da es keine Gesellschaft gibt, die alle Anhänger in ihrem Kreise vereinigen könnte, müssen alle, die mit Eifer beseelt sind, die Wahrheit zu verbreiten, mit Freuden sehen, daß sich ihre Vereine mehren. Und wenn es zwischen ihnen einen Wetteifer gibt, muß dieser darin bestehen, das meiste Gute zu tun.

Einige mehr anmaßende als logische Geister versuchen es, fremdartige und unpraktische Systeme unter Annahme verehrter Namen, mit denen sie sich schmücken, einzuführen. Der gesunde Verstand erkennt bald diese Hirngespinste, aber inzwischen können sie wohl Zweifel und Ungewißheit unter Spiritisten säen. Daher rührt oft die Ursache der vorübergehenden Meinungsverschiedenheiten.

Wenn der Spiritismus berufen ist, wie uns durch Geister angekündigt wurde, die Umgestaltung der Menschheit herbeizuführen, so kann dies nur durch die Veredlung der Massen geschehen, und diese wiederum durch die allmähliche Verbesserung der einzelnen Individuen. Und das ist der Weg, auf den wir den Spiritismus zu leiten bemüht sind.

Die Fahne, die uns voranflattert, ist die des christlichen und humanen Spiritismus. Es macht uns glücklich, um diese Fahne schon so viele Menschen aus allen Weltteilen versammelt zu sehen, weil sie begreifen, daß hier der Anker des Heils, die Stütze der öffentlichen Ordnung und das Zeichen einer neuen Ära für die Menschheit vorhanden ist. Mögen sie sich von einem Ende der Welt zum andern die Bruderhand reichen, dann werden sie das Böse in Banden legen.

Wir haben in diesem Kapitel einige spontane Kundgebungen vereinigt, die imstande sind, die in diesem Werke enthaltenen Grundsätze zu vervollständigen und zu ergänzen. Aus der großen Anzahl beschränken wir uns auf die, denen eine besondere Beziehung auf die Zukunft des Spiritismus und die Medien zukommt. Als wahrhaft ernste Kundgebungen sollen sie zugleich Belehrung sein. Wir fügen einige unglaubwürdige Kommunikationen an, teils um sie als solche kennbar zu machen, teils um ihre Widersprüche aufzuzeigen.

Über den Spiritismus

I

Habt Vertrauen auf die Güte Gottes und seid scharfsichtig, um die Vorbereitungen für ein neues Leben zu begreifen, für das ihr berufen seid. Es ist euch zwar nicht bestimmt, in dieser Existenz davon Genuß zu haben, aber ihr werdet euch nicht glücklich fühlen, selbst wenn ihr auf diese Erdkugel nicht mehr zurückkehren solltet, aus der Höhe das Werk zu betrachten, das ihr begonnen habt und das sich unter euren Augen entwickeln wird. Seid mit dem festen Glauben und ohne Schwanken gegen die Hindernisse gerüstet, die sich, wie es scheint, gegen das Gebäude erheben müssen, zu dem ihr den Grund legt. Die Grundlagen, darauf es beruht, sind solide. Christus hat den ersten Stein dazu gelegt. Mut daher, ihr Bauführer des göttlichen Meisters! Arbeitet, bauet, Gott wird euer Werk krönen. Aber bedenket, daß Christus nicht jene als seine Jünger anerkennt, die die Nächstenliebe nur auf den Lippen haben. Es genügt nicht, bloß zu glauben, man muß ein Beispiel der Güte, des Wohlwollens und der Uneigennützigkeit geben, ohne dieses wird euer Glaube für euch unfruchtbar sein.

Der heilige *Augustin*

II

Christus selbst beaufsichtigt die Arbeiten der ganzen Natur, die sich auf dem Wege der Erfüllung befinden, um euch das Zeitalter der Erneuerung und Vervollkommnung zu eröffnen, das eure geistigen Führer ankündigen. Wenn ihr, abgesehen von den spiritistischen Manifestationen, eure Augen auf die gleichzeitigen Ereignisse rings in der Welt richtet, so werdet ihr ohne Mühe die vorläufigen Anzeichen erkennen, die es euch auf eine unwiderlegliche Art beweisen, daß die angekündigten Zeiten gekommen sind. Solche Mitteilungen kommen bei allen Völkern vor. Die materiellen Schranken werden umgestürzt, die moralischen Hindernisse, die sich der Vereinigung entgegenstellen, die politischen und religiösen Vorurteile werden sich schleunigst verlieren, und das Reich der Brüderlichkeit wird sich endlich fest und dauerhaft begründen. Beobachtet es, wie von heute angefangen, selbst die Souveränen durch eine unsichtbare Macht gezwungen sind, für euch unerhört, die Initiative für Reformen zu nehmen. Diese Reformen, die von oben und spontan kommen, sind schneller und dauerhafter als jene, die von unten kommen oder durch Gewalt erpreßt werden. Ich hatte trotz der Vorurteile meiner Kindheit und der Erziehung, trotz des althergebrachten Kultus die gegenwärtige Zeit vorausgesehen und bin glücklich darüber, und bin darum noch glücklicher, weil ich zu euch kommen kann, um euch sagen zu können: Mut, Brüder! Arbeitet für euch und für die Zukunft eurer Lieben! Arbeitet besonders an eurer eigenen Vervollkommnung, und ihr werdet in eurer kommenden Existenz ein Glück genießen, wovon ihr euch ebensoschwer einen Begriff machen könnt, als es mir schwerfällt, es euch zu schildern. *Chateaubriand*

III

Meiner Meinung nach ist der Spiritismus ein philosophisches Studium der verborgenen Ursachen der inneren Seelenbewegungen, die bisher wenig oder gar nicht erörtert worden sind. Er erklärt mehr, als er neue Horizonte entdeckt. Die wiederholte Einverleibung und die zu bestehenden Prüfungen, bevor man zum höchsten Ziele gelangt, sind keine neuen Offenbarungen, sondern eine wichtige Bestätigung derselben. Ich bin durch die Wahrheiten erschüttert, die dieses Mittel an das Tageslicht bringt. Ich sage mit Absicht: dieses Mittel, denn nach meiner Meinung ist der Spiritismus ein Hebel, der die Schranken der Blindheit beseitigt. Die Voreingenommenheit für solche moralischen Fragen ist erst zu schaffen. Man bespricht die Politik, die die allgemeinen Interessen umstürzt, man bespricht Privatangelegenheiten. Man ereifert sich für den Angriff oder für die Verteidigung von Persönlichkeiten. Die Systeme haben ihre Anhänger und ihre Widersacher. Aber die moralischen Wahrheiten, die das Brot der Seele, das Brot des Lebens bilden, läßt man seit Jahrhunderten im Staube vergraben liegen! Jede Vervollkommnung ist nützlich in den Augen der Menge, mit Ausnahme jener der Seele. Ihre Erziehung, ihre Erhebung wurden als Trugbild betrachtet, höchstens dazu gut, die freie Zeit der Priester, Dichter und der Frauen aus Mode oder des Unterrichts halber auszufüllen. Wenn der Spiritismus den Spiritualismus vom Tode auferweckt, so gibt er der Gesellschaft einen Aufschwung, der dem einen die innere Würde, dem andern die Resignation und allen das Bedürfnis verleiht, sich zu dem höchsten Wesen zu erheben, das von seinen undankbaren Geschöpfen vergessen und verkannt wird. *J. J. Rousseau*

IV

Wenn Gott die Geister schickt, um die Menschen zu belehren, so geschieht es, um sie über ihre Pflichten aufzuklären, ihnen den Weg zu zeigen, der ihre Prüfungen abkürzen kann, und um ihren Fortschritt zu beschleunigen, denn wie die Frucht zur Reife gelangt, wird auch der Mensch zur Vollkommenheit gelangen. Aber an der Seite der guten Geister, die euer Wohlsein wünschen, gibt es auch unvollkommene Geister, die euer Unglück wollen. Während euch die einen vorwärtstreiben, ziehen euch die anderen rückwärts. Um sie kennenzulernen, müßt ihr eure ganze Aufmerksamkeit verwenden. Das Mittel ist leicht. Trachtet nur zu begreifen, daß nichts, was von einem guten Geiste kommt, jemandem schaden könne. Wenn ihr die weisen Ratschläge der Geister nicht befolgt, wenn euch ihre Wahrheiten beleidigen, so ist es ein Beweis, daß ihr von bösen Geistern beraten werdet. Der Hochmut allein kann es verhindern, euch so zu sehen wie ihr seid. Seht ihr es selbst aber nicht, so sehen es andere für euch, und ihr seid sowohl vor den Menschen wie vor den Geistern blamiert. *Der Schutzgeist*

V

Eure Lehre ist schön und heilig. Die Wegstrecke ist bereits abgesteckt. Jetzt braucht ihr nur noch vorwärts zu gehen. Der euch geöffnete Weg ist groß und majestätisch. Glücklich ist der, welcher in den Hafen gelangt. Je mehr er Anhänger gewinnt, desto mehr wird ihm angerechnet werden. Deshalb soll man diese Lehre nicht gleichgültig behandeln, man muß dabei Eifer entwickeln, und dieser wird sich verdoppeln, denn Gott ist immer bei euch, wenn ihr Gutes tut. Die ihr bekehren werdet, sind ebensoviele wieder in den Schafstall gebrachte Schafe, arme, halbverführte Schafe! Glaubt es wohl, daß der größte Skeptiker, Atheist und auch der Ungläubigste noch einen ganz kleinen Winkel im Herzen hat, den er sich selbst verbergen möchte. Ihn soll man suchen und treffen, er ist die Stelle, die man anzugreifen hat. Es ist eine von Gott absichtlich offen gelassene Bresche, um seinen verirrten Geschöpfen ein Mittel zur Rückkehr in seinen Schoß zu lassen.

Der heilige *Benedict*

VI

Erschreckt nicht über gewisse Hindernisse, über gewisse Widersprüche. Belästigt niemanden durch Zudringlichkeit. Die Ungläubigen werden nur durch eure Uneigennützigkeit, Duldsamkeit, Nächstenliebe zur Überzeugung gelangen. Hütet euch besonders, die Meinung der Menschen weder durch Worte noch durch öffentliche Kundgebungen zu verletzen. Je bescheidener ihr seid, desto mehr werdet ihr geachtet werden. Möge euch kein gewöhnlicher Beweggrund zum Handeln führen, so werdet ihr in eurem Gewissen eine anziehende Kraft besitzen, die nur das Gute allein verschaffen kann. Die Geister arbeiten auf Befehl Gottes an dem Fortschritte aller. Ihr Spiritisten, tut dasselbe! Der heilige *Ludwig*

VII

Wo gab es eine menschliche und selbst göttliche Institution, die nicht Hindernisse zu überwinden gehabt hätte. Wenn ihr nur ein trauriges, hinfälliges Leben hättet, so würde man euch nicht angreifen, wohl wissend, daß ihr von einem Augenblick zum andern unterliegen müßt. Da aber eure Lebensfähigkeit stark und kräftig ist, da der spiritistische Baum starke Wurzeln hat, so setzt man voraus, daß er lange leben kann, und man versucht gegen ihn das Beil. Was werden seine Neider tun? Höchstens einige Zweige abhauen, die mit frischem Safte wieder treiben werden, stärker als zuvor.

Chaning

VIII

Ich will euch von der Ausdauer reden, die ihr bei euren spiritistischen Arbeiten haben sollt. Über diesen Gegenstand wurde euch eine Belehrung gegeben, lernt sie auswendig und wendet sie auf euren Geist an, denn auch ihr werdet wie der heilige Paul verfolgt werden, nicht dem Fleische nach, aber im Geiste. Die Ungläubigen werden euch tadeln und schimpflich behandeln, aber das ist eine Prüfung für euch. Später werdet ihr eure Anstrengung vom Erfolg gekrönt sehen. Das wird für euch am Tage der Ewigkeit ein großer Triumph sein, war es doch schon in dieser Welt ein Trost für jene Personen, die ihre Eltern und Freunde verloren haben. Zu wissen, daß sie glücklich sind, daß man mit ihnen verkehren kann, ist ein

Glück. Vorwärts daher, erfüllet die Mission, die euch Gott gegeben hat, und sie wird euch vergolten werden an jenem Tage, wo ihr vor dem Allmächtigen erscheinen werdet.

Chaning

IX

Ich komme, ich dein Erlöser und Richter, ich komme wie einstens unter die verirrten Söhne Israels, ich komme, euch die Wahrheit zu bringen und die Finsternis zu vertreiben. Höret mich! Der Spiritismus, wie ehemals mein Wort, muß den Materialisten ins Gedächtnis rufen, daß über ihn die unabänderliche Wahrheit herrsche: Der gute Gott, der große Gott, der die Pflanzen keimen läßt und die Fluten erhebt. Ich habe die göttliche Lehre geoffenbart. Ich habe wie ein Schnitter das in der Menschheit zerstreute Gute in Garben gebunden, und ich habe gesagt: „Kommet alle zu mir, die ihr leidet!"

Aber die undankbaren Menschen haben sich von dem rechten Wege, der in das Reich meines Vaters führt, abgewendet und sich auf die rauhen Abwege der Gottlosigkeit verirrt. Mein Vater will das Menschengeschlecht nicht vertilgen. Er will nicht mehr durch die Propheten und auch nicht mehr durch die Apostel zu euch reden. Er will, daß ihr einer dem andern helft, euch unterstützt, die Toten und die Lebendigen, die Toten dem Fleische nach, denn der Tod besteht nicht, und daß die Stimme derjenigen sich hören lasse, die nicht mehr vor eurem Angesichte wandeln, um euch zuzurufen: Betet und glaubet! Denn der Tod ist die Auferstehung, und das Leben ist die von euch gewählte Prüfung, während der eure geübten Tugenden wachsen und sich wie die Zeder entwickeln sollen.

Glaubet den Stimmen, die euch antworten, es sind die Seelen jener, die ihr anrufet. Ich teile mich nur selten mit, meine Freunde, die mir in meinem Leben und bei meinem Tode beigestanden haben, sind die göttlichen Dolmetscher der Willensäußerungen meines Vaters.

Schwache Menschen, die ihr an den Irrtum eurer beschränkten Verstandeskräfte glaubt, löschet die Fackel nicht aus, die göttliche Gnade in eure Hände legte, um euren Weg zu beleuchten

und euch verlorene Kinder in den Schoß eures Vaters zurückzuführen.
Ich sage euch die Wahrheit, glaubt an die Verschiedenheit und Vielfältigkeit der Geister, die euch umgeben. Ich bin über euer Elend und eure ungeheure Schwäche zu sehr vom Mitleid ergriffen, um den verirrten Unglücklichen nicht die hilfreiche Hand zu reichen, die zwar in den Himmel sehen, sich aber in den Abgrund des Irrtums stürzen. Glaubet, liebet, verstehet die Wahrheiten, die euch geoffenbaret sind, mischt nicht das Unkraut unter den Weizen, die Systeme unter die Wahrheiten. Spiritualisten, liebet euch, das ist die erste Lehre, unterrichtet euch ist die zweite. Alle Wahrheiten finden sich im Christentum. Irrtümer, die darin Wurzel gefaßt haben, sind irdischen, menschlichen Ursprungs. Und sehet: Jenseits des Grabes, wo ihr glaubet, dort ist nichts, rufen euch Stimmen zu: „Brüder, nichts vergeht! Jesus Christus ist der Sieger über das Böse. Seid auch ihr Sieger über die Gottlosigkeit."
Anmerkung: Diese Kommunikation erhielt eines der besten Medien des Pariser spiritistischen Vereins. Sie ist mit einem Namen unterzeichnet, den uns die Ehrfurcht nur mit der größten Zurückhaltung zu nennen gestattet, und dieser Name ist: Jesus von Nazareth. Wir zweifeln zwar nicht, daß er sich manifestieren könnte, aber wenn es schon die wahrhaft höheren Geister nur unter ausnahmsweisen Bedingungen tun, so verbietet es uns die Vernunft, zu glauben, daß ein so reiner Geist auf den Ruf des ersten besten Zirkelteilnehmers antwortet.
Solche Betrachtungen haben uns *immer abgehalten,* etwas zu veröffentlichen, was seinen Namen trug. Wir glauben, daß man bei Veröffentlichungen dieser Art nicht vorsichtig genug sein kann. Je höher Geister in der jenseitigen Welt stehen, mit desto größerem Mißtrauen muß ihr Name aufgenommen werden. Wir überlassen es jedem selbst, zu beurteilen, ob der, dessen Namen die Kundgebung trägt, sie nicht verwerfen würde.

X

Alle Menschen sind Medien, alle haben einen Geist, der sie zum Guten führt, wenn sie auf ihn hören. Es liegt wenig daran, daß gegenwärtig einige durch besondere Medialität mit ihm verkehrten und andere ihn nur durch die Stimme des Herzens und des Verstandes vernehmen: Immer ist es ihr Schutzgeist, der ihnen rät. Ob ihr ihn Geist, Vernunft oder Verstand nennt, immer ist es eine Stimme, die eurer Seele antwortet, eine heilige Flamme, die den Künstler und Dichter begeistert, ein göttlicher Gedanke, der den Philosophen erhebt. Höret diese innere Stimme, diesen guten Geist, der unaufhörlich zu euch spricht, und nach und nach werdet ihr dahin kommen, euren Schutzengel zu vernehmen, der euch aus der Höhe des Himmels die Hand reicht. Die innere Stimme, die zum Herzen spricht, ist die der guten Geister, und in dieser Beziehung sind alle Menschen Medien. *Chaning*

XI

Die Gabe der Medialität ist so alt wie die Welt. Die Propheten waren Medien. Die eleusinischen Mysterien waren auf Medialität aufgebaut. Die Chaldäer und die Assyrer hatten ihre Medien. Sokrates wurde durch einen Geist geleitet, der ihm seine Philosophie als Grundsätze eingab, und er hörte seine Stimme. Alle Völker hatten ihre Medien, und die Eingebungen der Jeanne d'Arc waren nichts anderes als die Stimmen wohlwollender Geister, die sie leiteten. Diese Gabe, die sich gegenwärtig verbreitet, ist im Mittelalter seltener gewesen, aber sie hat nie aufgehört zu sein. Swedenborg und seine Anhänger besaßen eine große Schule. Frankreich, das sich mit einer Philosophie beschäftigte, die, indem sie alle Mißbräuche der religiösen Unduldsamkeit vertilgen wollte, alles, was ideal war, lächerlich machte und erstickte, dieses Frankreich mußte den Spiritismus beseitigen, der nicht aufhörte, im Norden Fortschritte zu machen. Gott hat diesen Kampf der positiven Idee gegen die spiritualistischen Ideen zugelassen, weil sich der Fanatismus aus den letzteren eine Waffe gebildet hatte. Gegenwärtig, wo Industrie und Wissenschaften die Art des Wohllebens sehr entwickelt haben und das materielle Streben vorherrschend geworden ist, will Gott, daß die Geister der Menschen wieder zu den Interessen der Seele zurückgeführt werden. Er will, daß die Vervollkommnung des Menschen moralisch werde, wie sie werden muß, denn das ist der Zweck des Lebens. Der menschliche Geist folgt einem Bilde des Fortschrittes, dem alles, was die sichtbare und unsichtbare Welt bevölkert, unterworfen ist. Nun ist der Zeitpunkt für die moralische Erhebung der Menschen gekommen. Sie wird zwar in unseren Lebtagen die Erfüllung noch nicht erreichen, aber danket dem Herrn, der gesegneten Morgenröte beiwohnen zu können. *Peter Juoty* (Der Vater des Mediums)

XII

Gott hat mich mit der Mission beauftragt, die ich zugunsten jener zu erfüllen habe, die er mit der Medialität begabt hat. Je mehr Gnade sie vom Allerhöchsten erhalten, desto größeren Gefahren gehen sie entgegen. Diese Gefahren sind um so größer, weil sie ihren Ursprung in der Begünstigung durch Gott haben. Die Fähigkeiten, deren sich die Medien erfreuen, ziehen ihnen das Lob der Menschen, Glückwünsche und Schmeicheleien zu, und darin liegt ihre Gefahr! Was sie nur Gott verdanken, schreiben sie ihrem eigenen Verdienste zu. Aber was geschieht dann? Sie werden das Spiel der bösen Geister und der Kompaß Gottes, der sie leitete, geht ihnen verloren.
Ich kann euch nicht genug mahnen, euch eurem Schutzengel zu empfehlen, damit er euch beschütze und ihr stets gegen euren ärgsten Feind, die Hoffart, auf der Hut seid. Ich hoffe, daß diese Mitteilung ihre Früchte tragen wird und wünsche, daß sie den Medien behilflich ist, sich gegen die Gefahr zu schützen, darin sie Schiffbruch erleiden können. *Jeanne d'Arc*

XIII

Wollt ihr Mitteilungen von guten Geistern bekommen, so ist es nötig, daß ihr euch durch Sammlung des Gemütes, heilsame Vorsätze und den Wunsch, den allgemeinen Fortschritt zu fördern, darauf vorbereitet. Erinnert euch, daß Egoismus die Verzögerung jeden Fortschrittes mit sich bringt. Erinnert euch, wenn Gott es einigen unter euch erlaubt, die Gedanken mancher seiner Kinder eingehaucht zu erhalten, so geschieht es darum, weil es wohl sein Wille ist, aus Rücksicht für eure guten Absichten die Mittel zum Fortschreiten auf seiner Bahn zu geben. So schöpfet Nutzen aus dieser Gabe, die Gott euch gnädigst verliehen hat. Habt Vertrauen auf die Sanftmut des Herrn. Übt stets die Nächstenliebe, werdet nie müde, diese erhabene Tugend in Geduld auszuüben. Eure Handlungen seien stets in Harmonie mit eurem Gewissen. Dadurch vergrößert ihr euer Wohl in diesem flüchtigen Leben und bereitet euch eine tausendmal süßere Existenz vor. Ein Medium, das sich zu schwach fühlen sollte, im spiritistischen Unterrichte auszuharren, möge sich der Ausübung seiner Fähigkeiten enthalten. Wenn es von dem Lichte, das es erleuchtet, keinen Nutzen zieht, wird es weniger als jeder andere zu entschuldigen sein.

Pascal

XIV

Ich werde euch heute von der Uneigennützigkeit reden, die eine der wesentlichsten Eigenschaften der Medien sein soll, wie die Sittlichkeit und die Demut. Gott hat ihnen diese Gabe gegeben, damit sie die Wahrheit verbreiten, doch nicht, um daraus einen Erwerb zu machen. Ist es vernünftig, zu glauben, daß die guten Geister und noch mehr die höheren Geister, die jede Habsucht verwerfen, darin einwilligen, sich zum Schauspiele herzugeben? Dies kann man ebensowenig voraussetzen, als daß die guten Geister Stolz und Hochmut begünstigen. Gott erlaubt ihnen, sich den Menschen mitzuteilen, um sie aus dem irdischen Sumpfe herauszuziehen, aber nicht, um ihnen als Werkzeug für die weltlichen Leidenschaften zu dienen.

Er betrachtet also jene nicht mit Wohlgefallen, die die ihnen verliehene Gabe nicht für das bestimmte wahre Ziel benützen.

Delphin de Girardin

XV

Alle Medien sind dazu berufen, der Sache des Spiritismus nach dem Verhältnis ihrer Kräfte zu dienen. Es gibt deren aber nur wenige, die sich nicht in der Falte ihrer Eigenliebe fangen ließen. Man findet unter hundert Medien kaum eines, das in der ersten Zeit seiner Medialität nicht von sich geglaubt hätte, es sei berufen, höhere Resultate zu erzielen und zu großen Missionen bestimmt. Je höher sie sich erheben wollen, desto lächerlicher ist der Fall, wenn er für sie nicht gar verderblich ist. Große Missionen sind nur auserwählten Menschen anvertraut, und Gott selbst bestimmt ihren Standpunkt. Ich kann demnach unerfahrenen Medien nicht genug raten, dem zu mißtrauen, was ihnen Geister von ihrer vermeintlichen großen Rolle sagen. Wenn sie einmal von hinnen scheiden müssen, werden sie von einer unsichtbaren Hand geleitet werden, die ihre Wege vorbereitet hat. Mögen sie an die Worte denken: Wer sich selbst erhöht, wird erniedrigt werden, wer sich aber erniedrigt, wird erhöht werden. *Der Geist der Wahrheit*

Über spiritistische Vereine

XVI

Warum fangt ihr eure Sitzungen nicht mit einer allgemeinen Anrufung, mit einer Art von Bitte an, die euch zur Gemütssammlung stimmen würde? Wisset, ohne Gemütssammlungen werdet ihr nur geringfügige Mitteilungen erhalten, denn die guten Geister gehen nur dahin, wo man sie mit Andacht und Aufrichtigkeit ruft. Eure Arbeiten sehen wir mit Vergnügen und unterstützen euch, wenn ihr uns behilflich seid. Schließet mit uns einen Bund, und ihr werdet stark sein, die bösen Geister werden euch nicht überwinden können. Gott liebt die Armen im Geiste, was nicht sagen will die Dummen, sondern jene, die sich selbst verleugnen. Ihr könnt der Sitz des Lichtes für die Menschheit werden. Erinnert euch, daß euch die Welt nicht aus den Augen lassen wird. Deshalb empfehlen wir euch, daß ihr Gott um seinen Beistand bittet. *Der heilige Augustin*

Anmerkung 1: Als der heilige Augustin gebeten wurde, eine Formel zu einer allgemeinen Anrufung zu diktieren, antwortete er: „Ihr wißt, es gibt keine absolute Formel. Gott ist zu groß, um den Worten mehr Wert beizulegen als den Gedanken. Die Wirksamkeit derselben besteht in der Aufrichtigkeit des Gefühls, das sie diktiert, besonders in der Einmütigkeit der Gesinnung. Keiner von jenen, die sich derselben nicht von Herzen bedienen, würde daraus Nutzen schöpfen."

Anmerkung 2: Die folgende Formel einer allgemeinen Anrufung ist unter dem Beistande des Geistes des heiligen Augustin bearbeitet worden, der dieselbe noch an mehreren Stellen ergänzt hat:

„Wir bitten Gott den Allmächigen, uns gute Geister zu schikken, um uns beizustehen, und jene zu entfernen, die uns in einen Irrtum führen könnten. Verleihe uns das nötige Licht, um die Wahrheit vom Betruge unterscheiden zu können. Entferne auch die übelwollenden Geister, die zwischen uns Uneinigkeit bringen könnten, indem sie den Neid, Stolz und die Eifersucht erwecken würden. Wenn es einige versuchen sollten, sich hier einzuschleichen, so beschwören wir sie im Namen Gottes, sich zurückzuziehen.

Gute Geister, die ihr unsere Arbeiten leitet, lasset euch herab, uns zu unterrichten, und machet uns empfänglich für eure Lehren. Machet, daß ein jedes persönliche Gefühl in uns vor dem Gedanken an das allgemeine Wohl verschwinde. Wir bitten namentlich dich, N. N. . . ., daß du als unser besonderer Beschützer uns deinen Beistand angedeihen läßt."

XVII

Meine Freunde! Lasset euch einen Rat erteilen, denn ihr geht auf einem neuen Pfade, und wenn ihr den Weg einschlagt, den wir euch zeigen, werdet ihr euch nicht verirren. Man hat euch eine sehr wahre Sache gesagt, die wir euch ins Gedächtnis rufen wollen, daß nämlich der Spiritismus nur eine Moral sei, und daß er die Grenzen der Philosophie auch nicht ein wenig überschreiten dürfe, wenn er nicht eine Beute der Neugierde werden will. Laßt die wissenschaftlichen Fragen beiseite, die Mission der Geister besteht nicht darin, dieselben aufzulösen, indem sie euch die Mühe der Untersuchung ersparen, sondern ihre Aufgabe ist, euch zu bessern, denn nur auf diese Art könnt ihr wirklich fortschreiten. *Der heilige Ludwig*

XVIII

Man hat die sich drehenden Tische verspottet, aber man wird die Philosophie niemals verspotten, die in den ernsten Mitteilungen durch Weisheit und Nächstenliebe glänzt. Das ist die Vorhalle der Wissenschaft. Dort muß man alle Vorurteile lassen, wie man daselbst seinen Mantel ablegt. Ich kann euch nicht genug mahnen, aus eurem Verein einen ernsten Mittelpunkt zu bilden. Mag man anderswo physische Demonstrationen vornehmen, mag man dort das Sehen und Hören der Geister üben, bei euch möge man begreifen und lieben. Habt ihr es nötig, immer wieder Tische zum Drehen zu bringen? Vergeudet der Weise seine Zeit damit, das ABC zu wiederholen? Wenn man aber sieht, daß ihr die ernsthaften Mitteilungen sucht, so betrachtet man euch auch als ernste Menschen, die die Wahrheit suchen. *Der heilige Ludwig*

Anmerkung: Als man den heiligen Ludwig fragte, ob er damit die physischen Manifestationen tadeln wolle, gab er zur Antwort: „Ich kann sie nicht tadeln. Wenn sie stattfinden, geschieht es zu einem nützlichen Zwecke unter Gottes Billigung. Wenn ich sage, daß sie die Spitze der Wissenschaft waren, räume ich ihnen den wahren Rang ein und bestätige ihre Nützlichkeit. Ich tadle nur diejenigen, die daraus einen Gegenstand der Unterhaltung und der Neugierde machen.“

XIX

Meine Freunde und treue Gläubige, ich bin immer glücklich, euch auf die Bahn des Guten zu führen. Es ist eine ernste Mission, die mir Gott gewährt, und darauf bin ich stolz. Möchte euch doch der Geist der Nächstenliebe vereinigen, die jedem gibt und liebt. Seid duldsam gegen die Ungerechtigkeiten eurer Verleumder, seid standhaft im Guten, besonders seid demütig gegen Gott, denn nur Demut erhöht, sie ist die einzige Größe, die Gott anerkennt. Wenn nicht der Geist des Bösen in eurer Seele ist, kommen auch die guten Geister zu euch. Seid gesegnet im Namen des Schöpfers, und ihr werdet in den Augen der Menschen wachsen und zugleich in den Augen Gottes. *Der heilige Ludwig*

XX

In der Vereinigung liegt die Kraft, seid daher einig, um stark zu sein. Der Spiritismus keimt und hat schon stark Wurzel geschlagen. Er wird seine Äste über die Erde ausbreiten. Ihr müßt euch unverwundbar machen gegen die giftigen Pfeile der Verleumdung und gegen die Schar der unwissenden und selbstsüchtigen Geister, um dahin zu gelangen, daß Nachsicht und Wohlwollen in euren gegenseitigen Beziehungen herrsche, daß eure Fehler unbeachtet vorübergehen, daß eure guten Eigenschaften allein wahrgenommen werden, daß die Flamme der heiligen Freundschaft eure Herzen vereinige, aufkläre und erwärme, und daß ihr den ohnmächtigen Angriffen des Bösen widersteht, wie ein unverrückbarer Felsen der brausenden Welle. *St. Vincenz de Paula*

XXI

Meine Freunde, ihr wollt einen spiritistischen Verein bilden und ich billige dies. Geister sehen jene Medien nicht mit Wohlgefallen, die vereinsamt bleiben. Gott hat ihnen diese erhabene Gabe nicht für sich allein gegeben, sondern zum allgemeinen Wohle. Wenn ihr nicht vom Hochmut beherrscht seid, werdet ihr es begreifen und daraus Nutzen ziehen. Und ihr anderen, habt ihr es euch wohl überlegt, was es bedeutet, Mitglied eines Spiritisten-Vereins zu sein? In eurem Eifer glaubt ihr, das beste, was man tun kann, ist, die größtmögliche Anzahl von Menschen zu vereinigen, um sie zu überzeugen. Belehrt euch eines Besseren. Je weniger ihr seid, desto mehr werdet ihr erhalten. Es ist besonders die moralische Kraft, die ihr ausüben werdet und mit der ihr mehr Ungläubige anziehen werdet, als durch die erhaltenen Phänomene. Möge euer Verein der erste sein, der ein Beispiel christlicher Tugend gibt, denn in dieser Zeit der Selbstsucht muß die wahre Nächstenliebe bei den spiritualistischen Vereinen ihren Zufluchtsort finden. *Fenelon*

XXII

Ihr habt mich gefragt, ob das Wachsen der spiritistischen Gruppen am gleichen Ort nicht ärgerliche Rivalität für die Lehre mit sich bringen kann. Darauf will ich euch antworten, daß diejenigen, die mit den wahren Grundsätzen dieser Lehre vertraut sind, in allen Spiritisten nur Brüder und keine Rivalen sehen. Die da andere Vereine mit einem eifersüchtigen Auge betrachten, sie beweisen, daß sie Hintergedanken des Eigennutzes oder der Eigenliebe haben und nicht von der Liebe zur Wahrheit geleitet werden. Solche Leute würden zwischen euch bald den Samen der Verwirrung und Uneinigkeit ausstreuen. Der Wahlspruch des wahren Spiritismus ist „Wahrheit und Nächstenliebe". Er schließt jede andere Rivalität aus, abgesehen von der, so viel als möglich Gutes zu tun. Alle Gruppen, die sich dazu bekennen, können sich wie gute Nachbarn die Hände reichen. Mag zwischen ihnen bestehen der Wettstreit um die Seelengröße, Selbstverleugnung, Güte und Demut. An diesem Prüfstein ist die Natur der Geister zu erkennen. *Fenelon*

XXIII

Stillschweigen und Gemütssammlung sind die wesentlichen Bedingungen für alle Kommunikationen ernster Art. Ihr würdet sie nie erzielen, hättet ihr Neugierige in eurem Verein. Fordert sie auf, sich anderwärts zu unterhalten. Ihr dürft keine Unterhaltung dulden, wenn die Geister befragt werden. Zuweilen bekommt ihr Mitteilungen, die Einwendungen erfordern, und darauf ernste Antworten seitens der Geister. Sie haben Mißfallen an dem Geflüster der übrigen Teilnehmer, da es stört. Dann bekommt man nichts Ernstes und Vollständiges, und auch das Medium, das die Mitteilungen empfängt, leidet darunter. *Der heilige Ludwig*

XXIV

Es ist notwendig, bei euren Sitzungen die größte Regelmäßigkeit zu beobachten und jede Unordnung in der Gesinnung zu vermeiden. Meinungsverschiedenheit begünstigt den Wechsel der guten Geister gegen böse, und dagegen wünsche ich, daß ihr ein wirksames Mittel findet. Vielleicht liegt es in der *Konzentration* der Fluide, die um die Medien herum zerstreut sind? Sie allein halten die guten Geister in der Versammlung, aber ihr Einfluß ist nicht genügend, die leichtsinnigen Geister zu zerstreuen. Prüfung der Kommunikationen ist wichtig. Man kann Fragen und besonders Antworten nicht genug untersuchen. Veränderlichkeit und Gleichgültigkeit gegen konventionelle Formen und andere Gründe machen es euch zur Pflicht, nur ein begrenztes Vertrauen mitzubringen, wenn es sich um sehr authentische Mitteilungen aus dem Jenseits handelt. *Georges* (ein Familien-Schutzgeist)

XXV

Verwerfet ohne Rücksicht alle Geister, die sich euch als ausschließliche Ratgeber aufdrängen, indem sie euch Absonderung und Einsamkeit predigen. Das sind fast immer eitle und mittelmäßige Geister, die sich den schwachen Menschen aufzudrängen trachten, indem sie ihnen Lob zollen, um sie zu verblenden. Gewöhnlich sind es gewaltgierige Geister, die einst im irdischen Leben Despoten waren und nun nach ihrem Tode Opfer ihrer Tyrannei haben wollen. Mißtrauet allen Mitteilungen, die den Charakter des Mystizismus und der Feindseligkeit an sich tragen oder die Zeremonien und wunderbare Akte vorschreiben. Da ist immer ein Grund zum Verdacht vorhanden. Soll eine Wahrheit der Menschheit enthüllt werden, wird sie gleichzeitig allen ernsten Gruppen über ernste Medien mitgeteilt. Kein Medium ist vollkommen, wenn es von einem Geiste beherrscht wird, und diese Beherrschung ist offenbar, wenn ein Medium nur mit einem bestimmten Geiste verkehren kann, was für einen hohen Namen er sich auch zugelegt hat. *Erast* (Schüler des heiligen Paulus)

Verdächtige Mitteilungen

Oft gibt es so absurde Mitteilungen, von den ehrenvollsten Namen unterzeichnet, daß der einfache Sinn daran die Falschheit entdeckt. Wir wollen auch davon einige Proben anführen:

XXVI

Die ewige, unaufhörliche Schöpfung der Welt ist für Gott ein unaufhörlicher Genuß, weil er sieht, wie seine Strahlen ohne aufzuhören alle Tage Glück strahlend werden. Bei Gott gibt es keine Zahlen, wie es keine Zeit für ihn gibt. Deshalb sind für ihn Hunderte und Milliarden nicht mehr und nicht weniger als eins wie das andere. Er ist ein Vater, dessen Glück im Glücke seiner Kinder besteht, und bei jeder Sekunde seiner

Schöpfung sieht er neues Glück kommen, das sich in das allgemeine Glück ergießt. Bei dieser unaufhörlichen Bewegung, diesem beständigen großen Glücke, das die Erde und den Himmel beseligt, gibt es keinen Stillstand und kein Aufhören.
Noch kennt ihr diese Welt nicht, die ihr eure Erde nennt. Ihr werdet in eurem Leben einen großen Anfang der Beweise zu dieser Mitteilung sehen. Es wird die Stunde schlagen, wo eine andere Entdeckung stattfindet als die zuletzt geschah. Sehet, es wird sich ein Kreis der euch bekannten Erde erweitern, und wenn die Presse in allen Sprachen das Hosianna darüber absingen wird, werdet ihr armen Kinder, die ihr Gott liebt und seinen Weg sucht, es früher gewußt haben, selbst vor denjenigen, die der neuen Erde ihren Namen geben.

St. Vincenz de Paula

Anmerkung: Mit Rücksicht auf den Stil erträgt diese Kommunikation keine Kritik. Die Inkorrektheiten, die Ausdrücke, die fehlerhaften Wendungen springen jedem Ungelehrten in die Augen. Wenn er sagt, daß es auf unserem Planeten mehr unbekannte als bekannte Orte gibt, daß ein neuer Kontinent entdeckt werden soll, so ist das für einen Geist höheren Ranges ein Beweis größter Unwissenheit. Sicher kann man oberhalb des Eismeeres noch einige Landzipfel entdecken, aber zu behaupten, daß diese Erdteile bewohnt seien und Gott sie den Menschen verborgen halte, um sie vor der schlechten Kultur zu schützen, heißt einen starken Glauben in das blinde Vertrauen jener zu setzen, denen er solche Absurditäten mitteilt.

XXVII

Kommt Kinder, schließet fest eure Reihen, Einigkeit bilde die Kraft eures Vereins. Ihr, die ihr an der Gründung eines großen Gebäudes arbeitet, wachet und arbeitet immer, um seine Grundfeste zu schaffen, und dann könnt ihr euer Haus sehr, sehr hoch aufführen! Der Fortschritt ist unermeßlich, besonders auf unserer Erdkugel. Eine unzählbare Menge Bekenner sammelt sich unter unserer Fahne. Viele Skeptiker und selbst die Ungläubigsten nahen sich. Kommt Kinder! Schreitet vorwärts mit hocherfülltem Herzen voller Glauben, der Weg den ihr verfolgt, ist schön. Verspätet euch nicht, verfolget immer den geraden Weg dienet denen zu Führern, die nach euch kommen, sie werden glücklich, sehr glücklich sein! Vorwärts, Kinder! *Napoleon*

Anmerkung: Napoleon war in seinem Leben der ernsthafteste Mann, den es je gab. Jedermann kennt seinen kurzen und bündigen Stil. Er hätte sich auffallend geändert, wenn er nach seinem Tode ein burlesker, wortreicher Schwätzer geworden wäre.

XXVIII

Man kann eine Religion nicht wechseln, wenn man keine hat, die zugleich den gesunden Menschenverstand und die eigene Intelligenz befriedigen und die dem Menschen, besonders gegenwärtig, Trost verschaffen kann. Nein, man wechselt die Religion nicht, man verfällt aus der Albernheit und aus der Herrschaft in die Weisheit und Freiheit. Vorwärts! Vorwärts! Unsere kleine Armee geht vorwärts und fürchtet die feindlichen Kugeln nicht. Jene, die euch treffen sollen, sind noch nicht gegossen, wenn ihr im Grunde des Herzens stets auf der Bahn Gottes bleibt. *St. Vincenz de Paula*

Anmerkung: Wer würde den heiligen Vincenz de Paula an dieser Sprache, an diesen abgebrochenen und sinnlosen Gedanken wiedererkennen? Was bedeuten die Worte: „Nein, man wechselt die Religion nicht . ." usw.? Mit den Kugeln, die noch nicht gegossen sind, haben wir die starke Vermutung, daß es der gleiche Geist ist, der im Vorhergehenden mit *Napoleon* unterzeichnet hat.

XXIX

Kinder meines Glaubens, Christen meiner durch den Eigennutz der Menge, durch die Philosophie des Materialismus vergessenen Lehre, folget mir auf dem Wege nach Judäa. Folget der Leidensgeschichte meines Lebens, betrachtet meine Feinde, sehet meine Schmerzen, mein für den Glauben vergossenes Blut! Kinder! Spiritualisten meiner neuen Lehre, seid bereit, die Angriffe der Widerwärtigkeiten eurer Feinde zu ertragen und ihnen zu trotzen. Der Glaube wird ohne Aufhören vorwärts gehen, indem er eurem Sterne folgt, der euch auf den Weg ewigen Glückes führt, wie der Stern die Magier um ihres Glaubens willen aus dem Oriente zur Krippe führte. Das Leben auf dieser Welt, meine lieben Brüder, kann als Vorbereitung nur die Zeit dauern, um wohl vorbereitet in jenes Leben zu treten, das nie enden wird. Liebet euch, wie ich euch geliebet habe, und wie ich euch noch liebe! Brüder, ich segne euch! Im Himmel erwarte ich euch. *Jesus*

XXX

Aus jenen glänzenden und lichtvollen Regionen, wohin der menschliche Gedanke kaum dringen kann, erschien das Echo eurer Worte und der meinigen, um mein Herz zu treffen. Mit welcher Freude fühlte ich mich durchdrungen, wenn ich euch, ihr Fortpflanzer meiner Lehre, sehe! Nichts gleicht dem Zeugnis eurer guten Gedanken. Mein Märtyrertod hat es euch bewiesen: Mein für meine Lehre vergossenes Blut wird die Menschheit retten, und wird die Verbrechen der größten Sünder verwischen. Seid gesegnet ihr, die ihr heute eine Stelle in der neu bekehrten Familie einnehmt! Vorwärts! Mut, Brüder!

Jesus

Anmerkung: In diesen beiden Kommunikationen gibt es bestimmt nichts Schlechtes, aber hat Christus je eine so anmaßende und schwülstige Sprache wie diese geführt? Man bemerkt am Stil eine vertrauliche Sprache, identische Redewendungen, oft dieselben Ausdrücke wie z. B. „Vorwärts! Vorwärts Kinder!" woraus man schließen kann, daß es der gleiche Geist ist, der alle Kundgebungen unter verschiedenem Namen diktiert hat. In diesem Zirkel, der sehr gewissenhaft, aber allzugläubig war, machte man weder Anrufungen noch stellte man Fragen, man erwartete nur immer spontane Mitteilungen und man sieht, daß dies keine Garantie der Identität bildet. Mit einigen dringenden und gebundenen Fragen hätte man diesen Geist leicht zum Bekenntnis gezwungen, wer er ist. Aber er wußte, daß er hier nichts zu fürchten hatte, weil man ihn nichts fragte, und alles ohne Kontrolle mit geschlossenen Augen annahm.

Die Leichtigkeit, mit der gewisse Personen alles annehmen, was unter einem großen Namen aus der unsichtbaren Welt kommt, ist es, was die Truggeister zu ihrem Tun aneifert. Man muß seine ganze Aufmerksamkeit anwenden, um die Ränke derselben zu vereiteln, und dazu kann man nur mit Hilfe der Erfahrung gelangen, die man sich durch ein langes und ernstes Studium erwirbt.

Wir wiederholen euch daher ohne Aufhören: „Studiert! Studiert, bevor ihr Sitzungen veranstaltet!“ Studieren ist das einzige Mittel, um nicht unangenehme Erfahrungen zu machen.

esotera-Taschenbücherei im Verlag Hermann Bauer

Ibn Arabi · Reise zum Herrn der Macht
137 Seiten mit 10 Kalligraphien; kart. ISBN 3-7626-0610-2
Ein Sufi-Lehrbuch über die Übung der Einsamkeit. Ibn Arabi ruft den, der den mystischen Weg der Sufis gehen will, dazu auf, sein Herz zu reinigen und eins zu werden mit seiner inneren Essenz.

Archarion · Von wahrer Alchemie
253 Seiten mit 19 Zeichn.; kart. ISBN 3-7626-0600-5
Die Bereitung des Steins der Weisen im Innen und Außen, in Theorie und Praxis. Mit dem »Testament der Bruderschaft des Gold- und Rosenkreuzes«.

Dhirendra Brahmachari · Yoga hilft heilen
2. Aufl., 234 Seiten mit 143 s/w-Abb.; kart. ISBN 3-7626-0607-2
Übungen, die starke positive Wirkung auf den gesamten Organismus haben. Dem Schüler wird die Möglichkeit gegeben, seinen ganzen Körper durchzutrainieren.

Paul Brunton · Entdecke dich selbst
2. Aufl., 349 Seiten; kart. ISBN 3-7626-0619-6
Eine Anleitung zur Meditation. Alle Probleme, deren Lösung sich der Mensch unserer Zeit ersehnt, öffnen sich jener konzentrierten Versenkung, die die Tiefenschichten der Seele aufschließt.

Paul Brunton · Karma – Kette von Ursache und Wirkung
238 Seiten; kart. ISBN 3-7626-0628-5
In dieser Sammlung bisher unveröffentlichter Essays erklärt der Autor, warum Gott das sogenannte Böse in der Welt zuläßt. Er gibt eine neue Technik, die das Meditieren erleichtert, erklärt das Gesetz des Karma und stellt die Frage, ob man die Anleitung eines spirituellen Führers benötigt.

Paul Brunton · Die Weisheit des Überselbst
618 Seiten; kart. ISBN 3-7626-0624-2
Ein Weg zu den geheimsten Tiefen in uns selbst. Brunton führt uns den Pfad entlang, der uns in Meditationen über unser geheimstes Wissen schließlich mit dem Yoga des Unwidersprechlichen vom Gipfel in die strahlende letzte Wahrheit blicken läßt.

Verlag Hermann Bauer · Freiburg im Breisgau

esotera-Taschenbücherei im Verlag Hermann Bauer

Eknath Easwaran · Mantram – Hilfe durch die Kraft des Wortes
256 Seiten; kart. ISBN 3-7626-0629-3
Das Mantram ist eine kraftvolle geistige Formel für das Höchste, das wir uns vorstellen können. Ob wir es als Gott oder als das höchste Wesen bezeichnen: Mit dem Mantram wenden wir uns stets an das Beste und Tiefste in uns selbst. Nützliche Gewohnheiten werden gefördert, negative Gefühle abgebaut; wir finden zu einem zielbewußten Handeln.

Harry Edwards · Geistheilung
235 Seiten; kart. ISBN 3-7626-0603-X
Eine umfassende Darstellung des Geistheilungsgeschehens, die zeigt, wie die Geistheilung die tieferen psychosomatischen Ursachen vieler Krankheiten beheben kann.

Arthur Findlay · Beweise für ein Leben nach dem Tod
2. Aufl., 288 Seiten; kart. ISBN 3-7626-0601-3
Das Phänomen der »Direkten Stimme« als Verbindungsweg zwischen Diesseits und Jenseits. Antworten auf die Fragen: Gibt es ein Leben nach dem Tod? Sehen wir unsere Verstorbenen eines Tages in irgendeiner Form von Jenseits wieder?

Dion Fortune · Die mystische Kabbala
ca. 340 Seiten; kart. ISBN 3-7626-0636-8
Die Kabbala bildet die Basis der westlichen mystischen Tradition und stellt als »Yoga des Westens« ein praktisches System der spirituellen Entfaltung für westliche Menschen dar. So, wie die Kabbala in diesem Buch verstanden wird, ist sie nicht von einer bestimmten Religion abhängig; ihr metaphysisches System kann in Verbindung mit allen mystischen System gesehen werden.

Michel Gauquelin · Kosmische Einflüsse auf menschliches Verhalten
288 Seiten mit 37 Zeichn.; kart. ISBN 3-7626-0606-4
Neue sensationelle Entdeckungen: Zwischen dem Berufserfolg eines Menschen und dem Stand der Planeten in seiner Geburtsstunde gibt es eine Beziehung. Charakterliche Tendenzen zur Geburt unter einer bestimmten Planetenkonstellation sind erblich.

Michel Gauquelin · Planetare Einflüsse auf Persönlichkeit und Lebensweg
276 Seiten mit 15 Zeichn.; kart. ISBN 3-7626-0630-7
Es gibt definitive Zusammenhänge zwischen der Stellung der Planeten bei der Geburt eines Menschen und seinem Lebensweg. Die praktische Anwendung von Gauquelins Forschungsergebnissen hilft, den eigenen Charakter kennenzulernen und festzustellen, für welchen Beruf man sich am besten eignet.

Verlag Hermann Bauer · Freiburg im Breisgau

Gert Geisler (Hrsg.) · New Age – Zeugnisse der Zeitenwende
2. Aufl., 207 Seiten; kart. ISBN 3-7626-0608-0
Eine Anthologie wichtiger Beiträge aus fünf Jahren aktueller Berichterstattung der Zeitschrift *esotera*: Dokumente des Umdenkens, der Bewußtseinsveränderung, der Transformation zu einer neuen Zeit.

Gert Geisler (Hrsg.) · Paramedizin – Andere Wege des Heilens
239 Seiten; kart. ISBN 3-7626-0612-9
Eine Anthologie interessanter Berichte aus *esotera* über alternative Konzepte und Methoden zur Wiederherstellung einer positiven Gesundheit.

Steven Halpern · Klang als heilende Kraft
261 Seiten; kart. ISBN 3-7626-0616-1
Eine gesunde »Diät« aus Klängen und Musik als alternative Therapie zur akustischen Umweltverschmutzung und ein Weg, durch die Kraft des Klanges Gesundheit, inneren Frieden und Harmonie zu erlangen.

Erlendur Haraldsson · Sai Baba – ein modernes Wunder
297 Seiten; kart. ISBN 3-7626-0631-5
Ein Forschungsbericht über paranormale Phänomene im Zusammenhang mit dem spirituellen Meister Sathya Sai Baba. Dieser Bericht basiert auf den Beobachtungen eines Wissenschaftlers und auf den Ergebnissen einer ausführlichen Befragung von Augenzeugen. Er beschreibt paranormale Phänomene von außerordentlicher Vielfalt um einen der bemerkenswertesten Männer unseres Jahrhunderts.

Lotte Ingrisch · Nächtebuch
199 Seiten; kart. ISBN 3-7626-0625-0
Es ist die Rückseite unseres Bewußtseins, die Welt hinter dem Spiegel, von der die Autorin berichtet. Nachtfahrten, Spuk, Geister, Dämonen – die Grenzen zu anderen Universen sind überschreitbar. Die Seele des Homo sapiens bekommt wieder Flügel.

Tom Johanson · Zuerst heile den Geist
224 Seiten; kart. ISBN 3-7626-0620-X
Ein Zeugnis für die Existenz ungewöhnlicher, über das Normale hinausgehender Möglichkeiten zur Heilung psychischer und psychosomatischer Leiden.

esotera-Taschenbücherei im Verlag Hermann Bauer

Allan Kardec · Das Buch der Geister
306 Seiten; kart. ISBN 3-7626-0632-3
Die Grundsätze der spiritistischen Lehre von der Unsterblichkeit der Seele, der Natur der Geister, ihren Beziehungen zu den Menschen; die Sittengesetze, das irdische und künftige Leben und die Zukunft der Menschheit. Nach Kundgebung höherer Geister durch verschiedene Medien.

Allan Kardec · Das Buch der Medien
312 Seiten; kart. ISBN 3-7626-0637-4
Ein Wegweiser für Medien und Anrufer über Art und Einfluß der Geister, die Theorie ihrer verschiedenen Kundgebungen, die Mittel zum Verkehr mit der unsichtbaren Welt und die möglichen Schwierigkeiten, denen man beim Experimentalspiritismus begegnen kann.

Hans-Dieter Leuenberger · Das ist Esoterik
3., aktualisierte Aufl., 223 Seiten; kart. ISBN 3-7626-0621-8
Eine Einführung in esoterisches Denken und in die esoterische Sprache. Dem Neugierigen wird das notwendige Grundwissen vermittelt.

Lu K'uan Yü · Geheimnisse der chinesischen Meditation
296 Seiten; kart. ISBN 3-7626-0613-7
Selbstgestaltung durch Bewußtseinskontrolle nach den Lehren des Ch'an, des Mahâyâna und der taoistischen Schulen in China.

Lothar-Rüdiger Lütge · Carlos Castaneda und die Lehren des Don Juan
2. Auflage; 171 Seiten mit 4 Zeichn.; kart. ISBN 3-7626-0614-5
Eine praktische Anleitung, die es ermöglicht, Don Juans Lehren nachzuvollziehen und im täglichen Leben anzuwenden. Das von Castaneda beschriebene spirituelle System wird in einen Gesamtzusammenhang mit anderen esoterischen Lehren gestellt, um so dessen Allgemeingültigkeit zu verdeutlichen.

Masahiro Mori · Die Buddha-Natur im Roboter
248 Seiten; kart. ISBN 3-7626-0622-6
Gedanken eines Roboter-Ingenieurs über Wissenschaft und Religion. Vermittlung der Wahrheit und Prinzipien des Buddhismus in einer Sprache, die unserem modernen, wissenschaftlich orientierten Zeitalter gerecht wird.

esotera-Taschenbücherei im Verlag Hermann Bauer

Karlis Osis und Erlendur Haraldsson · Der Tod – ein neuer Anfang
296 Seiten; kart. ISBN 3-7626-0633-1
In den Berichten von sterbenden und wiederbelebten Patienten, die von den Autoren untersucht wurden, werden die Erscheinungen beschrieben, die die Sterbenden vor ihrem Übergang in ein anderes Leben hatten. Dabei hat es sich erwiesen, daß dies keine Halluzinationen sind, sondern Visionen einer anderen Welt.

Petra A. Peick · Wiedergeburt – Eine Reise in frühere Erdenleben
128 Seiten; kart. ISBN 3-7626-0638-2
An authentischen Protokollen erleben Sie, wie Gerika, eine junge Frau, das Menschsein durch viele Wiedergeburten verstehen lernt. Der Bericht ihrer Rückführung wird ergänzt durch eine Einführung in die Reinkarnationstherapie und in die esoterische Psychologie.

Max Prantl · Licht aus der Herzmitte
335 Seiten; kart. ISBN 3-7626-0617-X
Dokumente einer Erleuchtung. Die Beschreibung mystischer Erfahrungen und zugleich ein prophetischer Ausblick auf eine Zeit der allgemeinen menschlichen Veränderungen.

Ingrid Ramm-Bonwitt · Yoga Nidra – Der Schlaf der Yogis
143 Seiten mit 17 Abb. und 8 Zeichn.; kart. ISBN 3-7626-0615-3
Ein Weg zur Bewußtwerdung des Selbst, der Körper, Seele und Geist in einer selten vollkommenen Weise verbindet und zu bewußtseinstranszendenten Erlebnissen führen kann.

Sam Reifler · Das I-Ging-Orakel
2. Auflage; 352 Seiten mit 64 Zeichn.; kart. ISBN 3-7626-0605-6
Der Welt ältestes System der Zukunftsvorhersage, neu dargestellt und ausgelegt für die praktische Anwendung durch den modernen Menschen.

Hildegard Schäfer · Stimmen aus einer anderen Welt
2. Auflage; 318 Seiten; kart. ISBN 3-7626-0604-8
Eine Zusammenfassung all dessen, was bisher auf dem Gebiet der Tonbandstimmen erforscht wurde. Gleichzeitig eine allgemein verständliche und instruktive Anleitung für eigene Experimente.

Verlag Hermann Bauer · Freiburg im Breisgau

Christof Schorsch · Die große Vernetzung
ca. 180 Seiten; kart. ISBN 3-7626-0639-0
Die Welt ist kein Sammelsurium isolierter Einzelteile, sondern ein Ganzes, mit dem wir Menschen untrennbar verbunden sind. Das ist das Fazit der in diesem Buch dargestellten Ansätze zu einem ökologischen Weltbild.

Douglas Sharon · Magier der vier Winde
311 Seiten mit 13 s/w-Abb. und 7 Zeichn.; kart. ISBN 3-7626-0634-X
Dies ist der Bericht über eine jahrhundertealte Heilmethode und zugleich das faszinierende Portrait eines einzigartigen Menschen: Eduardo Calderon Palomino. Es ist die einfühlsame Analyse eines heute lebenden Medizinmannes, seiner Ansicht über die Welt, seiner Heilkunst und seiner persönlichen Kämpfe als Mensch auf der Suche nach der Wahrheit.

Hans Sterneder · Der Sonnenbruder
391 Seiten; kart. ISBN 3-7626-0626-9
Ein esoterischer Roman, der die Geschichte des Beatus Klingohr erzählt, der auf der Suche nach dem Sinn des Lebens Wind und Wasser, Erde und Feuer, Tiere und Pflanzen danach befragt.

Hans Sterneder · Tierkreisgeheimnis und Menschenleben
2. Auflage; 426 Seiten mit 94 Zeichn.; kart. ISBN 3-7626-0602-1
Die Beziehungen zwischen der Sonnenbahn durch die Kraftfelder des Tierkreises und dem Geschehen im Reich des Lebens sowie ihr Einfluß auf die geistige, charakterliche und körperliche Entwicklung des Menschen.

Hans Sterneder · Der Wunderapostel
473 Seiten; kart. ISBN 3-7626-0609-9
Ein Einweihungsroman, dessen Gedankenfülle die Vergangenheit der Menschheit bis in die Uranfänge kosmischen Werdens erhellt und von dem der Dichter Ludwig Huna einmal sagte, daß man »ein Leben lang von der Schönheit, Weisheit und Tiefe dieses Werkes nicht mehr loskommt«.

Muhamad ibn al-Husayn al-Sulami · Der Sufi-Weg zur Vollkommenheit
141 Seiten; kart. ISBN 3-7626-0623-4
Seit dem zehnten Jahrhundert dient dieses Buch als Anleitung zum rechten Betragen. Es weist den Menschen den Weg zum bewußten Leben und zur Vollkommenheit.

Chandrashekhar G. Thakkur · Ayurveda – die indische Heil- und Lebenskunst
362 Seiten; kart. ISBN 3-7626-0635-8
Den Patienten als Ganzes zu erkennen, ist die erste und wichtigste Forderung, die an einen Ayurveda-Arzt gestellt wird. Die Methoden des Ayurveda tragen nicht nur dazu bei, Krankheiten zu heilen, sondern ganz entscheidend auch dazu, dem Individuum wie der ganzen Menschheit zu helfen, dem körperlichen wie dem zivilisatorischen Verfall Einhalt zu gebieten.

Karl Weinfurter · Der Königsweg
168 Seiten; kart. ISBN 3-7626-0627-7
Die Praktische Mystik stellt kein Sonderbekenntnis zu anderen Konfessionen dar; sie ist auch nicht an den Ritus einer einzigen Kirche oder Sekte gebunden, sondern sie bietet dem ernsthaft Suchenden die Verwirklichung der Rückverbindung zum »absoluten Sein«, zu Gott.

Maria Wirth · Lexikon der Lebensweisheit
112 Seiten mit 25 Zeichn.; kart. ISBN 3-7626-0618-8
Die Begriffswelt menschlicher Erfahrungen und Empfindungen in einem Alphabet einfacher Alltagsbegriffe von »Angst« bis »Zufall«, neu gedeutet aus der zeitlosen, universal gültigen Weisheit Indiens: Jedes Stichwort ein wichtiger Baustein zu tieferem Verständnis unserer alltäglichen »Wirklichkeit«.

Johannes Zeisel · Entschleierte Mystik
238 Seiten; kart. ISBN 3-7626-0611-0
Der moderne Weg von der Magie zur mystischen Erleuchtung – Die psychologischen Tatbestände des Bewußtseins – Gebet und Meditation bis zu der Grenze, die das Bewußtsein als »Nichts« erfährt und nicht zu überschreiten vermag.

Verlag Hermann Bauer · Freiburg im Breisgau